中国科学院规划教材·会计学及财务管理系列

中级财务管理

主　编　唐现杰　武志勇
副主编　卜穆峰

科学出版社

北京

内 容 简 介

本书全面、系统地阐述了中级财务管理的结构和内容、基本概念和基本原理；注重介绍和分析当前财务理论和方法的最新发展，涵盖了国内外财务管理领域近年来重要的研究成果；以大量的例题、案例和阅读资料帮助学生理解中级财务管理的基本理论、方法和实际运用；注重引导学生以中级财务管理的基本原理认识、分析和把握我国公司制企业在从事生产经营过程中遇到的财务问题，培养学生的理财观念、理论素养和分析解决实际问题的能力。本书体系完整、逻辑严密，结合作者多年的教学经验，对结构做出了不同于其他教材的全新调整，进而为后续课程的开设和学习奠定基础。

本书不仅适合高等院校经济管理类专业的高年级本科生专业课教学使用，而且适合会计学及财务管理专业本科生的专业教学使用，更可供对中级财务理论和方法有兴趣的实务工作者参考。

图书在版编目（CIP）数据

中级财务管理 / 唐现杰，武志勇主编 . —北京：科学出版社，2015.1

中国科学院规划教材·会计学及财务管理系列

ISBN 978-7-03-043051-9

Ⅰ.①中… Ⅱ.①唐… ②武… Ⅲ.①财务管理－高等学校－教材 Ⅳ.①F275

中国版本图书馆 CIP 数据核字（2015）第 012824 号

责任编辑：陈 亮 张 宁 / 责任校对：李 莉
责任印制：徐晓晨 / 封面设计：蓝正设计

科学出版社 出版
北京东黄城根北街 16 号
邮政编码：100717
http://www.sciencep.com

北京中石油彩色印刷有限责任公司 印刷
科学出版社发行 各地新华书店经销

*

2015 年 1 月第 一 版 开本：787×1092 1/16
2018 年 2 月第三次印刷 印张：19 1/2
字数：462 000

定价：42.00 元

（如有印装质量问题，我社负责调换）

《会计学及财务管理系列教材》 编委会

丛书总序

2007 年 5 月，黑龙江省高校会计学教师联合会组织编写的《会计学及财务管理系列教材》由科学出版社出版发行，该系列教材是中国科学院规划教材。其中，《基础会计学》、《高级财务会计》、《会计制度设计》、《财务管理》、《财务通论》被评为普通高等教育"十一五"国家级规划教材，并获得省级优秀教学成果一等奖；《基础会计学》、《财务管理》分别获得黑龙江省第十四届社科成果一等奖、二等奖。该系列教材的再版，是在原系列教材的基础上结合近几年国内外会计及财务管理领域理论、方法及应用的变化和教学内容、教学方法改革的需要，在保持原教材特色与优点的前提下，对会计学及财务管理专业领域的技术方法、阐述内容进行全面修订而形成的系列新作。

针对普通地方高校培养应用性、复合型人才需要的《会计学及财务管理系列教材》自出版至今，重印了多次，取得了很好的社会反响。该系列教材已成为哈尔滨商业大学、哈尔滨工业大学、东北农业大学、东北林业大学、东北石油大学、黑龙江大学、黑龙江八一农垦大学和黑龙江科技学院等多所高校经济管理类专业学生的专业课指定教材、硕士研究生入学考试教材，同时作为会计学和财务管理专业课教材，被国内多所高校选用。各高校的教师和同学在使用的过程中给予了该系列教材一致好评，认为该系列教材不仅详细地介绍了理论知识、专业技术，而且运用大量的案例将晦涩的理论知识变得易于理解和掌握，可以说很好地将理论与实践结合了起来，填补理论空白的同时，为学生日后的实践提供了很好的指导。越来越多的高校选择该系列教材作为经济管理类专业学生的指定用书。

虽然该系列教材自出版以来取得了一定的成绩，但是我们清楚地知道仍有很多地方需要修订及进一步完善。21 世纪的前 10 余年中，会计学及财务管理领域的发展日新月异，无论是国际、国内的理财环境，还是会计学及财务管理运用的具体方法都有了翻天覆地的变化，这也对会计学及财务管理的学习提出了更高的要求。在这样的大环境下，我们绝对不敢停下前进的步伐，必须紧跟发展的大潮，把握发展的方向，紧扣发展的脉搏，为会计学及财务管理的发展贡献力量，并为提高会计学及财务管理的教学质量而努力。各界同仁的支持与肯定就是我们发展的原动力，各方的质疑声更是我们改正的明镜，在各个方面的共同作用下，我们一定会越走越好。我们再版该系列教材的目标就是为了更好地为各位教师、同学服务，你们的满意就是对我们最大的肯定。

在再版《会计学及财务管理系列教材》的过程中，我们虽然搜集了大量的素材，作了全面的准备，但是我们发现在相关理论、方法、实务的理解上仍然存在一定的差距，所以不可能对会计学及财务管理领域出现的所有问题都进行全面的阐述。加之编写人员学识所限，教材中难免有不恰当之处，恳请各位读者不吝赐教，以便进一步修订、完善。

　　《会计学及财务管理系列教材》的再版，借鉴和参考了国内外许多专家学者的研究成果，在此一并表示感谢！

2013 年 6 月

前　言

　　本书是在科学出版社 2008 年 8 月出版的《公司财务》的基础上，结合近几年国内外财务管理理论、方法及应用的变化和教学内容、教学方法改革的需要，在保持原教材特色与优点的前提下，对中级财务管理方法、内容进行全面修订而形成的一部新作。市场经济中的公司制企业为本书的研究蓝本，主要内容围绕公司如何组织财务活动、协调财务关系展开。由科学出版社出版的"中国科学院规划教材·会计学及财务管理系列"中的《财务通论》、《中级财务管理》和《高级财务管理》，组成了财务管理学科初级、中级和高级的核心教材体系，构成了较为完整的财务管理的知识体系。

　　财务管理作为现代公司管理的重要领域和专门技术，得到了广大理论工作者和实务界人士的高度重视，已成为现代公司管理的核心。伴随着 21 世纪全球经济和管理技术的飞速发展，传统的财务理论与方法已经难以适应面临着激烈竞争的公司的需要，因此迫切要求在理论和实务上不断总结和发展，与我国现实经济情况相结合。在复杂的经济环境下，如何为已经掌握财务管理基础知识的读者，提供针对公司制企业的比较明确的理财思路，引导读者能够学以致用或有所借鉴，成为本书作者深切思考的中心问题和努力实现的核心目标。

　　本书主要研究公司制企业在组织财务活动和处理财务关系过程中的一些基本原理、方法和实用技术。从理论和实践相结合的角度，比较系统、深入地阐述了公司财务管理的相关理论和方法。全书内容包括绪论、金融市场、负债性融资、权益及权益交换性融资、资本结构理论及决策技术、项目投资决策、证券投资决策、投资与融资的综合决策、利润分配、公司价值评估、公司重组、公司扩张、公司收缩和公司破产清算。本书由唐现杰、武志勇任主编，唐现杰负责编写大纲的撰写、结构设计及全书的修改，唐现杰和张晓莉负责全书的补充、总纂及定稿。

　　全书共十四章，具体分工如下：唐现杰编写第一、二、三、四章；武志勇编写第五、七章；卜穆峰编写第六、十章；张晓莉编写第八、十一章；王朋吾编写第九章；王文秀编写第十二章；徐霓妮编写第十三、十四章。

　　本书在编写过程中参考了大量学者、专家的著作，在此一并表示感谢。

　　由于编写人员水平有限，书中若有疏漏之处，敬请读者批评指正。

作者
2014 年 12 月

目　录

第一章　绪论······1
　第一节　企业组织形式及特征······1
　第二节　公司财务管理目标······6
　第三节　公司财务管理的基本理论······9
　本章小结······17
　复习思考题······17
　案例分析······18
第二章　金融市场······19
　第一节　金融市场概述······19
　第二节　资本市场······23
　第三节　货币市场······26
　第四节　中介机构······31
　第五节　利率······36
　第六节　金融衍生工具······41
　本章小结······46
　复习思考题······46
　案例分析······46
第三章　负债性融资······48
　第一节　短期负债融资······48
　第二节　长期借款融资······54
　第三节　长期债券融资······58
　第四节　租赁融资······63
　本章小结······67
　复习思考题······67
　案例分析······68
第四章　权益及权益交换性融资······69
　第一节　吸收直接投资······69
　第二节　发行普通股融资······73
　第三节　发行优先股融资······76
　第四节　可转换债券融资······79
　第五节　认股权证融资······81

本章小结 ··· 84

复习思考题 ··· 84

案例分析 ··· 85

第五章　资本结构理论及决策技术 ························· 88

第一节　资本结构概述 ··· 88

第二节　资本结构理论 ··· 89

第三节　资本结构决策技术及应用 ····························· 91

本章小结 ··· 96

复习思考题 ··· 96

案例分析 ··· 97

第六章　项目投资决策 ····································· 99

第一节　项目投资决策原则 ····································· 99

第二节　现金流量的估算 ······································ 100

第三节　更新改造投资决策 ···································· 104

第四节　其他特殊情况下的投资决策 ···························· 107

第五节　风险投资决策 ·· 111

本章小结 ·· 117

复习思考题 ·· 117

案例分析 ·· 119

第七章　证券投资决策 ···································· 121

第一节　证券投资的基本理论 ·································· 121

第二节　股票投资 ·· 125

第三节　债券投资 ·· 132

第四节　基金投资 ·· 137

第五节　证券投资组合 ·· 142

本章小结 ·· 147

复习思考题 ·· 147

案例分析 ·· 148

第八章　投资与融资的综合决策 ···························· 150

第一节　投资与融资总量的综合决策 ···························· 150

第二节　投资结构与融资结构的综合决策 ······················ 153

第三节　流动资产与流动负债的综合决策 ······················ 155

本章小结 ·· 163

复习思考题 ·· 164

案例分析 ·· 164

第九章　利润分配 ·· 166

第一节　利润分配概述 ·· 166

第二节　股利分配理论 ·· 168

第三节　股利分配方式及政策 ··· 171
第四节　影响股利分配的因素 ··· 177
第五节　股票分割 ··· 179
第六节　股票回购 ··· 181
第七节　股权置换 ··· 183
本章小结 ··· 184
复习思考题 ··· 185
案例分析 ··· 185

第十章　公司价值评估 ··· 188
第一节　公司价值评估概述 ··· 188
第二节　自由现金流量估价法 ··· 191
第三节　EVA 估价法 ·· 199
第四节　市盈率估价法 ··· 203
本章小结 ··· 206
复习思考题 ··· 206
案例分析 ··· 208

第十一章　公司重组 ··· 209
第一节　公司重组的动因 ··· 209
第二节　公司重组的类型 ··· 210
第三节　公司重组应注意的问题 ··· 216
第四节　公司重组效果评价 ··· 219
本章小结 ··· 229
复习思考题 ··· 229
案例分析 ··· 229

第十二章　公司扩张 ··· 231
第一节　公司扩张战略 ··· 231
第二节　公司扩张的动因 ··· 234
第三节　公司扩张的类型和方式 ··· 237
第四节　公司扩张效果的评价 ··· 248
本章小结 ··· 253
复习思考题 ··· 253
案例分析 ··· 253

第十三章　公司收缩 ··· 256
第一节　公司收缩战略 ··· 256
第二节　公司收缩的类型和方式 ··· 260
第三节　公司收缩效果评价 ··· 267
本章小结 ··· 270
复习思考题 ··· 270

　　　案例分析·· 270
第十四章　公司破产清算······································ 272
　　第一节　清算原因··· 272
　　第二节　破产清算程序····································· 275
　　第三节　破产清算的范围··································· 279
　　第四节　破产清算的实施··································· 283
　　本章小结··· 285
　　复习思考题··· 285
　　案例分析··· 286
主要参考文献··· 289
附录 1　计算题参考答案······································ 290
附录 2　复利终值系数表(FVIF 表)····························· 292
附录 3　复利现值系数表(PVIF 表)····························· 294
附录 4　年金终值系数表(FVIFA 表)··························· 296
附录 5　年金现值系数表(PVIFA 表)··························· 298

第一章

绪 论

> 财务管理(financial management)是公司为了达到既定目标,通过预测、决策、规划、控制、分析等手段对投资、筹资、营运和分配等经济活动所进行的管理。本章为全书的总括,重点阐述公司的基本特征及其分类、公司财务管理的目标、公司财务管理的基本理论等问题。
>
> 【重要概念】 企业组织形式 公司财务管理 公司财务管理目标 公司价值最大化 公司治理结构 财务治理 委托代理

■ 第一节 企业组织形式及特征

一、企业的组织形式

企业组织形式是指企业财产及其社会化大生产的组织状态,它表明一个企业的财产构成、内部分工协作与外部社会经济联系的方式。现代企业的组织形式按照财产的组织形式和所承担的法律责任划分,国际上通常分为独资企业、合伙企业和公司制企业。

(一)独资企业

独资企业又称业主制企业,是指由一个自然人投资,财产为投资人个人所有,投资人以其个人财产对企业债务承担无限责任的经营实体。这种企业不具有独立的法人资格。

从企业发展的历史来看,独资企业是最原始、最简单的一种企业组织形式。它的建立成本相对低廉,内部机构设置比较简单,受政府的法律管制也相对较少。独资企业的所有者与经营者合为一体,因此它具有经营方式灵活、财务决策迅速的优势。独资企业的收入即业主的个人收入,只需缴纳个人所得税,而不需要缴纳企业所得税,因而其税负较轻。但是独资企业也有明显的缺点:①出资者对企业的债务承担无限责任。企业一旦破产,尤其是当企业的资产不足以偿付债务时,投资人必须以全部个人财产用于清偿。②企业管理工作水平不高。独资企业规模较小,组织结构简单,企业管理较为松散,对管理工作水平要求也不高。③企业资金及规模受限制。由于业主财力有限,受到偿债能力的制约，企业在筹资方面会遇到一定困难，很难进行大规模的融资及投资活动。因此，独资企业难以投资于资金密集、大规模生产的行业。④抗风险能力较弱。由于受到业主人数、人员素质和资金规模的影响，独资企业抵御财务风险的能力较为低下。⑤独资企业存续的时间有限。企业业主一旦死亡、丧失民事行为能力或者不愿继续经营下去，企业的生产经营活动必须终止。

(二)合伙企业

合伙是指两人或者两人以上的群体为着共同目的，相互约定共同出资、共同经营、共享收益、共担风险的自愿联合，是一种以合同关系为基础的企业组织形式。

合伙企业是指由各合伙人订立合伙协议，共同出资、合伙经营、共享收益、共担风险，并对合伙企业债务承担无限连带责任的盈利组织。其中合伙人是自然人、法人和其他组织，如果合伙人为自然人，则应当具有完全民事行为能力。《中华人民共和国合伙企业法》(简称《合伙企业法》)规定，国有独资企业、国有企业、上市公司以及公益性的事业单位、社会团体不得成为普通合伙人。

合伙企业的业主按其对企业债务负有责任的程度，可分为普通合伙人和有限责任合伙人两种。普通合伙人通常承担企业的管理责任，对企业的债务负无限连带责任。有限责任合伙人对企业的经营管理工作可以参加也可以不参加，他们对企业的债务以出资额为限承担有限责任。但是我国的法律规定，合伙企业不允许存在承担有限责任的合伙人，即我国的合伙企业为普通合伙企业。

合伙企业开办容易，创办和营运成本费用也比较低。由于合伙企业是由多个合伙人共同出资创办的，与个人独资企业相比较，财力相对充足，规模有所扩大，信用水平和筹资能力有所增强，管理水平也有所提高。合伙企业也有其劣势：合伙企业的合伙人对企业债务承担无限连带责任，因而合伙人对企业投资承担的风险较大；合伙企业财务的不稳定性较大。合伙制企业是依据合伙人之间的合约或协议建立的，每当一个合伙人退出、死亡或者一个新的投资者被接纳都必须重新建立合伙企业。合伙企业在其存续期限内的不稳定性也限制了企业的发展能力；合伙企业组织结构的特点，造成了合伙企业的权利不易集中。尤其是企业的重大决策必须得到全体合伙人的同意，容易造成决策过程过于冗长，贻误最佳投资及融资时机。因此，合伙公司的财务管理机制很难适应快速多变的社会需求。

(三)公司制企业

公司是指依照公司法登记设立的，以营利为目的、由股东投资形成的、自主经营、自负盈亏的企业法人。公司享有由股东投资形成的全部法人财产权，依法享有民事权利，承担民事责任。公司股东作为出资人按投入公司资本额享有所有者的资产受益、重大决策和选择管理者等权利，并以其出资额或所持股份为限对公司债务承担有限责任。公司是企业形态中一种最高层次的组织形式，与独资企业和合伙企业相比，财务管理在公司中的地位更为重要。本书的内容仅限于公司制企业的财务管理活动。

二、 企业的特征

(1)是一种社会经济组织。企业是经济活动中的基本单位，是经济活动的细胞。作为一个组织，它有自己的机构和工作程序要求。

(2)以营利为目的。企业作为社会经济组织，从事商品生产、流通或者服务活动，其最基本的目标是赚取利润。

(3)实行独立核算。企业必须要单独计算成本、费用，以收抵支，自负盈亏，对经济业务做出全面反映和进行控制。

(4)依法设立。企业必须依法设立，成为一种合法的组织，才能得到国家法律的认可和保护。

三、 公司的分类

公司作为企业形态中一种最高层次的组织形式，按照股东对公司所负的责任不同分为有限责任公司、股份有限公司、无限责任公司、两合公司等类型。《中华人民共和国公司法》(简称《公司法》)规定，我国的公司制企业只包括股份有限公司和有限责任公司两种。

(一)股份有限公司

股份有限公司(又称股份公司)是指公司全部注册资本被分为等额股份，并通过发行股票筹集资本，股东以其认购的股份对公司承担责任，公司以其全部资产对公司债务承担责任的企业法人。股份有限公司具有下列特征：①股份公司是一种典型的合资公司。公司的股东仅仅代表股票的所有者，股东的所有权利都体现在股票上，并伴随股票的转移而转移，股东的人身性质在此没有任何意义。②股份公司将其资本总额分为等额股份，要求"同股同权，同股同利"，并且可以依法自由转让。股东有权出席公司股东大会并拥有表决权，股东的每一股份拥有一票表决权。③股份公司的股东人数有最低限额，即股东不得少于规定的数目，但是没有规定上限。④股份公司设立程序复杂，法律要求严格。在我国，股份公司的设立要经过国务院授权的部门或省级人民政府批准，不能自行设立。⑤公司重要文件，如公司章程、股东名录、股东大会记录、公司年度财务报告等必须公开，以供股东和债权人查阅。

(二)有限责任公司

有限责任公司(又称有限公司)是指股东以其认缴的出资额为限对公司承担责任，公司以其全部资产对其债务承担责任的企业法人。有限公司具有下列一些特征：①有限公司的设立程序比股份公司简单。在我国设立股份公司需要经过国务院授权部门或省级人民政府批准。而有限公司的设立除法律法规另有规定外，不需要任何部门的批准，可以直接向公司登记机关申请登记。②有限公司不能发行股票，更不能公开募股。有限公司以出资证明书来证明股东的出资份额，但是股东的出资证明书只是一种证明证券，而不是像股票一样属于有价证券。③有限公司的股权转让有限制。有限公司股东一旦出资不能自由买卖，可以在股东之间转让。当向公司股东以外的人转让股份时必须经过全体股东半数以上同意。④有限公司股东的人数有限额。大多数国家的《公司法》都对有限责任公司的股东人数上限有规定。我国《公司法》规定：有限公司的股东不能超过 50 人。⑤有限公司内部管理机构设置灵活，公司的财务也不必对社会公开。在股东人数少、规模小的有限公司可以不设立董事会，只设 1 名执行董事，并且可以兼任经理。也可以不设立监事会，只设立 1~2 名监事来执行监督的权利。

(三)一人有限责任公司的特别规定

一人有限责任公司是指只有一个自然人股东或者一个法人股东的有限责任公司。一人有限责任公司的注册资本最低限额为人民币 10 万元。股东应当一次足额缴纳公司章程规定的出资额。一个自然人只能投资设立一个一人有限责任公司，该一人有限责任公司不能投资设立新的一人有限责任公司。一人有限责任公司应当在公司登记中注明自然人独资或者法人独资，并在公司营业执照中载明。一人有限责任公司章程由股东制定，不设股东会。股东决定公司的经营方针和投资计划，应当采用书面形式，并由股东签名后置备于公司。应当在每一会计年度终了时编制财务会计报告，并经会计师事务所审计。一人有限责任公司的股东不能证明公司财产独立于股东自己财产的，应当对公司债务承担连带责任。

(四)国有独资公司的特别规定

国有独资公司是指国家单独出资、由国务院或者地方人民政府授权本级人民政府国有资产监督管理机构履行出资人职责的有限责任公司。国有独资公司章程由国有资产监督管理机构制定，或者由董事会制定报国有资产监督管理机构批准。国有独资公司不设股东会，由国有资产监督管理机构行使股东会职权。国有资产监督管理机构可以授权公司董事会行使股东会的部分职权，决定公司的重大事项，但公司的合并、分立、解散、增加或者减少注册资本和发行公司债券，必须由国有资产监督管理机构决定。其中，重要的国有独资公司合并、分立、解散、申请破产的，应当由国有资产监督管理机构审核后，报本级人民政府批准。国有独资公司设董事会，董事每届任期不得超过三年。董事会成员中应当有公司职工代表。董事会成员由国有资产监督管理机构委派；但是董事会成员中的职工代表由公司职工代表大会选举产生。董事会设董事长一人，可以设副董事长。董事长、副董事长由国有资产监督管理机构从董事会成员中指定。国有独资公司设经理，由董事会聘任或者解聘。国有独资公司的董事长、副董事长、董事、高级管理人员，未经国有资产监督管理机构同意，不得在其他有限责任公司、股份有限公司或者其他经济组织兼职。国有独资公司监事会成员不得少于五人，其中职工代表的比例不得低于三分之一，具体比例由公司章程规定。监事会成员由国有资产监督管理机构委派；但是监事会成员中的职工代表由公司职工代表大会选举产生。监事会主席由国有资产监督管理机构从监事会成员中指定。

四、 公司的基本特征

公司主要具有如下十大特征：

（1）依法投资。公司必须依据法定条件、法定程序设立。依法设立遵循以下要求：一是要求公司的章程、资本、组织结构、活动原则等必须合法；二是要求公司设立要经过法定程序，进行工商登记。通常情况下公司依据《公司法》设立，但也要符合其他法律的规定，如商业银行法、保险法、证券法等。

（2）以营利为目的。股东出资设立公司的根本目的是为了营利，在保证公司长期稳定发展的前提下，从公司的税后盈余中获得股利收入。因此，公司营利的目的不仅要求公司的生产经营活动必须盈利，而且要求在公司的盈利中拿出一定比例的盈余分配给股东，作为其投资的回报。

（3）以股权投资为基础设立。公司是由股东投资行为形成的股权投资为设立基础的。股权是一种独立的特殊权利，不同于所有权，也不同于经营权等物权，更不同于债权，《公司法》规定，公司股东依法享有收益、参与重大决策和选择管理者等权利。

（4）具有法人资格。个人独资企业和合伙企业都不具备独立的法人资格。公司制企业作为一种更高层次的企业组织形式，按照一定的法律程序成立，有自己的章程和组织，拥有自己的独立资产，有自己的权利并具有承担义务的能力，具有独立的法人资格。

（5）设立程序严格，开办手续复杂，开办费用高。公司的设立，要严格按照一定的法律程序和手续办理。我国《公司法》规定，公司设立时需要向登记机关提交下列文件：公司设立的申请书、公司章程、验资证明、股东法人资格证明以及自然人身份证明、董事、监事和经理有关委派、选举和聘任的证明、公司法人代表任职的文件和身份证明以及公司名称预先核准通知书和公司地址证明等。对于设立的股份有限公司，还应该出具国务院授权部门以及省级人民政府的批准文件、国务院证券监督管理部门的批准文件和创立大会的会议记录等相关文件。

（6）公司筹集资金的渠道广、方式多。筹集资金的渠道简称筹资渠道，是指公司筹集资金的来源与通道。与其他组织形式的企业相比，公司制企业拥有更为广泛的筹资渠道。目前我国公司制企业的筹资渠道主要包括以下六个来源：国家财政资金、银行信贷资金、非银行金融机构资金、其他企业资金、居民个人资金及公司自留资金。

筹资方式是指可供公司在筹措资金时选用的具体筹资形式。可采用的方式主要包括：吸收直接投资、发行股票、利用公司留存收益等。筹集负债资金可采用的方式主要包括银行借款、商业信用、发行债券、融资租赁等。

（7）实行有限责任原则。即公司的每个股东对公司的债务只以其出资额为限承担有限的经济责任。公司一旦破产或解散清算时，公司的债权人只能对公司的资产提出要求，公司也只能以其全部财产对所负债务负责，股东所遭受损失的最大限额仅为股东对公司的投资，而与股东的其他财产无关。

（8）公司所有权转移方便、灵活。公司的所有权以股权的形式或者被划分为等额的股份被股东所占有。为了保障公司资产的完整性、经营的连续性以及全体股东的权益，法律规定，无正当理由股东不得中途退股。但是依照特定的程序和方法，公司的股权或股票允许在市场上交易，尤其是上市公司的股票可以在二级证券市场流通。通过股权交易和股票的流通，公司的所有权能够以方便灵活的方式在所有者之间转移。

（9）公司在经营过程中，公司的所有权与经营权相分离。公司成立以后，其资产独立化为法人资产，股东作为公司资产法律上的所有者，即资产的最终所有者，享有股权所赋予的一切权利。但是股东不能直接干预公司的经营。公司作为企业法人是公司资产经济上的占有者，掌握公司资产实物的所有权，并享有充分的经营权。正是由于这种所有权与经营权相分离的法人治理结构，公司股东的变更不影响公司的正常经营，在很大程度上公司制企业的经营寿命不受股东变更限制，从而经营寿命周期较长。

（10）法律管制严格，双重税收。公司制企业与独资和合伙企业相比，有更复杂的组织结构、更强大的经济实力、对社会经济生活也有更大的影响。为了保证正常的社会经济秩序，维持正常的社会经济生活，政府和国家通过立法对公司的管制也更为严格。尤其对于上市公司而言更是如此。我国关于规范公司的各种经济行为和经济关系的法律法规主要包括《公司法》、《中华人民共和国公司登记管理条例》（简称《公司登记管理条例》）、《关于股份有限公司境外募集股份以及上市公司的特别规定》、《上市公司章程指引》等。另外，还有其他经济法律法规特别对涉及公司的一些方面做出了相应的规范，如《中华人民共和国证券法》（简称《证券法》）、《中华人民共和国会计法》（简称《会计法》）等。

缴纳国家税收方面，公司制企业也异于其他两类企业。按照我国《税法》规定，国家对公司征收双重税，即公司必须缴纳企业所得税，同时股东还必须缴纳个人所得税。

■ 第二节　公司财务管理目标

财务管理的目标受多方面因素的影响，因为财务管理是公司管理的核心。因此它主要取决于公司的总目标，受制于所处的特定社会经济体制和模式，同时还在很大程度上受到公司组织形式的影响。但是从系统论的角度来说，财务管理作为公司管理的一个子系统，财务管理的目标应该服从于、服务于公司的总体目标，并且主要受到公司管理目标的影响。最具代表性的公司财务管理目标有以下几种观点。

一、利润最大化

利润最大化目标是指在投资收益确定的条件下，通过公司财务管理的行为实现公司利润总额的最大值。该观点认为：利润代表着公司新创造的财富，利润越多，公司财富越多；当每个公司都在努力追求自身利润最大化的同时，也就实现了社会总财富的最大化。

这是一种比较传统、典型的观点。该观点来源于西方古典经济学，也是西方微观经济学的基础。以利润最大化作为理财目标有其合理的一面。在市场经济条件下，公司是盈利性的经济实体，利润的高低在很大程度上体现了公司经济效益的高低，如果长期亏损，势必会导致公司资不抵债，陷入破产境地。追求利润最大化，要求公司降低消耗，增加收入，对公司发展有较大作用。具体来讲，以"利润最大化"作为财务管理目标有以下几点理由：①人类进行生产经营活动的目的是为了创造更多的剩余产品，而剩余产品可以用利润这个价值指标来衡量。②每个公司都最大限度地获得利润，社会总利润也就达到了最大化。③在市场经济条件下，资本的使用权最终属于获利最多的公司。

但是片面追求财务报表上表现的利润最大化，即短期利润最大化会产生很多弊端，主要表现在以下几个方面。

(1)缺乏时间性。没有充分考虑利润取得的时间问题，忽略了货币的时间价值。按照货币时间价值原理，不同时点所获得等额的利润是不等价的。

(2)没有可比性。没有考虑所获利润与投入资本的关系，在不同规模公司之间以及同一公司的不同时期之间缺乏可比性。

(3)忽略了风险因素。通常高额的利润往往伴随着高风险，在复杂多变的市场环境中，投资者投入公司资金的增值会受到多种不确定因素的影响，因而也就特别要求公司能从长期观点出发，科学合理地对风险因素进行估量。

(4)会导致公司经营者短期行为的发生。关系公司长期发展的投资项目，往往投资额越大，回报期越长，短期内主要是投入，因而公司的盈利水平就会降低。片面追求利润，会使经营者放弃战略发展性投资，会使公司失去长远持久的竞争能力。

二、 每股盈余最大化

每股盈余是利润额与普通股股数的比值。其中利润额是税后净利润，是公司制企业的财务管理目标。所有者作为公司的投资者，其投资目标是取得资本收益，具体表现为税后净利润与普通股股数或股东权益资本额的对比关系，后者也可以称为股东权益资本报酬率。

每股盈余最大化目标与"利润最大化"目标是一脉相承的，是针对"利润最大化"目标不具有可比性的缺点提出来的，是对"利润最大化"目标的补充。该观点把公司的利润和股东投入的资本联系在一起考察，考虑了所获利润与投入资本的关系，能够说明公司的盈利水平，可以在不同资本规模的公司或同一公司不同时期之间进行比较，揭示其盈利水平的差异，避免了"利润最大化"目标的缺点。但是该观点仍然同"利润最大化"目标一样没有考虑时间价值和风险因素，也不能避免公司经营者的短期行为。

三、 股东财富最大化

股东财富最大化是公司制企业，尤其是上市公司财务管理追逐的目标。投资者总是希望自身的财富越多越好，公司的所有者们在共同追求自身公司财富最大化的同时也就实现了社会财富的最大化。这种观点认为：股票的市场价格代表了股东财富的多少，因此也可以说股东财富最大化就是每股市价的最大化。这种观点认为影响每股市价的因素主要包括以下几方面。

(一)每股利润或股东投资报酬率

投资报酬率是指公司的税后净利与流通在外的普通股股数的比值。衡量股东财富大小的尺度应该是每股利润或者股东投资报酬率，而不是税后净利润，因为股东投资报酬率的高低直接影响着股东财富的大小。

(二)风险与收益

每项投资都是面向未来的，影响项目的各种未来因素是不确定的(有风险的)，所以不能只考虑每股利润，不考虑风险，一个投资项目每股利润较低，但几乎没有风险，另一个投资项目每股利润较高，但有一定风险，在财务决策时，要看风险大的方案成功概率是否能超过 50%，若能超过也是可取的，因为风险与收益相均衡的原理告诉人们，冒了高风险就应该获得高报酬。

(三)资本结构与财务风险

资本结构是指在公司资本总额中所有者权益资本和负债资本的比例关系。两大资本的比例关系会影响公司的报酬率和风险。例如，在利息率低于投资报酬率的情况下，可以扩大举债金额，利用杠杆原理提高公司的每股利润或自有资本利润率，但是同时也加大了公司的财务风险，因为一旦资不抵债，会导致公司破产。

(四)股利政策与公司留利

股利政策是指在公司获得的当期盈余中，有多少作为股利发放给股东，有多少保留下来作为公司再投资使用。前者是股东的眼前利益，后者是公司的长远利益。例如，当公司采用高股利政策时，较高的现金股利收益会刺激投资者的积极性，导致股票市价上涨。因此股利政策会影响公司报酬率和风险，影响股票市价的变化。

一般情况下，人们认为股东承担了公司的绝大部分风险，因而也应该享受公司的绝大部分经营利润。同时，他们的风险与收益并存，承担了高风险，就应该获得高收益。但是在现实的经济生活中，公司及其所处的环境已经发生了翻天覆地的变化，债权人、员工、国家等相关的利益关系人所承担的风险越来越大，这已经是大家的共识，因而财务管理的目标如果继续片面地过分强调股东利益已是不合适的；而股票市价经常处于波动之中，因此有时很难真正反映公司的价值；另外，非上市公司的公司价值不好确定。在这种情况下，一般认为公司价值最大化才是财务管理的最优目标。这个目标充分地考虑了公司各方面的利益关系和公司各个利益集团的利益，是很合适的，也更科学合理。

四、 公司价值最大化

公司价值有两层含义，若从公司长期生产经营积累形成角度看，应表述为：公司全部资产在可持续经营状态下的市场价值(股票与负债市场价值之和)。若从公司长期可持续发展角度看，公司价值应表述为：它是一定期间归属于投资者的现金流量，按照资本成本或投资机会成本贴现的现值之和。公司价值，从理论上来讲是指公司未来报酬按加权平均资本成本进行折现的现值。通常用现金流量表示公司未来报酬，以贴现率表示加权平均资本成本。

公司价值最大化作为财务管理目标与"利润最大化"目标相比，其优点主要表现在以下几个方面。

(1)考虑了资金的时间价值和投资的风险价值，不同时间点上的资金价值不同，确定公司价值时是将不同时点的净现金流量折现到同一时点后的总和。在确定预期未来现金流量和折现率时，充分考虑不确定因素的影响，即风险的大小。一般而言，报酬与风险共存，报酬的增加是以风险的增大为代价的，而风险的增大又会影响公司的生存与发展。因此，公司必须在考虑报酬的同时考虑风险，这样有利于选择投资方案、统筹安排长短期规划、有效筹措资金、合理制定股利政策。

(2)反映了对公司资产保值增值的要求。从某种意义上说，公司股票和负债的市价越高，公司资产的市场价值就越大，追求公司价值最大化的结果可以促使公司资产的保值增值。资产升值，特别是无形资产升值，会相应地提升公司价值，但却不会增加利润。这种升值在公司股权转让或出售公司时会体现出来，特别是公司的无形资产升值更是会影响到公司价值。如公司拥有的土地使用权升值，并不影响利润，但却会在公司转让过程中提升公司的转让价格。

(3)有利于克服管理上的片面性和短期行为。公司价值大小不仅取决于近期利润多少，还取决于未来利润多少。以公司价值最大化作为理财目标，要求经营者必须考虑公司的长远发展，不断创造未来的利润增长点。

(4)有利于社会资源合理配置。在金融市场的激烈竞争中，社会资本最终会流向公司价值最大化的公司和行业，使得价值高、实力强的公司，以其低成本的优势获得所需资本额，从而实现社会效益最大化。

但是以公司价值最大化作为财务管理目标也存在一些问题：①对于非上市公司，这一目标价值不能通过股票市价和负债市价做出评价，而需要通过资产评估方式进行。由于评估标准和评估方式的影响，这种评估不够客观和准确。②股票市值并非由公司所控制，其价值波动也并非与公司财务状况实际变动相一致，给公司实际经营业绩的衡量带来了一定的难度。

本书以公司价值最大化作为公司财务管理的目标。

■ 第三节　公司财务管理的基本理论

一、公司治理理论

(一)公司治理结构的含义

公司治理(corporate governance)最初是在 20 世纪 60 年代由美国提出来的，我国通常称其为公司治理结构。有广义和狭义之分，广义的公司治理是指通过一套正式或非正式的、内部或外部的制度机制来协调公司与所有利益相关者之间的利益关系，以保证公司决策的科学性，从而最终维护公司各方面的利益；狭义的公司治理是指所有者对经营者的一种监督与制衡机制，即通过一种制度安排，合理地配置所有者与经营者之间的权利与义务关系，通常包括如何配置和行使控制权，如何监督和评价董事会、经理人员和职工,如何设计和实施激励机制三个方面的内容。广义的公司治理涉及的内容不仅仅局限于股东对经营者的制衡,还包括广泛的利益相关者,如股东、债权人、供应商、雇员、政府、社区和个人。狭义的公司治理主要是股东大会、董事会、监事会和管理层的权利分配与制衡,强调股东的所有者地位,是公司治理的主体,狭义的公司治理核心是保证股东利益最大化,防止经营者对股东利益的背离。

(二)公司治理结构的构成

公司治理结构主要由股东大会、董事会、监事会和执行机构四部分构成。

1. 股东大会

股东大会是公司的最高权力机构,由全体股东组成。股东大会一般由董事会定期或临时召集,由董事长主持,行使以下职权:决定公司的经营方针和投资计划;选举和更换董事,决定有关董事的报酬事项;选举和更换由股东代表出任的监事,决定有关监事的报酬事项;审议批准董事会的报告、公司的年度预算和决算方案、公司的利润分配方案和补亏方案;对公司的增减资做出决议;对发行公司债券、向股东以外的人转让出资做出决议;对公司合并、分立、解散、清算、修改公司章程等事项做出决议;修改公司章程。

股东是公司的所有者,股东在公司中通过股东大会来行使自己的权利和维护自己的利益,召开股东大会的通知必须采取书面形式,并在开会前送到每个在册的有表决权的股东手里。参加股东大会的股东必须达到法定人数才能视为合法,通过的决议才能有效。

2. 董事会

董事会是公司的常设机构,对股东大会负责并行使下列职责:负责召开股东大会并向股东大会报告工作;执行股东大会的决议;决定公司的经营计划和投资方案;制定公司的年度财务预算和决算方案、公司利润分配方案和弥补亏损方案、公司增减资、合并、分立、变更解散方案;决定公司内部管理机构的设置;聘任或解散经理及其他人员,决定其报酬事项,制定公司的基本管理制度。

3. 监事会

监事会是公司的监督机构,股份有限公司或规模较大的有限责任公司设立监事会,其成员不得少于三人,由股东代表和适当比例的公司职工代表组成。监事会中的职工代表由公司职工民主选举产生。股东较少和规模较小的有限责任公司,可以设一至两名监事。董事、经理、财务负责人不得兼任监事。监事会可列席董事会会议,主要职责有:检查公司财务;对董事、经理执行公司职务时违反法律、法规或者公司章程的行为进行监督;当董事和经理的行为损害公司的利益时,要求董事和经理予以纠正;提议召开临时股东会;会议章程规定的其他职权。

4. 执行机构

公司执行机构由高层执行官员(包括总经理、副总经理、常务董事等)即高层经理人员组成。这些高层执行官员受聘于董事会,在董事会授权的范围内拥有对公司事务的管理权和代理权,负责处理公司的日常经营事务。执行机构的最高负责人被称为首席执行官，通常由总经理担任。一般地说，首席执行官员的主要职责是：主持公司的生产经营管理工作，组织实施董事会决议；组织实施公司年度经营计划和投资方案；拟定公司内部管理机构的设置方案；拟定公司的基本管理制度；制定公司的具体规章；提请聘任或解聘公司副经理、财务负责人；公司章程和董事会授予的其他职权。

(三)公司治理结构的内容

经济合作与发展组织(Organization for Economic Co-operation and Development，OECD)理事会根据公司治理的主体和方式，对公司治理结构的主要内容规定了五个方面。

1. 保护股东的权利

股东权利包括表决权、选举权、检查权、股利分派权、股份转让权、优先认股权、控诉权等。治理结构必须将确保这些权益得以实现的制度和程序包括在内，如及时充分地向股东提供必要的信息、提供简化的日常征求股东意见的机制、设置合理的代理投票机制、避免机构投资者左右股东的真实意图等。

股东大会是股东行使其权利的机构，也是公司内部的最高权力机构。股东大会主要包括年度大会和临时大会。年度大会每年定期召开，也称做股东年会，一般是在每年结算后的一定时间召开。年会的主要工作有：选举董事，宣布股息，变更公司章程，讨论增加或减少公司资本，审查董事会提出的营业报告书、财务报表，决定公司的合并和解散等。临时股东大会一般由董事会认为必要时召开。除此之外，持有股份达到一定比例的股东也有权召开股东大会；法院认为必要，可以命令董事会召集股东大会；处于清算程序中的公司，清算人也可以召集股东大会。

2. 对股东的平等待遇

在公司中，小股东和外围股东的利益经常会受到侵犯。这一部分股东持有的股份一般比较少，作为单个股东是否投票参加表决对公司决策几乎没有什么影响。

治理结构的框架应当确保所有的股东——包括小股东和外围股东的平等待遇。治理结构必须确保所有同级的股东享有同等的待遇，尽可能向股东提供其决策判断所需要的信息，并尽量避免公司程序给投票带来的费用和造成的麻烦。

股东权利能在多大程度上得到保护，一个重要的决定性因素是是否具有有效的办法使其所受到的损害能够得到及时的补偿。法律和公司的章程应该提供这样一种机制，使股东在有合理证据认定他们的利益受到侵害时，能够无成本或低成本地提出诉讼并得到有效合理的补偿。

3. 利益相关者的作用

治理结构的框架应当确认利益相关者的合法权利，并且鼓励公司与利益相关者就创造财富和工作机会以及保持公司财务健全而积极地进行合作。

治理结构并不是公司本身的一种封闭运行，而是一种与外界广泛联系的生态系统。治理结构的一个重要方面是确保外部资金流入公司，寻求并鼓励公司的各种利益相关者从事社会有效水平上的投资。实际上，在利益相关者中建立有效的合作是为了公司的长期利益。只有认识到公司的利益相关者以及他们对公司长期成功的贡献，才能更好地服务于公司的利益。

治理结构中对利益相关者的保护一部分是通过法律来实现的，如劳动法、商业法、合同法及破产清算法；另一部分则来自于公司自身的规定和对利益相关者的承诺。公司作为社会经济的一种基本组成单位，作为一种社会存在，还应当承担必要的社会责任，如对环境保护和社会道德水准的改善提供必要的支持，以及对它们所经营于其中的社区的期望做出积极的反应。

4. 信息披露和透明度

公司这一组织形式决定了公司治理结构框架应当及时准确地披露与公司有关的重大问题。应当披露的重大信息包括：①公司的财务状况和经营成果，主要通过财务报表来实现。②公司的目标，不仅包括公司盈利方面的目标，还包括公司承担社会责任的社会目标。③股权结构和相应的投票权，包括主要大股东和控股或可能控股股东的数据，以及有关特殊表决权、股东协议、控股股份或大宗股票拥有、重大交叉持股关系以及交叉担保关系的信息。④董事会和经理委员会的主要成员以及他们的报酬。⑤重要的可预见的风险因素。⑥与雇员及其他利益相关者有关的重大问题。⑦治理结构和政策。

5. 确保董事会的作用

公司治理结构的框架应确保董事会对公司的战略性指导和对管理人员的有效监督，并确保董事会对公司和股东负责。

(1)董事会成员应在全面了解情况的基础上，诚实勤恳、细致地进行工作，最大限度上地维护公司和股东的利益。

(2)董事会的决议对不同股东团体可能会有不同影响，董事会应公平对待所有股东。

(3)董事会应保持与适用法律相一致，并考虑利益相关者的利益。

(4)董事会必须履行的主要职能，包括：①对公司战略、主要行动计划、回避风险的策略、年度预算和经营计划进行审议和指导；设定经营目标；监督目标的实施和公司经营；监管主要资本支出、收购和财产获得。②挑选、替补、监督，在必要时，替换主要执行官员并监督职位继承计划的执行。③审议主要执行官员和董事会的报酬，保证董事会提名程序的正规性和透明度。④对经理层、董事会成员和股东利益之间的潜在冲突，包括公司资产的不正当使用和有关的不正当交易应当进行监督和管理。⑤保证公司会计制度和财务报告制度，包括独立审计诚信可靠，采用适当的控制体系，特别是风险监控，财务控制和对公司活动的合法性进行监督的体系。⑥对治理措施的有效性进行监督，必要时进行更改。⑦对信息披露和信息交流过程进行监督。

(5)董事会应能够对公司事务进行独立的(特别是要独立于经理层的)客观判断。第一，董事会应考虑选任足够数量的非执行董事，他们有能力对可能发生利益冲突的事件做出独立判断。像这样的主要责任有财务报告的制作、董事会和执行官的提名以及他们的报酬等。第二，董事会成员应投入足够的时间来履行他们的责任。

(6)为完成他们的责任，董事会成员应当能够及时、准确地获取相关信息。董事会是公司治理的工具，没有董事会的存在就不可能有公司治理的存在。完善的公司治理结构是从建立健全、优化董事会做起的，董事会作为一个独立和有效的高层团队在管理公司，它和管理层共同承担着经营管理任务。公司在运作过程中要处理好各利益相关者的关系，处理得当，公司才能良好发展，否则公司将会面临失败。提高我国的公司治理水平必须要强化董事会的作用，首先，董事会在公司中的地位和作用要被全体成员所认同和接受，这是董事会发挥作用的前提；其次，董事会应遵守相应的法律责任和承担法律义务。

二、 财务治理理论

(一)财务治理的含义

财务治理有狭义与广义两种解释。狭义的财务治理，一般是指财务内部治理，尤其特指财务治理结构。可简单定义为：由公司股东大会、董事会、经理层、监事会等权力机构对公司财务权利进行配置的一系列制度安排，通过财务治理结构安排，对公司财权进行合理分配，以形成一种财务激励约束机制；广义的财务治理，一般是指公司采取共同治理，即公司内外部利益相关者共同对公司财务进行治理。可定义为：用于协调企业与其利益相关者之间财务关系、平衡财务权利的一套正式的、非正式的制度或机制；财务治理的具体含义可概括为：财务治理就是基于财务资本结构等制度安排，对公司财权进行合理配置，在强调利益相关者共同治理的前提下，形成有效的财务激励约束等机制，实现公司财务决策科学化等一系列制度、机制、行为的安排、设计和规范。

财务治理机制可以归结为：在公司制条件下，政府、出资人和经营管理者之间在财务收支管理、财务剩余索取、财务监督、财务利益分配和财务人员配置等方面划分权限，从而形成相互制衡关系的财务管理体制。

(二)财务治理的组成

1. 公司内部财务管理权限划分制度

公司内部财务管理权限划分制度即公司的股东大会、董事会、经营管理层及下属不同层次经营管理者、财务部门和相关人员在财务管理方面的权限界定制度以及权限调整制度。其具体表现在资本投资决策权、经营收入和产品定价决定权、成本费用开支权、利润实现确认权与分配权、注册资本扩张与缩小决策权、对外融资举债决策权等方面的权限划分制度。

2. 公司内部掌管财权的人事安排制度

掌管财权的人员、特别是高层掌管财权的人员选聘安排制度，是公司财务治理的重要组成部分。这一制度不仅包括财务总监、总会计师、财务部经理及下属部门财务人员的配置，而且包括掌管公司财务决策大权的董事会成员、总经理、副总经理和下属部门经理的人事管理制度，以及负责公司财务监督的监事会成员的任免管理制度。

3. 所有者对经营管理者的财务监督体制

其具体包括股东大会对董事会、董事会对经营管理层、监事会对董事会和经营管理层、上层经营管理者对下层经营管理者在成本费用计算、财务收入与支出、薪酬确定与支付、利润计算与核实、财务业绩考核与评价等方面的事前、事中与事后监督制度、监督方式与运行操作方法等。

4. 所有者对经营管理者的财务激励机制

这种激励机制是促使不同层次的经营管理者认真努力工作的条件。财务激励机制主要包括：财产终极所有者对法人财产所有者或法人代表的激励机制、董事会对经营管理者的财务激励机制、上层经营管理者对下层经营管理者的财务激励机制等。国家政府制定相关的法律、法规和政策，给公司设计财务激励制度创造相应的环境。

(三)财务治理的特点

1. 多层次的财务治理主体

从公司的终极财产所有权至最终财产使用管理权之间，存在着多层次的委托代理关系，因此，公司财务治理主体表现为多层次性，即每一层面都是下一层面的财务治理主体。一般来说，下一层面的治理主体受制于上一层面治理主体，执行者受制于委托者或决策者，决策者受制于监督者和所有者。

2. 不同的财务治理客体

相对于多层次的财务治理主体来说，每一财务治理主体都面对一个或一群特定的治理客体，即各治理主体在其财务监督权、财务分配权和财务决策权范围内被掌管、被制约的对象，这些对象可能是子公司的经营者及其财务行为，也可能是公司某一职能部门的财务收支活动，或是同一层面各主体制约的其他职能部门的财务行为。

3. 不同的治理手段和治理方式

不同层次的财务治理主体与客体，需要针对不同的情况采用不同的治理手段和治理方式，如在所有者与经营者之间需要采用契约或合同的方式，规定各自的财务权利和义务；采用解聘或辞职的手段，弥补契约的不合理或一方不履约；在不同经营者之间需要采用确定薪酬方式，固定双方的委托代理关系；采取扣减薪酬或增加奖励等手段，激励代理方努力工作。这些不同的治理手段和治理方式共存于一个财务治理结构中。

三、 委托代理理论

(一)委托代理理论的含义及内容

"委托代理"是由金森和麦克林最先提出来的。他们于1976年在《财经杂志》第十期上发表了题为《厂商理论、代理成本和所有权结构》的论文，首次提出了"代理关系"的概念，并对委托代理关系问题做出了系统的描述。

根据金森和麦克林的定义，委托代理关系是指一种显性或隐含的契约，根据此契约，一个或多个行为主体指定、雇用另一些行为主体为其提供服务，与此同时授予后者一定的决策权利，并根据其提供服务的数量和质量支付相应的报酬。这种关系实质上是一种非对称信息条件下所结成的契约关系。该理论认为，公司所有权与经营权的分离仅仅是委托代理关系的外在表现，公司所有者人力资本驾驭公司物质资本能力的局限性，才是公司所有者让渡公司经营权，从而委托代理关系产生的内驱力。

委托代理理论把影响公司行为的人们分成两种：一是股东，即委托人；二是经理，即代理人。股东关注的是利润目标，而经理关注的是由收入和努力所决定的效用。产生委托代理问题的一个基本原因是实际的产出或利润不仅取决于经理的努力程度，而且取决于某个随机因素的干扰影响。如果股东无法获得经理的努力信息，在股东和经理之间就会存在信息不对称问题，这一问题的实质在于经理人员可以把低利润归结于随机因素的影响。

委托代理理论认为，公司治理结构问题是伴随着委托代理问题的出现而产生的。由于现代股份有限公司股权日益分散、经理管理的复杂性与专业化程度不断增加，公司的所有者——股东们通常不再直接作为公司的经营者，而是作为委托人，将公司的经营权委托给职业经理人，职业经理人作为代理人接受股东的委托，代理他们经营公司，股东与经理层之间的委托代理关系由此产生。由于公司的所有者和经营者之间存在委托代理关系，两者之间的利益不一致而产生代理成本，并最终可能导致公司经营成本增加的问题就称为委托代理问题。委托代理问题及代理成本存在的条件包括：①委托人与代理人的利益不一致。由于代理人的利益可能与公司的利益不一致，代理人最大化自身利益的行为可能会损害公司的整体利益。②信息不对称。委托人无法完全掌握代理人所拥有的全部信息，因此委托人必须花费监督成本，如建立机构和雇用第三者对代理人进行监督。尽管如此，有时委托人还是难以评价代理人的技巧和努力程度。③不确定性。由于公司的业绩除了取决于代理人的能力及努力程度外，还受到许多其他外生的、难以预测的事件的影响，委托人通常很难单纯根据公司业绩对代理人进行奖惩，而且这样做对代理人很不公平。

在所有权与经营权相分离的公司中，必然产生委托代理关系，为了协调这种关系，委托者必然付出代理成本。然而，代理成本低并不是代理关系成立的唯一条件，只有当代理成本小于委托人直接行使权力的决策成本，同时又小于该种代理制下委托人的收益时，代理关系才会存在和维持下去。

（二）委托代理关系

委托代理关系在本质上体现了委托人、代理人各方的经济利益关系。在委托人和代理人之间有其各自不同的经济利益，并且双方受各自的经济利益驱使，从市场进入公司，以谋求各自利益的最大化。这就不可避免地引起委托代理关系各方利益的互相冲突。为了解决这一冲突，有必要在各方关系人之间订立各种形式的契约或合同来明确各方的权利义务关系。

在公司制下，公司委托代理关系主要表现为三方关系人，即股东、债权人和经营者。各方关系人的目标函数并不一致，而股东和经营者及债权人之间的关系也构成了公司最重要的财务关系。公司必须协调这些方面的利益关系，才有可能保证有效实现公司理财的主要目标。

在公司中，委托代理关系主要表现在两个方面：一方面表现为股东与经营者之间的关系；另一方面表现为股东与债权人之间的关系。

1. 股东与经营者之间的关系

从某种意义上讲，公司就是所有者即股东的公司，财务管理的目标体现为股东的目标。股东目标是使股东财富最大化，并要求代理人即经营者以最大努力来实现这个目标，而经营者目标是增加报酬和闲暇时间，避免风险。两者之间不完全一致，甚至会背道而驰，主要表现在会产生"道德风险"和"逆向选择"：①道德风险。管理者为自己的利益不尽最大努力为公司工作，也不做什么错事，因而不构成法律和行政责任问题，只是道德问题。②逆向选择。经营者为追求自身利益目标，而背离股东利益目标。

为了防止经营者背离股东的目标，通常有两种协调方法：①监督。建立有效的信息系统，使私有信息公开化，改善代理人与委托人之间的信息分布状况。②激励。采用激励报酬计划，使公司经营者分享股东财富，如股票选择权、绩效股等。通过以上方式，监督成本、激励成本和偏离股东目标的损失三者此消彼长，并相互制约，因此股东要权衡轻重，力求使三者之和达到最小。

除了目标不一致以外，股东和经营者之间存在冲突的另一个原因是股东并不是完全控制剩余收益，所以他们不能从公司的经营行为中获得全部的利润，但是却要为这些行为负担所有的费用，如管理人员不尽职工作、将公司资源用于个人消费等。经营者这么做的原因是即使他们节省了这部分费用，他们也只能享受到一部分好处。解决这种矛盾的方式有两种：①增加经营者股份，经营者在公司中所占的股份越多，这种低效率现象就会越少；②保持经营者在公司中的绝对投资额不变，于是公司负债的增加会相对地增加经营者的股份，由此减少经营者和股东之间的冲突。

2. 股东和债权人之间的关系

股东和债权人之间之所以发生冲突，是因为订立的债务契约会刺激股东做出次优的投资决策。

债权人向公司贷入资金后，同样成为公司财务资源的重要提供者，谋求自身利益的最大化，而不谋求公司财富最大化。股东的目标是扩大经营，强调借入资金的收益性，而债权人的目标是到期收回本息，更强调货币资本的安全性。而当借款合同一旦成为事实，资金进入公司，债权人就失去了控制权。股东可以通过代理人为追求股东自身利益而伤害债权人的利益，主要表现为：①股东不经债权人同意，发行新债，使债权人承担更大风险；②股东不经债权人同意，投资于高风险项目。当股东利用债权人的资金进行高风险的投资，最终带来了远远超过债券收益的高额回报时，股东将获得其中绝大部分的利润；而如果投资失败，因为有限责任制的存在，债权人将承担最终的失败后果，这种投资带来的就是债券价值的降低。但是当债券发行时，如果债权人正确地预计到股东将来的行动，股东将替债权人承担这种代价。在这种情况下，股东从债券中能够获得的收益将会减少，这种由债券产生的，投资在减值项目上的激励成本将由发行债券的股东承担。

债权人在与股东或公司管理当局的利益制衡中，除了寻求立法保护外，通常采取如下措施和解决方法：①在借款合同中加入限制条款；②发现公司有剥夺其财产意图时，可终止合同，拒绝进一步合作，以保护债权人利益。

(三)委托代理理论需要进一步探讨的问题

(1)信息不对称。代理人的经理阶层比作为委托人的所有者更了解公司生产经营、收益和成本方面的信息，即拥有更多的"私人信息"。信息不对称是导致道德风险的重要原因，由于信息不对称，在市场交易发生的前后分别可能引发道德风险和逆向选择，致使市场机制运行的结果缺乏效率,甚至有可能造成市场不存在。

(2)责任和承担的风险不对等。在决策失误时,代理人的损失至多是失去了工作机会,而委托人则可能失去所有交给代理人经营的巨额财产。

(3)激励不相容。委托人的利益最大化与代理人之间的利益最大化存在矛盾。股东的目标是公司财富最大化,代理人则可能追求报酬、增加闲暇时间,甚至有可能为了自己的目标背离股东的利益,而表现为道德风险和逆向选择。

(4)契约不完全。在实际的交易中,由于个人的有限理性,外在世界的复杂性、不确定性,信息的不对称和不完全性,契约当事人或契约仲裁者无法证实或观察一切因素的影响,使得契约的制订和执行往往是不完全的。

公司委托代理制存在的四大难题,使得代理人既有动机,又有条件损害委托人的利益,难以保证代理人忠实地为委托人服务,可能增加代理成本、减少代理收益,委托代理制存在相当大的风险性。

委托代理理论是公司财务学理论中最基本的理论之一,它明确地指出一个公司内部及外部的各种关系,为财务关系理论的研究找到了一个适合的角度,从而使公司的所有者与经营者之间可以相互了解,并采取有效措施,来避免和减少由委托代理而产生的各种直接和间接的问题。委托代理理论还为公司治理理论、激励理论、业绩评价理论等财务理论的研究开启了一扇门,为它们提供了理论依据。

➤本章小结

现代公司制企业是社会发展到一定阶段的产物,而公司财务管理是公司为了达到既定目标,通过预测、决策、规划、控制、分析等手段对投资、筹资、营运和分配等经济活动所进行的管理,是公司管理的核心。

公司具有社会经济组织、以营利为目的、实行独立核算等特征。公司财务管理的目标是在特定的理财环境中,通过组织财务活动、处理财务关系所要达到的目的。它是公司一切财务活动的出发点和归宿,也是评价公司财务管理活动是否合理的标准,影响财务管理的内容、职能及其在公司中的地位。

公司财务管理的基本理论主要包括公司治理理论、财务治理理论和委托代理理论。公司治理的本质是要解决因所有权和经营权分离之后,产生的代理问题及委托代理制下规范不同权利主体之间责、权、利关系的制度安排,现代公司普遍存在的所有权与经营权的分离是公司治理的基础。财务治理主要是在公司制条件下,政府、出资人和经营管理者之间在财务收支管理、财务剩余索取、财务监督、财务利益分配和财务人员配置等方面划分权限,从而形成相互制衡关系的财务管理体制。委托代理理论认为,公司所有权与经营权的分离仅仅是委托代理关系的外在表现,公司所有者人力资本驾驭物质资本能力的局限性才是所有者让渡公司经营权,从而委托代理关系产生的内驱力。

➤复习思考题

简答题:

1. 公司具备哪些特征?

2. 如何理解公司财务管理的最优目标？

3. 公司治理结构是如何构成的？

4. 公司财务治理的特点有哪些？

5. 委托代理问题及代理成本产生的前提是什么？

6. 如何协调公司以筹资、用资为核心的委托代理问题？

案例分析

VEBA 公司谈股东价值

VEBA 公司是一家大型的上市公司，为了吸引社会资金，始终把股东的利益放在公司利益的首位，同时注重公司的顾客、职员、债权人和社会等方面的利益。该公司提出了一个"股东价值"的概念，强调公司的财务管理目标是千方百计地实现股东价值最大化。因此，股东价值是一个为保障公司未来成长而设计的概念。

在英国、美国的引导下，股东价值的概念在德国也取得了重要的地位。这种财务目标重点强调股东的利益，具体体现为将股东价值最大化作为公司目标。VEBA 公司把股东价值和公司的政策融为一体。在股份投资过程中，投资者完全意识到自己的角色仅仅限于资本供给者。为此，投资者期望他们的投资能够受到专业的管理，要求知道有关公司策略的全面信息，还要求公司充分揭示其经营成果，至少他们期望自己所投入的资金能在股市上获得回报。

根据股东价值目标制定公司生产经营管理的各项政策，不仅是维护股东利益的需要，而且也是保障公司生存生产的可靠基础。这是因为价值目标的采用可以保证所有的公司决策都能产生足以补偿预期商业风险的回报。一般地，只有能获得要求的回报率的经营公司才能取得财务资源。有些商业活动未能满足那些重要的目标，从而使公司价值降低，就这些商业活动而言，改进是必需的。我们的首要目标是维持公司价值的长期持续增长。因此，我们的股东导向政策并不是简单地为了制造一匹"快马"。

分析提示：

1. 如何解释 VEBA 公司提出的注重"股东价值"的财务管理目标的理论内涵，对我国企业财务管理目标的启示有哪些？

2. VEBA 公司追求的"股东价值"财务管理目标，与本章介绍的四种目标有何异同？

3. 如何理解"股东导向政策并不是简单地为了制造一匹'快马'"？

（资料来源：陈玉菁，宋良荣. 财务管理. 北京：清华大学出版社，2005。作者引用时有改动）

第二章

金 融 市 场

金融市场(financial market)是市场经济体系中必不可少的重要组成部分。它是适应社会经济发展的需要而形成和发展起来的。若要实现公司财务功能，就要认识和了解金融市场，遵循金融市场的实际操作规程并有效进行与完成财务活动。伴随着经济全球化及金融化，金融市场已逐渐成为市场机制的主导和枢纽，金融市场相对于商品市场而言具有更为重要的财务意义。

【重要概念】 资本市场　货币市场　金融市场　银行金融中介机构　非银行中介机构　利率　利率期限结构

第一节　金融市场概述

从传统观点来看，金融市场是指资金供应者和资金需求者双方通过金融工具进行交易的场所。金融市场反映了金融工具的供应者和需求者之间的供求关系，揭示了资金的集中、传递过程以及金融工具交易过程中所产生的各种运行机制。

一、金融市场的要素

构成金融市场的要素主要包括金融市场的主体、客体和组织形式。

(一)金融市场的主体

金融市场的主体是指金融市场的交易者或参与者。金融市场的主体按不同的划分标准可分为不同的类别。按照法律身份，金融市场的主体可以分为个人、企业、金融机构和政府；按照市场角色，金融市场的主体可以分为债权人和债务人、投资者和筹资者、资金供应者和资金需求者、市场交易商和市场经纪商、金融商品的买方和卖方等；按照交易目的，可分为保值者、投资者和投机者。

(二)金融市场的客体

金融市场的客体是指金融市场的交易对象——金融工具。金融工具是以货币计值的，载有金融交易条件、金融交易双方各自权利义务的金融合约，包括商业票据、国库券、大额可转让定期存单、债券、股票、期货、期权和其他借款契约等。

(三)金融市场的组织形式

金融市场的组织形式是指将金融市场的主体和金融市场的客体联系起来进行交易的方式。根据金融市场的有形市场和无形市场两种存在形态，相应的金融市场也有两种组织形式：一种是以固定场所为交易依托的组织形式；另一种是以营运网络为交易依托的组织形式。后者又存在两种不同的具体组织形式：一是公开交易的柜台市场；二是私下协议的借贷市场。

二、 金融市场的基本特征

(1)金融市场的经营对象是货币，其形态是唯一的，具有单一性。

(2)供求双方不是简单的商品买卖关系，而是借贷关系或所有权转移关系，其中借贷关系的需求者只有资金的使用权而无所有权，使用资金后必须伴随利息向供应者归还本金。

(3)金融市场可以是有形市场，如银行、证券交易所等；也可以是无形市场，如利用电脑、电传、电话等设施通过经纪人进行资金融通活动。

(4)金融市场的流动性通常要高于商品市场。一般情况下，商品市场具有较为固定的经营地点、场所和设施及经营人员，尤其是大型的批发、零售商品市场，其流动性较小，而金融市场不受地点、场所、经营人员的限制，因而流动性较大。

(5)在金融市场上，金融商品的价格不仅受供求关系变动的影响，而且还受到政治、经济、甚至投资者心理等方面因素的影响，故金融商品的价格也随之不断上下波动，由此也产生了金融风险。

(6)从经济运行角度来看，一般商品市场的活动体现了经济流程中"实质经济"的运转，而金融市场的活动则体现了经济流程中"金融经济"的运转，其最终作用是实现实物资源的有效配置和使用，从而实现社会实物财富的增长。

三、 金融市场的类型

(1)按金融市场的组织方式划分，金融市场可分为拍卖市场和柜台市场。拍卖市场，又称交易所市场，为买卖双方相互直接交锋、进行讨价还价提供了一个集中的交易场所，以此来吸引众多的买方和卖方。柜台市场，又称证券公司市场或店头市场，是以金融机构的交易柜台为依托，分散进行国际交易的营运网络市场。

(2)按金融工具的期限划分，金融市场可分为长期金融市场，又称资本市场(capital market)，是长期资金交易的场所，如跨国发行外国债券；短期金融市场，又称货币市场(money market)，是短期资金交易的场所，如跨国发行商业票据融通资金。

(3)按金融市场交割的时间划分，金融市场可分为即期市场和远期市场。即期市场是指在交易成交后的两个营业日内进行交割的市场。远期市场是指交易双方签订合同，预约购买或预约出卖特定的金融商品，并到规定的日期交割的市场。

(4)按金融交易的过程划分，可分为初级市场(primary market)和二级市场(secondary market)。前者是指从事新证券和票据等金融工具买卖的转让市场，又称做发行市场或一级市场；后者是指从事已上市的证券或票据等金融工具买卖的转让市场，又称做流通市场或次级市场。

（5）按金融市场所处的地理位置和范围划分，金融市场可分为地方金融市场、区域性金融市场、全国性金融市场和国际金融市场等。

（6）按金融工具的种类划分，金融市场可分为六大市场，即股票市场、债券市场、货币市场、外汇市场、商品期货市场和期权市场。其中，前三种市场可归为有价证券市场，因为股票、债券和货币市场的金融工具都具有筹措资金、投放资金的功能。无论从市场功能上还是从交易规模上看，这三种市场都构成了整个金融市场的核心部分。

外汇市场的交易工具主要是外国货币，这个市场具有买卖外国通货和保值投机的双重功能，但对筹措资金和投放资金这两大主要金融活动来说只是一个辅助性市场。对于以筹资或投资为目的的金融市场参加者来说，他们利用外汇市场，不过是为了最终参加其他国家的有价证券市场活动。

期货市场和期权市场的辅助性质更为突出，它们既不能筹措资金用于生产，也不能投放资金以获得利息。对于具有筹资和投资目的的金融市场参与者来说，这两个市场主要是用来防止市场价格和市场利率剧烈波动给筹资、投资活动造成巨大损失的保护性机制。因此，这两个市场又被归为保值市场。

从公司理财的角度进行分析，有价证券市场（股票、债券市场、货币市场）是一国金融市场的主体，要想进行筹资或投资活动，必须利用有价证券市场。外汇市场是一国有价证券市场和另一国有价证券市场之间的纽带，一国的投资人或筹资人要想进入另一国的有价证券市场，必须首先通过外汇市场这一环节。期货市场和期权市场是市场价格不稳定条件下有价证券市场和外汇市场的两个支点，它们提供保证金融市场稳定发展的机制。期货市场是以其金融期货与有价证券市场和外汇市场相交，期权市场的各种基础证券与其他金融市场相交。

四、金融市场的功能

（一）资金的筹集和投放

公司资金的来源主要有两种：一是筹措内部资金，如将公司税后利润用于再投资；二是筹措外部资金。根据公司对资金需求的不同性质，公司可分别向金融市场发售几种不同性质的金融工具，如股票、债券、短期商业债券等，从而吸收长短期资金。公司也可以是金融交易中的买方，通过购买各种金融工具进行长短期投资，以获得额外报酬。

（二）分散风险

在金融市场的初级交易过程中，金融资产购买人在获得金融资产出售人（生产性投资人）一部分收益的同时，也有条件地分担了生产性投资人所面临的一部分风险。这样，金融资产购买人本身也变成了风险投资人，使经济活动中风险承担者的数量大大增加，从而减少了每个投资人所承担的风险量。在期货市场和期权市场，金融市场参加者还可以通过期货、期权交易进行筹资、投资的风险防范。

(三)转售市场

金融资产的购买者可根据需要在金融市场上将尚未到期的金融资产转售给其他投资者，或用其交换其他金融资产。如果没有金融资产的转售市场，公司几乎不可能筹集巨额资金。

(四)确定金融工具的价格

金融工具购销活动的存在，导致了其定价的必要。它又会成为资金流向的信号灯或指示器，引导社会资金的重新合理分布和充分利用。

(五)金融市场提供了进行金融资源配置的机制

金融市场上存在着各种各样的金融商品，如汇率、利率、债券、股票等，这些金融商品的价格由其内在价值决定，并直接受金融市场供求关系的影响。如果金融市场上的金融商品价格发生变动，便会诱导金融市场上的资金流向，使金融资源的配置存量和配置增量在全球范围内进行调整。

(六)金融市场促进了金融工具的流动

金融市场有利于公司充分利用金融市场提供的各种金融工具来提高公司资产的流动性，增强公司的偿债能力，以便筹集到公司发展所需的巨额资金。

五、 金融市场的发展呈现出新的趋势

(一)金融市场的国际化

金融的全球化意味着资金能在国际间自由流动，金融交易的币种和范围超越国界，各国的利率水平趋于一致。金融全球化促进了国际资本的流动，有利于稀缺资源在国际范围内合理的配置，促进世界经济的共同增长。金融全球化也为投资者在国际金融市场上寻找投资机会、合理配置资产持有结构、利用套期保值技术分散风险创造了条件。

(二)融资方式证券化

融资方式证券化是指把流动性较差的资产通过商业银行或投资银行的集中及重新组合，以这些资产作抵押来发行证券，实现相关债权的流动化。融资证券化为投资者提供了更多的可供选择的新证券种类，投资者可以根据自己的资金额大小及偏好来进行组合投资。金融机构可以通过融资的证券化来改善其资产的流动性，降低资金成本，增加收入。融资证券化将不断地推动金融市场的发展，增加市场的活力。

(三)金融工具的多样化

随着经济全球化的趋势日益增强，金融衍生商品、金融交易方式、金融交易机制、金融交易规则层出不穷，呈现出多样化趋势。

（四）金融市场竞争的激烈化

金融中介机构纷纷加强合并、兼并，加强分支机构网络重组，加强目标市场调整，加强新兴市场开发和开拓，致使金融资本日趋走向集中和垄断。

（五）投资主体机构化、业务批发化

在国际金融市场的投资主体中，机构投资者越来越取代个人投资者而成为投资的主导力量。以机构投资者为主导的每笔金融交易规模越来越大，逐步取代了分散的、零星的、小规模的金融交易。

（六）交易方式电子化

交易方式电子化是指金融交易通过高度发达的电子技术和电脑网络来处理，如电子货币、金融电子凭证、网上银行等。

（七）市场体系统一化

由于世界各国金融市场的国际化、金融监管的放宽、金融工具的创新、以电子信息技术为核心的科技进步，国际金融市场在全球范围内结成了一个有机整体。

■第二节　资本市场

一、　资本市场的含义

（一）资本市场的概念

资本市场是指期限在1年以上的中长期有价证券发行和交易活动的场所。资本市场对一国经济的贡献主要体现在：它提供了一条由社会储蓄向投资转化的有效途径，并影响到一国的投资水平、投资结构、资源跨期利用乃至国民经济的持续协调增长，同时也为公司从事中长期的投资经营活动提供资金支持。

（二）资本市场的构成

资本市场是政府、公司、个人筹措长期资金的市场，包括长期借贷市场和长期证券市场。一般情况下，将资本市场视同于证券市场，主要包括债券市场和股票市场。这是因为，在资本市场的两大部分中，证券市场在大多数国家是长期融资的重要市场，同时融资证券化特别是长期融资证券化已成为金融市场发展的潮流，构成当今世界融资活动的主要特征。所以本节着重介绍股票市场和债券市场。

二、　资本市场的功能

资本市场的主要作用是为公司创建、扩充更新改造设备等长期项目提供资金，以及

为政府用于公用事业投资和保持财政收支平衡提供长期资金。由于它的期限比较长，金融工具的流动性比较低，因此该市场的风险相对较大。

　　资本市场是为政府和公司提供长期债务和股票融资，从而促进资本的形成，增强长期投资的流动性。资本市场方便了公司和政府部门筹集长期资金，促进社会闲散资金的集中和向生产资金转化；同时资本市场对于融资者来说，可以获得较大数量的资本扩大再生产，对于投资者来说，可以在多种投资项目中选择，以达到收益、安全、流动的最佳组合。

　　资本市场出现以后，由于公司的股份证券化了，每股的股本单位划小了（如每股 1元），而证券又可以在资本市场流通，这就使得资本的社会化和公众化极大地发展起来，众多的公众都可以通过证券市场参与投资，购买公司的股票，成为公司的股东。这样，资本市场极大地拓宽了公司的融资渠道。在资本市场上，股份的证券化大大便利了资本的流动，从而也便利了在市场竞争的作用下通过股价的波动和资源的流动、公司间的收购兼并和优胜劣汰，使资源的配置得以优化。

三、　中长期借贷市场

　　公司参与中长期借贷市场往往是为了筹集长期资金进行固定资产投资，中期和长期贷款主要由银行提供，被看成是分期贷款。它们的延续时间在 1～10 年，通常以等量的周期性分期付款方式偿还，分期偿还额里包括贷款补偿及贷款利息，这项偿还计划被认为是一笔年金。公司与银行签订贷款协议，详细规定同贷款有关的重要事项。在提供中长期贷款时，银行可能对贷款的运用与偿还进行监督，以确保其使用符合贷款协议的规定。与大多数短期贷款相反，分期贷款必须要有担保支持，也就是说，公司必须提供给贷方一定量的资产以保证贷款的安全性。

　　中长期贷款通常采用浮动利率，每 3 个月或每 6 个月调整一次，根据贷款协议规定的基础利率再加上一定的附加利率计算得出。除了贷款利率以外，公司往往还要支付管理费、杂费等。

四、　股票市场

（一）股票市场概述

　　股票市场是证券市场的重要组成部分，它是从事股票发行和买卖的场所，包括发行市场和流通市场。公司通过发行股票筹集的资金是公司的自有资本，而且永远不需还本。因此，股票市场对公司融资具有特殊的意义。

　　（1）股票发行市场，是指发行人直接通过中介机构向投资者出售新发行的股票。股票发行市场是通过发行新的股票筹集资本的市场，它一方面为资金的需求者提供了筹资的渠道，另一方面为资金的供应者提供了投资的渠道。股票的发行市场又被称为一级市场。

　　（2）股票交易市场也称二级市场、流通市场，是投资者之间买卖已公开发行并且已经上市的股票的场所。这一市场最基本的功能是提供流动性，使出资者能将所持有的具有非返还性的股票转让出去。另一个重要功能是通过"用手投票"和"用脚投票"的机制，优化对股份公司控制权的配置。股票的交易市场为原投资者提供了随时变现的机会，同时为新投资者提供了投资机会。

大部分股票市场有固定的交易场所——证券交易所，如我国的上海证券交易所和深圳证券交易所。股票交易最早出现在欧洲，1773 年在伦敦成立了第一家股票交易所。在美国，纽约股票交易所的正式成立是在 19 世纪初。现在所有经济发达的国家均拥有多家规模庞大的证券交易所。

(二)股票市场的功能

(1)优化资源配置。投资者通过及时披露的各种信息，投资于经营业绩好、管理高效的公司的股票，推动其股票价格上扬，为上市公司利用股票市场进行资本扩张提供了良好的外部环境。而经营业绩不好、管理不佳的公司将会被投资者所抛弃，难以取得上市资格或继续筹集资金。这实际上是利用市场的力量引导资金流向优质的公司，从而起到优化资源配置的作用。

(2)筹资和投资。上市公司通过股票市场发行股票来为公司筹集资本。上市公司发行股票的通常做法是委托给证券承销商，证券承销商在股票市场上代为发行股票给投资者。而所有者通过股票的发行，资本就从投资者手中流入上市公司。同时投资者可以通过在股票市场购买股票实现投资的目的，从而分享经济增长和公司业绩带来的好处。股票市场为投资者提供了一个广阔的投资渠道。

(3)衡量公司价值。股票的价格由股票的供求关系决定，需求增大，供给减少，股价则上涨；供给增大，需求减少，股价则下跌。从理论上看，如果股票市场是有效的，股票的交易价格就是股票的价值，也代表市场对股票发行公司的价值判断。

(4)帮助所有者监督公司的管理层。一个公司(指上市公司)的股票价格通常可以反映该公司的管理水平。在成熟的市场上，公司的管理层普遍注重自己公司的股票价格。因为普通投资者可以在二级市场上用抛售股票的方式否定管理层的业绩，同时因为管理问题而导致的股票价格下跌的公司，有时也是其他公司的兼并对象，一旦被兼并，管理层将会被换掉。所以管理层会时刻注意股票市场的反应，因此股票市场间接发挥了监督公司管理层的作用。

(5)分散公司投资风险。在股票发行市场上，公司在筹集资金的同时也将公司的部分风险转移给了投资者；而在流通市场上，投资者可以根据自己的风险偏好选择不同的股票组合，通过投资组合来分散风险。

五、 债券市场

(一)债券市场概述

债券市场是证券市场的又一重要组成部分，是公司发行债券和买卖各种债券的场所。它分为发行市场(一级市场)和流通市场(二级市场)，发行市场是基础，它为流通市场提供交易对象，流通市场使已发行的债券具有流动性，二者相辅相成。

债券的发行过程和方式与股票发行类似，不同之处是公司债券的发行有发行合同书，它是说明公司债券持有人和债券发行人双方权益的法律文件，由受托管理人（银行或信托机构）代表债券持有人利益监督合同书中各条款的履行。在债券的发行过程中为了向社会众多投资者提供投资选择的参考依据，发行市场中还专门推行债券的信用评级制度，这是权威性的信用评级机构通过对债券发行公司的综合考察所评定的质量级别，它表明债券到期偿还本息的保证程度。

债券的流通市场与股票流通市场的运行机制类似，债券的流通市场通常也分为场内市场（证券交易所）和场外市场两部分。在证券交易所申请上市的主要是公司债，国债一般不用申请而享有上市豁免权。在债券总量中大部分属于非上市债券，因此大多数债券交易是在场外交易市场进行的，这是债券流通市场的主要形态。

（二）债券市场的功能

（1）融资功能。债券市场是一个政府、金融机构、企业集资投资和居民个人进行证券投资的极好场所，它作为金融市场的一个重要组成部分，具有调剂闲散资金、为资金不足者筹集资金的功能。与股票市场一样，债券市场为资金需求者提供了一个直接融资的渠道。

（2）定价功能。债券的流通市场为已发行的债券提供流动性，并具有决定交易价格的功能。发达的流通市场使已经发行的债券可以随时转手出让。通过交易所竞价和证券商挂牌，债券的交易价格通过供求关系的调节不断趋于平衡。

（3）宏观调控功能。中央银行作为国家政策的制定与实施者，主要依靠存款准备金、公开市场业务、再贴现和再贷款等政策工具进行宏观金融调控。各国中央银行经常利用证券市场来实施其货币政策，其中公开市场业务就是中央银行通过在证券市场上买卖国债、发行央行票据、调节货币供应量以实现间接宏观调控的有效渠道。

（4）资金流动导向功能。效益好的公司发行的债券通常受到投资者的欢迎，因而利率低、筹资成本小；相反，效益差的公司所发行的债券风险相对较大，受投资者欢迎程度较低，筹资成本较大。因此，债券市场可促使资金向优势公司集中，同时也使得有实力的公司实现扩大规模的目的。

■第三节　货币市场

一、货币市场概述

（一）货币市场的含义

货币市场是指资金借贷期限在一年以内的交易市场。由于该市场所容纳的金融工具主要是政府、银行及工商企业发行的短期金融工具，具有期限短、流动性强和风险小的特点，在货币层次划分上被置于现金和存款之后，被称为准货币，所以将该市场称为"货币市场"。

货币市场是高流动性短期债务工具的交易市场，是金融市场的重要组成部分。货币市场为参与者提供流动性头寸，以满足其对临时性、周转性资金的需求。在该交易市场进行交易通常使用短期信用凭证。这些信用凭证的期限最短可能只有一天或者数小时，最长可达 1 年，一般在 3～6 个月。全世界最大的货币市场是纽约和伦敦的货币市场。

(二)货币市场的参与者

(1)中央银行。中央银行通常采取在公开市场买卖有价证券、办理再贴现、再贷款等形式为市场融通资金。

(2)商业银行。商业银行不仅交易量大，而且采用的金融工具最多，是市场最活跃的部分，对资金的供求与利率的浮动影响很大。

(3)其他非银行金融机构。这些金融机构虽然经营中长期资金，但有相当部分的短期证券，也为市场提供了一定量的资金。

(4)财政部。为了解决临时短期国库支出的需要，财政部也会在货币市场中发行短期国债。

(5)企业。企业是由于生产的季节性、利润分配的定期性、销售收入的集中性以及建设资金使用的分期性等原因，形成了企业资金的暂时闲置或空缺，通过购入或出售有价证券向市场注入资金或从市场获取资金。

(6)个人。个人收入中暂时结余的部分货币也可购买短期债券。

(三)货币市场的特征

我国的货币市场始于 1984 年，开始建立同业拆借市场。经过 30 年的建设与完善，我国统一的货币市场格局已初步形成。货币市场具有以下几个明显的特征。

(1)货币市场是一个无形的市场。货币市场没有固定、统一的集中交易场所，通常是由借款者、贷款者、经纪人或交易商等货币市场的参与者通过遍及全国和全球的计算机、网络等通信工具所连接的市场。

(2)货币市场是短期性的、高流动性的交易市场。在货币市场上交易的金融工具不是所有权凭证，而仅属于债权凭证。这些凭证的期限不超过 1 年，易于在短时间内变现。

(3)货币市场金融工具风险小、收益低。货币市场金融工具都是短期的，影响金融工具价格发生变化的因素在短期内一般不会出现太大的波动，因此短期金融工具价格波动的风险比较小；同时参与货币市场交易的大多都是信誉较高的机构，违约风险较低，所以收益也较低。

(4)货币市场是一种批发市场。由于货币市场的大多数交易是在机构之间进行的，交易额极大，周转速度较快，一般投资者难以涉足，机构投资者深谙投资技巧，因而能在巨额交易和瞬间变幻的行情中获利。

(四)货币市场的构成

货币市场主要由同业拆借市场、回购协议市场、商业票据市场、国库券市场、大额可转让定期存单市场、短期存贷市场六个市场构成。本节介绍几个主要的货币市场。

二、　货币市场与资本市场的区别

(1)期限的差别。货币市场上一般交易的是 1 年以内的金融工具，最短的只有几日甚至几小时；而资本市场上交易的金融工具均为 1 年以上，最长可达数 10 年，有些甚至无期限，如股票。

(2)风险程度不同。货币市场的信用工具期限短，因此流动性高，价格不会发生剧烈变化，风险较小；资本市场的信用工具期限长，流动性较低，价格变动幅度较大，风险也较高。

(3)作用不同。货币市场所融通的资金大多是公司的短期周转资金；而在资本市场上所融通的资金大多是用于公司的创建、更新、扩充设备和储存原料；政府在资本市场上筹集长期资金则主要用于兴办公共事业和保持财政平衡。

三、　货币市场的功能

(1)货币市场利率可以作为"基准利率"。由短期资金的供求关系决定的资金价格(即利率)具有市场化利率的特征。该利率对于确定其他债务性金融工具和银行存贷款的利率具有重要的参考价值。

(2)为短期资金融通提供了渠道。货币市场的各种短期金融工具和借贷活动为经济部门的闲置资金提供了运用渠道，又为缺乏支付能力的部门提供融通资金的机会和将其他形式的金融资产迅速转换为现金资产的条件。

(3)为中央银行实施货币政策提供条件。中央银行通过参与货币市场短期金融工具的交易进行公开市场业务操作，从而实现货币政策。因此，货币市场是国家当局调节货币供应量和信用规模的重要渠道和操作平台，其完善程度直接决定了中央银行货币政策的实施效果。

四、　同业拆借市场

(一)同业拆借市场的含义

同业拆借市场是指经营性的金融机构之间相互借贷短期资金的市场。它主要表现为银行同业之间买卖在中央银行存款账户上的准备金余额。同业拆借资金主要用于弥补存款准备不足、票据清算的差额和解决临时性周转资金的需要。同业拆借市场的参与者为商业银行以及其他各类金融机构。拆借期限很短，有隔夜、7 天、14 天，最长不超过 1 年。

我国同业拆借市场是在 1996 年 1 月联网试运行的，其交易方式主要有信用拆借和回购两种方式。由于同业拆借市场是我国规模最大的一种货币市场，因此该市场也成为中国人民银行进行公开市场操作的场所。

(二)同业拆借市场的主要特点

(1)同业性。有资格参与拆借市场交易的成员，都是经过金融监管当局批准的经营金融业务的商业银行或其他金融机构。

(2)短期性。同业拆借款项的期限很短，大多为一天，而同业借贷的期限相对长一些。

(3)无担保性。因拆借时间短，又是在资信状况较高的银行同业之间进行，因此同业拆借通常以信用作保证，无需抵押。

(4)交易额较大。同业拆借主要是适应金融机构之间的融资需要，一般都是大额融资，单笔交易数额较大。

(5)利率的信号指示作用。同业拆借利率代表了金融市场主体取得批发性资金的成本，直接反映资金市场的资金供求情况。

这种市场是金融中介机构间相互进行短期的、临时性的头寸调剂交易活动场所的总称。现在同业拆借市场不仅作为同业调整储备的市场，而且成为扩大资产业务的手段，增大了资金来源。

五、 回购协议市场

(一)回购协议的含义

回购市场是指通过回购协议进行短期资金交易的场所。回购协议是指证券的卖方在出售证券的同时，和证券购买者签订的在一定期限后按原定价格或约定价格购回所卖证券的协议，证券的出售者由此可获得使用的资金。从买方的角度来看，它是一种逆回购协议。

从本质上说，回购协议是一种抵押贷款，其抵押品为证券。对一些有盈余的非金融公司来说，采用回购协议的方法可以避免对放款的管制。期限较长的回购协议还可以套利，即在分别得到资金和证券后，利用在一次购回之间的价格进行接触或投资，以获取短期利润。

(二)回购协议市场交易的作用

(1)为回购方提供了一种有效的筹资方式，使回购方可以避免因急于变现而在市场低迷的情况下放弃优质债券的损失。

(2)中央银行可以通过回购协议的方式在市场上进行公开市场业务的操作，配合中央银行货币政策的实施，达到宏观调控的目的。

(3)对于非金融机构的公司、政府等部门来说，采用回购协议的方式可以避免国家对于放款的行业限制，从而更有效地实施流动性管理，实现资产结构的合理化与资产质量的高效化。

六、 商业票据市场

(一)商业票据承兑市场

承兑是指汇票到期前,汇票付款人或指定银行确认票据记载事项,并在票面上做出承诺付款并签章的一种行为。汇票之所以需要承兑,是由于债权人作为出票人单方面将付款人、金额、期限等内容记载于票面,从法律上讲,付款人在没有承诺前不是真正的票据债务人。经过承兑,承兑者就成了汇票的主债务人,因此只有承兑后的汇票才具有法律效力,才能作为市场上合格的金融工具转让流通。由于承兑者以自己的信用作保证,负责到期付款,故若委托他人或银行办理承兑,需支付承兑手续费。承兑之后的票据,就为贴现市场提供了符合条件的信用工具。

(二)商业票据贴现市场

票据贴现市场亦称票据转让与流通市场,是票据经过背书、承兑、贴现、再贴现来实现买卖流通活动的关系总称,它是货币市场的重要组成部分。公司可以通过签发商业票据,获取短期信用,对于收到的票据,可通过转让、贴现等方式取得现款。这一市场是公司实现营运资金的一条重要渠道。

贴现是银行的传统业务之一,对公司和银行两方均有好处。通过贴现,公司获得了所需资金,便于公司的生产和经营,可以为公司解决一些资金周转的难题。银行通过贴现获得了利息。在经济发达的国家,贴现业务量占短期放款的比重很大,所以票据贴现市场在整个货币市场中处于重要地位。

七、 国库券市场

(一)国库券的含义

国库券是中央政府发行的期限不超过 1 年的短期债券,是货币市场上的重要融资工具。中央政府发行国库券的主要目的在于筹措资金,拓宽财政资金来源渠道,当中央政府的年度预算在执行过程中发生赤字时,国库券筹资更是一种经常性的手段。

(二)国库券市场的特征

国库券无违约风险,流动性强,能在交易成本较低及价格风险较低的情况下迅速变现。同时,由于国库券收入免缴个人所得税,净收益较高,因此对投资者的吸引力较大。

(三)国库券的发行和流通

国库券的发行利率主要受到市场资金的供求关系、中央银行的货币政策目标、物价水平、国库券的发行期限与规模等多种因素的综合影响,是货币市场中短期资金供求关系的很有代表性的短期利率,是中央银行货币政策中重要的操作目标。在国库券的流通市场上，市场的参与者主要有中央银行、商业银行、券商、公司和个人投资者。

八、 大额可转让定期存单市场

大额存单市场是指大额可转让定期存单的发行、转让所形成的市场。大面额可转让定期存单(negotiable certificates of deposit，NCDS)，定期存款的存款者不能因需用资金而随时任意提取存款，银行只在定期存款到期时才付给储户利息和本金。大额存单通常可以转让，也就是说，如果存单持有者在存单到期前需要现金，可将存单转售于其他投资者。短期大额存单市场的流动性很强，但到期日在六个月或以上的大额存单，其流动性会大大下降。

大额可转让定期存单市场产生于 20 世纪 60 年代的美国，是一些商业银行为避开监管当局的严格管制而创造的新型金融工具。其因本身固有的特点，从形成伊始就成为货币市场中一种重要的金融工具，并使银行的市场筹资能力有了很大改善。在这一市场上，发行人往往是大银行，而投资人主要为银行、非银行金融公司、企业、政府机构等。由于其可自由转让，且利率较高，因此对公司亦有吸引力。

九、 短期存贷市场

短期存贷市场是指交易期限在 1 年以下的存贷市场。短期贷款业务一般在银行办理，由借款双方直接交涉，确定期限、数量、担保条件等。短期贷款的利率比长期贷款利率低，它的波动能灵敏地反映市场资金供求的变化。

银行贷款，尤其是短期贷款，是债务资本的主要来源。如果一个公司无法进入债券市场，银行贷款就是借入资金的唯一来源了。需要为营运资金需求的季节性增长筹集资金的公司通常会求助于短期银行贷款。公司的营运资金管理时刻离不开短期存贷市场。公司的现金资产中，很大一部分以银行活期存款的形式存在。而当流动资金不足时，则需筹借短期贷款进行弥补。

■第四节　中介机构

一、 中介机构概述

(一)中介机构的含义

金融市场的中介机构是指对资金供给者吸收资金，再将资金对资金需求者融通的媒介机构，是从事金融活动及为各类金融活动提供服务的。为达成中介的功能，金融中介机构通常发行各种次级证券，如定期存单、保险单等，以换取资金。

(二)中介机构的特征

金融中介机构的特征为：①金融市场中介机构是为市场经济部门提供融资、投资等服务的金融机构。②金融市场的中介机构通过提供金融服务产品而成为一种特殊的公司和行业。③金融市场中介机构的经营活动具有内在的风险性，而且对国民经济影响巨大。

(三)中介机构的作用

金融市场中介机构具有如下作用：便利支付结算；促进资金融通；降低交易成本；改善信息不对称，同时保护市场主体的合法权益；维护金融市场公平竞争的秩序和环境；加快市场交易活动，促进交易活动的顺畅；改进市场主体的决策和管理，进行制度创新等。

金融中介机构在金融市场上起着关键作用，它既创造发行金融工具，也在市场上购买各种金融工具；既是金融市场的中介人，也是金融市场的投资者、货币政策的传递者和承受者，所以金融市场中介机构在金融市场上扮演着不可替代的角色。

(四)中介机构的分类

(1)根据金融中介的业务性质和在金融活动中发挥的作用可分为：融资类中介机构，是为资金供需双方提供融资服务的；投资类中介机构，是为证券市场投资者和融资者服务的；保险类中介机构，是为投保人或其受益人提供风险保障的；信息咨询类中介机构，是为公司和社会进行投融资服务的。

(2)按照金融机构的管理地位不同，分为金融监管机构和接受监管的金融公司。

(3)按照是否能够接受公众存款，分为存款性金融中介机构与非存款性金融中介机构。

(4)按照是否属于银行系统，可分为银行和非银行金融中介机构。

二、 银行金融中介机构

(一)中央银行

中国人民银行是我国的中央银行，它是国家控制与调节货币流通和信用的中心机构，是我国金融体系的核心。中央银行是银行业发展到一定阶段的产物，并随着国家对经济生活干预的日益加强而不断发展和强化。中央银行虽然名为银行，但并不从事真正的货币信用业务，也不面向社会公众。由于中央银行对金融市场的调控方式和力度会直接影响到货币供应量、资金供求关系、利率、汇率、证券价格、证券指数等的变动，这些变动又会直接或间接地影响到金融市场中各主体的经济利益，从而对公司筹资、投资和盈利分配等各个理财环节产生全面的影响。因此，从事公司理财工作必须要关注中央银行各种政策，特别是货币政策的变化，并评估这些变化对公司理财的影响，以便有针对性地采取措施，确保公司理财目的的实现。

(二)政策性银行

政策性银行是指由政府设立的、专门从事某一方面的政策性货币信用业务的、不以营利为目的的金融机构。我国目前有国家开发银行、中国农业发展银行和中国进出口银行三家政策性银行。国家开发银行是负责筹措和引导社会资金，对国家基础设施、基础产业、支柱产业的大中型建设和技术改造项目办理政策性金融业务的银行。中国农业发展银行是负责筹集农业政策信贷资金、办理国家规定的农业政策性金融业务、代理财政性与支农资金拨付的政策性银行。中国进出口银行是执行国家产业政策和外贸政策，为机电产品成套设备等资本性货物进出口办理政策性金融业务的银行。

政策性银行与商业银行相比，其特点在于：不面向公众吸收存款，而以财政拨款和发行政策性金融债券为主要资金来源；其资本主要由政府拨付；不以营利为目的，其经营要考虑国家的整体利益和社会效益；其服务领域主要是对国民经济发展和社会稳定有重要意义，而商业银行出于营利目的不愿介入的领域；一般不普遍设立分支机构，其业务由商业银行代理。但是政策性银行的资金并非财政资金，也必须有偿使用，对贷款进行严格审查，并要求还本付息、周转使用。

(三)商业银行

商业银行也称存款银行，是各国金融机构体系中的骨干力量，商业银行是指以获取利润为目的，以吸收公众存款、发放短期和中长期贷款、办理国内外结算和票据贴现、发放金融债券、代理发行和代理承兑政府债券、承销和买卖政府债券、从事同业拆借、代理买卖外汇、提供保管箱等为其业务的，具有法人资格的金融机构，是我国金融体系的主体。目前我国的商业银行根据其性质可分为国有(或国有控股)商业银行、股份制商业银行、城市商业银行、外资银行、中外合资银行、国外银行和准商业银行(指信用合作社)。

近年来，商业银行的传统特征和分工界限已被突破并趋向全能化、综合化经营。变化的原因在于：在金融业的竞争日益激烈的条件下，商业银行面对其他金融机构的挑战，利润率不断降低，迫使它们不得不从事各种更广泛的业务活动；资金来源结构发生变化，可以获得大量长期资金进行长期信贷和投资活动等业务。在这样的形势下，国家金融管理当局也逐步放宽了对商业银行业务分工的限制。

三、 非银行中介机构

(一)经营中介机构

1. 保险公司

保险公司是专门从事财产和人寿保险以及再保险业务的金融机构。它的基本业务是向参与保险的公司和个人收取保费，并将收取的保费用于投资增值，当保险合同中所约定的事件发生时，向投保人支付投保时所约定的赔付金额。对公司而言，参与保险主要是为了控制风险，弥补可能发生的意外损失，特别是使公司在遇到特大意外灾害时也能持续经营下去。公司也可以利用保险所派生的投资功能，在控制风险的同时获取适当的投资收益。

2. 信托投资公司

信托就是委托人基于对受托人的信任，将财产转移给受托人，受托人按照委托人的意愿并以自己的名义，为收益人的利益或特定目的，管理、处分信托财产的行为。目前我国信托公司的业务主要有以下四类:一是信托投资业务。这类业务按资金来源可分为信托投资和委托投资两大类。信托投资是指信托公司运用自有资金和组织的信托存款,以及发行公司股票、债券等筹集的资金,直接向公司或项目进行投资。委托投资则是信托投资公司接受委托人或机构的资金,对投资项目的资金使用负责监督管理,以及办理投资项目的收益处理等。二是代理业务。代理业务包括代理保管、代理受托、代理有价证券的发行和买卖、信用担保等内容。三是租赁业务。信托公司的租赁业务主要是融资性质的租赁业务。四是咨询业务。咨询业务包括资信咨询、项目可行性咨询、投资咨询和金融咨询等。

3. 财务公司

我国的财务公司是由公司集团内部各成员单位入股,向社会募集中长期资金,为公司技术进步服务的非银行金融机构。它是实行自主经营、自负盈亏、自求平衡、自控风险、独立核算、照章纳税的公司法人。财务公司在业务上受中国人民银行的领导、管理、监督和稽查,在行政上则归属于各集团公司。财务公司的业务范围被限制在本集团公司之内,不得在公司集团之外吸收存款和发放贷款。

4. 金融租赁公司

金融租赁公司是办理融资性租赁业务的专业金融机构。它的业务范围为:一是融资租赁业务,包括承办国内外各种机电设备、交通运输工具、仪器仪表等动产机器附带的先进技术的租赁业务、转租业务以及对出租资产残值的销售处理业务;不动产租赁业务;国内服务性租赁业务;与租赁有关的产品进出口业务;担任租赁业务的资信调查、咨询服务;对所属联营公司、营业部、代理部进行经济担保等。二是吸收人民币资金,包括财政部门委托投资;公司主管部门委托投资或贷款的信托资金;保险机构的劳保基金;科研单位的科研基金;各种学会、基金会的基金等。三是办理经中国人民银行批准的人民币债券发行业务。四是办理外汇业务,包括境内外外币信托存款;境内外外币借款;在国内外发行或代理发行有价证券、外汇担保业务等。五是办理经中国人民银行、国家外汇管理局、外经贸部批准的其他业务。

(二)服务中介机构

1. 证券交易所

证券交易所是商品经济发展的产物。随着商品经济的发展和现代工业革命的进行,股份制公司不断出现,股票、债券等有价证券的发行规模越来越大。为适应有价证券转让的需要,增强股票、证券的流通性,证券交易所应运而生并日益发展和完善。

在我国,设立证券交易所由国务院证券监督管理机构审核,由国务院批准。交易所的设立必须制定章程,交易所的解散,应经中国证券监督管理委员会(简称中国证监会)审核同意后,报经国务院批准。证券交易所的组织形式一般分为公司制和会员制。

证券交易所的职责主要是:为组织公平的竞价交易提供保障;办理股票、公司债券的暂停上市、恢复上市或终止事务;可采取技术性停牌、临时停市措施;对信息披露进行监控和监督;筹集并管理好证券风险基金。此外,证券交易所应制定其业务规则,接受上市申请、安排证券上市及设立证券登记结算机构。

2. 证券登记结算机关

证券登记结算机关是为证券交易提供集中的登记、托管与结算服务的中介服务机构，是不以营利为目的的法人单位。

证券登记结算机构的职能主要有：为客户设立证券账户的结算账户；为客户办理证券的托管和过户；进行证券持有人名册登记；证券交易所上市证券交易的结算和收缴；受发行人的委托派发证券权益；办理与上述业务有关的查询；办理国务院证券监督管理机构批准的其他业务。

3. 基金管理公司

基金吸收许多投资者的资金，根据投资者的不同愿望，将其资金分别投资于各种金融资产，聘请有经验、有专门知识的专家，从事分散风险的投资并对证券组合进行妥善的管理，为投资者谋取最高的收益。基金管理公司相当于委托人，将筹集来的资产交给作为受托人的保管公司保管，本身只负责基金的投资营运操作和管理，向保管公司下达投资的买卖指令，而不实际经手基金资产。

基金管理公司的职能：按照基金契约规定运用基金资产投资并管理基金资产，及时、足额向基金持有人支付基金收益，保存基金会计账册，编制基金财务报告，及时公告并向中国证监会报告，计算并公告基金资产净值及每一基金单位资产净值。

4. 证券业监督管理机构和证券业协会

根据我国《证券法》规定："国务院证券监督管理机构依法对证券市场实行监督管理，维护市场秩序，保障其合法运行。"

证券业协会是证券业的自律组织，是社会团体法人，成立于 1991 年 8 月 28 日，总部设在北京。它分为团体会员和个人会员。团体会员为证券公司，个人会员只限于证券市场管理部门有关领导以及从事证券研究业务工作的专家，由协会根据需要吸收。

5. 其他服务中介

其他中介机构是介于政府与市场主体——公司之间、商品生产者与经营者之间以及个人与单位之间，从事咨询、协调、评价等服务活动的机构和个人。其主要包括会计师事务所、律师事务所、投资咨询机构、资产评估公司、证券资信评估机构等。

(1)会计师事务所的主要业务职责是验资、资产评估、财务审计、财务资信评价、财务顾问咨询和培训等。

(2)律师事务所的业务主要包括：在公司进行登记时、在公司运作过程中、在公司发行债券时、在公司进行并购或重组或资产证券化过程中，协助公司制作或审定有关文件的合法性，并使之合法化；担任公司的法律顾问，向公司提供法律意见和其他服务；提供法律咨询意见，帮助培训有关的法律工作人员。

(3)资产评估机构是运用科学的方法，按法定的程序对资产价值进行评定和估量的社会中介机构。它是社会公证性服务机构，实行自主经营、自负盈亏、独立承担法律责任。它在市场经济中发挥着服务、沟通、公证和监督的作用，对所评估的资产提供准确的资产价值量，是它最基本的服务功能。

(4)证券、期货投资咨询机构是依法经主管部门许可设立的，对普通证券投资者、证券交易者和证券发行者的投资交易和筹资活动提供咨询服务的专业机构。该机构主要的评估内容有行业风险、市场竞争力、经营效率、管理水平、资产质量、信用质量、申请者发展前景预测。

(5)证券资信评估机构是运用一系列的科学方法对公司或证券的信用等级进行评价的社会公证机构。它是一个中立性的公司法人，独立、超脱于证券市场管理者、发行者和投资者之外，以保证其客观性、公正性、独立性、科学性和权威性。市场经济本身就是一种信用经济，资信评估起源于信用分析，萌发于债券评级，发展于金融市场，作用于风险管理。

■ 第五节　利率

一、利率概述

(一)利率的概念与种类

利息率(rate of interest)简称利率，是一定时期内利息额同借贷资金额的比率，即资金的增值额同投入资金价值的比率。从资金的借贷关系角度来看，利率是借贷资金双方在发生信用关系时所使用的一种交换价格，它既是资金所有者暂时将资金使用权让渡给使用者收取的报酬，也是资金需求者使用资金所必须付出的代价。

利率是衡量资金增值程度的一个重要指标，在公司理财中发挥着重要的作用，也是国家对经济实施宏观调控的重要杠杆，为掌握利率变动的规律，应掌握利率的种类等有关基本问题。

利率按不同的标准可以划分为多种类别，常见的利率种类有以下几种。

1. 按投资者取得的报酬情况可分为实际利率和名义利率

(1)实际利率(reality interest rate)。它是指在物价不变情况下的利率，或是在物价变化时扣除通货膨胀补偿率后的利率。

(2)名义利率(nominal interest rate)。不考虑物价上涨对利息收入影响时的利率。在一般情况下，名义利率都高于实际利率，两者之间的关系如下：

$$i = k - p \tag{2-1}$$

其中，k 为名义利率；i 为实际利率；p 为通货膨胀补偿率。

计算实际利率还有一种方法，它考虑了在通货膨胀时期本金和利息都会受到影响，这种方法比式(2-1)精确。其计算公式为

$$i = (k - p)/(1 + p) \tag{2-2}$$

例如，假设一年期储蓄存单的利率为9%，通货膨胀补偿率为4%，用式(2-1)计算实际利率为 $i = 9\% - 4\% = 5\%$，而用精确公式(2-2)计算，其实际利率为 $i = (9\% - 4\%)/(1 + 4\%) = 0.0481$，即4.81%。不过在通货膨胀较弱或计算连续复利情形时，近似公式还是比较准确的。

2. 按利率之间的变动关系可以分为基准利率和套算利率

(1)基准利率(basic interest rate)，又称基本利率，它是指在多种利率并存的条件

下起决定作用的利率。这种利率的变化将对其他利率的变化产生直接的影响。基准利率在西方通常是中央银行的再贴现利率，在我国是中国人民银行对商业银行贷款的利率。

（2）套算利率（cross interest rate）。它是各金融机构根据基准利率和借贷款项的特点而换算出的利率。例如，某金融机构规定，贷款 AAA 级公司的利率应在基准利率的基础上加 0.5%，则 AAA 级公司的贷款利率为 8.5%。

3. 根据利率变动与市场的关系可分为市场利率和官方利率

（1）市场利率。市场利率是随市场上货币资金的供求关系而变动的利率，通过竞争而形成。

（2）官方利率。它是指由政府金融管理部门或中央银行确定的利率，又称法定利率，是国家进行宏观调控的一种手段。

4. 根据利率是否随市场资金供求关系变化可分为固定利率和浮动利率

（1）固定利率。它是指借贷期内固定不变的利率。这种利率对借贷双方来说，虽然可以较方便地确定成本和收益，但当存在通货膨胀时，会使债权人利益受到损失。

（2）浮动利率。它是指在借贷期间可以根据市场变化进行调整的利率。它的调整要依据权威的短期利率，调整期一般为半年，可以减少市场变化的风险。采用浮动利率可减少债权人的损失，但计算手续繁杂，工作量较大。

二、 利率的构成

从影响利率的因素考虑，一般而言，资金的利率由三个部分构成，即纯利率、通货膨胀补偿和风险报酬。其中风险报酬又包含三个具体内容，即违约风险报酬、期限风险报酬和流动性风险报酬。这样，利率构成的一般公式即表达如下：

$$K = K_f + I_p + M_p + L_p \tag{2-3}$$

其中，K 为固定收入证券的名义利率；K_f 为实际无风险利率，即在零通货膨胀经济环境中，代表投资者对无风险的固定收入证券所要求的报酬率（一般以政府长期公债利率表示）；I_p 为通货膨胀补偿率；M_p 为到期风险报酬率；L_p 为流动性风险报酬率。

（1）实际无风险利率，或称纯利率，是指没有风险和没有通货膨胀情况下的均衡点利率，也可以表达为：在一个没有通货膨胀的世界，一年期中央政府债券的利率。影响纯利率的基本因素是资金的供求关系。因此，纯利率也并非固定不变的，而会随资金供求的变化而不断变化。实际无风险利率并不是静态的，它会随经济情况的改变而调整，特别是公司及其他借款人逾期生产性资产所能赚得的报酬率，以及人们对现在或未来消费的时间偏好。借款者对实质资产投资的预期报酬，构成了他们对能借入资金支付报酬率的上限；而储蓄者对消费的时间偏好则决定其要延迟多久消费，因而不同的利率水准会决定他们所愿意贷放出去的资金数量。

（2）通货膨胀补偿率。在存在通货膨胀的情况下，由于通货膨胀会使货币的实际购买力受损，同时降低投资的实际报酬率，因此货币资金的供应者在通货膨胀条件下就必然要求提高利率水平，以补偿其货币购买力损失。所以，无风险证券的利率，需在纯利率之外加上通货膨胀贴水。实际无风险利率加上通货膨胀补偿率，即为名义无风险利率。

假设纯利率为5%，预计下一年度的通货膨胀率为4%，则一年无风险证券的利率应为9%。必须指出的是：计入利率的通货膨胀率，并不是过去实际的通货膨胀率水平，而是对未来通货膨胀率水平的预期值。因此，如果需要预期两年或两年以上的通货膨胀率，则应该取其平均值，即用各年通货膨胀率预期值之和除以年数，来计算平均的通货膨胀率预期值。例如，假设20×1年年底纯利率为5%，预计20×2年、20×3年、20×4年各年的通货膨胀率分别为2%、3%和4%，则三年平均的通货膨胀率即为5%＋(2%＋3%＋4%)÷3。这样，考虑了预期通货膨胀后的三年无风险证券利率为8%。

(3)违约风险报酬率。违约风险是指贷款人无法按时支付利息或偿还本金而给投资者带来的风险。为了弥补违约风险，就必须提高利息率，否则投资者就不愿投资，借款人也就无法获得资金。通常，中央政府债券被视为无违约风险的债券，故其利率较低；而对公司债券而言，债券等级越高则违约风险越低，其利率也越低。在期限和流动性等因素相同的情况下，各信用等级证券的利率与国家公债利率之间的差额，即可视为违约风险报酬率。

(4)到期风险报酬率。到期风险是指由于长期期限所产生的更多不确定性而形成的风险。为弥补债权人承担的这种风险而增加的利率，就叫做到期风险报酬率。一般而言，任何组织发行的债券都是到期日越长利率风险越高，所以到期风险报酬必须包含在必要报酬率中，且随到期日越长，到期风险报酬率也越高。到期风险报酬是对投资者承担利率变动风险的一种补偿。在表象上，它表现为长期利率超过短期利率的差异。

(5)流动性风险报酬率。流动性风险是指证券资产的变现能力强弱所产生的风险。政府证券及信用良好的大公司发行的证券，如果已上市交易，通常会具有较强的变现能力，故流动性风险较小。而一些不知名的且信用能力较弱的公司所发行的证券或未能上市交易的证券则较难变现，故流动性风险较大。精确的计算流动风险报酬是非常困难的，但若有类似违约及到期风险的金融资产中，最具变现力和最缺乏变现力之差可以作为流动风险报酬率。根据经验，流动性风险差异导致的利率差约为1%～2%，即为流动性风险报酬率。

三、 利率的影响因素

(一)国家财政政策

一个国家的财政政策对利率有较大的影响，一般来说，当财政支出大于财政收入时，政府会在公开市场上借贷，以此来弥补财政收入的不足，将导致利率上升；而扩张性的经济政策，往往扩大对信贷的需求，投资的进一步加热又会导致利率下降。如果国家出现财政赤字，弥补的办法只有两个：一是政府借款，会扩大货币需求，导致利率上升；二是多发货币，也将导致利率上升。

(二)货币政策

政府制定货币政策的目的就是为了促进经济稳定增长。调控货币供给和信贷规模，可以影响利率，进而调节经济增长。货币紧缩时，社会资金供应紧张，利率会上升；货币扩张时期，资金供应宽松，利率会降低。

(三)消费的时间倾向

如果社会公众倾向于现在消费，则资本供应减少，利率升高；如果倾向于未来消费，则资本供应多，利率降低。

(四)通货膨胀

通货膨胀是指由于国家发行过多的货币，而造成物价普遍上涨的一种现象。通货膨胀的成因比较复杂，因此通货膨胀使得利率和货币供给之间的关系也变得相对复杂。如果货币供给量的大幅增长不是由通货膨胀引起的，利率不仅可能不下降，反而会上升，造成高利率现象，以弥补货币贬值带来的损失。因此，利率水平随着通货膨胀率的上升而上升，随着通货膨胀率的下降而下降。

(五)社会平均利润率

利息来自于利润，借款公司利润高，就有能力支付高利息，银行就可以按较高的利率收取利息。一般来说，利息率随平均利润率的提高而提高。利率的最高界限不能超过社会平均利润率，否则公司无利可图，就不会借入资金；利率到底占平均利润率多少比重，则要考虑其他因素。

(六)借贷需求

公司对于信贷的需求往往成为信贷利率变化的"晴雨表"，每当经济步入复苏和高涨之际，公司对信贷需求增加，利率水平开始上扬和高涨，而经济发展停滞时，公司对信贷的需求也随之减少，于是，利率水平转趋下跌。家庭对信贷的需求也影响利率的变化，当需求增加时，利率上升，需求减弱时，利率便下跌。

(七)借贷风险

资金从投放到收回总是需要一定的时间，在借贷资金运动过程中，由于各种不确定因素的出现，可能导致各种风险，如资金不能按期完全收回的违约风险，因物价上涨而使资金贬值的风险，或更有利的投资机会出现后，已贷放出去的资金收不回来时，贷款人承受机会成本损失的风险。一般而言，风险越大，则利率越高。另外，经济周期变动造成的风险变化也会影响利率水平，如在经济萧条阶段，投资风险变大使利率大幅度上升；而在复苏阶段，投资风险开始减小，利率开始降低。

四、 利率的作用

从微观角度说，对个人收入在消费与储蓄之间的分配，对公司的经营管理和投资等方面，利率的影响非常直接；从宏观角度说，对货币的需求与供给，对市场的总供给与总需求，对物价水平的升降，对国民收入分配的格局，对汇率和资本的国际流动，进而对经济成长和就业等，利率都是重要的经济杠杆。

五、 利率的期限结构

(一)利率期限结构的含义

在某一期间证券或债券的短期利率低于长期利率。在另一时间里，证券或债券的短期利率高于长期利率。这种短期利率和长期利率表现出来的关系，被称为利率的期限结构(term structure of interest rate)。这种关系存在以下四种不同情况：①短期利率高于长期利率；②长期利率与短期利率一致；③短期利率低于长期利率；④长期利率与短期利率处于波动之中。

在任何一个时点上，短期利率和长期利率都可能存在差异，这种差异的大小随着时间而发生变动。更精确地说，利率的期限结构告诉人们各种不同期限的无风险证券的名义利率，没有涉及违约风险，只有一笔未来总额的付款。因此可以说，利率的期限结构告诉人们资金在不同时间长度下的时间价值。

对公司理财人员而言，了解和认识利率期限结构很重要的一点，是因为他们必须决定发行短期或长期债券融资，且必须在短期与长期债券两者中做出选择。对投资者而言，必须决定购买短期证券或长期证券。

(二)利率期限结构理论

1. 市场分割理论

市场分割理论把市场分成长期和短期市场。从资金需求方来看，需要短期资金的投资者发行短期证券；需要长期资金的投资者发行长期证券。并且这些长期证券、短期证券之间是不能互相替代的，因此短期证券市场与长期证券市场是彼此分割的。简言之，市场分割理论是说：每个借款者与贷款者都有自己偏好的到期日。例如，某人借款购买长期资产，他希望借到长期借款；而销售商在 11 月借钱补充存货已备出售之需，会比较偏好短期借款。

从资金供给方来看，不同性质的资金来源使不同的金融机构限制在特定的期限内进行借贷，以致短期利率由短期资金市场决定，长期利率由长期资金市场决定。如果短期资金缺乏而长期资金较为充裕，短期利率将比长期利率高；如果长期资金缺乏而短期资金充裕，则长期利率大大高于短期利率。

2. 预期利率结构理论

预期利率结构理论是利率期限结构理论中最主要的理论，该理论认为任何证券的利率都同短期证券的预期利率有关。如果未来每年的短期利率一样，则现期长期利率就等于现期短期利率，收益线表现为一条水平线；如果未来的短期利率预期要上升，则现期长期利率将大于现期短期利率，收益线表现为一条向上倾斜的曲线；如果未来的短期利率预期要下降，则现期长期利率将小于现期短期利率，收益线表现为一条向下倾斜的曲线。

3. 偏好利率结构理论

偏好利率结构理论认为预期利率结构理论忽视风险因素的规避是不完善的。因为不同利率之间的相互关系，部分与风险因素的规避有关，部分与对未来利率预期的趋势有关。因此，预期和风险的规避两者对利率结构都有重要影响，应将两者结合起来完善利率结构理论。根据偏好理论，在存在风险的情况下，长期债券比短期债券的风险大，长期利率要比短期利率高，其理由为：①短期债券比长期债券的流动性大而且对于利率变动的预测较为可能和接近，资产价值损失的风险较小，所以流动性报酬低；②以短期资金转期筹措长期资金，除短期资金转期续借成本较大以外，还有转期续借时可能发生的不确定性风险，会使长期利率比短期利率高；③长期贷款往往要采用票据再贴现形式，也要一定的手续费用。不难看出，偏好利率结构理论，实质上是将投资者对资本价值不确定性风险的规避因素导入预期利率结构理论。

这些理论经过许多测试，其结果证明此三项结论均对利率有影响。因此，特定时间值的利率主要受下列因素影响：①长期和短期市场的供需情况；②流动性偏好③对未来通货膨胀的预期。某个因素可能在某一时期有重大影响，在另一时期可能是另一因素有重大影响，但这三项因素均会影响利率期限结构。

第六节　金融衍生工具

一、　金融衍生工具的含义

金融衍生工具（derivative financial instruments）是指以另一（或另一些）金融工具的存在为前提，以这些金融工具为买卖对象，价格也由这些金融工具决定的金融工具。金融衍生工具是在传统的基本金融工具（如货币、外币存贷款、股票、债券等）的基础上衍生出来的，通过预测股价、利率、汇率等未来行情走势，采用支付少量保证金或权利金，签订远期合同或互换不同金融商品等交易形式的金融工具。其中，基本金融工具（primary financial instruments）是指现金以及表明特定权利和义务关系且涉及资产负债表左右两方若干项目的可流通契约凭证。

二、　金融衍生工具发展历程

金融衍生工具诞生于20世纪70年代。1972年5月16日美国芝加哥商品交易所率先创办了国际货币市场，推出了英镑、加拿大元、联邦德国马克、日元、瑞士法郎、墨西哥比索、法国法郎7种货币期货合约，标志着金融期货的正式诞生。1973年4月，芝加哥期权交易所正式成立，推出了股票期权买卖，标志着金融期权的正式诞生。1975年，芝加哥期货交易所陆续推出联邦抵押协会存单和财政部短期债券期货，利率期货在世界上诞生了。1981年美国所罗门兄弟公司成功地为美国商用机器公司和世界银行进行美元与联邦德国马克及瑞士法郎之间的互换，标志着互换业务的诞生。我国于1992年推出了国债期货交易。近年来，金融衍生工具快速发展。据美国《财富》杂志在1995年的统计，国际金融市场上已知的金融衍生工具已有1 200多种。目前，世界上从事金融衍生工具交易主要分布在美国，场外交易不计其数，参与者遍布社会生活的各个领域。

三、　金融衍生工具与基本金融工具相比较所具有的特点

(一)金融衍生工具的本质均为合同

合同构成了各类金融衍生工具交易的对象，合同所体现的是一种债权和债务关系。在商品经济中曾出现过两种交易形式，即现货交易形式和期货交易形式，两者的根本区别是交易的对象不同。现货交易以实际商品为对象，期货交易则以期货合约为对象。在人类历史上，从现货交易到期货交易是一次了不起的变革，没有这次创新，也就没有了20世纪70年代从商品期货到金融期货的第二次创新，因此称之为金融创新的继承性和延续性。

(二)金融衍生工具这类合同的标的均为金融商品

金融商品在交易之后具体表现为一方的金融资产和另一方的金融负债。合同标的是就一个合同来说，它所规定的作为交换的商品，即这类合同权利和义务所共同指向的对象。合同没有标的，其权利和义务就无所依托，合同也就没有履行的可能。因此，在合同的诸项条款中，标的的重要性是第一位的，其他的条款都是依附于标的而存在的。正由于标的的重要性，才使标的成为历次金融衍生工具创新的主要标志之一。20世纪70年代以来的金融创新是以金融工具标的的变化为主要标志的，具体表现为实物商品向金融商品的转化，金融商品成为诠释金融衍生工具的重要因素。

(三)金融衍生工具交易的时态性是"未来的"

交易的时态性是指交易的时间属性。与传统的即期交易相比较，金融衍生工具交易均为将要在未来某个时间完成的交易，其时间属性是"未来的"。从时间因素上看，任何人购买金融衍生工具，都是把现时的货币收入限定在一段时间内让渡给别人，变成未来的货币收入，并希望和要求所购买的金融衍生工具在限定的时间到期时能带来高于现时付出价款的货币收入，多出的部分作为让渡金融衍生工具的时间补偿。

(四)金融衍生工具是一种高收益与高风险并存的金融工具

从不确定性因素看，金融衍生工具到期能否达到预期的收益是事先无法确定的，各种政治因素、经济因素、社会因素以及自然界不可抗拒的因素等都可能影响收益的水平，因而具有很大的风险性。目前金融市场上金融衍生工具交易的保证金存款比率一般都小于10%，这就意味着投资者只需动用少量的资金便能控制大量的资源，一旦实际的变动趋势与交易者预期的一致，即可获得数倍乃至数十倍于原始投资的收益，这便是通常所说的"以小搏大"、"四两拨千斤"；反之，一旦实际变动趋势与预期的不一致，交易者便要承担数倍乃至数十倍于原始投资的损失，交易的风险性由于保证金的杠杆作用而大大增加。

(五)金融衍生工具的价值增值过程往往表现为一种"持产过程"

在"持产过程"中,一般不需要投入大量的物化劳动和活劳动,金融衍生工具的交易者只要把握好时机,适时地进行交易,便可获利。在这个选择的过程中,不仅需要较高的智慧,而且需要较大的气魄,这是一种极其复杂的人与人之间的"博弈"过程。

综上所述,根据金融衍生工具的自身特点,可以重新将其定义为:确定交易双方在未来某个时间对某项金融商品所拥有的权利和所承担义务的合同,在交易成立时,它既形成某个公司的一项金融资产,又同时形成另一个公司的一项金融负债。

四、 金融衍生工具对当代经济的"双刃剑"作用

(一)金融衍生工具促进了全球经济一体化

在金融创新的过程中,金融衍生工具的发展已经为整个资本市场配置方式注入了极大的活力,它所具有的套期保值和价格发现等功能,显著地提高了金融机构及经济实体乃至个人在金融市场上的经营效益,并为全球经济一体化起到了积极的促进作用。

(1)利用金融衍生工具的重新组合,可以有效地规避大部分风险,获取高额收益。市场经济是风险经济,经济主体面临着各种各样的风险。金融衍生工具可以将市场经济中的市场风险、信用风险等分散在社会经济每个角落的风险集中在几个期货期权市场或互换、远期等证券交易市场上,将风险先集中,然后重新分配,规避掉大部分的风险。金融衍生工具能以小博大,可以用很小的代价,占用较少的资金实现有效的风险管理。

(2)金融衍生工具的价格能充分反映市场上商品的供求情况以及未来的商品价格变动趋势。由于金融衍生工具市场集中了大批交易者进行公开竞价,因此使得交易所形成的价格充分反映了各种可获取的信息及交易者对商品价格的预期。

(3)金融衍生工具可以降低交易的成本。由于金融衍生工具市场的参与者都集中在交易所,因此寻找价格和交易对象的信息成本大大降低。此外,市场参与者可以根据金融衍生工具市场揭示出来的价格预期,制定经营策略,从而有利于降低交易成本。

(二)金融衍生工具对社会经济的负面效应

1. 增加了整个金融市场的依存性和脆弱性

金融工具的创新在消除市场阻力的同时,也增强了全球金融市场的依存性。在金融衍生工具的交易中,任何源于某一市场的冲击和风险都将会被很快地传递给其他市场,从而发生"连锁反应",波及整个金融市场,使世界金融体系处于危险之中,加剧了金融市场的脆弱性。1997年的东南亚金融危机就是金融衍生工具负面效应的鲜明佐证。

2. 削弱了管理当局的监督和管理职能

金融衍生工具的不断创新和发展,使得工具与工具之间的区分越发困难,参与交易资产的流动性明显增强,传统的货币层次观念渐趋失效,从而加大了金融当局对于货币总量和信贷总量的监控难度。同时,金融衍生工具交易中的投机行为往往还会扭曲市场价格,使得金融市场的变化难以反映经济的基本情况,这就为中央银行制定和执行货币

政策设置了极大的障碍。此外，在现行会计制度下，金融衍生工具交易均为表外业务，其市场交易的透明度日益下降，管理当局实施监督和管理的有效性受到极大的影响。

3. 加大公司经营活动的不确定性

金融衍生工具的基本功能在于保值，而保值的本意在于规避因不确定性而可能给公司造成的损失。但保值和投机是相伴而生的，对于投机者来说，其在为获得更大回报的同时，却要承担套期保值者期望规避的损失，如此既加大了公司经营活动的不确定性，也加大了这种不确定性可能给公司造成的损失。

五、 金融衍生工具的风险类型

(一)价格风险

金融衍生工具有三种价格风险，即货币风险、利率风险和市场风险。货币风险是指金融衍生工具的价值因外汇汇率变化而波动的风险。利率风险是指金融衍生工具的价值因市场利率变化而波动的风险。市场风险是指金融衍生工具的价格因市场价格变化而波动的风险。

(二)信用风险

信用风险是指金融衍生工具的一方不能履行责任，从而导致另一方发生融资损失的风险。

(三)流动风险

流动风险是指公司在筹资过程中遇到困难，从而不能履行与金融衍生工具有关的承诺的风险，即为偿付与金融衍生工具有关的承付款项而筹资时可能遇到的风险。

(四)现金流量风险

现金流量风险是指与货币性金融衍生工具相关的未来现金流量金额波动的风险。

(五)营运和法律风险

营运和法律风险是因内部操作不当或管理失误以及各国法律规定不同所形成的风险。其中营运风险又称操作风险，如人为错误、交易系统故障等形成的风险，这类风险主要是因为内部管理上的问题而造成的，但它可能由此而引发市场风险和信用风险。法律风险是指各国法律规定不明确或不统一而形成的风险。

六、 金融衍生工具类型

(一)金融远期

金融远期合约是合约双方同意在未来日期按照固定价格交换金融资产的合约。金融远期合约规定了未来交换的资产、交换的价格和数量等，合约条款因合约双方的需要不同而不同。金融远期的主要种类有远期外汇合约、远期利率协议和远期股票合约。

远期外汇合约是指外汇交易双方成交时，双方约定将来交割的币种、金额、适用汇率及日期、地点等，并于将来某个时间进行实际交割的远期合约。远期利率协议是买卖双方同意在未来一定时间(清算日)，以商定的名义本金和期限为基础，由一方将协定利率与参照利率之间差额的贴现额度付给另一方的协议。

(二)金融期货

金融期货合约是指协议双方约定在将来某一特定的时间按约定的条件(包括价格、交割地点、交割方式)买入或卖出一定标准数量的某种特定金融工具的标准化协议。

一般来说，合约包含交易的标的物、交易单位、最小变动价位、每日最高波动幅度、标准交割时间、初始保证金等条款，是一种标准化的合约。金融期货合约均在交易所进行，交易双方不直接接触，而是各自跟交易所的清算部或专设的清算公司间接清算。金融期货合约的买者或卖者可在交割日之前采取对冲交易结算其期货头寸。金融期货实行每日结算制，而不是到期一次性结算。

金融期货主要包括外汇期货、利率期货和股票指数期货。外汇期货是指交易双方约定在未来特定的时期进行外汇交割，并限定了标准币种、数量、交割月份及交割地点的标准化合约。利率期货是指标的资产价格依赖于利率水平的期货合约，包括国库券期货和可转让存单期货等。股票指数期货是指其交易所同期货买卖者签订的，约定在将来某个特定的时期，买卖者向交易所结算公司收付等于股价指数若干倍金额的合约。

(三)金融期权

金融期权又称选择权，是指买卖双方订立合约并在合约中规定，由买方向卖方支付一定数额的权利金后，即赋予了买方在规定时间内按双方事先约定的价格购买或出售一定数量的某种金融资产的权利。

一般来说，金融期权合约所赋予的权利和义务在到期日必须履行，交易双方所承担的盈亏风险都是无限的，买卖双方都必须交纳保证金。在运用金融期权进行套期保值时，在把不利风险转移出去的同时，也把有利机会转移出去了。

标准化的期权合约通常包括标的资产的种类及数量、协议价格、合约有效期限，期权交易地点、权利金、合约格式等。按期权买者的权利划分(最基本的划分)，可分为看涨期权，即赋予期权买者购买标的资产权利的合约；看跌期权，即赋予期权买者出售标的资产权利的合约。

(四)金融互换

金融互换是买卖双方在一定时间内，交换一系列现金流的合约。金融互换的理论基础是比较优势理论。

金融互换主要包括利率互换和货币互换两种。其中利率互换是指双方同意在未来的一定期限内，根据同种货币同样的名义本金交换现金流，其中一方现金根据浮动利率计算得到，而另一方现金根据固定利率计算得到。货币互换是将一种货币的本金和固定利息与另一种货币的等价本金和固定利率进行交换。

金融互换能降低筹资成本或提高资产收益，优化资产负债结构，转移和防范利率风险和外汇风险，逃避各种税收管制。

➢本章小结

金融市场反映了金融工具的供应者和需求者之间的供求关系，揭示了资金的集中、传递过程以及金融工具交易过程中所产生的各种运行机制。构成金融市场的要素主要包括金融市场的主体、客体和组织形式，具有其自身的优缺点。资本市场和货币市场具有其特有的功能和构成要素，是公司融资时必须要考虑的。本章简要介绍中介机构、利率及金融衍生工具，有利于公司融资时，根据自身资金的需求选择不同的中介及工具。

➢复习思考题

简答题：

1. 简述货币市场的特点及构成。
2. 简述资本市场和货币市场的主要区别。
3. 分别阐述股票市场和债券市场的功能。
4. 简述金融中介机构的含义、分类和作用。
5. 利率的作用和利率的影响因素有哪些？
6. 结合现实生活中的实例说明利率期限结构理论的应用。

案例分析

纽约是世界最重要的国际金融中心之一。第二次世界大战以后，纽约金融市场在国际金融领域中的地位进一步提高。美国凭借其在战争时期膨胀起来的强大经济和金融实力，建立了以美元为中心的资本主义货币体系，使美元成为世界最主要的储备货币和国际清算货币。西方资本主义国家和发展中国家的外汇储备中大部分是美元资产，存放在美国，由纽约联邦储备银行代为保管。一些外国官方机构持有的部分黄金也存放在纽约联邦储备银行。纽约联邦储备银行作为贯彻执行美国货币政策及外汇政策的主要机构，在金融市场的活动直接影响到市场利率和汇率的变化，对国际市场利率和汇率的变化有着重要影响。世界各地的美元买卖，包括欧洲美元市场、亚洲美元市场的交易，都必须在美国，特别是在纽约的商业银行账户上办理收付、清算和划拨，因此纽约成为世界美元交易的清算中心。此外，美国外汇管制较松，资金调动比较自由。在纽约不仅有许多大银行，而且商业银行、储蓄银行、投资银行、证券交易所及保险公司等金融机构云集，许多外国银行也在纽约设有分支机构，1983 年世界最大的 100 家银行在纽约设有分支机构的就有 95 家，这些都为纽约金融市场的进一步发展创造了条件，提升了它在国际金融领域中的地位。

纽约金融市场按交易对象划分，主要包括外汇市场、货币市场和资本市场。

纽约外汇市场是美国的也是世界上最主要的外汇市场之一。纽约外汇市场并无固定的交易场所，所有的外汇交易都是通过电话、电报和电传等通信设备，在纽约的商业银行与外汇市场经纪人之间进行。这种联络就组成了纽约银行间的外汇市场。此外，各大商业银行都有自己的通信系统，与该行在世界各地的分行外汇部门保持联系，又构成了世界性的外汇市场。由于世界各地时差的关系，各外汇市场开市时间不同，纽约大银行与世界各地外汇市场可以昼夜 24 小时保持联系，因此它在国际间的套汇活动几乎可以瞬间完成。

　　纽约货币市场即纽约短期资金的借贷市场，是世界主要货币市场中交易量最大的一个。除纽约市金融机构、工商业和私人在这里进行交易外，每天还有大量短期资金从美国和世界各地涌入流出。和外汇市场一样，纽约货币市场也没有一个固定的场所，交易都是供求双方直接或通过经纪人进行的。在纽约货币市场的交易，按交易对象可分为联邦基金市场、银行可转让定期存单市场、银行承兑汇票市场和商业票据市场等。

　　纽约资本市场是世界最大的经营中、长期借贷资金的资本市场，可分为债券市场和股票市场。纽约债券市场交易的主要对象是政府债券、公司债券和外国债券。纽约股票市场是纽约资本市场的一个组成部分。在美国，有10多家证券交易所按证券交易法注册，被列为全国性的交易所。其中纽约证券交易所、纳斯达克和美国证券交易所最大，它们都设在纽约。

　　分析提示：

　　相较于纽约，上海在建立国际金融中心的过程中还有哪些方面需要提高？

第三章

负债性融资

本章主要是研究公司短期和长期融资的种类以及各种融资决策的问题，具体包括短期负债融资、长期借款融资、长期债券融资和租赁融资。

【重要概念】 长期借款　长期债券　可转换公司债券　固定利率　实际利率浮动利率

■ 第一节　短期负债融资

一、短期负债融资的概念和特征

(一)短期负债融资的概念

短期负债融资又称流动负债融资，是指需要在 1 年以内偿还的债务。短期负债融资属于财务风险最大的融资方式，但也是资金成本最低的融资方式。短期负债融资具有可转换性、灵活性和多样性，以及成本低、偿还期短等特点，因此必须对其进行认真管理。通常公司采用的短期负债融资方式有短期银行借款、短期融资券、商业信用等。

(二)短期负债融资的特征

1. 短期负债融资周期短

短期融资主要是为了解决公司流动资金的需要，由于公司占用在流动资产上的资金，周转一次所需时间较短，通常会在 1 年或 1 个营业周期内收回，因此短期融资具有周转周期短的特征。

2. 短期负债融资中的大部分资金需要量具有相对稳定性

在一个正常的生产经营企业中，短期负债中的大部分具有经常占用性和一定的稳定性，如生产企业中的最低原材料的储备、产品储备和商业企业的商品最低库存等占用的资金，虽然采用短期融资方式筹集资金，但一般都是短期资金长期占用，一笔短期资金不断循环使用。因此说，短期融资中的大部分资金需要量具有相对稳定的特征。

3. 短期负债融资的财务风险较高

短期融资的到期日近，容易出现不能按时偿还本金的风险；短期负债尤其是短期银行借款在利息成本方面也有较大的不确定性。因为利用短期借款筹集资金，必须不断更新债务，而此次借款到期后，下次借款利息的高低是不确定的。金融市场上短期负债的利息率有时会在短期内出现较大的波动。

4. 短期负债融资的资金成本较低

公司的短期融资不必承担长期负债的期限性风险，因为企业的长期负债在债务期间内，即使没有资金需求，也不易提前偿还，只好继续支付利息。而如果使用短期负债，当生产经营紧缩、公司资金需求减少时，公司可以分阶段偿还债务，这样就可以减少利息支出；或者在对方提供的折扣期内偿还应付账款，取得折扣优惠等，从而降低资金成本。

二、 短期融资的种类

（一）短期银行借款

短期银行借款是指公司为解决短期资金需求，根据借款合同从有关银行或非银行金融机构借入的需要还本付息的款项。短期银行借款的还款期限一般为 1 年以内（含 1 年），它是公司筹集短期资金的重要方式。

1. 短期借款的信用条件

银行发放短期借款往往带有一些信用条件，主要包括：

（1）信贷额度，又称信贷限额，是银行对借款人规定的无担保贷款的最高限额。一般来说，公司可以在批准的信贷限额内随时使用银行借款，但是银行并不具有必须提供全部信贷限额的义务。如果有证据表明公司信誉恶化，银行可以减少对公司的贷款金额，这时银行不承担法律责任。

（2）周转信用协议，是指银行具有法律义务地承诺提供不超过某一最高限额的贷款协议。在协议的有效期内，只要公司的借款总额未超过最高限额，银行必须满足公司任何时候提出的借款要求。公司享用周转信用协议时，通常要根据未贷款限额的未使用部分付给银行一笔承诺费。

【例 3-1】 某公司与银行的周转信用协议规定最高限额为 5 000 万元，承诺费率为 0.4%，该公司在本年度共使用了 4 000 万元贷款。要求：计算该公司的承诺费。

首先计算未使用部分的金额为 5 000－4 000＝1 000（万元）；

则该公司向银行支付的承诺费为 1 000×0.4%＝4（万元）。

（3）补偿性余额，是指银行要求借款公司在银行中保持按贷款限额或实际借用额一定百分比（即补偿性余额比率，一般为 10%～20%）的最低存款余额。从银行的角度看，补偿性余额可以降低贷款风险，补偿遭受的贷款损失。对于借款公司，补偿性余额的存在则提高了借款的筹资成本，变相提高了借款实际利率。实际利率计算公式如下：

$$实际利率 = \frac{借款金额 \times 名义利率}{借款金额 - 补偿性余额} \times 100\% = \frac{名义利率}{1 - 补偿性余额比率} \times 100\% \qquad (3\text{-}1)$$

其中，$补偿性余额比率 = \frac{补偿性余额}{借款金额} \times 100\%$

【例 3-2】 某公司向银行借款 2 000 万元，名义利率为 10%，补偿性余额比率为 15%。要求：计算该笔贷款的实际利率。

$$补偿性余额 = 2\,000 \times 15\% = 300(万元)$$

$$贷款实际利率 = \frac{2\,000 \times 10\%}{2\,000 - 300} \times 100\% = \frac{10\%}{1 - 15\%} \times 100\% = 11.76\%$$

（4）借款抵押。银行向财务风险较大的公司或对其信誉没有把握的公司发放贷款，有时需要有抵押品担保。短期借款的抵押品经常是借款公司的应收账款、存货、股票、债券等。银行接受抵押品后，通常按抵押品价值的一定比例（这一比例的高低主要取决于抵押品的变现能力和银行的风险偏好，一般为 30%～90%）来发放贷款金额。

2. 利息的支付方法

一般来讲，借款公司可以采取以下三种方法支付银行贷款利息。具体采用哪一种方法，通常由银行和借款公司商定，并体现在借款合同上。

（1）收款法，也称利随本清法，是在借款到期时公司向银行一次性归还借款本金和利息的方法。采用收款法时，公司借款的名义利率和实际利率一致。其计算公式为

$$实际利率 = \frac{利息}{借款金额} \times 100\% \tag{3-2}$$

【例 3-3】 某公司从银行取得 1 年期借款 200 万元，借款合同中规定的利率为 8%。要求：如果采用收款法支付利息，计算该笔贷款的利息和实际利率。

$$利息 = 200 \times 8\% = 16(万元)$$

$$实际利率 = \frac{16}{200} \times 100\% = 8\%$$

（2）贴现法，是银行向公司发放贷款时，先从本金中扣除利息部分，而到期时借款公司只需偿还贷款全部本金的一种计息方法。采用这种方法时，公司可利用的贷款额只有本金减去利息部分后的差额，因此贷款的实际利率高于名义利率。其计算公式为

$$实际利率 = \frac{利息}{借款金额 - 利息} \times 100\% = \frac{名义利率}{1 - 名义利率} \times 100\% \tag{3-3}$$

【例 3-4】 资料同【例 3-3】，要求：如果用贴现法支付利息，计算该笔贷款的利息和实际利率。

$$利息 = 200 \times 8\% = 16(万元)$$

$$实际利率 = \frac{16}{200 - 16} \times 100\% = \frac{8\%}{1 - 8\%} \times 100\% = 8.70\%$$

（3）加息法，是指借款本金分期等额偿还，利息却按全部本金计算的方法。采用加息法时，公司实际上只平均使用了贷款本金的半数，却支付全额利息，从而公司所负担的实际利率是名义利率的 2 倍。

【例 3-5】 资料同【例 3-3】，要求：如果借款分 12 个月等额偿还本金，利息支付方式为加息法，计算其实际利率。

$$实际利率 = \frac{200 \times 8\%}{200 \div 2} \times 100\% = 2 \times 8\% = 16\%$$

3. 短期借款筹资的优缺点

其优点包括：①筹资速度快。与发行证券相比，短期借款一般所需时间较短，可以迅速地获取资金。②借款弹性好。公司与银行可根据实际情况，通过协商确定或更改借款的时间、数额和利率等条款。

其缺点包括：①财务风险较大。公司向银行借款，必须定期还本付息，在经营不利的情况下，可能产生不能偿付的风险，甚至导致破产。②限制条件较多。公司与银行签订的借款合同中，一般都有一些限制条款，妨碍公司的筹资和投资活动。③筹资数额有限。

(二)商业信用

商业信用即公司信用，是指买卖双方在进行商品交易时，以合同作为预期货币资金支付保证的经济行为，其物质内容是商品的赊购赊销，而其核心却是资本运作，是公司间的直接信用，商业信用是公司在资本运营、资金筹集及商品生产流通中所进行的信用活动。

商业信用融资是无须支付利息的，如果运用得好，可以筹到一大笔资金，即"借人家的鸡生蛋"。在市场经济发达的商业社会，利用商业信用融资已逐渐成为公司筹集短期资金的一个重要方式。

商业信用融资是一种短期筹资行为，超出使用期而不支付欠款要影响公司信用，所以不能滥用。

商业信用融资对资金实力雄厚的大公司容易，对资金实力薄弱的小公司较难；对有长期供货关系的公司容易，对无长期稳固供货关系的公司比较难。

1. 商业信用的形式

(1)赊购商品，延期付款。赊购商品是一种最典型、最常见的商业信用形式。在这种形式下，买卖双方发生商品交易，买方收到商品后不立即支付货款，而是延期到一定时间以后再付款。例如，开一个工厂，找到原料供应商购进一批原料，与对方商定20天后付款，将这批材料制成商品卖出后，以货款支付原料款。

(2)预收货款。在这种形式下，卖方要预先向买方收取货款，但要延期到一定时间以后交货，这相当于卖方向买方先借入一笔资金，是另一种典型的商业信用形式。

通常，购买紧俏商品的企业多采用这种先收款再发货的形式，以便顺利获得所需商品。又如提供一项服务，向对方言明要预收50%货款，用这笔货款去购买必要的设备、工具、材料，待全部交货后，结算余下的50%货款。

此外，对生产周期长、售价高的商品，如飞机、轮船等，生产商也经常向订货方分次预收货款，以缓解资金占用过多的矛盾。

(3)商业汇票。商业汇票是指交易双方根据购销合同进行延期付款的商品交易时，开出的反映债权债务关系的票据。根据承兑人的不同，商业汇票可分为银行承兑汇票和商业承兑汇票。

银行承兑汇票是指由收款人或承兑申请人开出，由银行审查同意承兑的商业汇票。商业承兑汇票是指由收款人开出，经付款人承兑，或者由付款人开出并承兑的汇票。商业汇票是一种期票，是反映应付账款和应收账款的书面证明。对于买方来说，它是一种短期融资方式。

（4）应收账款质押贷款。应收账款质押贷款是指借款人以应收账款作为质押，向银行申请的授信，是卖方提前回笼货款的一种方式。应收账款只是贷款的担保条件，是业务操作的辅助要素，是对公司良好商业信用的补充与提升。

用于质押的应收账款必须满足一定的条件。例如，应收账款项下的产品已发出，并由购买方验收合格；购买方（应收账款付款方）资金实力较强，无不良信用记录；付款方确认应收账款的具体金额，并承诺只在买方贷款银行开立的账户付款；应收账款的到期日，早于借款合同规定的还款日等。

应收账款的质押率一般为六至八成，申请公司所需提交的资料一般包括销售合同原件、发货单、收货单、付款方的确认与承诺书等。其他所需资料与一般流动资金贷款相同。

2. 商业信用的条件

信用条件是指销货方对付款时间和现金折扣所作的具体规定，如"3/10、2/20、$n/30$"，便属于一种信用条件。信用条件主要有以下几种形式。

（1）预付货款。预付货款即买方向卖方提前支付货款。一般有两种情况：一是卖方已知买方的信用欠佳；二是销售生产周期长、售价高的产品。在这种信用条件下，卖方可以得到暂时的资金来源，而买方则要预先垫付一笔资金。

（2）延期付款，但没有现金折扣。在这种信用条件下，卖方允许买方在交易发生后一定时间内按发票金额支付货款，如"net30"，是指在交易后 30 天内按发票金额付款。这种条件下的信用期间一般为 30～60 天，但有些季节性的生产企业可能为其顾客提供更长的信用期间。此种情况下，买卖双方存在商业信用，买方可因延期付款而取得资金来源。

（3）延期付款，但提前付款可享受现金折扣。在这种信用条件下，买方若能提前付款，则卖方可给予一定的现金折扣；若买方不享受现金折扣，则必须在卖方规定的付款期内付清账款。例如，"3/10、$n/30$"便属于此种信用条件。其中，30 表示信用期为 30 天，10 表示折扣期，3 表示在折扣期 10 天内付款可享受 3％的价格优惠。

采用这种信用交易方式，主要是为了加速应收账款的收现。现金折扣一般为发票金额的 1％～5％。在此种情况下，买卖双方存在商业信用。买方若在折扣期内付款，除可获得短期资金来源外，还能得到现金折扣；若放弃现金折扣，则可在稍长时间内占用卖方资金。

3. 现金折扣成本的计算

在采用商业信用形式销售产品时，为鼓励买方尽早支付货款，卖方往往规定一些信用条件，主要包括现金折扣和付款期间两部分内容。例如，"3/10、$n/30$"是指在 10 天内付款，可享受 3％的现金折扣；若不享受现金折扣，则货款应在 30 天内付清。如果卖方提供现金折扣，买方应尽量争取获得此折扣，因为丧失现金折扣的机会成本很高。其计算公式如下：

$$K = \frac{CD}{1-CD} \times \frac{360}{N} \tag{3-4}$$

其中，K 为资金成本；CD 为现金折扣的百分比；N 为失去现金折扣而延期付款的天数。此例中的资金成本即为

$$K=\frac{3\%}{1-3\%}\times\frac{360}{20}=55.67\%$$

4. 商业信用融资的优缺点

1）商业信用融资的优点

（1）商业信用融资非常方便。因为商业信用融资与商品买卖同时进行，属于一种自然形成的融资，不需要进行人为筹划。

（2）如果公司不放弃现金折扣，不使用带息票据，利用商业信用融资没有实际成本。

（3）商业信用融资限制少。如果公司利用银行存款融资，银行往往对贷款的使用规定一些限制条件，而商业信用融资除付款期及折扣期有限制外，几乎没有其他限制。

2）商业信用融资的缺点

商业信用融资的信用时间一般较短，如果公司获得现金折扣，则时间更短，如果放弃现金折扣，则要付出较高的资金成本。

（三）短期融资券

短期融资券又称商业票据、短期债券，是由大型公司或金融公司所发行的短期无担保本票，是一种新型的短期融资方式。

1. 短期融资券的种类

1）按照发行方式的不同划分

按发行方式不同，可将短期融资券分为经纪人代销的融资券和直接销售的融资券。

经纪人代销的融资券又称间接销售融资券，它是指由发行公司卖给经纪人，然后再由经纪人卖给投资者的融资券。

直接销售融资券是指发行人直接销售给最终投资者的融资券。直接发行融资券的公司通常是经营金融业务的公司或自己有附属经营金融机构的公司，它们有自己的分支网点，有专业的金融人才，因此有力量自己组织推销工作，从而节省了间接发行时付给证券公司的手续费。

2）按照发行人不同划分

按发行人的不同，可将短期融资券分为金融公司的融资券和非金融公司的融资券。

金融公司的融资券是指由各大公司所属的财务公司、各种投资信托公司、银行控股公司等发行的融资券。这类融资券一般采用直接发行方式。

非金融公司的融资券是指那些没有设立财务公司的工商企业所发行的融资券。这类融资券一般采用间接融资方式。

3）按照融资券的发行和流通范围不同划分

按融资券的发行和流通范围，可将短期融资券分为国内融资券和国际融资券。

国内融资券是指一国发行者在其国内金融市场上发行的融资券。发行这种融资券一般只要遵循本国法规和金融市场惯例即可。

国际融资券是指一国发行者在其本国以外的金融市场上发行的融资券。发行这种融

资券，必须遵循有关国家的法律和国际金融市场上的惯例。

2．短期融资券的发行程序

(1)公司做出决策，采用短期融资券方式筹集资金。

(2)办理短期融资券的信用评级。

(3)向有关审批机关提出发行融资券的申请。

(4)审批机关对公司的申请进行审查和批准。

(5)正式发行融资券，取得资金。

3．短期融资券的优缺点

1)短期融资券的优点

(1)筹资成本比较低。在西方国家，短期融资券的利率加上发行成本，通常要低于银行的同期贷款利率。这是因为利用短期融资券筹集资金时，筹资者与投资者直接往来，绕开了银行，从而节省了一笔原应支付给银行的筹资费用。但目前我国短期融资券的利率一般比银行借款利率高。这主要是因为我国短期融资券市场建立不久，还不十分成熟。随着短期融资券市场的不断发展和完善，短期融资券的利率会逐渐接近银行贷款利率，直至略低于银行贷款利率。

(2)筹资数额比较大。银行一般不会向某公司发放巨额的短期借款，而发行短期融资券可以筹集更多的资金。对需要巨额资金的公司，短期融资券这一方式更为适用。

(3)能提高公司的信誉。由于能在货币市场上发行短期融资券的公司都是著名的大公司，所以一个公司如果能在货币市场上发行自己的短期融资券，说明该公司的信誉很好。

2)短期融资券的缺点

(1)风险比较大。短期融资券到期必须归还，一般不会有延期的可能。到期不归还，会产生严重后果。

(2)弹性比较小。只有当公司的资金需求达到一定数量时才能使用短期融资券，如果数量较少，则会加大单位资金的筹资成本。另外，短期融资券一般不能提前偿还，即使公司资金比较宽裕，也只能在到期才能还款。

(3)发行条件比较严格。并不是任何公司都能通过发行短期融资券进行筹资，必须是实力强、信誉好、效益高的公司才能使用，而一些规模小或信誉不太好的公司不能利用短期融资券来进行筹资。

第二节　长期借款融资

长期借款是指公司向银行或其他非银行金融机构借入的使用期限超过一年，需要还本付息的资金，主要用于构建固定资产和满足长期资金占用的需要。

一、 长期借款的种类

长期借款的种类很多，各公司可根据自身的情况和各种借款条件选用。我国目前各金融机构的长期借款主要有：①按照用途，分为固定资产投资借款、更新改造借款、科技开发和新产品试制借款等。②按照提供贷款的机构，分为政策性银行贷款、商业银行贷款等。③按照有无担保，可分为信用贷款和抵押贷款。信用贷款是指不需公司提供抵押品，仅凭其信用或担保人信誉而发放的贷款。抵押货款是指要求公司以抵押品作为担保的贷款。长期贷款的抵押品常常是房屋、建筑物、机器设备、股票、债券等。

二、取得长期借款的条件

我国金融部门对公司发放贷款的原则是：按计划发放、择优扶植、物资保证、按期归还。公司申请贷款一般应具备的条件是：①独立核算、自负盈亏、有法人资格。②经营方向和业务范围符合国家产业政策，借款用途属于银行贷款办法规定范围。③借款公司具有一定物资和财产保证，担保单位具有相应的经济实力。④具有偿还贷款的能力。⑤财务管理和经济核算制度健全，资金使用效益及公司经济效益良好。⑥在银行设有账户，办理结算。

三、长期借款的保护性条款

由于银行提供的长期贷款期限长、风险大，因此按照国际惯例，银行通常还在借款合同中给借款公司提出一些有助于保证本息按期收回的各种条件，这些条件写进合同就形成了合同的保护性条款。保护性条款一般有如下两类。

（一）一般性保护条款

一般性保护条款应用于大多数借款合同，但根据具体情况会有不同的内容，主要包括以下几项。

（1）公司需持有一定限额的货币资金及其他流动资金，以保持公司资金的流动性和偿债能力，一般规定公司必须保持最低营运资本净值和最低的流动比率。

（2）限制公司支付现金股利、再购入股票和职工加薪规模，以减少公司资本的过分外流。

（3）限制资本支出的规模，以减少公司日后不得不变卖固定资产以偿还贷款的可能性（其结果仍然是着眼于保持公司资产较高的流动性）。

（4）限制公司再举债规模，以防止其他债权人取得对公司资产的优先索偿权。

（5）限制公司的投资。例如，规定公司不准投资于短期内不能收回资金的项目，不能未经银行等债权人同意而与其他公司合并，以确保借款方的财务结构和经营结构。

（6）借款方定期向提供贷款的银行或其他金融机构提交财务报表，以使债权人随时掌握公司的财务状况和经营成果。

（7）不准在正常情况下出售较多的非产成品（商品）存货，以保持公司正常的生产经营能力。

（8）如期清偿应缴纳的税金和其他到期债务，以防罚款而造成不必要的现金流失。

（9）不准以任何资产作为其他承诺的担保或抵押，以避免公司遭受过重的财务负担。

（10）不准贴现应收票据或出售应收账款，以避免或有负债。

（11）限制借款方租赁固定资产的规模，其目的在于防止公司负担巨额租金以致削弱其偿债能力，还在于防止公司以租赁固定资产的办法摆脱债务人对其资本支出和负债的约束。

(12)做好固定资产的维修保护工作，使之处于良好的运行状态，以保证生产经营能正常、持续地运行。

(二)特殊性保护条款

特殊性保护条款是针对某些特殊情况而出现在部分借款合同中的条款，只有在特殊情况下才能生效，主要包括：①贷款专款专用。②要求公司的主要领导人购买人身保险。③要求公司的主要领导人在合同有效期间担任领导职务。④限制公司高级职员的薪金和奖金总额等。

上述各项条款结合使用，将有利于全面保护债权人的权益。在实际鉴定借款合同时，订立的各项保护性条款取决于借贷双方谈判能力的大小，而不是完全取决于银行等债权人的主观愿望。

四、长期借款的成本

利息是形成公司长期借款成本的重要因素。长期借款利率通常分为固定利率和变动利率两种。

(一)固定利率

利息是形成公司长期借款成本的重要因素。通常是借贷双方找出一家风险类似于借款公司的其他公司，再以这家可比公司发行的期限与长期借款期限相同的长期债券的利率作为参照物来确定长期借款的利率。固定利率计息方式一般适用于资金市场利率波动不大、资金供应较为平稳的情况。如果资本市场供求变化大、利率波动大，银行等债权人便不愿发放固定利率的长期借款。

(二)变动利率

变动利率是指长期借款在借款期限内的利率不是固定不变的，可以根据情况做些调整，主要有以下三种情况。

(1)分期调整利率，是指借贷双方通过协议，在贷款协议中规定可分期调整的利率。一般在基准利率的基础上，根据资金市场的情况每半年或一年调整一次利率，借款公司未偿还的本金按调整后的利率计算利息。

(2)浮动利率，是指借贷双方通过协商，在贷款协议中规定其利率可根据资金市场的变动情况而随时调整的利率。但到期利率则要在票面基本利率的基础上，根据市场利率的变动加以调整计算。而其基本利率通常以市场上信誉较好的公司的债券利率为参考，或以市场上相同借款期的公认利率为准，再在此基础上规定一定的浮动百分比限度，作为定期计息的浮动利率。

(3)期货利率，是指借贷双方在贷款协议中规定到期的借款利率按期货业务的利率来计算。借款到期或在借款期内规定付息日期，按当时期货市场利率计算付息额，到期按面值还本。

随着经济业务的发展和环境的复杂多变，其他形式的变动利率还将出现。公司财务人员应在长期借款时根据具体情况合理地应用不同的利率策略,使其既对债权人有吸引力,又对公司有利。

除了利息之外,银行还会向借款公司收取其他费用,包括附加利率而产生的利息费用、管理费用、代理费用、杂费、承担费等。附加利率的高低与借款期限有关;管理费用的性质近似手续费,它在契约生效时一次性付清;代理费用是向银行中的代理行支付的,它是组织参与银行按时提供贷款时发生的通信费、办公费等;杂费主要用于签订负债契约前发生的律师费、差旅费等;承担费(或称承诺费)的性质为赔偿费,主要用于弥补借款公司未按契约规定使用所贷款项,致使贷款机构准备的资金被闲置,从而造成贷款机构的损失。

五、 长期借款的偿还

(一)编制偿还计划

长期借款由于时间长、金额大、风险大,公司借入长期借款后,必须事先筹划,有计划性地做出偿还贷款的安排,才能有利于公司资本的调度。因此,公司应编制还款计划,详细说明各期还本付息额、资本来源,并做出必要的现金流量安排。

(二)偿还方式

这里主要介绍定期等额还本付息法。定期等额还本付息法是指在贷款期内连本带息,均按相等金额分期偿还的方法。分期偿还计划可按季、半年或一年制定。可将每次偿还额看成年金,用贷款本金除以年金现值系数求出每期偿还额。

【例3-6】 某饮料有限公司向市工商银行贷款 1 000 000 元,期限 5 年,年利率 10%,银行要求按年度定期等额偿还本息。该公司编制的还款计划表如表 3-1 所示。

表 3-1 还款计划表(单位:元)

年序号 (T)	年偿还额 (A)	利息支付额 (B)	本金偿还额 (C)	本金剩余额 (D)
0	—	—	—	1 000 000
2	263 800	100 000	163 800	836 200
3	263 800	83 620	180 180	656 020
4	263 800	65 602	198 198	457 822
5	263 800	45 782	218 018	239 804
6	263 800	23 996[1]	239 804	0
合计	1 319 000	319 000	1 000 000	0

1)因四舍五入产生的误差

表 3-1 中,

$$A = \frac{1\ 000\ 000}{\text{PVIFA}_{10\%,5}} = \frac{1\ 000\ 000}{3.791} = 263\ 800$$

其中,$\text{PVIFA}_{i,n}$ 为年金现值系数;B 为上年末 D 乘以年利率;C 为当年 A 与当年 B 之差;D 为上年末 D 与当年 C 之差。

由表 3-1 可知，饮料公司每年偿还额 263 800 元，五年共偿还 1 319 000 元，其中利息 319 000 元，本金 1 000 000 元。

六、长期借款筹资的评价

(一)长期借款筹资的优点

(1)筹资速度快。与发行股票和发行债券获得长期资本相比，长期借款筹资不需要像证券发行那样的准备、层层申报与审批、印刷、推销等事项，只需与银行等贷款机构达成协议即可。程序相对简单，所花时间较短，公司可以迅速获得所需资金。

(2)资金成本较低。利用长期借款筹资，利息可在税前支付，故可减少公司实际负担的利息费用；长期借款的利率通常低于债券利率，而且筹资的取得成本也比较低。

(3)灵活性较强。在借款之前，公司根据当时的资本需要与银行等贷款机构直接商定贷款的时间、数量和条件。在借款期间，若公司的财务状况发生某些变化，可与债权人再协商，变更借款数量、时间和条件，或提前偿还本息。

(4)便于利用财务杠杆效应。长期借款的利率一般是固定或相对固定的，为公司利用财务杠杆效应创造了条件。当公司的资本报酬率超过贷款利率时，会增加普通股股东的每股收益，提高公司的净资产报酬率。

(二)长期借款筹资的缺点

(1)财务风险高。长期借款有固定的还本付息期限，借款到期公司必须足额支付。在公司财务不景气时，这种情况无异于釜底抽薪，会给公司带来更大的财务困难，甚至可能导致破产。

(2)限制条款多。长期借款合同对借款用途有明确规定，对公司资本支出额度、再融资等行为有严格的约束，公司的生产经营活动必将受到一定程度的影响。

(3)筹资数额有限。长期借款的数额往往受到资本实力的制约，不可能像发行债券、股票那样一次筹集到大笔资本，无法满足公司生产经营活动大跨度的方向转变和大规模的范围调整等大额资本的需要。

■第三节　长期债券融资

一、债券性质与分类

(一)债券的性质

债券是债务人为筹集债务资本而发行的、约定在一定期限内还本付息的一种有价证券(又称长期应付票据)。债券筹资是一种直接融资，面向广大社会公众和机构投资者，对发行公司的资格有严格要求。在我国，发行债券的主体资格仅仅包括股份有限公司、国有有限责任公司和国有独资公司。公司发行债券的目的通常是为其大型投资项目一次募集大额长期资本。

(二)公司债券的种类

1. 按公司债券是否记名分类

按公司债券是否记名分类,可分为记名债券与无记名债券。

记名债券是指在券面上记有持券人的姓名或名称。对于这种债券,公司只对记名人偿本付息,凭身份证或其他有效证件领取本息。记名债券的转让,由债券持有者以背书等方式进行,并向发行公司通报受让人的姓名或名称,以便公司登记在债券存根簿上。

不记名债券是指在券面上不记载持券人的姓名或名称,还本付息以债券为凭。其转让手续简单,只需将债券交付给受让人即发生效力。我国发行的债券一般是不记名债券。

2. 按是否有抵押品分类

按是否有抵押品分类,可分为抵押债券与信用债券。

抵押债券又称有担保债券,是指发行公司以特定资产作为担保品的债券。按担保品的不同,又可分为不动产抵押债券、动产抵押债券、信托抵押债券。信托抵押债券是指公司以其特有的有价证券为担保而发行的债券。

信用债券又称无担保债券,是指发行公司没有抵押品担保,完全凭信用发行的债券。这种债券通常是由信誉良好的公司发行,利率一般略高于抵押债券。

3. 按利率是否固定分类

按利率是否固定分类,可分为固定利率债券与浮动利率债券。

固定利率债券的利率在发行债券时即已确定,并记载于债券票面。

浮动利率债券的利率水平在发行债券之初不固定,而是根据有关利率如银行存贷利率水平等加以确定。

4. 按是否能参与公司利润分配分类

按是否能参与公司利润分配分类,可分为参与公司债券与非参与公司债券。

参与公司债券的持有人除可获得预先规定的利息外,还享有一定程度参与发行公司利润分配的权利,其参与分配的方式与比例必须事先规定。现实经济生活中,这种债券一般很少。

非参与公司债券的持有人,没有参与利润分配的权利。目前,我国的公司债券大多为非参与公司债券。

5. 其他分类

按是否能转换为公司股票以及是否附加认股权划分,分为可转换公司债券和附认股权债券。

可转换公司债券是指根据发行公司债券募集办法的规定,债券持有人可将其转换为发行公司的股票,发行可转换债券的公司应规定转换办法,并应按转换办法向债券持有人换发股票。债券持有人有权选择是否将其所持债券转换为股票。发行这种债券,既可为投资者增加灵活的投资机会,又可为发行公司调整资本结构或减缓财务压力提供便利。

附认股权债券是指所发行的债券附带一种允许债券持有人按特定价格认购股票的长期选择权。这种认股权通常随债券发放，具有与可转换公司债券相类似的属性。附认股权债券的票面利率与可转换公司债券一样，通常低于一般的公司债券。

二、 债券发行价格

债券发行价格主要取决于票面利率与市场利率的比值。债券票面利率大于（小于、等于）市场利率，公司可以溢价（折价、平价）出售债券。由于债券的转让在大多数情况下比银行存款提前支取要困难得多，因此在发行价格上要有所考虑。

债券发行价格主要由两部分组成：债券利息的年金现值和到期本金的复利现值。

【例 3-7】 双菱纸业有限公司拟发行面额 1 000 元、票面利率 10%、期限 10 年的债券，每年年末付息一次。假设当时市场利率为 8%。该债券的发行价格计算如下：

债券发行价格＝$1\,000×10\%×PVIFA_{8\%,10}+1\,000×PVIF_{8\%,10}=1\,134$（元）

考虑该债券的流动性与期限因素，可将债券的实际售价定为 1 150 元。

三、 债券的信用等级

债券的信用等级表示债券质量的高低。债券的信用等级通常由独立的中介机构进行评估。投资者根据这些中介机构的评级结果选择债券进行投资。

不同国家对债券的评级不尽相同，即使同一个国家的不同评级机构，其评级也有差异。但有一点是相同的，即都将债券按发行公司还本付息的可靠程度、财务质量、项目状况等因素，用简单的符号、文字说明等公开提供给广大投资者。目前，世界各国已基本对债券信用等级形成惯例，即将其划分为三等九级。以美国著名的债券评级机构标准普尔公司的评级为例，其将债券级别从高到低分为 AAA、AA、A、BBB、BB、B、CCC、CC、C 九个等级。各级别的含义：

AAA：该债券到期具有极高的还本付息能力，投资者没有风险。

AA：该债券到期具有很高的还本付息能力，投资者基本没有风险。

A：该债券到期具有一定的还本付息能力，经采取保护措施后，有可能按期还本付息，投资者风险较低。

BBB：该债券到期还本付息资金来源不足，发行公司对经济形势的应变能力较差，有可能延期支付本息，投资者有一定风险。

BB：该债券到期还本付息能力较低，投资风险较大。

B：该债券到期还本付息能力低，投资风险大。

CCC：该债券到期还本付息能力很低，投资风险极大。

CC：该债券到期还本付息能力极低，投资风险最大。

C：发行公司面临破产，投资者可能血本无归。

对于发行公司来说，若能按期还本付息，树立良好的形象，争取划入较高等级，则便于吸引投资者，成功地实现筹资目的，而且筹资成本也较低。根据美国著名的债券评级机构莫迪公司的一项统计报告：在 1980 年 AAA 级债券的利率平均为 11.94%，AA级债券的利率平均为 12.5%，A 级债券的利率平均为 12.89%，BAA（相当于标准普尔的 BBB)债券的利率平均为 13.67%。这完全符合风险收益均衡原理。在国外，许多稳健的机构如慈善组织都规定不得购买 A 级以下的债券。

四、 债券的还本付息

(一)债券的偿还

债券偿还时间按其实际发生与规定的到期日之间的关系，分为到期偿还、提前偿还与滞后偿还。

1. 到期偿还

到期偿还是指当债券到期后还清债券所载明的义务，包括分批偿还和一次性偿还两种。

2. 提前偿还

提前偿还又称提前赎回或提前收回，是指在债券尚未到期之前就予以偿还。只有在公司发行债券的契约中明确规定了有关允许提前偿还的条款，公司才可以进行这一操作。提前偿还所支付的价格通常高于债券的面值，并随到期日临近而逐渐下降。当公司资金有结余时，可以提前赎回债券；当预测利率下降时，也可以提前赎回，而后以较低的利率来发行新债券。

赎回有三种形式：强制性赎回、选择性赎回和通知赎回。

(1)强制性赎回，是指要保证公司拥有一定的现款来减少其固定负债，从而减少利息支付，能够提前还债。强制性赎回分为偿债基金和赎债基金两种。

偿债基金主要是为分期偿还未到期债券而设立的。它要求发行人在债券到期前陆续偿还债务，因而缩短了债务的有效期限，同时分散了还本付息的压力，在某种程度上减少了违约的风险。但在市场看好时，强制性赎回使投资人遭受损失，举债公司要给予补偿，通常的办法是提高赎回价格。

赎债基金同样是举债人为提前偿还债券设立的基金，与偿债基金不同的是，赎债基金是债券持有人强制举债公司收回债券。赎债基金只能从二级市场上购回自己的债券，其主要任务是支持自己的债券在二级市场上的价格。

(2)选择性赎回，是指举债公司有选择债券到期前赎回全部或部分债券的权利。选择性赎回的利息率略高于其他同类债券。

(3)通知赎回，是指举债公司在到期日前准备赎回债券时，要提前一段时间向债券持有人发出赎债通知，告知赎回债券的日期和条件。债券持有人有权将债券在通知赎回日期之前售回举债公司，债券持有人的这种权利称为提前售回优先权。

通知赎回中，债券持有人还有一种提前售回选择权，是指债券持有人有权选择在债券到期前某一个或某几个指定日期，按指定价格把债券售回举债公司，这和选择性赎回的选择主体正好相反。

3. 滞后偿还

债券在到期日之后偿还被称为滞后偿还。这种偿还条款一般在发行时订立，主要是给予持有人以延长持有债券的选择权。滞后偿还分为转期和转换两种形式。

转期是指将较早到期的债券转换成到期日较晚的债券，实际上是将债券的期限延长。

转换通常是指股份有限公司发行的债券可以按一定的条件转换成公司的股票。

(二)债券的付息

债券的付息主要表现在利率的确定、付息频率和付息方式三个方面。利率的确定有固定利率和浮动利率两种形式。债券的付息频率主要有按年付息、按半年付息、按季度付息、按月付息和一次性付息五种。付息方式有两种：一是采取现金、支票或汇款的方式；二是息票债券的方式。

五、 债券筹资成本的计算

债券筹资成本中的利息在税前支付，具有减税效应。债券的资费一般较高，主要包括申请发行债券的手续费、债券注册费、印刷费、上市费以及推销费用等。债券筹资成本的计算公式为

$$债券筹资成本 = \frac{年利率 \times (1 - 所得税税率)}{债券筹资金额 \times (1 - 债券筹资费用率)} \times 100\% \qquad (3-5)$$

【例 3-8】 某公司等价发行面值 1 000 元、期限 5 年、票面利率 8% 的债券 4 000 张，每年结息一次。发行费用率 5%，所得税税率 25%，则该债券筹资的成本应为

$$债券筹资成本 = \frac{1\,000 \times 8\% \times (1 - 25\%)}{1\,000 \times (1 - 5\%)} \times 100\% = 6.32\%$$

如果该题中的债券折价 50 元发行，则该债券筹资成本应为

$$债券筹资成本 = \frac{1\,000 \times 8\% \times (1 - 25\%)}{950 \times (1 - 5\%)} \times 100\% = 6.65\%$$

如果该题中债券溢价 100 元发行，则该债券筹资成本应为

$$债券筹资成本 = \frac{1\,000 \times 8\% \times (1 - 25\%)}{1\,100 \times (1 - 5\%)} \times 100\% = 5.74\%$$

六、 债券筹资的评价

(一)债券筹资的优点

(1)资本成本较低。与股票的股利相比，债券的利息在所得税前支付，公司可享受税收上的利益，故公司实际负担的债券成本一般低于股票成本。

(2)可利用财务杠杆。无论发行公司的盈利多少，持券者一般只收取固定的利息，若公司用资后收益丰厚，增加的收益大于支付的债息额，则会增加股东财富和公司价值。

(3)保障公司控制权。持券者一般无权参与发行公司的管理决策，因此发行债券一般不会分散公司控制权。

(二)债券筹资的缺点

(1)财务风险较高。债券通常有固定的到期日，而且不得展期。需要定期还本付息，财务上始终有压力。在公司不景气时，还本付息将成为公司沉重的财务负担，有可能导致公司破产。

(2)限制条件多。发行债券的限制条件较长期借款、融资租赁的限制条件多且严格，从而限制了公司对债券融资的使用，甚至影响公司以后的筹资能力。

(3)筹资规模受制约。公司利用债券筹资一般受一定额度的限制。我国法律规定：累计债券余额不得超过公司净资产的 40%。

第四节　租赁融资

一、租赁及其种类

(一)租赁的概念

租赁是指通过签订合同的方式，出让财产的一方(出租方)收取货币补偿(租金)，使用财产的一方(承租方)支付使用费(租金)而融通资产使用权的一种交易行为。在这项交易中，承租方不仅得到了所需的机器设备的使用权，而且通过这一行为达到了最终筹集资金的目的。从出租方角度看，其通过出租业务获取了现金，用于补偿资产的折旧及其他费用之后可获得一定的收益。出租方可以是专业的设备租赁公司，也可以是设备厂房处于闲置的一般公司。对于后者而言，这种出租有利于提高公司的经济效益，改善公司的资产质量，优化稀缺财务资源的配置。

(二)租赁的特征

租赁作为一种独特的信用形式，既有信用的一般特征，又有自己的独特特征，主要表现为如下几个方面。

(1)所有权与使用权相分离。租赁资产的所有权与使用权分离是租赁的主要特点之一。银行信用也是所有权与使用权相分离，但载体是现实资金，租赁则是资金与实物相结合基础上的分离。

(2)融资与融物相结合。租赁是以商品形态与货币形态相结合提供的信用活动，它在向公司出租设备的同时，解决了公司的资金需求，具有信用、贸易双重性质。它不同于一般的借钱还钱、借物还物的信用形式，而是借物还钱，并以分期支付租金的方式来体现。租赁的这一特点使银行信贷和物资信贷融合在一起，成为公司融资的一种新形式。

融资与融物相结合使得作为专营租赁业务的专业租赁公司或兼营租赁业务的机构具有金融机构(融通资金)与贸易机构(提供设备)的双重职能。在租赁期内，租赁公司始终控制着设备的所有权，把握着资金的使用方向。

（3）租金的分期归流。在租金的偿还方式上，租金与银行信用、消费信用一样，采取了分期回流的方式。出租方的资金一次投入，分期收回。承租方交付租金的次数和金额由出租方与承租方具体协商确定。对于承租方而言，通过租赁可以提前获得资产的使用价值，分期支付租金便于公司安排现金流量，租金支付在后，等于用未来的资金还现在的债务。

（三）租赁的分类

租赁一般按性质分为经营租赁与融资租赁。

1. 经营租赁

经营租赁也称营业租赁或使用租赁，一般租赁期限较短、租金较低、风险较小；租赁物一般是通用的耐用物品，如电脑、汽车、房屋等；租赁期间内由出租方负责资产的维修、保养，并提供专门的技术服务；承租方可以提前解除租约（一般要提前通知出租方并给予一定赔偿）。从实质上看，它是一种短期资金的融通方式。对于承租方来讲，经营租赁的租金可作为费用在税前扣除，是十分有利的。经营租赁一般适用于季节性生产的公司，或租赁资产的技术更新快，或承租方资金虽然充裕可以购买设备，但对所生产产品的畅销期长短没有把握等情况。

2. 融资租赁

融资租赁也称财务租赁或金融租赁。融资租赁是现代设备租赁的主要形式。它是指由出租方用资金购买承租方选定的设备，并按照签订的租赁协议或合同将设备租给承租方长期使用的一种融通资金的方式。融资租赁包括如下几个方面特点。

（1）交易涉及三方。融资租赁交易涉及出租方、承租方和供货方，承租方与出租方是租赁关系，出租方与供货方是买卖关系，承租方与供货方存在选货与技术服务的关系。

（2）双合同关联。存在承租方与出租方的租赁合同、出租方与供货方的购销合同，两个合同之间存在密切联系。出租方为租出买入，有预期收入才发生现金支出。

（3）承租方对设备和供应具有选择的权利和验货责任。融资租赁的设备往往为专用设备，承租方对设备的技术参数要求很具体，而出租方可能了解不多，因此承租方要负责选货和验货。

（4）合同不可撤销。由于出租方购入的设备并不是自身需用，因而如果承租方要求解除租约，出租方损失就很惨重了。为了避免出现这类情况，融资租赁合同是不可撤销的，双方必须严格履行。

（5）租赁期限比较长。根据会计准则的规定，租赁期只有超过资产经济寿命期的75%才能成为融资租赁。出租方通过一次融资租赁的租金收入的现值大于设备的买价。

（6）期满时承租方对设备的处置有选择权。承租方可以选择退回给出租方，也可以续租或留购。

（7）在租赁期内，设备的保养、维修、保险费用和设备过时的风险由承租方承担。

融资租赁还可进一步分为直接租赁、售后回租和杠杆租赁。

直接租赁是融资租赁的主要形式。承租方提出租赁申请时，出租方并没有承租方所需要的资产，而是按照承租方的要求选购或制造，然后再出租给承租方。

售后回租是指承租方面临财务困境急需资金时，将原来归自己所有的资产售给出租方，然后以租赁的形式从出租方原封不动地租回资产的使用权。在这种租赁合同中，除资产所有者的名义改变之外，其余情况均无变化。这种租赁形式的好处是一方面公司可以获得现金收入，暂时缓解公司的财务危机，另一方面又能继续使用原资产，不影响公司的日常生产经营活动的持续进行。

杠杆租赁是指租赁所涉及的资产价值昂贵时，出租方自己只投入部分资金，通常为资产价值的 20%～40%，其余 60%～80% 则通过将该资产抵押的方式，并以转让租金的权利作为额外担保向第三方（通常为银行）申请贷款解决，然后将购进的设备出租给承租方，租赁公司用收取的租金偿还贷款，该资产的所有权属于出租方。这样，出租方只用少量资金就盘活了巨额的租赁业务，如同杠杆原理一样，故称为杠杆租赁。

二、 租金的构成和计算

在决定签订租赁合同之前，不论是承租人还是出租人，都得对租金构成进行评价。对于承租人，必须判断租赁资产的成本是否低于购买资产的成本；而对于出租人，则必须考虑租赁是否会带来合理的报酬。租金的数额和支付方式对承租公司的未来财务状况具有直接的影响，因此本章只介绍承租人租金构成和计算的问题。

(一)租金的构成

1. 经营租赁的租金

经营租赁的租金包括租赁资产购买成本、租赁期间的利息、租赁物的维修保养费用、业务与管理费、税金、保险费及租赁物的陈旧风险补偿费。

2. 融资租赁的租金

融资租赁的租金包括租赁设备价款和租息两部分，其中租息由出租人的融资成本和租赁手续费组成。

(1)设备价款。融资租赁物通常为生产设备、大型运输工具等。设备价款包括买价、运费和途中保险费。设备的买价一般按市价由承租人与供应商协商确定。设备的运费和途中保险费一般按实际发生额计入租金。但签约前必须进行预估，成为设备价款的一部分。

(2)融资租赁成本，是指出租人为购买租赁设备所筹集资金的成本，实际上是租赁期间的资金利息。我国目前的融资性租赁交易很大一部分是国际性的，主要是承租公司为引进外国先进技术和利用外资而采取的筹资方式。因此，出租人融资成本也来自国外，包括出租人在国际金融市场上和各国金融市场上筹措资金的融资成本。在国际金融市场上，筹措资本的成本率一般高于国内资本筹措，但较灵活，因为受本国政府限制较小。所以，承租公司在利用外国资本时，应了解和全面考虑各国的利率政策，以尽可能降低贷款利率，减少融资成本。

(3)租赁手续费，包括出租人承办租赁设备的营业费用和一定盈利。营业费用包括办公费、工资、差旅费、折旧费、税金等。租赁手续费的高低一般无固定标准，由承租人与出租人共同商定。

(二)租金的计算

融资租赁租金的计算方法有很多种,包括年金现值法、等差变额年金法、等比变额年金法、等额偿还本金法、平均分摊法、不规则租金计算法、浮动利率法等。在我国计算融资租赁租金的方法一般采用年金现值法。本章只介绍最常见的年金法。

1. 后付租金的计算

承租公司与租赁公司商定的租金支付方式,大多为后付等额租金。普通年金现值的计算公式如下:

$$PVA = A \times PVIFA_{i,n} \tag{3-6}$$

根据普通年金现值的计算公式,可推导出后付租金方式下每年年末支付租金数额的计算公式:

$$A = \frac{PVA}{PVIFA_{i,n}} \tag{3-7}$$

【例 3-9】 A 公司采用融资租赁方式于 20×8 年 1 月 1 日从一租赁公司租入一设备,设备价款为 40 000 元,租期为 8 年,到期后设备归 A 公司所有,为了保证租赁公司完全弥补融资成本、相关的手续费并有一定盈利,双方商定采用后付租金方式以及 18% 的折现率,试计算该公司每年年末应支付的等额租金。

$$A = \frac{40\,000}{PVIFA_{18\%,8}} = \frac{40\,000}{4.077\,6} = 9\,809.69\,(元)$$

2. 先付租金的计算

有时租赁公司会要求承租公司采取先付等额租金的方式支付租金。根据先付年金现值的计算方式,可得出先付等额租金的计算公式:

$$A = \frac{PVA}{PVIFA_{i,n-1}+1} \tag{3-8}$$

假如上例 A 公司采用先付等额租金方式,则每年年初支付的租金额可计算如下:

$$A = \frac{PVA}{PVIFA_{18\%,7}+1} = \frac{40\,000}{3.811\,5+1} = 8\,313.4\,(元)$$

关于采用递延年金支付租金方式的租金计算,可参照递延年金现值的计算方法,这里不再重述。

三、 融资租赁筹资的评价

(一)融资租赁筹资的优点

(1)筹资速度快。租赁是一种借"融物"来"融资"的筹资方式,其往往比借款购置设备更迅速、更灵活,因为租赁本身是筹资与设备购置同时进行,可以缩短设备的购进、安装时间,使公司尽快形成生产能力,有利于公司尽快占领市场,打开销路。

(2)限制条款少。如前所述,债券和长期借款都有相当多的限制条款,虽然租赁合同中会有一些限制条款,但一般比较少。

　　(3)设备淘汰风险小。随着科学技术的迅猛发展，固定资产更新周期日趋缩短。公司设备陈旧过时的风险很大，利用租赁筹资可减少这一风险。这是因为：①营业租赁期限较短，到期将设备归还出租人，这种风险完全由出租人承担；②融资租赁的期限一般为资产使用年限的 75%，不会像自己购买设备那样整个期间都承担风险；③多数租赁协议都规定由出租人承担设备陈旧过时的风险。

　　(4)到期还本负担轻。租金在整个租期内分摊，不用到期归还大量本金。租赁把到期一次偿付的这种风险在整个租期内分摊，减少了不能偿付的风险。

　　(5)税收负担轻。其折旧额可在税前扣除，具有抵减所得税的效用。

　　(6)租赁可提供一种新的资金来源。有些公司由于负债比率过高，不能向外界筹集大量资金。在这种情况下，采用租赁的形式就可使公司在资金不足而又急需设备时，不必付出大量资金也能及时得到所需设备。

(二)融资租赁筹资的缺点

　　租赁筹资的主要缺点是成本较高，租金总额通常要高于设备价值的 30%；承租公司在财务困难时期，支付固定的租金也将构成一项沉重的负担；另外，采用租赁筹资方式如不能享有设备残值，也可视为公司的一种机会损失。

➤本章小结

　　负债性融资主要包括短期负债融资、长期借款融资、长期债券融资和融资租赁等方式。本章简要介绍了各种融资方式的优缺点、种类以及发行的途径等，且每种融资方式都有其自身的优缺点。公司根据各种融资方式的特点，结合自身的发展要求，利用最佳的融资方式筹集所需资金。

➤复习思考题

简答题：

1. 简述长期借款融资的优缺点。
2. 简述长期债券融资的性质和分类。
3. 简述融资租赁的成本构成和计算。
4. 分别比较长期借款融资、长期债券融资和融资租赁筹资的优缺点。
5. 简述短期银行借款、短期融资券和商业信用融资的优缺点。

计算题：

1. 某公司拟采购一批商品，供应商报价如下：如果 30 天内付款，价格为 10 000元；如果立即付款，可以享受优惠，价格为 9 870 元。目前银行借款利率为 10%，每年按 360 天计算。

　　要求：(1)计算立即付款享受的现金折扣；

　　　　　(2)计算放弃现金折扣的成本；

　　　　　(3)如果该公司可以从银行取得借款，分析应否放弃现金折扣。

2. 某公司 20×2 年于银行签订为期 1 年的周转信贷额 2 000 万元，补偿费率为

1.5%。该公司 20×2 年 1 月 1 日从银行取得借款 1 500 万元,年利率为 10%(以万元为单位,结果保留两位小数)。

要求:(1)计算 20×2 年度该公司需支付的利息费用;

　　　(2)试求该笔借款的实际利率。

3. 某公司向银行取得贷款 500 万元,期限 4 年,年利率 10%,银行要求按年定期等额偿还本息。

要求:编制该公司长期借款还款计划表。

4. 某公司为扩大经营规模向租赁公司租入设备一套,价值 1 500 万元,设备运抵该公司过程中租赁公司支付运费 30 万元,租期为 10 年,租赁公司要求的报酬率为 10%(PVIFA$_{10\%,9}$=5.759 0, PVIFA$_{10\%,10}$=6.144 6,结果保留两位小数)。

要求:(1)用先付年金计算每年年初所要支付的租金;

　　　(2)用后付年金计算每年年末所要支付的租金;

　　　(3)依据上述计算结果,公司做出决策。

案例分析

某公司为一个集团公司,在全国设有多个建筑玻璃生产基地,玻璃生产的三大热工设备——熔窑、锡槽、退火窑所产生的余热保有量较大,目前除熔窑废气有少部分利用外,其余全部对空排放,能源浪费巨大,同时造成对环境的热污染。为了高效利用玻璃生产中的余热,降低玻璃生产综合能耗,该集团进行了利用余热发电的可行性研究,决定在全国 4 个主要生产基地启动余热发电项目,每个基地大约需要投资 5 000 万元,共需 2 亿元资金,项目建设期为 1 年,预计使用年限 15 年。有如下两个融资方案:

长期借款:该集团采取贷款方式建造该项目,贷款额为项目所需资金的 80%,贷款年利率为 8%,贷款期限为 5 年,利息每半年支付一次,贷款本金从第四年每半年偿还 25%。要求在银行保持最低 1 000 万元的存款。

融资租赁:采取融资租赁方式,年租赁利率为 12%,租期 12 年,租赁手续费为项目总投资额的 0.5%,租赁费用每半年支付一次。租期届满,承租人可以按项目总投资额 2% 的价格留购该项目。假设投资人要求的必要报酬率为 10%。

问题:1. 试分析长期借款融资方式与融资租赁融资方式的异同;

　　　2. 试分析两种融资方式的合理性。

(资料来源:巨潮资讯网)

第四章

权益及权益交换性融资

本章主要研究公司融资中的权益融资，介绍了权益融资的具体内容，重点阐述了吸收直接投资、普通股融资、优先股融资、可转换公司债券融资和认股权证融资的含义、种类及其特征和优缺点。

【重要概念】 直接投资 普通股 优先股 可转换债券 认股权证

第一节 吸收直接投资

一、 吸收直接投资的含义

吸收直接投资是指投资者将货币资金直接投入投资项目，形成实物资产或者购买现有公司的投资，通过直接投资，投资者便可以拥有全部或一定数量的公司资产及经营的所有权，直接进行或参与投资的经营管理。直接投资包括对现金、厂房、机械设备、交通工具、通信、土地或土地使用权等各种有形资产的投资和对专利、商标、咨询服务等无形资产的投资。

二、 吸收直接投资的主要形式

吸收直接投资是指非股份制公司以协议等形式吸收国家、法人、个人和外商等直接投入的资金，形成公司资本金的一种筹资方式。吸收直接投资与发行股票、留存收益都是公司筹集自有资金的重要方式，但发行股票要以股票为媒介，而吸收直接投资则无需发行任何证券。吸收直接投资中的出资者都是公司的所有者，并对公司具有经营管理权。公司经营状况好、盈利多，各方可按出资额的比例分享利润，但如果公司经营状况差、连年亏损，甚至被迫破产清算，各方要在其出资的限额内按出资比例承担损失。

公司在采用吸收直接投资这一方式筹集资金时，投资者可以用现金、厂房、机器设备、材料物资、无形资产等多种方式向公司投资。具体而言，主要有以下几种出资方式。

（一）现金投资

现金投资是吸收直接投资中一种最重要的投资方式。公司有了现金，就可以购置各种物质材料，支付各种费用，比较灵活方便。因此，公司应尽量动员投资者采用现金方式出资。吸收投资中所需投入现金的数额，取决于投入的实物及工业产权之外建立公司的开支和日常周转需要。外国公司法或投资法对现金投资占资本总额的多少一般都有规定，目前我国尚无这方面的规定，所以需要在投资过程中由出资各方协商加以确定。

(二)实物投资

实物投资是指以房屋、建筑物、设备等固定资产和材料、燃料、商品等流动资产所进行的投资。一般来说，公司吸收的实物投资应符合如下条件：①确为公司生产、经营所需；②技术性能比较好；③作价公平合理。投资实物的具体作价，可由双方按公平合理的原则协商确定，也可以聘请各方同意的专业资产评估机构评定。

(三)工业产权投资

工业产权投资是指以专有技术、商标权、专利权等无形资产所进行的投资。一般来说，公司吸收的工业产权投资应符合以下条件：①有助于公司研究和开发出高新技术产品；②有助于公司生产出适销对路的高科技产品；③有助于公司改进产品质量，提高生产效率；④有助于公司大幅度降低各种消耗；⑤作价公平合理。

公司在吸收工业产权投资时应特别谨慎，进行认真的可行性研究。因为以工业产权投资实际上是把有关技术资本化了，把技术的价值固定化了，而技术实际上是在不断老化的，其价值在不断减少甚至会完全丧失。

(四)土地使用权投资

投资者也可以用土地使用权进行投资。土地使用权是按有关法规和合同的规定使用土地的权利。公司吸收土地使用权投资应符合以下条件：①是公司科研、生产、销售活动所需要的；②交通、地理条件比较适宜；③作价公平合理。

投入资本的出资方式除国家规定外，应在公司成立时经批准的公司合同、章程中有详细规定。例如，我国法律原来规定：吸收投资者以专有技术、专利权等无形资产出资的，其出资额不得超过注册资本的20%；如情况特殊，需要超过20%的，应当经工商行政管理部门审查批准，但是最高不得超过30%。同时还规定：企业不得吸收投资者的已设立担保物权及租赁资产的出资。修订后的新规定："全体股东的货币出资金额不得低于公司注册资本的百分之三十。"这意味着非货币出资(包括无形资产)不得高于公司注册资本的百分之七十。国家对外商投资企业的出资规定：外商以货币资金出资的仅限于合法利润所得可用做人民币出资，其他一般应以可自由兑换的外国货币(如美元、日元、英镑等)出资；外商以实物出资的，要求必须为投资企业生产必不可少，而我国不能生产或虽能生产但价格过高或在技术性能和供应时间上不能保证需要的；外商以无形资产投资的，要求该项无形资产是为外国投资者所有的，能生产我国急需的新产品或出口适销产品，或能显著改进现有产品的性能、质量，提高生产效率，或能显著节约原材料、燃料、动力，并对作价年限有一定限制。投资者的出资方式必须严格遵守国家规定和公司合同、章程，不得擅自改变出资方式，否则将构成违反合同、章程的行为(除非已经董事会补充修改并报原审批机关批准)。

三、 吸收直接投资的种类

公司采用吸收直接投资方式筹集的资金一般可分为以下四类。

(一)吸收国家投资

吸收国家投资是国有公司筹集自有资金的主要方式。国家投资是指有权代表国家投资的政府部门或者机构以国有资产投入公司,由此形成国家资本金。目前,除了国家以拨款形式投入公司所形成的各种资金外,用利润总额归还贷款后所形成的国家资金、财政和主管部门拨给公司的专用拨款以及减免税后形成的资金,也应视为国家投资。吸收国家投资一般具有以下特点:①产权归属国家;②资金数额较大;③只有国有公司才能采用;④资金的运用和处置受国家约束较大。

(二)吸收法人投资

法人投资是指法人单位以其依法可以支配的资产投入公司,由此形成法人资本金,目前主要是指法人单位在进行横向经济联合时所产生的联营、合资等投资。吸收法人投资一般具有以下特点:①投资发生在法人单位之间;②投资以参与公司利润分配为目的;③投资方式灵活多样。

(三)吸收个人投资

个人投资是指社会个人或本公司内部职工以个人合法财产投入公司,由此形成个人资本金。吸收个人投资一般具有以下特点:①参加投资的人员较多;②每人投资的数额相对较少;③以参与公司利润分配为目的。

(四)吸收外商投资

随着我国改革开放的不断深入,吸收外商投资已成为公司筹集资金的重要方式。外商投资是指外国投资者以及我国香港、澳门和台湾地区投资者投入的资金,由此形成外商资本金。吸收外商投资一般具有以下特点:①一般只有中外合资、合作或外商独资经营公司才能采用;②可以筹集外汇资金;③出资方式比较灵活。

四、 吸收直接投资的程序和特点

(一)吸收直接投资的程序

公司吸收其他单位的直接投资,一般应遵循如下程序。

1. 确定筹资数量

吸收直接投资一般是在公司开办时所使用的一种筹资方式。公司在经营过程中,如果发现自有资金不足,也可以采用吸收直接投资的方式筹集资金,扩大生产经营规模。在吸收直接投资之前,必须确定所需资金的数量,以利于正确筹集所需资金。合资或合营公司的增资由出资各方协商决定，国有公司增资须由国家授权投资的机构或国家授权的部门决定。

2. 寻找投资单位

公司在吸收投资之前，需要做一些必要的宣传工作，以便使出资者了解公司的经营状况和财务情况，有目的地进行投资。这将有利于公司在比较多的投资者中寻找最合适的合作伙伴。

3. 协商投资事项

寻找到投资者后，双方便可进行具体的协商，以便合理确定投资的数量和出资方式。在协商过程中，公司应尽量让投资者以现金方式投资，因为现金在财务安排方面比较灵活。如果投资者的确拥有比较先进且适合公司需要的固定资产、无形资产等，也可以采用实物、工业产权和土地使用权等方式进行投资。

4. 签署投资协议

公司与投资者确定好投资意向和具体条件后，便可签订投资协议。其中最为关键的问题是以实物投资、工业产权投资、土地使用权投资的作价问题，这是因为投资的报酬、风险的承担都是以由此确定的出资额为依据的。一般而言，双方应按公平合理的原则协商定价；如果争议比较大，可聘请有关资产评估的机构来评定。当出资数额、资产作价确定后，便可签署投资的协议和合同，以明确双方的权利和责任。公司吸收直接投资，无论是新建还是增资，都应当由有关各方签署投资的协议和合同等书面文件。国有公司由国家授权投资的机构签发创建或增资拨款的协议，合资公司由合资各方共同签署合资或增资协议。

5. 按期取得资金

根据出资协议中规定的出资期限和出资方式，公司应该按计划或规定取得资金。吸收国家以现金投资的，通常有拨款计划，确定拨款期限、每期数额及划款方式，公司可按计划取得现金；吸收出资各方以实物资产或无形资产投资的，应结合具体情况，采用适当的方法，进行合理估价，办理资产转移手续，取得资产。公司在吸收直接投资取得资产后，出资各方有权对公司进行经营管理，要求各方共同经营、共享利润、共担风险。

(二)吸收直接投资的特点

吸收直接投资是我国公司筹资最早采用的一种方式，也是我国各种组织类型的企业普遍采用的筹资方式。

1. 吸收直接投资的优点

(1)有利于增强公司信誉。吸收直接投资所筹集的资金属于公司的自有资金，与借入资金相比较，能增强公司的信誉和负债能力，对扩大公司经营规模、壮大公司实力具有重要作用。

(2)有利于公司尽快形成生产能力。吸收直接投资不仅可以筹集现金，而且能够直接获得所需的先进设备和先进技术，与仅筹集现金的筹资方式相比较，有利于公司尽快形成生产经营能力，尽快开拓市场。

(3)有利于降低财务风险。吸收直接投资可以根据公司的经营状况向投资者支付报酬,公司经营状况好,就向投资者多支付一些报酬,公司经营状况不好,就可以向投资者少支付一些报酬或不支付报酬,比较灵活,因此财务风险比较小。

2. 吸收直接投资的缺点

(1)资金成本较高。因为向投资者支付的报酬是根据其出资的数额和公司经营状况的好坏来确定的,所以采用吸收直接投资方式筹集资金所需负担的资金成本较高,特别是公司经营状况较好、盈利较多时更是如此。

(2)不利于产权流动。吸收直接投资由于没有证券作为媒介,产权关系有时不清晰,也不便于进行产权交易。

(3)公司控制权容易分散。采用吸收直接投资方式筹集资金,投资者一般都要求获得与投资数量相适应的经营管理权,这是接受外来投资的代价之一。如果外部投资者的投资较多,则投资者会有相当大的管理权,甚至会对公司实行完全控制,这是吸收直接投资的不利因素。

第二节　发行普通股融资

一、普通股的概念及其特征

普通股是股份有限公司发行的无特殊权利的股份,也是最基本的、最标准的股份。通常情况下,股份有限公司只发行普通股。

普通股的特征体现在以下几个方面。

(1)期限上的永久性。在公司正常生产经营期内,普通股股本一般不能返还给投资者,只有在公司破产、解散清理时,普通股股东才有求偿权。

(2)责任上的有限性。普通股股东作为公司的所有者,承担着公司的全部责任。如果公司经营不善,破产倒闭,股东应承担偿还公司债务的责任,但其偿还责任仅以股票的出资额为限。

(3)收益上的剩余性。公司在经营过程中获得的收益应首先偿付到期的债务本息,支付各种税款,提取公积金,支付优先股股利,在完成上述分配后,剩余的收益才能作为股利进行分配。股利的多少取决于剩余收益的多少,无剩余收益,一般不分配股利。

(4)清偿上的滞后性。公司破产清算时,首先偿还拖欠的职工工资、国家的税款和债权人的债务。在全部清偿上述款项后,方可将剩余财产偿还普通股股东的投资。

二、普通股种类

(1)按股票是否标明每股金额划分,可分为面额股票和无面额股票。面额股票是按法律或公司章程规定在票面上标明每股金额的股票。无面额股票是在票面上不标明具体金额,只注明股数或所占公司资本比例的股票。目前我国法律不允许发行无面额股票。

(2)按是否记名划分,可分为记名股票和无记名股票。记名股票是将股东姓名记载于股票票面之上并登记于股东名册中的股票。记名股票的转让,须经公司办理过户登记手续才产生效力。无记名股票是股东姓名在票面与股东名册均无记载的股票。无记名股票以持有者为权利人,行使各项股东权利均须出示股票,可自由转让,无需办理过户手续。

(3)按投资主体划分,可分为国家股、法人股、个人股和外资股。国家股是有权代表国家投资的机构或部门以国有资产投入公司形成的股份。法人股是其他公司法人以其依法可支配的资产投入公司形成的股份或具有法人资格的事业单位和社会团体以国家允许用于经营的资产向公司投资形成的股份。个人股为社会个人或本公司职工以个人合法财产投入公司形成的股份。外资股是指外国和我国香港、澳门、台湾地区投资者以购买人民币特种股票形式向公司投资形成的股份。

(4)按发行对象和上市地区,可分为 A 股、B 股、H 股和 N 股。A 股是人民币股票,即以人民币标明票面价值并以人民币认购和交易的股票。B 股、H 股、N 股是人民币特种股票,即以人民币标明票面价值,但以外币认购和交易的股票,专供外国和我国香港、澳门、台湾的投资者买卖。其中,B 股在深圳、上海上市;H 股在香港上市;N 股在纽约上市。

三、 普通股票的发行与上市

(一)设立发行与增资发行

设立发行是指为组建和设立股份公司而发行的股票。股份公司在设立时,要通过发行股票来筹措股本,以达到一定的规模并具备经营发展的实力。股份公司的设立可以采取发起设立和募集设立两种方式。发起设立是指由发起人认购公司应发行的全部股份而设立公司;募集设立是指由发起人认购公司应发行的全部股份的一部分,其余股份向社会公开募集或者向特定对象募集而设立公司。

增资发行是股份公司为扩大经营,筹措新的股本而发行股票。增资发行又分为有偿增资与无偿增资两类。有偿增资是通过发行新股来增加公司的资本金,无偿增资是公司将过去的积累(公积金)或用于分配的利润转为股本金,并按照公司股东的持股比例转入其账户。与有偿增资不同,无偿增资并没有真正增加公司的资本金,而只是对资本金的结构做了调整。

(二)初次发行

公司第一次向社会公开募股(initial public operating,IPO)称为初次发行。初次发行多为设立发行,其目的有两类:一类是公司的股东为扩大公司规模,筹措更多资金而面向社会公众发行股票;另一类是公司的原股东(创始人)为套取现金,将自己在公司中的部分股份转售给社会公众而进行的首次公开发行。但这种初次发行属于公司由有限责任公司转制为股份有限公司,即原有限责任公司消亡,新的股份有限公司成立,因此这种初次发行为设立发行。

(三)私募发行

私募发行是指向特定的投资者发行股票的方式，私募发行要经过管理部门的批准，并由投资银行协助进行。一般来说，私募发行以债券为主，但也有少数股票采取私募发行的方式。与公开发行相比，私募发行的投资者通常为大的机构投资者或富有的个人投资者，他们比公众投资者有更强的识别和判断能力，会亲自对发行人的财务状况和经营业绩等进行核查。私募发行一般发行成本较低，发行时间较短，但股票流动性较差。

(四)股票上市的决策

股份有限公司为实现其上市的目标，需要在申请上市前对公司状况进行分析，对上市股票的股利政策、上市方式和上市时机做出决策。

(1)公司状况分析。申请股票上市的公司，需要认真分析本公司及其股东的状况，全面分析权衡股票上市的各种利弊及其影响，并确定出关键因素，以做出正确的股票上市决策。如果公司目前面临的主要问题是资本不足，现有股东风险过大，则可通过股票上市予以解决；倘若公司目前存在的关键问题是一旦控股权分散或外流，就会导致公司经营方向的改变或经营决策困难，影响公司正常稳健地发展，则可放弃上市计划。

(2)上市股票的股利决策。股利决策包括股利政策和股利分派方式的选择。股利决策既影响上市股票的吸引力，又影响公司的支付能力，因此必须做出合理的选择。其中，股利政策通常有固定股利额、固定股利率、正常股利加额外股利等政策；股利分派方式主要有现金股利(cash dividends)、股票股利(stock dividends)、财产股利(property dividends)等。

(3)股票上市方式的选择。股票上市的方式一般有公开出售、反向收购等形式。公开出售是股票上市的最基本方式。申请上市的公司通常采用这种方式。它有利于达到公司增加现金资本的需要，有利于原股东转让其持有的部分股票。反向收购是指申请上市的公司收购已上市的较小公司的股票，然后向被收购的公司股东配售新股，以达到公司筹资的目的。

(4)股票上市的时机选择。一般而言，股票上市的最佳时机是在公司预计来年会取得优异业绩的时候，当然还需要视当时的股市行情是否适宜而定。

四、 普通股股东的权利

(1)投票表决权。普通股股东可出席或委托代理人出席股东大会，在选举董事成员和公司其他重大事项的表决中进行投票。这是普通股股东参与公司管理的基本权利。

(2)股票出售或转让权。普通股股东可在法律、法规和公司章程所规定的条件下转让所拥有的股份。普通股股本一经形成，不能随意抽回，当普通股股东所获得的收益不足或需要现金时，可在证券市场上出售或转让其股票。

(3)优先认股权。股份公司在发行新股时，都会给普通股股东以优先认购的权利。该权利使现有股东在一定时间内以低于市价的价格购买新股票。优先认股权能使现有股东保持其在股份公司股本中的份额，以保证普通股股东在公司发行新股时对公司的控制权不发生变化。

（4）股利分配权。股东有参与公司税后利润分配的权利。

（5）查询权和阻止权。股东拥有对公司账目及事务的查询权，以及对管理层越权行为的阻止权。普通股股东在每个会计年度终了时，均可委托并依据注册会计师出具的审计报告了解公司的财务状况、经营业绩。当管理层在经营活动中有越过职权范围的行为，普通股股东有权阻止越权行为的发生。

（6）剩余财产求偿权。公司解散时，普通股股东可分享公司的剩余财产。

五、 普通股融资的优缺点

（一）普通股融资的优点

（1）筹资风险小。由于普通股没有固定到期日，不用偿还，又没有固定利息负担，公司有盈余并认为适合分配股利时，就可以分给股东；公司盈余较少，或虽有盈余但资金短缺或有更有利的投资机会，就可少支付或不支付股利。因此利用普通股筹资风险最小。

（2）能增加公司的信誉。普通股本与留存收益构成公司举债的基础，可为债权人提供较大的损失保障，因而普通股筹资既可以提高公司的信用价值，也为公司使用更多的债务资金提供了强有力的支持。

（3）筹资限制较少。利用长期借款或债券筹资限制条款较多，往往会影响公司经营的灵活性，而利用普通股筹资基本没有这些限制。

（二）普通股融资的缺点

（1）资金成本高。一般来说，普通股筹资的成本要大于债务资金。这主要是股利要从净利中支付，不能抵减所得税；股东的投资风险要大于债权人的风险，所以他们要求的报酬就高于债权人要求的报酬。另外，普通股的发行费用也比较高。

（2）容易分散控制权。利用普通股筹资意味着出售了新的股票，引进了新的股东，容易导致公司控制权的分散。

（3）可能导致股价下跌。发行新股后，新股东享受发行前的累积盈余，会降低普通股的每股净收益，从而可能导致股价下跌。

■第三节　发行优先股融资

一、 优先股的概念及其特征

优先股股票是指由股份有限公司发行的，在分配公司收益和剩余财产方面比普通股股票具有优先权的股票。优先股常被看成是一种混合证券，是介于股票与债券之间的一种有价证券。发行优先股对于公司资本结构、股本结构的优化，提高公司的效益水平，增强公司财务弹性具有十分重要的意义。

发行优先股是公司获得所有权资本的方式之一。利用优先股股票筹集的资本被称为优先股股本。优先股与普通股相比，在分配公司收益方面具有优先权，一般只有先按约定的股息率向优先股股东分派股息后，普通股股东才能分配股利。因此，优先股股东承担的风险较小，但收益稳定可靠。不过由于股息率固定，因此即使公司的经营状况优良，优先股股东一般也不能分享公司利润增长的利益。如果公司破产清算，优先股对剩余财产有优先的请求权。优先股股东的优先权只能优先于普通股股东，但次于公司债券持有者。从控制权角度看，优先股股东一般没有表决权（除非涉及优先股股东的权益保障时），无权过问公司的经营管理，所以发行优先股一般不会稀释公司普通股股东的控制权。

从公司的最终所有者——普通股股东的立场看，优先股是一种可以利用的财务杠杆，可视为一种永久性负债。公司有时也可以赎回发行在外的优先股，当然要付出一定的代价，如溢价赎回的贴水。从债权人的立场看，优先股又是构成公司主权资本的一部分，可以用做补偿的补充。

二、　优先股的种类

（1）按股息是否可以累积，分为累积优先股与非累积优先股。累积优先股是指可以将以往营业年度公司拖欠未付的股息累积起来，由以后营业年度的盈利来一并支付的优先股股票。非累积优先股是指公司对过去年度拖欠的股息不再补付的优先股股票。实践中，大多数公司发行的优先股为累积优先股，体现了公司管理层对于未来盈利的信心，同时也便于推销优先股，当然这对公司的财务压力较大。需要注意的是，在分派公司股利时，无论是以前年度优先股股息补付，还是当年的优先股股息的支付，都优先在普通股红利之前支付。

（2）按优先股能否参与剩余利润的分派和参与程度，可分为全部参与优先股、部分参与优先股和不参与优先股。全部参与优先股是指优先股股东在利润分配上与普通股股东同股同利，即每元优先股股本与每元普通股股本分得相等的公司税后利润。部分参与优先股是指优先股股东除了按约定的固定股息率获得的股息收入外，还有权在一定幅度内参加剩余股利的分配。不参与优先股是指优先股股东只按优先股股票面额约定的固定股利率取得股息收入，不能参与剩余利润的分配。优先股股票还可以根据需要合成累积非参与优先股、非累计非参与优先股、累积全部参与优先股、累积部分参与优先股等。

（3）可转换优先股、可赎回优先股、有投票权优先股和股息率可调整优先股。

可转换优先股，是指持股人可以在特定条件下，将优先股股票转换成普通股股票或公司债券的优先股。一般来说，对这类优先股股票都规定了转换的条件、时间和比例。对于发行公司而言，发行可转换优先股为持股人提供了优惠，公司可相应调低股息率，从而节约财务开支。

可赎回优先股，是指发行公司可以按一定价格赎回发行在外的优先股股票。即优先股股票的票面上有公司可提前赎回的条款，发行公司在未来的年度就有了调整股本结构、资本结构的主动权，增强了公司的财务弹性。公司可在市场利率不断下跌的情况下赎回优先股，另以较低的资本成本融资，减少公司的财务负担。

有投票权优先股，是指公司在一定时间内始终未能发放优先股股利时，可以被赋予一定投票权的优先股。赋予优先股的投票权是为了保护优先股股东的利益。

股息率可调整优先股，是指优先股的股息率不是固定不变的，可按照某一参照物的变动而相应调整（一般调高不调低）。参照物主要有中央政府债券的利率、长期银行存款利率。发行这种优先股在于保护优先股股东的利益，扩大公司优先股股票的销售量。

三、 发行优先股的动机与策略

股份公司发行优先股，筹集自有资本只是其目的之一。由于优先股有其特性，公司发行优先股往往还有其他的动机。

（1）防止公司股权分散化。由于优先股股东一般没有表决权，发行优先股就可以避免公司股权分散，保障公司老股东的原有控制权。

（2）调剂现金余额。公司在需要现金资本时发行优先股，在现金充裕时可赎回部分或全部优先股，从而调剂现金余额。

（3）改善公司的资本结构。公司在安排借入资本与自有资本的比例关系时，可较为便利地利用优先股的发行、转换、赎回等手段进行资本结构和自有资本内部结构的调整。

（4）维持举债能力。公司发行优先股，有利于巩固自有资本的基础，维持乃至增强公司的举债能力。

公司在选择不同类别的优先股时，应充分考虑投资者对不同类型优先股的偏好。一般来说，在经济出现剧烈波动或经济衰退时，宜发行累积优先股；在公司的经营状况稳定增长时，可发行非累积优先股；在投资者要求较高持有收益时，可发行全部参与或部分参与优先股；在投资者要求较高资本收益和较大的对公司的支配权，而甘愿承担一定风险时，可发行可转换为普通股的优先股；对于保守的投资者，可发行可转换为债券的优先股；在国际金融市场动荡不安、市场利率经常波动的条件下，宜发行股息率可调整的优先股；对于收入不稳定、支出有异常的投资者，可发行可赎回优先股。

四、 优先股融资的优缺点

（一）优先股融资的优点

（1）优先股的股利率一般为固定比率，因而优先股筹资有财务杠杆作用。在公司运用优先股筹资后，公司增长的利润大于支付给优先股股东的约定股息，差额为普通股股东分享，因此优先股筹资有助于提高普通股股东的每股收益。

（2）公司采用优先股筹资，可以避免固定的股息支付负担。优先股的股息支付可以根据公司的盈利情况适当地加以调整（对固定股息的支付并不构成公司的法定义务），不必像债务的利息、本金那样需要定期、如数地履行。在付不出优先股股息时，可以拖欠，不致进一步加剧公司资本周转的困难。

（3）优先股一般没有到期日，实际上可将优先股看成一种永久性负债，但不需要偿还本金。只有在有利于公司的根本利益时，公司才会赎回优先股。优先股的赎回、股息支付等方面公司较为主动，增加了公司财务的机动性。

（4）优先股股东也是公司的所有者，不能强迫公司破产。发行优先股而取得的资本是公司的自有资本，因而发行优先股能增强公司的信誉，提高公司的举债能力。

另外，由于优先股股东一般没有投票权，所以发行优先股不会引起普通股股东的反对，其筹资能够顺利进行。当使用债务融资风险很大、利率很高，而发行普通股又会产生控制权问题时，优先股是一种最理想的筹资方式。

（二）优先股融资的缺点

（1）资金成本较高。优先股的股息不能作为应税收益的抵减项目，在公司税后利润中支付，得不到税收上的好处。优先股的资本成本虽低于普通股，但高于债券。

（2）由于优先股在股息分配、资产清算等方面拥有优先权，因此普通股股东在公司经营不稳定时收益受到影响。当公司盈利下降时，优先股的股息可能成为公司一项沉重的财务负担。

（3）优先股筹资后对公司的限制较多。例如，公司不能连续三年拖欠股息，公司有盈利必须先分给优先股股东，公司举债额度较大时要征求优先股股东的意见等。

第四节 可转换债券融资

一、 可转换债券的概念及其性质

可转换债券是指由发行公司发行，并规定债券持有人在一定时期内，依据约定条件可将其转换为发行公司股票的债券。其发行目的是通过赋予投资者一定的获取公司股票的权利，来换取低资本成本和少融资限制条件的利益。

可转换债券是一种混合型金融产品，可以被看做普通公司债券与期权的组合体。其特殊性在于它所特有的转换性。作为现代金融创新的一种产物，可转换债券在某种程度上兼有债务性证券与所有权证券的双重功能。从证券权利角度来分析，可转换债券赋予持有者一种特殊的选择权，即按事先约定在一定时间内将其转换为公司的股票的选择权，这样可转换债券就将传统的债券与股票的筹资功能结合起来，在转换权行使之前属于公司的债务资本，权利行使之后成为发行公司的所有权资本。

二、 可转换债券的基本要素

（1）标的股票。可转换债券作为期权的二级派生产品与期权一样也有标的物，它的标的物一般是发行公司自己的普通股票，不过也可以是其他公司的股票，如该公司的上市子公司的股票。

（2）票面利率。可转换债券的票面利率一般大大低于普通债券的票面利率，其上限是同期银行存款利息率。可转换债券的持有者看重的是转换为股票获得资本利得的好处，因此如果发行公司的预期收益增长前景良好，可以将票面利率设计得低一些。

（3）转换价格。转换价格是指可转换债券在存续期间内，债券持有者据以转换为普通股而给付的每股价格。按照我国《可转换公司债券管理暂行办法》的规定，上市公司发行可转换债券的，以发行可转换债券前一个月股票的平均价格为基准，上浮一定幅度作为转换价格；重点国有公司发行可转换债券的，以拟发行股票的价格为基准，折扣一定比例作为转换价格。在整个转换期内，转换价格可以固定不变，也可以逐期提高。因为转换价格逐期提高，债券能够转换成的股数就会越来越少，所以这种逐期提高可转换价格的目的就在于促使可转换债券的持有者尽早地进行转换，让公司尽快完成资本结构的调整。

(4)转换比率。转换比率是指每一份可转换债券在既定的转换价格下能转换为普通股股票的数量。在债券面值和转换价格确定的前提下，转换比率为债券面值与转换价格之商。

(5)转换期限。转换期限是指可转换债券转换为股票的起始日至结束日的期间。转换期限的规定通常有四种情况：发行日至到期日；发行日至到期前；发行后某日至到期前；发行后某日至到期日。至于选择哪种，要看公司的资本使用状况、项目情况、投资要求、可转换债券的期限等。由于转换价格高于公司当前股价，投资者一般不会在发行后立即行使转换权，采取前两种类型能吸引更多投资者；如果公司现有股东不希望过早稀释控制权，可采用后两种类型。

(6)赎回条款。赎回是指在一定条件下公司按事先约定的买价买回未转股的可转换债券。发行公司为了避免因市场利率下降而带来的损失，同时为了避免可转换债券的持有者过分享受因公司收益大幅提高所产生的回报，通常设计有赎回条款。赎回条款通常包括赎回期、赎回价格、赎回条件等。公司在赎回债券之前要向投资者发出赎回通知，此时投资者必须在转股与售给发行公司之间做出选择。正常情况下，投资者会选择前者。可见，赎回条款最重要的功能是强制可转换债券的持有者积极行使转股权，因此又被称为加速条款。

(7)回售条款。回售条款是指公司股票价格在一定时期内连续低于转股价格达到某一幅度时，可转换债券的持有者按事先约定的价格将债券卖给发行公司。回售对于投资者而言实际上是一种卖权，有利于降低投资者的持券风险。与赎回一样，回售条款也有回售时间、回售价格和回售条件等规定。

(8)转换调整条款与保护条款。发行公司发行可转换债券之后，其股票价格可能出现巨大的波动。如果股价表现不佳，又未设计回售条款，公司可设计转换调整条款以保护公司利益，预防投资者到期集中挤兑引发公司破产的悲剧。转换调整条款又称向下修正条款，允许发行公司在约定时间内将转股价格向下修正为原转换价格的70%~80%。

三、可转换债券融资评价

(一)可转换债券融资的优点

(1)可节约利息支出。由于可转换债券的利率大大低于普通债券，因此发行公司在转换前所支付的利息费用很低，转换之后又节约股票发行成本。

(2)稳定股票市价。转换价格通常高于其发行时的公司股票价格，因此在当前股权融资时机不佳时，发行可转换债券一方面不会因为直接发行新股而降低公司股票市价；另一方面由于可转换债券的转换期限较长，对公司股价的影响较温和，也有利于公司股价的稳定。

（3）增强筹资灵活性。发行可转换债券不影响公司偿还其他债务的能力，不会受到其他债权人的反对。同时，其投资者是公司的潜在股东，与公司利益冲突较少。如果公司对可转换债券的有关条款设计周到，将有助于公司主动调整资本结构，增强公司财务实力。

（二）可转换债券融资的缺点

（1）增强了对管理层的压力。发行可转换债券之后，如果其股价长期低迷，持券者到期未能转股，会造成公司的集中兑付债券本金的财务压力；或者债权转股权后股价大幅度下跌，两者都会影响公司的声誉，恶化公司财务形象。因此，管理层需保持公司经济效益的稳定增长，这种压力很大。

（2）回售风险。若可转换债券发行后，公司业绩虽然不错，但公司股票却随大盘下跌，或者公司业绩不佳，股价长期低迷。在设计有回售条款的情况下，投资者集中在一段时间内将债券回售给发行公司，公司如果准备不足将陷入财务支付危机之中。

（3）股价大幅度上扬的风险。如果可转换债券发行之后，公司股价大幅度上扬，持券者纷纷按较低转换价格行使转换权，这实际上会相对减少公司的筹资数量，投资者则获益过多。

第五节　认股权证融资

优先认股权是普通股东拥有的权力之一，即在股份公司增发新股时，普通股股东可先于其他投资者购买；认股权证是附在新发行证券上的一种权力证书，它是另一种优先权形式。股份有限公司可以利用这两种方式来筹集公司所需要的资本。

一、优先认股权融资

公司在发行新的普通股时，向原股东提供优先认股权。这既可以作为发行普通股的一种促销手段，又能维持原股东在公司的控制权。通常，优先认股权可以使原股东在一定的期限内以低于市价的统一规定的认购价格购买新股。

优先认股权的存续期分为附权期与除权期两个部分。从公司宣布配股之日至配股登记日止为附权期；配股登记日至到期日的时间为除权期。附权期时的股票被称为"附权股票"，优先认股权附在股票上进行交易，股票交易中包含优先认股权的价值，这时的股价会相应上升。除权期的股票被称为"除权股票"。原来的附权股票就分为股票的价值和优先认股权的价值两部分。优先认股权与普通股一样在市场上进行交易。由于优先认股权是一种买入期权，故可以单独形成自己的价格，而且其价格会随股票价格的变化而变化，因而具有投机价值。

公司董事会决定优先认股权价格和认股权数。优先认股价格应低于股票的现行市场

价格。认股权数是由公司在市场上流通的原股票数和拟发行股票数确定。其计算公式为

$$认股权数=\frac{原有股数}{新增股数} \qquad (4\text{-}1)$$

由于认股价格低于市场价值，所以认股权在其有效期限内是有价值的。若原股东不行使认股权，他可将这一权力有偿转让以获得额外收益。

附权期内，每股所含认股权的价值可用式(4-2)计算：

$$每股所含认股权的价值=\frac{(附权的股票市价-认购价格)}{(认购每一新股所需股数+1)} \qquad (4\text{-}2)$$

除权期内，每股所含认股权的价值可按下列公式计算：

$$每股所含认股权的价值=\frac{(除权的股票市价-认购价格)}{认购每一新股所需股数} \qquad (4\text{-}3)$$

上述两种方法的计算结果相同。下面举例说明：

【例 4-1】 某摩托公司拟通过发行优先认股权来筹集资本 2 000 万元，优先认股价格为 50 元，每股附权的原普通股股票的市价为 71 元，除权的原普通股市价 65 元，原发行股票 100 万股。

$$认股权数=\frac{100}{2\,000/50}=2.5(权)$$

$$每股所含认股权的价值=\frac{71-50}{2.5+1}=6(元)$$

或

$$每股所含认股权的价值=\frac{65-50}{2.5}=6(元)$$

从上面的计算可以看出，两种方法的计算结果相同。需要说明的是，利用式(4-2)和式(4-3)计算出来的价值只是理论价值，其实际价值往往高于理论价值。

优先认股权筹资的缺点如下：附权发行新股能否取得成功，很大程度上取决于其认购价格是否合适。认购价格偏高，如果股市出现暴跌，这时偏高的认购价格很可能接近甚至超过市价，老股东的优先认股权变得毫无意义，公司融资计划会因此而失败。认购价格过低，对公司信誉与形象不利，而且公司能筹集到的资本较少。因此，公司的管理人员必须根据公司的资产负债情况、证券市场的供求情况、宏观经济的运行情况，权衡公司、老股东、新投资者的利益，加以合理确定。

二、认股权证融资

(一)认股权证的概念

认股权证是由股份公司发行的，能够按特定的价格，在特定的时间内购买一定数量该公司股票的选择权凭证。认股权证是另一种优先权形式，通常是公司在发行债券或优先股筹资时，为了促销而附有的一种权力，与普通股股东所拥有的优先认股权是两回事。认股权证可以与优先股或债券附在一起，也可以与它们分离。

由于公司股票的市场价格通常要高于认股权证确定的特定买价，因此认股权证可视

为一种有价证券，形成市场价格。股份公司通过发行认股权证，可以顺利募集到大量资本。但是由于认股权证的价格要随公司股价的变化而波动，因此认股权证的持有者需要承担这种价格变动的风险。

认股权证主要规定持有者购买股票的价格、数量、期限等内容，这些内容构成了认股权证的基本要素。

(1)认购数量。认购数量用两种方式约定：一是确定每一单位认股权证可以认购多少公司发行的普通股；二是确定每一单位认股权证可以认购多少金额面值的普通股。

(2)认购价格。认购价格也称执行价格。认购价格的确定一般以认股权证发行时，发行公司的股票价格为基础。价格一般自始至终保持不变，也可以随着时间的推移逐步提高。如果公司股份增加或减少，就要对认购价格进行调整。

(3)认购期限。认购期限是指认股权证的有效期限。在有效期内，认股权证的持有者可以随时认购股份；超过有效期，认股权证失效。有些认股权证没有截止日期，长期有效。一般而言，认股期限越长，认股价格就越高。

(4)赎回条款。发行认股权证的公司大都制定了赎回条款，即规定在特定情况下，公司有权赎回其发行在外的认股权证。

(二)认股权证的发行

认股权证一般采用两种方式发行。最常用的方式是认股权证在发行债券或优先股之后发行。以这种方式发行时，认股权证将随同债券或优先股一同寄给认购者。在无纸化交易制度下，认股权证将随同债券或优先股一并由登记结算公司划入投资者账户。

认股权证也可单独发行。公司可向对公司有突出贡献的人员或与公司有密切往来的利害关系者赠送认股权证，间接地使这些人员获得一些经济利益。

(三)认股权证的价值

1. 理论价值

认股权证在其有效期限内具有价值。认股权证有理论价值与实际价值之分。其理论价值可用式(4-4)计算：

$$理论价值 = \max\{0, (s_t - k) \times n\} \tag{4-4}$$

其中，S_t 为标的股票市价；K 为认股权证的行权价格；n 为代表认股权证的行权比例。

在实际运用时，认股权证理论价值也可以用简化公式确定：

$$理论价值 = (普通股市价 - 执行价格) \times 一个认股权证所能认购的普通股股数 \tag{4-5}$$

如果普通股市价低于其执行价格，认股权证的理论价值为一负数，但在此时，认股权证的持有者不会行使其认股权。所以当出现这种情况时，设定认股权证的理论价值为零。影响认股权证理论价值的主要因素有：①普通股的市价，市价越高，认股权证的理论价值就越大；②剩余有效期间，认股权证的剩余有效期间越长，市价高于执行价格的可能性就越大，认股权证的理论价值就越大；③换股比率，一个认股权证所能认购的普通股股数越多，其理论价值越大，反之，则越小；④执行价格，执行价格越低，认股权证的持有者为换股而支付的代价就越小，市价高于执行价格的机会就越大，认股权证的理论价值也就越大。

假如某公司规定认股权证的持有者，每持有两个权证可按 12 元的价格认购一股普通股。现某人拥有 200 个认股权证，他投资 1 200 元购买 100 股普通股，次日该公司的普通股的市价为每股 16 元，该人将其持有的 100 股全部抛出获得 1 600 元（假设无交易成本），获利 400 元（1 600－1 200）就是实现的认股权证的理论价值。

2. 实际价值

认股权证具有价值，是一种有价证券，其价值的实现必须借助市场这个媒介。对于单独发行的认股权证，其持有者可以将认股权证直接在市场上出售获取利益。如认股权证与优先股或债券是附在一起的，则持有人可以通过行使认股权购买普通股实现其与优先股或债券的分离，从而实现其价值。

认股权证在证券市场上的市场价格或售价被称为认股权证的实际价值。一般来说，认股权证的实际价值高于其理论价值，理论价值是出售认股权证的最低限。认股权证的实际价值大于理论价值的部分被称为超理论价值的溢价。之所以形成超理论价值的溢价，是因为认股权证的投资具有较大的投机性，认股权证给予投资者以高度的获利杠杆作用。

（四）认股权证筹资的评价

发行附有认股权证的公司债券或优先股，可使投资者分享到由于公司繁荣成长带来的利益，公司以较低的债券利率或股息率就能顺利将债券或优先股销售出去。对于资本市场的资金供求紧张而自身财务状况良好的公司来说，投资者踊跃购买债券或优先股使其比其他公司更容易实现筹资目的。不仅如此，发行附有认股权证的公司债券或优先股，还可能为将来的筹资奠定基础。如果公司不能稳定发展，普通股的股价下跌至执行价格以下，则认股权证并不能为公司带来资本。

为了使认股权证的持有者积极行使认股权，实现公司的筹资目的，公司必须改善财务状况和经营成果，给股东以丰厚的回报，增强股票的吸引力。

➤本章小结

权益资本作为公司最基本的资金来源，反映了公司的实力，是其他融资方式的基础。本章重点介绍吸收直接投资、普通股融资和优先股融资三种方式，简要介绍了三种融资方式的优缺点、种类以及后两种方式的发行途径等。权益交换性融资因其同时具有债务性融资和权益性融资的特点而得名。最常用的权益交换性融资有可转换债券和认股权证。公司利用各种融资方式并根据其各自的特点，结合公司的发展要求，寻求最佳的融资方式组合筹集所需资金。

➤复习思考题

简答题：

1. 公司吸收直接投资的种类、方式及融资的优缺点？

2. 普通股和优先股融资分别有哪些优缺点？

3. 可转换债券的概念及其基本要素有哪些？

4. 影响认股权证理论价值的因素有哪些？为什么认股权证的理论价值与实际价值会不一致？

计算题：

1. 某公司于 2010 年年底发行了可转换优先股 1 000 万股，每股价格为 10 元，发行契约规定在 2 年内能够以 1 股优先股换成 4 股普通股。

要求：

(1)公司通过发行优先股，筹集了多少股权资金？

(2)若 2011 年该公司的普通股市价为 3.5 元，优先股的市价为 12 元，此时优先股股东会选择转换为普通股吗？

2. 某国有企业准备于明年年初改制设立股份有限公司，申请公开发行股票。经过资产评估，公司净资产为 7 000 万元，全部投入新公司，折股比例为 1。根据公司的计划经营规模，公司需要的总资产为 30 000 万元，合理的资产负债率为 40%。

要求：考虑资产负债率，若通过发行普通股来筹资，公司应当筹集多少股权资本？

3. 某普通股股票现行市价为每股 60 元，认股权证规定认购价为 40 元，每张认股权证可购得 1 张普通股股票。

要求：计算认股权证的理论价值为多少？

案例分析

宝安可转换债券发行与转换分析

中国宝安公司(集团)股份有限公司是一个以房地产业为龙头、工业为基础、商业贸易为支柱的综合性股份制公司集团。为解决业务发展所需要的资金，其 1992 年年底向社会发行 5 亿元可转换债券，并于 1993 年 2 月 10 日在深圳证券交易所挂牌交易。宝安可转换债券是我国资本市场第一张 A 股上市可转换债券。

宝安可转换债券的主要发行条件是：发行总额为 5 亿元人民币，按债券面值每张 5 000 元发行，期限是 3 年(1992 年 12 月~1995 年 12 月)，票面利率为年息 3%，每年付息一次。债券载明两项限制性条款，其中可转换条款规定债券持有人自 1993 年 6 月 1 日起至债券到期日前可选择以每股 25 元的转换价格转换为宝安公司的人民币普通股 1 股；推迟可赎回条款规定，宝安公司有权利但没有义务在可转换债券到期前半年内以每张 5 150 元的赎回价格赎回可转换债券。债券同时规定，若在 1993 年 6 月 1 日前该公司增加新的人民币普通股本．按下列调整转换价格：

$$调整后的转换价格 = \frac{(调整前转换价格 - 股息) \times 原股本 + 新股发行价格 \times 新增股本}{增股后人民币普通股总股本}$$

宝安可转换债券发行时的有关情况是：

由中国人民银行规定的三年期银行储蓄存款利率为 8.28%，三年期公司债券利率为 9.94%，1992 年发行的三年期国库券的票面利率为 9.5%，并享有规定的保值贴补。根据发行说明书，可转换债券所募集的 5 亿元资金主要用于房地产开发业和工业投资项目，支付购买武汉南湖机场及其附近工地 270 平方米土地款及平整土地费，开发兴建高中档商品住宅楼；购买上海浦东陆家嘴金融贸易区土地 1.28 万平方米，兴建综合高档宝安大厦；开发生产专用集成电路，生物工程基地建设等。

宝安可转换债券发行条件具有以下几个特点。

(1)溢价转股：可转换债券发行时宝安公司 A 股市价为 21 元左右，转换溢价为 20％左右。

(2)票面利率较低：3％的票面利率相对于同期的公司债券利率低了近 7 百分点，可使宝安公司的资本成本率下降 200％。与国外同类公司可转换债券票面利率相比也低了 1～2 百分点。

(3)期限较短：宝安可转换债券的期限设计为 3 年，而其资金投向却主要是超过三年的中长期项目。若债券到期时未能实现转股，而资金投入又尚未有回报，发行公司将面临偿还巨额本金的资金压力。

(4)未规定债券赎回的转股价格上限：虽然按发行条件，宝安公司有权在最后半年内以每股 5 150 元的溢价赎回债券，但在转股价格上无上限规定，因此在理论上说，债券持有人在两年的可自由转股的期限内，随公司股票价格上涨所能获取的收益不受限制。

(5)转股价格的合理调整规定时间限制：按国际惯例，可转换债券的转换价格在基准股票受诸如分红送股、低价配股、股票拆细与合并等情况下的人为稀释时，可按既定的规则调整股票价格。但是宝安公司可转换债券的设计规定，在可转换债券发行半年内(即 1993 年 6 月 1 日之前)，公司增发新股可按给定的调整公式进行价格调整，而对此段期间以后新发股票的价格调整，发行公告未作说明与规定。实际上，宝安公司在 1993 年上半年曾派发股利每股 0.9 元，并按 1∶1.3 送红股，按上述公式，可转换债券的转换价格调整为[(25 − 0.09)元 × 26 403 万股 ＋ 1 元 × 0.3 × 26 403 万股]/(1.3×26 403 万股)＝ 19.39 元/股；而在 1993 年和 1994 年度宝安公司分红方案分别是 10 送 7 股派 1.22 元和 10 送 2.5 股派 1 元，其可转换债券的转换价格则没做相应调整。

宝安可转换债券从上市到摘牌，转换为股票的共计 1 350.75 万股。按每股 19.39 元/股的转换价格计算，转换为宝安 A 股 691 584 股，实现转换部分占发行总额的 2.7％。如此低的比率大大出乎当初宝安可转换债券发行决策者的意料，亦是与宝安公司经营者的意图和最初愿望背道而驰，毫无疑问，宝安可转换债券的转股结果是一个彻底的失败。

转换失败以及由此带来的巨额资金的偿还给宝安公司经营的压力和负面影响是不言而喻的。在短时期内拿出 5 亿多元的现金，对于一个公司来说是相当困难的。据宝安公司 1995 年度的财务报告反映，为了这笔巨资的偿还，该公司不得不提前一年着手准备，确保资金到位，其间不得不放弃许多的投资获利机会。宝安公司在经营上也被迫做出了很大的调整。这些都成为宝安公司该年度利润下降的直接原因。但宝安公司最终还是经受住了考验，顺利完成了可转换债券的还本付息工作，按期将现金兑付给了宝安可转换债券的持有人，避免了任何债务违约纠纷的出现。这对于公司的信誉具有积极的作用。

宝安可转换债券的转股虽然是失败的，但对于宝安公司而言，从总体上看，这次发行可转换债券的尝试并不意味着完全的损失。毕竟宝安可转换债券为该公司提供了利率仅为 3％的三年期资金来源，如果不是完全投资于那些长期性的项目，应该能从这笔低成本资金获得较高的投资回报。但对投资者来说，损失是确定无疑的。对于以面值认购的投资者，持有宝安可转换债券就有直接的利息损失，而对于那些在宝安可转换债券上市初期从市场上以高于面值甚至以两倍以上的价格购买可转换债券的投资者来说，损失就更大了。这种结局的原因，除了前面所涉及的诸如股市异常波动、可转换债券设计缺陷等因素外，投资者本身对可转换债券性质的认识不足也是其一。投资者在近乎疯狂的投机气氛中，根本不顾及可转换债券本身特定的收益与风险特征，当然也不可能理会宝安可转换债券设计本身存在的缺陷。因此，当股市下跌风潮渐息之后，随即便是所蒙受的投资损失，直接反映了投资者投资理念和金融意识的不足。

分析提示：

1. 宝安可转换债券发行成功，转换失败所引发的经验与教训是什么？

2. 假如你是宝安公司的总经理，将采取什么措施改进可转换债券设计与发行中的失误？

3. 公司发行可转换债券时应考虑哪些因素？如果你是宝安公司的财务经理，你将会向总经理提出何种建议筹措资金?

4. 可转换债券投资者在购买此类债券时应注意什么问题?

(资料来源:马忠智,吕益民. 可转换公司债券发行与交易实务. 北京:人民出版社,1996。作者引用时有改动)

第五章

资本结构理论及决策技术

本章主要介绍资本结构的各种理论及其资本结构最优选择的决策技术，资本结构是指公司各种长期资金筹集来源的构成和比例关系。公司通过筹资决策，确定资本成本、融资方案和资本结构，阐述长期融资决策的理论与方法，其中资本成本是长期融资决策的基本依据，资本结构是公司长期融资决策的核心问题。

【重要概念】 资本结构 综合资本成本 边际资本成本 净利理论 营业净利理论 MM 理论 权衡理论

第一节 资本结构概述

资本结构是指公司各种长期资金筹集来源的构成和比例关系。通常情况下，公司的资本由长期债务资本和权益资本组成，资本结构指的就是长期债务资本和权益资本各自所占比重。一般来说，在资本结构概念中不包含短期负债。短期资本的需要量和筹集是经常变化的，且在整个资本总量中所占的比重不稳定，因此不列入资本结构管理范围。最优的资本结构也就是公司最佳的资本组合形式。它是中级财务管理的重要内容，资本结构的优劣直接影响到公司的生存和发展。

最优资本结构的确定是公司筹资决策的中心问题，所以公司在进行任何筹资决策之前，首先应根据一定的理财目标确定最优资本结构，并在以后各项筹资活动中有意识地保持这种最优结构。

用以衡量公司资本结构是否合理的标准主要有：

(1)综合资本成本最低，公司为筹资所花费的代价最少。

(2)筹集到手能供公司使用的资本最充分，能确保公司长短期经营和发展的需要。

(3)股票市价上升，股东财富最大，公司总体价值最大。

(4)公司财务风险小。

然而在一定情况下，要使公司筹资所形成的资本结构完全满足上述标准往往十分困难。例如，长期借款(或债券)的筹资风险小，其资本成本最低，而普通股风险最大，其资本成本最高，所以公司增加长期负债在总资本中的比重通常可以降低公司筹资综合资本成本。但是如果公司无节制举债，使得长期负债在资本中比重超过一定限度，必然引起公司财务状况的变化，从而增加财务风险，导致各种资本来源的资本成本发生变动，最终导致公司综合资本成本上升。所以，公司若要合理地筹集资本，各种资本来源之间必须保持合理的比例关系。

第二节　资本结构理论

一、净利理论

净利理论认为，利用债务可以降低公司资本成本，因此公司采用负债筹资总是有利的。这是因为债务利息和权益资本成本均不受财务杠杆的影响，无论负债程度多高，公司的债务资本成本和权益资本成本都不会发生变化。为了便于说明，设 K_b 表示债务资本成本，K_s 表示权益资本成本，K_w 表示综合资本成本，V 表示公司总价值，净利理论可用图 5-1 来描述。

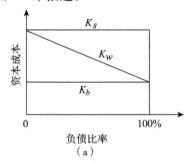
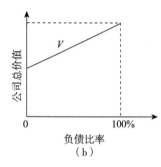

图 5-1　净利理论分析图

二、营业净利理论

营业净利理论认为，不论财务杠杆如何变化，公司的综合资本成本都是固定的，因而公司总价值也是固定不变的。这是因为公司利用财务杠杆时，即使债务资本成本本身不变，但由于加大了权益风险，却会使权益资本成本上升，于是综合资本成本不会因为负债比率提高而降低，而是维持不变，公司的总价值也就固定不变。营业净利理论可用图 5-2 来描述。

按照这种理论推论：公司不存在最优资本结构，筹资决策也就无关紧要。可见，营业净利理论与净利理论是完全相反的两种理论。

三、传统理论

传统理论是一种介于净利理论和营业净利理论之间的理论。传统理论认为，公司利用财务杠杆尽管会导致权益成本上升，但在一定程度内却不会完全抵消利用成本率较低的债务所获得的好处，因此会使综合成本下降，公司总价值上升。但是超过一定程度的利用财务杠杆，权益资本成本的上升，就不能为债务资本的低成本所抵消，综合资本成

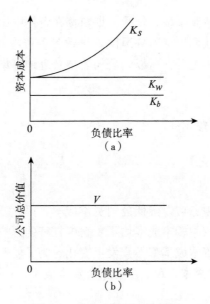

图 5-2　营业净利理论分析图

本便会上升。之后，债务资本成本也会上升，它和权益资本成本的上升共同作用，使综合资本成本上升加快。综合资本成本从下降变为上升的转折点，是综合资本成本的最低点，这时的负债比率就是公司的最优资本结构。传统理论可用图 5-3 来描述。

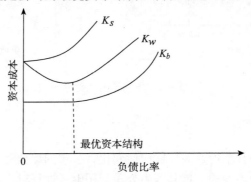

图 5-3　传统理论分析图

四、 MM 理论及权衡理论

著名的 MM 理论是由两位美国学者莫迪格利尼（Mocligliani）和米勒（Miller）提出的学说。最初的 MM 理论认为，由于所得税法允许债务利息费用在税前扣除，在某些严格的假设下，负债越多公司的价值就越大。但是在现实生活中有的假设不能成立，其推导出的结论也不符合现实情况。此后，MM 理论有所发展，提出了税负利益——破产成本权衡理论，可用图 5-4 来描述。

图 5-4 中，V_L 为只是负债税额庇护而没有破产成本的公司价值；V_u 为无负债时的公司价值；V'_L 为同时存在负债税额庇护和破产成本的公司价值；F_A 为破产成本；F_B 为负债税额庇护利益的现值；D_1 为破产成本变得重要时的负债水平；D_2 为最优资本

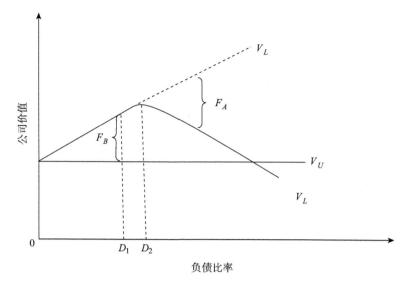

图 5-4　税负利益-破产成本权衡理论

结构。图 5-4 说明，负债可以为公司带来税额庇护利益。

最初的 MM 假设在现实中不存在。事实是：各种负债成本随负债比率的增大而上升，当负债比率达到某一程度时，息税前盈余会降低，同时公司负担破产成本的概率会增加。

当负债比率未超过 D_1 点时，破产成本不明显；当负债比率达到 D_1 点时，破产成本开始变得重要，负债税额庇护利益开始被破产成本所抵消；当负债比率达到 D_2 时，边际负债税额庇护利益恰好与边际破产成本相等，公司价值最大，达到最佳资本结构；负债比率超过 D_2 时，破产成本大于负债税额庇护利益，导致公司价值下降。

第三节　资本结构决策技术及应用

一、每股盈余无差别点分析法

资本结构是否合理，可以通过每股盈余的变化来分析，一般情况下凡能提高每股盈余的资本结构是合理的；反之则认为不够合理。然而，每股盈余的变化，不仅受资本结构影响，还受到销售收入的影响，要处理这三者关系，则必须运用筹资"每股盈余无差别点"的方法来分析。所谓每股盈余无差别点是指，不论采取何种筹资方式公司每股盈余均不受影响，即能使得每股盈余保持不变的 EBIT（息税前利润）或 S（销售额）的水平。

计算每股盈余无差别点，首先要求出 EPS（每股盈余）：

$$\text{EPS} = \frac{(\text{EBIT} - I) \times (1-T) - D}{N} = \frac{(S - \text{VC} - F - I) \times (1-T) - D}{N} \qquad (5\text{-}1)$$

其中，EBIT 为息税前利润；I 为负债资本应付利息；T 为所得税税率；D 为优先股股息金额；N 为发行并出售的普通股股数（流通在外普通股股数）；S 为销售额；VC 为变动成本；F 为固定成本。

在每股盈余无差别点上公司无论采用负债融资，还是采用权益融资，每股盈余都相等。若以 EPS_1 代表负债融资的每股盈余，EPS_2 代表权益融资的每股盈余，在无差别点上：

$$EPS_1 = EPS_2$$

$$\frac{(EBIT-I_1)\times(1-T)-D}{N_1}=\frac{(EBIT-I_2)\times(1-T)-D}{N_2} \tag{5-2}$$

$$\frac{(S_1-VC_1-F_1-I_1)\times(1-T)-D}{N_1}=\frac{(S_2-VC_2-F_2-I_2)\times(1-T)-D}{N_2} \tag{5-3}$$

在式(5-2)中，可以求出使两种方案每股盈余无差别的 EBIT，这个数值就是筹资分界点。

在式(5-3)中，可以求出使两种筹资方案每股盈余无差别的销售额，这是从另一个角度确定筹资分界点。

【例 5-1】 某公司原有资本 700 万元，其中债务资本 200 万元，利率为 12%，普通股本 500 万元（发行普通股 50 万股，每股面值 10 元）。公司由于扩大业务，需追加筹资 300 万元，其中：

筹资方案Ⅰ：按面值增发 30 万股普通股；

筹资方案Ⅱ：以 14% 的利率筹集长期债务。

公司的变动成本率为 60%，固定成本为 180 万元，所得税率 25%。

其销售额计算如下：

$$\frac{(S-0.6S-180-200\times12\%)\times(1-25\%)}{50+30}$$

$$=\frac{(S-0.6S-180-200\times12\%-300\times14\%)\times(1-25\%)}{50}$$

解得

$$S=790(万元)$$

此时的每股盈余为

$$EPS=\frac{(790-790\times0.6-180-24)\times(1-25\%)}{80}=1.05(元/股)$$

从图 5-5 可以看出，当销售额高于 790 万元时，运用负债筹资可获得较高的每股盈余；当销售额低于 790 万元时，运用权益筹资可获得较高的每股盈余。

二、公司价值分析法

以每股盈余的高低作为评价筹资方案优劣的标准，只考虑了普通股股东的收益高低却忽略了风险因素。事实上，在公司任何财务决策的制定过程中，都要以实现公司的最优理财目标为标准。当忽略风险因素或假定风险不变的前提下，每股盈余的增长才会导致股票价格的上升，从而导致公司价值增高。但事实上，随着每股盈余的增长，风险通常也会随之而增大。如果每股盈余的增长不足以补偿因风险的增加所要求的报酬增高，则每股盈余的增高也无法遏止因风险的增大所引起的股票价格的下降的趋势。为此，在选择筹资方案时，应当使公司价值最大，而不是单纯追求每股盈余最大。

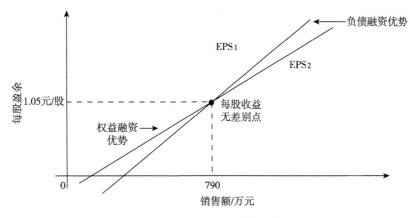

图 5-5 每股收益无差别点分析图

公司的市场价值应当表现为股票市场价值和负债市场价值之和，其中市场价值简称价值，即

公司价值＝股票价值＋负债价值

为方便说明，假定负债的市场价值等于其面值。股票的市场价值可以由式(5-4)来决定：

$$S=\frac{(\mathrm{EBIT}-I)(1-T)}{K_s}\qquad(5\text{-}4)$$

权益资本成本可以通过资本资产定价模型计算：

$$K_s=R_s=R_f+\beta(R_m-R_f)\qquad(5\text{-}5)$$

其中，R_f 为无风险报酬率；R_m 为平均风险股票必要报酬率；β 为股票的贝塔系数。

【例 5-2】 某公司 20×2 年息税前利润为 1 000 万元，资本全部由普通股资本组成，股票的账面价值为 4 000 万元，所得税税率为 25%。该公司认为目前的资本结构不够合理，准备采用发行债券购回部分股票的方法予以调整。经分析调查，得出下列相关资料，见表 5-1。

表 5-1 不同债务水平对公司债务资本成本和权益资本成本的影响

债券市场价值 /万元	税前债务资本成本 /%	股票的 β 值	无风险报酬率 /%	有价证券市场 平均报酬率/%	权益资本成本 /%
0	—	1.20	10	15	16.00
200	8	1.25	10	15	16.25
400	10	1.30	10	15	16.50
600	12	1.40	10	15	17.00
800	14	1.55	10	15	17.75
1 000	16	2.10	10	15	21.50

根据上述有关资料，计算出该公司在不同的债务资本规模下，资本成本和公司的价值，见表 5-2。

表 5-2　不同债务水平对公司债务资本成本和公司价值的影响

债券市场价值 /万元	税前债务资本成本 /%	权益资本成本 /%	股票市场价值 /万元	公司市场价值 /万元
0	—	16.00	4 187.5	4 187.5
200	8	16.25	4 057.1	4 257.1
400	10	16.50	3 898.2	4 298.2
600	12	17.00	3 657.4	4 257.4
800	14	17.75	3 351.9	4 157.9
1 000	16	21.50	2 617.7	3 617.7

从表 5-2 中可以看出，在没有债务的情况下，公司的总价值就是其原有股票的市场价值。当公司的资本结构发生变化时，即当公司通过发行债券获得债务资本并替换部分权益资本时，最初公司的总价值上升。在债务资本达到 400 万元时，公司总价值最高。债务资本超过 400 万元时，公司总价值下降。为此，债务资本为 400 万元时的资本结构是该公司最优资本结构。

三、　综合资本成本法

前面已经提及，所谓最优资本结构是公司在一定时期综合资本成本最低，同时公司价值最大的资本结构。而在通常情况下，公司综合资本成本最低时可以使公司价值达到最大化。因此，确定最佳的资本结构可以衡量公司综合资本成本，即加权平均资本成本的高低。

在实际中，公司采取不同的筹资方式，采取测定不同资本结构的筹资方案的综合资本成本进行对比择优。

【**例 5-3**】　某公司拟采用发行普通股、优先股股票和长期债券方式筹资，普通股资本成本 12%，优先股资本成本 10%，债券资本成本 13%，筹资费用忽略不计。现有三种方案可供选择：

甲方案：普通股 50%，优先股 20%，债券 30%；

乙方案：普通股 30%，优先股 50%，债券 20%；

丙方案：普通股 20%，优先股 40%，债券 40%。

　　甲方案综合资本成本为

$$(50\% \times 12\%) + (20\% \times 10\%) + (30\% \times 13\%) = 11.9\%$$

　　乙方案综合资本成本为

$$(30\% \times 12\%) + (50\% \times 10\%) + (20\% \times 13\%) = 11.2\%$$

　　丙方案综合资本成本为

$$(20\% \times 12\%) + (40\% \times 10\%) + (40\% \times 13\%) = 11.6\%$$

由此可见，乙方案综合资本成本最低(11.2%)，可以认为乙方案的资本结构已达到最优化。

四、　追加筹资方案决策

前述讨论资本成本时，是基于资本总额不变的假设。但随着公司生产经营的发展，有时需要追加筹集新资。因为追加筹资以及筹资环境的变化,公司原有的资本结构也会随之变化。所以,应该着重研究如何在追加筹资中选择最佳结构,进而保持资本结构最优化。

一般而言,按照最优资本结构的要求,选择追加筹资方案可有两种方法:一种方法是直接测算比较各备选追加筹资方案的边际资本成本,从中选择最优筹资方案;另一种方法是将备选追加筹资方案与原有最优资本结构汇总,测算各追加筹资条件下汇总资本结构的综合资本成本,比较确定最优追加筹资方案。下面举例说明。

【例 5-4】 某公司现有两个追加筹资方案可供选择,有关资料经测算整理后列入表 5-3。

表 5-3 两种追加筹资方案比较

筹资方式	追加筹资方案 I		追加筹资方案 II	
	筹资额/万元	资本成本/%	筹资额/万元	资本成本/%
长期借款	50	7	60	7.5
优先股	20	13	20	13
普通股	30	16	20	16
合计	100	—	100	—

追加筹资方案的边际资本成本按加权平均法计算,根据表 5-3 资料,两个追加筹资方案的边际资本成本计算如下:

方案 I:

$$\frac{50}{100} \times 7\% + \frac{20}{100} \times 13\% + \frac{30}{100} \times 16\% = 10.9\%$$

方案 II:

$$\frac{60}{100} \times 7.5\% + \frac{20}{100} \times 13\% + \frac{20}{100} \times 16\% = 10.3\%$$

两个追加筹资方案相比,方案 II 的边际资本成本低于方案 I,因此追加筹资方案 II 优于方案 I。若该公司原有的资本结构为:长期借款 50 万元,债券 150 万元,优先股 100 万元,普通股(含留存利润)200 万元,资本总额 500 万元,将其与追加筹资方案汇总列为表 5-4。

表 5-4 原有资本结构与追加筹资方案汇总

筹资方式	原有资本结构		追加筹资方案 I		追加筹资方案 II	
	筹资额/万元	资本成本/%	筹资额/万元	资本成本/%	筹资额/万元	资本成本/%
长期借款	50	6.5	50	7	60	7.5
债券	150	8	—	—	—	—
优先股	100	12	20	13	20	13
普通股	200	15	30	16	20	16
合计	500	11.45	100	10.9	100	10.3

下面再用选择最优追加筹资方案的第二种方法,对第一种方法的选择结果作一个验证。

若采用方案 I,追加筹资后的综合资本成本计算为

$$\frac{50+50}{600}\times\frac{50\times6.5\%+50\times7\%}{100}+\frac{150}{600}\times8\%+\frac{100}{600}\times12\%$$

$$+\frac{20}{600}\times13\%+\frac{200+30}{600}\times16\%=11.69\%$$

若采用方案Ⅱ，追加筹资后的综合资本成本计算为

$$\frac{50+60}{600}\times\frac{50\times6.5\%+60\times7.5\%}{110}+\frac{150}{600}\times8\%+\frac{100}{600}\times12\%$$

$$+\frac{20}{600}\times13\%+\frac{200+20}{600}\times16\%=11.59\%$$

以上计算中，根据同股同利原则，原有普通股应按新普通股的资本成本计算其加权平均数。这里假定股票的成本与报酬等价。

比较两种方案，追加筹资后两种新的资本结构下的综合资本成本，结果是方案Ⅱ追加筹资后的综合资本成本，低于方案Ⅰ追加筹资后的综合资本成本，因此追加筹资方案Ⅱ优于方案Ⅰ。

由此可见，该公司追加筹资后，虽然改变了资本结构，但经过科学的测算，做出正确的筹资决策，公司仍可保持其资本结构的最优化。

➤本章小结

本章介绍了资本结构理论及决策技术，阐述了衡量资本结构的标准；详细介绍资本结构基本理论，包括净利理论、营业净利理论、传统理论、MM 理论及权衡理论；从公司内部和外部两个方面分析了影响资本结构的因素；探讨了最优资本结构内涵；详细说明了资本结构优化调整方法，每股盈余无差别点法和公司价值分析法。

➤复习思考题

简答题：

1. 分析影响资本结构的因素。

2. 试述资本结构理论。

3. 如何确定最优的资本结构。

计算题：

1. 某公司现有长期资本 100 万元，其中长期负债 20 万元，权益资本 80 万元。现拟追加筹资 50 万元，有两个方案可采用：方案一，追加权益资本；方案二，增加负债。增资前、后借款利率均为 10%，公司所得税税率为 25%。增资后公司的息税前利润可达 20%。

要求：(1)计算无差别点 EPS；

(2)计算无差别点的息税前利润；

(3)进行筹资决策。

2. 某公司目前资本结构为全部发行普通股 1 000 股，目前税息前利润为 100 000 元，所得税税率为 25%，现正考虑扩充，其所需资金为 500 000 元，扩充后可增加税息前利润 50 000 元，现考虑下列两项财务方案：①按面值发行公司债券，年息为 8%。

②发行普通股 5 000 股,发行价每股 100 元。

要求:确定公司应采用哪一种筹资方案?

3. 某公司初创时拟筹资 2 000 万元,现有 A、B 两个备选方案。有关资料如表 5-5 所示。

表 5-5　不同筹资方案的资料

筹资方式	A 方案		B 方案	
	筹资额/万元	资本成本/%	筹资额/万元	资本成本/%
长期借款	320	4	500	5
应付债券	480	5	300	6
发行普通股	1 200	7	1 200	6.5
合计	2 000	—	2 000	—

要求:确定该公司的最佳资本结构。

4. 某公司目前是一家无负债资本的公司,公司预期的年息税前利润为 100 万元,所得税税率为 25%,公司的税后利润全部用于支付股利。公司现在打算考虑调整资本结构,准备增加负债 400 万元,债务资本成本为 6%,无负债公司的必要权益收益率为 12%。

要求:

(1)分别计算没有负债、存在负债条件下的公司价值。

(2)计算有负债条件下的公司加权平均成本。

案例分析

赣粤高速股份公司是于 1998 年 3 月 31 日经江西省股份制改革联审小组赣股[1998]1 号文件批准,由江西高速公路投资发展有限公司(控股)作为主发起人,联合江西公路开发总公司、江西省交通物资供销总公司、江西运输开发公司和江西高等级公路实业发展有限公司共同发起设立的股份有限公司。该公司于 2000 年 5 月 18 日上市,发行价每股 11 元,经过几年的发展,资产由 10 多亿元增长到 118 亿元。2008 年 2 月 15 日发行分离交易可转债总数为 120 万手(每手 1 000 元,附送 47 份认股权证),折合 12 亿元债券,认股权证总数为 5 640 万份。该股份公司 2010~2013 年的财务杠杆相关的主要指标数据见表 5-6。

表 5-6　赣粤高速财务杠杆相关的主要指标表

时间 每股指标	2013 年 12 月 31 日	2012 年 12 月 31 日	2011 年 12 月 31 日	2010 年 12 月 31 日
资产总额/万元	28 119 207 773	25 633 843 392	23 005 727 948	18 588 787 387
负债总额/万元	14 791 552 713	12 603 898 779	12 316 330 368	8 610 766 006
资产负债率/%	52.60	49.17	53.54	46.32
每股收益/元	0.28	0.5	0.47	0.54
净资产收益率/%	0.057 204	0.106 563	0.110 82	0.134 401
EBIT 增长率/%	−0.360	0.020	−0.053	0.019
EBIT/万元	1 222 560 147	1 911 214 090	1 873 406 090	1 978 448 069
财务费用/万元	501 623 235.2	277 438 689.5	280 380 246.2	174 479 790.5
财务杠杆系数	1.696	1.169	1.176	1.097

资料来源:根据国泰安数据库和新浪财经网站 600269 资料计算整理而得

在 2010～2013 年，"赣粤高速"的每股收益从 2010 年度 0.54 元/股下降到 2013 年度 0.28 元/股。息税前利润也有呈下降趋势，在众多的上市公司中这种下降趋势也是较少见的，通过分析"赣粤高速"现在及未来的发展状况而言，发展速度和能力并不乐观，财务杠杆利用也在不断提升。如何保持主营业务持续稳定，积极降低融资成本和维持举债能力。将面临以下问题：

(1)2011 年 10 月成功发行 10 亿元非公开定向债务融资工具，成为国内同行业中第一家(江西省首家)采用非公开定向债务融资工具的企业。公司深入拓展融资品种，2012 年度成功发行 15 亿元 3 年期非公开定向债务融资工具和 19 亿元短期融资券，有效降低了融资成本。随着公司的筹资能力的增强，公司的财务风险是否得到有效控制？

(2)现在正投资的项目行业单一，不仅投资额大且在建周期长及投资收益不明确，公路网格局正在发生变化，有可能影响 2014 年以后的收入和收益，从而会影响未来的融资能力。

要求：试分析"赣粤高速"未来的融资能力，并思考如何优化其资本结构。

第六章

项目投资决策

投资是指投资者为了在将来获取投资收益或投资资金的增值，在一定时期向特定领域的标的物——投资对象投放资金的经济行为。按照投资行为介入程度的不同，分为直接投资和间接投资。本章介绍的项目投资属于直接投资范畴。项目投资是指以特定投资项目为对象，以获取未来投资收益为目的，与新建项目或更新改造项目密切相关的长期投资行为。投资决策技术指的是更新改造决策和其他决策方法。本章重点研究项目投资的现金流量、投资决策技术和风险投资决策等问题。

【重要概念】 现金流量 机会成本 相关成本 差量分析法 方案重复法 年等额资本回收额

第一节 项目投资决策原则

由于项目投资具有金额大、投资回收期长、影响深远等特点，因而制约着公司在进行项目投资决策时为控制投资风险必须遵循一定的投资程序和投资原则。

一、项目投资的程序

(1)提出投资项目。提出投资项目是制定投资决策的第一步，是根据公司的长远发展战略、中长期投资规划和投资环境的变化，在把握良好的投资机会的情况下提出的。

(2)初步调查。初步调查是指针对投资项目在技术上和商务上是否可行、主要风险的表现和程度如何、该投资项目与公司的长期战略目标是否一致所进行的一般性调查。

(3)详细调查。详细调查是指在对投资项目进行初步调查的基础上，在认定投资项目在技术、商务、公司对该项目的风险控制力以及投资项目与公司长期战略目标等各方面均可接受的条件下，对投资项目预期的现金流量进行的详细调查。其包括对现金流量的额度分析、对现金流量现值的分析、对投资项目的收益性进行分析等。

(4)风险程度的分析和测定。针对投资项目的风险程度、影响因素及影响程度运用特定的技术分析手段，进一步进行分析和测定。例如，运用敏感性分析、标准差分析等方法，分析投资项目的风险水平。

(5)融资方式和融资渠道的审核。其是指通过该程序，保证投资项目在各个运行阶段能够有足够的资金及时支撑投资项目的运转，并能够在保证资金及时供给的情况下，选择适宜的融资渠道和融资方式，以确保项目投资的收益能够实现。

(6)审批和落实。其是指投资项目在真正执行前，应当经过公司董事会、资深管理层的批准。一旦决定了执行该投资项目，就应当进一步规划投资项目的执行程序和步骤，并将投资项目的具体细节交由某部门的经理或其他负责人，以明确责、权、利。

(7)监控和评价。其是指对投资项目全部执行过程的监督控制和完结后的绩效进行评价。

二、 项目投资的决策原则

(一)综合性原则

综合性原则是指在制定项目投资决策时，应当综合考虑投资项目对公司各方面产生的影响。例如，投资项目与公司长远战略发展规划的匹配关系，投资项目对公司各有关经济利益团体的价值影响，投资项目对公司内部各部门产生的影响，投资项目的执行对公司核心竞争力、市场竞争地位的影响，投资项目对公司整体价值的影响等。

(二)相关性原则

相关性原则是指在分析投资项目的财务可行性时，应当关注与投资项目的执行有关联的所有方面。例如，投资项目的执行过程对公司收入、成本费用、本部门以及其他部门的经济效益的影响、对公司现有经济资源的影响、对公司税收方面的影响等，包括机会成本、未来成本、成本费用的节约、收入的互斥或互促等。而那些与投资项目的执行无关的方面可以不予以考虑，如历史成本、沉没成本、承诺成本等。

(三)客观性原则

客观性原则是指公司在制定项目投资决策时应当客观地、实事求是地分析投资项目可能产生的影响，并且在分析过程中要客观地考评投资项目的现金流量、敏感性影响因素以及投资项目的敏感程度等，不能忽视客观环境对投资项目产生的影响。

(四)净增效益原则

净增效益原则是指投资项目的财务可行性分析应当建立在净增效益的基础上，而一项决策价值的大小是相对的，是在对比中表现出来的。一项投资决策的优劣取决于投资决策与另一项可替代的方案相比较能够增加的价值。在财务分析中，投资项目的净增效益通常用与投资项目有关的现金流量现值的金额加以反映。

■ 第二节　现金流量的估算

现金流量是指在投资项目实施过程中，因投资、运营等经济行为的发生引发的或可能发生的各项经济价值的流转量。按照流动方向的不同，其可分为现金流入量和现金流出量，流入量与流出量之间的差额被称为"现金净流量"。

为预测投资项目在投资、运营的过程中引发的现金流量，应明确以下三个问题。

一、 税后收入和税后付现成本

凡是可以减免税负的项目，扣除了可以减免的所得税后的费用净额，被称为税后成本。与此相对应的税后收入，是指应税收入扣减应交的所得税后，公司实际得到的现金流入。

$$税后付现成本＝付现成本×(1-所得税税率)$$
$$税后收入＝营业收入×(1-所得税税率)$$
$$(6-1)$$

本节的"营业收入"是指根据税法规定需要纳税的收入，不包括项目结束时收回垫支的营运资金等现金流入。但是在使用该算式估算公司的税后收入和税后付现成本时，假定公司的应收款项和应付款项在投资项目的计算期内是均衡的，即期初、期末金额相当。

二、 折旧和摊销额的抵税作用

折旧在公司按照权责发生制确认当期的成本费用时，属于公司的一项成本费用，计提折旧会增加成本而减少公司的应纳税所得额，相应地抵减公司应缴纳的所得税。由此可见按照税法规定计提的折旧额可以起到减少公司所得税税负的作用，这种抵减所得税的作用被称为"折旧抵税"、"折旧的税收庇护利益"或"折旧的税收挡板作用"。折旧对所得税税负的影响可按式(6-2)计算：

$$折旧抵税额＝税法规定的折旧额×所得税税率$$
$$(6-2)$$

与折旧对所得税的影响相同，摊销额对投资项目运营期所得税的缴纳也能够起到抵减的作用。其计算公式为

$$摊销额抵税＝税法规定的摊销额×所得税税率$$
$$(6-3)$$

注意：当摊销额及摊销抵税额较小，对项目投资决策影响不大时，可忽略不计。为简明起见，本章内容暂且忽略不计。

三、 税后营业现金净流量

在全投资假设下，税后营业净现金流量的计算有以下三种方法。

(一)根据现金流量的定义计算

$$税后营业现金净流量＝营业收入-付现成本-所得税$$
$$(6-4a)$$

(二)根据年末营业结果来计算

由公式(6-4a)推导可得

$$
\begin{aligned}
税后营业现金净流量 &＝营业收入-付现成本-所得税\\
&＝营业收入-(营业成本-折旧)-所得税\\
&＝(营业收入-营业成本)-所得税＋折旧\\
&＝利润-所得税＋折旧\\
&＝利润×(1-所得税税率)＋折旧\\
&＝净利＋折旧
\end{aligned}
$$
$$(6-4b)$$

该公式说明公司每年税后营业现金净流量增加来自两个方面：一是当年增加的税后

利润;二是计提的折旧额。由于折旧是非付现成本,所以计算营业现金净流量时应把折旧从扣除了折旧的税后利润中重新加回来。

(三)根据所得税对收入和成本的影响计算

根据前面介绍的税后付现成本、税后收入以及折旧抵税可知,投资项目运营期的现金净流量并不等于投资项目实际的现金收支金额。

税后营业现金净流量＝税后收入－税后成本＋折旧抵税

　　　　　＝(营业收入－付现成本)×(1－所得税税率)＋折旧×所得税税率

(6-4c)

公式(6-4c)可由公式(6-4b)直接推导得出,即

税后营业现金净流量＝净利润＋折旧

　　　　　＝(营业收入－营业成本)×(1－所得税税率)＋折旧

　　　　　＝(营业收入－付现成本－折旧)×(1－所得税税率)＋折旧

　　　　　＝(营业收入－付现成本)×(1－所得税税率)＋折旧×所得税税率

　　　　　＝营业收入×(1－所得税税率)－付现成本×(1－所得税税率)

　　　　　　＋折旧×所得税税率

(6-4d)

另外,在上述三个计算公式中,若公司有引起现金流量较大变动的摊销额,其摊销额本身以及抵税额应为现金流入量。

(四)三种方法的比较与使用条件

公式(6-4a)是最基本的公式,但必须在明确公司的利润以及据此计算的所得税的情况下才能使用,所需的成本和收入资料比较健全。公式(6-4b)是在公式(6-4a)的基础上推导出来的,使用条件与公式(6-4a)基本相同,但如果已知公司的税后利润以及折旧额后,利用公式(6-4b)就更容易一些。在三种方法中,公式(6-4c)是最常用的,因为公司的所得税是根据公司预计的息税前利润计算的。在决定某个项目是否投资时,往往使用差额分析法确定现金流量,并不能确定整个公司的净利润及与此有关的所得税,这就妨碍了公式(6-4a)和公式(6-4b)的使用。尤其是有关固定资产更新的决策,没有办法计量某项资产给公司带来的收入和利润,以至于无法使用公式(6-4a)和公式(6-4b)。

四、 值得注意的两个关键问题

(一)机会成本问题

项目投资中的机会成本是指在项目投资中引发的,由于投资所需资金的占用而丧失投资机会导致公司丧失的投资收益。其包括项目投资中使用原有设备的可变现净值、使用原有材料的市场价值、动用专项资金进行投资的资金机会成本等。在更新改造投资决策的问题中,旧资产的变现价值要作为继续使用旧设备方案的一项机会成本。同时,还应注意处置旧设备对公司所得税的影响。

【例 6-1】 某公司打算新建一个生产车间进行新产品的研制与开发,该生产车间的建

造投资需要占用公司现有的一块土地。该土地的使用权是公司在 5 年前以 5 万元的成本取得的。目前，该土地使用权的市场价值为 25 万元。在分析投资项目的财务可行性时，可否因为该土地是公司现有的，不需要公司动用现实资金从市场上购进而不予以考虑呢？

结论：不可以，该土地使用权属于该生产车间投资项目的机会成本，在分析投资项目的财务可行性时必须予以考虑。并且，无论土地使用权的历史成本、账面成本是多少，都应当按照该土地使用权的市场价值予以确认。

分析：之所以将该土地使用权价值判定为投资项目的机会成本，原因在于：如果公司不将该土地用以进行新建生产车间的投资项目，公司可以按照现行市场价值将土地使用权转让或改变土地用途，并取得转让收益或者其他项目的收益。但是新建车间的投资项目对土地的占用，导致公司无法取得有关收益，因而该土地使用权的市场价值属于公司新建生产车间投资的机会成本，在分析投资项目的财务可行性以及投资项目的获利能力时，必须予以考虑。

(二)决策相关成本问题

相关成本是指与特定决策有关的，在进行投资决策分析时必须予以考虑的成本项目，包括差额成本、未来成本、重置成本、机会成本等。反之，与特定决策无关的，在分析投资决策时不必加以考虑的成本则称为决策无关成本，包括历史成本、沉没成本、承诺成本、账面成本等。

如果将决策无关成本纳入投资方案的成本分析范畴，会夸大投资项目的成本支出，人为降低投资项目的获利能力，并可能导致公司拒绝一个实质上具有投资价值的项目；反之，如果在进行投资决策的财务可行性分析时，将决策相关成本判定为决策无关成本，将会夸大投资项目的收益能力，并可能导致公司接受一个实质上不能增加公司价值的投资项目。因此，正确判断、确认决策相关成本和决策无关成本对正确评价投资项目的收益能力，并据此制定正确的投资决策至关重要。

【例 6-2】 某公司在两年前曾打算投资一条太阳能电池的生产线，当时为进一步了解投资项目的经济前景和财务可行性曾聘请专业项目评估机构对投资项目的经济可行性、财务可行性进行评估。在评估过程中，发生并支付评估、咨询费用 2 万元，并作为研发费用已经确认入账。但由于公司技术开发不成熟，导致投资项目搁置。今年，公司引进专业技术人才，使公司的研发能力增强并再次研究该投资项目的可行性。两年前发生的 2 万元评估、咨询费用是否属于该投资项目的相关成本，在分析投资项目的财务可行性时是否应当予以考虑？

结论：该项费用开支不属于今年计划进行的投资项目的决策相关成本，因而在进行投资项目财务可行性分析时不必考虑。

分析：由于该项费用开支在两年前发生，并已经确认入账。对于今年计划投资的该太阳能电池生产线项目而言，无论投资项目公司是否接受，2 万元的费用支出均无法收回，该费用开支的实际状况均不会发生改变，因而两年前发生的 2 万元的评估、咨询费用属于决策无关成本，在进行投资决策的财务可行性分析时不必考虑。

此外，在分析投资项目的现金流量、财务可行性、收益能力时，除了上述机会成本、决策相关成本的判定外，还应当注意投资项目的运营对公司现有其他项目、部门、产品运营的影响；考虑投资项目在运营期内，是否需要额外垫支流动资金，用以支撑投资项目的运转。

第三节　更新改造投资决策

随着科学技术飞速的发展，公司为保持一定的技术领先优势或保证生产技术的先进性，不得不频繁地面对固定资产的更新改造问题。在公司财务实务中，做出这个决策要考虑许多方面的影响因素，其中最重要的是衡量更新固定资产是否能取得增量现金流入量或者能否实现现金流出量的节约，从而增加公司价值。固定资产更新改造决策的具体分析方法有差量分析法、年等额资本回收额分析法和年运行成本法等。

公司在制定固定资产更新决策时，按照固定资产更新改造后寿命期是否相同，可以将固定资产更新改造项目分为两种情况：一种情况是固定资产更新改造的两个备选投资项目寿命期一致，即大修理后，原设备的寿命与新设备的寿命相同，可直接用净现值法或者差量分析法加以比较，取其中净现值或差量净现值大的投资方案；另一种情况是固定资产更新改造的两个备选投资项目寿命期不一致，即新、旧设备的使用寿命期不同，此时应当采用方案重复法、年等额资本回收额法或者年运行成本法进行分析。

一、差量分析法

差量分析法，是指通过对比分析计算一个方案与另一个方案相比增减的现金流量现值的差额，来判断投资方案经济上是否可行。用"Δ"表示现金流量的增减额，即差量。使用差量分析法的前提条件是两个对比分析的项目寿命期一致。

【例 6-3】　某公司原有旧设备，其购置成本为 40 000 元，已提折旧 20 000 元，无残值。还可继续使用 5 年，目前市场可变现净值为 10 000 元；使用该设备每年可获收入 50 000 元，每年付现成本 30 000 元；欲购新设备的购置成本 50 000 元，可使用 5 年，期末残值 10 000 元，每年可获收入 100 000 元，每年付现成本 50 000 元；若该公司的资金成本为 10%，公司所得税率 25%，税法规定公司所使用的新、旧设备均采用直线法计提折旧，请为该公司做出是否应该进行设备更新改造的投资决策。

继续使用旧设备和使用新设备这两个方案的差量现金流量分析如表 6-1 所示。

表 6-1　差量现金流量表

时间 项目	0	1	2	3	4	5
Δ 初始投资	−40 000					
Δ 出售旧设备的抵税收入	2 500					
Δ 营业现金净流量		23 500	23 500	23 500	23 500	23 500
Δ 终结现金流量						10 000
Δ 净现金流量	−37 500	23 500	23 500	23 500	23 500	33 500

差额净现值计算如下：

$$\Delta NPV = 23\,500 \times PVIFA_{10\%,4} + 33\,500 \times PVIF_{10\%,5} - 40\,000 + 2\,500 = 57\,564(元)$$

以上计算结果表明，更新设备比继续使用旧设备多得净现值 57 564 元，所以应该购买新设备。本例也可以通过分别计算新旧设备的净现值，再进行比较，结果应该是一致的。

二、 方案重复法

方案重复法又称最小公倍寿命周期法，是指为满足投资方案在相同的时间年限内进行比较，在备选方案的最小公倍寿命周期内反复重复运行投资方案，使得相比较的方案的寿命期一致，选择方案重复后净现值较高的投资方案的决策方法。运用方案重复法的前提条件是，公司能够按照相同的投资规模、相同的市场竞争状况、相同的技术条件、相同的运行成本、相同的获利水平反复运行该投资项目。方案重复法的分析原理就是通过对投资项目的寿命周期进行延展，以使两投资项目的寿命周期达到一致的一种决策方法。

【例 6-4】 ABC 公司计划更新生产线，现有两个方案可供选择。甲方案初始投资额为 200 000 元，每年产生 95 000 元的净现金流量，项目的使用寿命为 4 年，4 年后必须更新，并且期满无残值；乙方案的初始投资额为 340 000 元，每年可产生 100 000 元的净现金流量，项目的寿命期为 8 年，8 年后必须更新，并且期满无残值。公司的资本成本为 15%，公司应选择哪个投资项目？

两个项目的净现值计算如下：

$$
\begin{aligned}
NPV_{甲} &= NCF_{甲} \times PVIFA_{i,n} - C \\
&= 95\,000 \times PVIFA_{15\%,4} - 200\,000 \\
&= 95\,000 \times 2.855 - 200\,000 \\
&= 71\,225(元)
\end{aligned}
$$

$$
\begin{aligned}
NPV_{乙} &= NCF_{乙} \times PVIFA_{i,n} - C \\
&= 100\,000 \times PVIFA_{15\%,8} - 340\,000 \\
&= 100\,000 \times 4.487 - 340\,000 \\
&= 108\,700(元)
\end{aligned}
$$

项目的净现值表明乙项目优于甲项目，但是由于甲乙两个项目的寿命周期不同，不能进行比较。由此，引出了两种专门用以比较寿命期不等的投资方案优劣的决策方法——方案重复法和年等额资本回收额法。

仍以 ABC 公司的投资方案为例，甲、乙两投资项目的最小公倍寿命周期为 8 年。由于乙项目的净现值原来就是按 8 年计算的，所以不必再做调整。甲项目的净现值是按 4 年计算的，要将其寿命期延展至 8 年，按最小公倍法的延展原则，假定从第 4 年年末开始重新再次投资。具体分析过程见表 6-2。

表 6-2　甲投资项目的现金流量表（单位：元）

项目	第 0 年	第 1 年	第 2 年	第 3 年	第 4 年	第 5 年	第 6 年	第 7 年	第 8 年
首次投资的现金流量	−200 000	95 000	95 000	95 000	95 000				
再次投资的现金流量					−200 000	95 000	95 000	95 000	95 000

续表

项目	第 0 年	第 1 年	第 2 年	第 3 年	第 4 年	第 5 年	第 6 年	第 7 年	第 8 年
两次投资合并现金流量	−200 000	95 000	95 000	95 000	−105 000	95 000	95 000	95 000	95 000

该项目 8 年的净现值为

$NPV'_甲$ ＝首次投资的净现值＋第 4 年年末再次投资的净现值×$(1+15\%)^{-4}$

　　　＝71 225 ＋ 71 225 × 0.572

　　　＝111 965.7(元)

由于甲项目的净现值为 111 965.7 元，乙项目的净现值为 108 700 元，因此应选择甲项目。

三、 年等额资本回收额法

年等额资本回收额是指将投资项目的净现值在考虑资金时间价值的基础上，均摊到投资项目计算期内每一年年末的金额。

年等额资本回收额的计算公式为

$$年等额资本回收额=\frac{NPV}{PVIFA_{i,n}} \tag{6-5}$$

其中，$NPV_甲$ 为净现值，$PVIFA_{i,n}$ 为普通年金现值系数，仍以【例 6-4】ABC 公司甲乙两投资方案为例，甲乙两方案的年资本回收额为

　　　　　甲方案年等额资本回收额＝71 225÷2.855＝24 947.5(元)

　　　　　乙方案年等额资本回收额＝108 700÷4.487 ＝24 225.5(元)

因为甲项目的年资本回收额大于乙项目，所以应选择甲项目进行投资。

这两种决策方法虽然得出的结论有时是一致的，但是结论的经济价值却不相同。并且，最小公倍寿命期越长，方案结论的差异越大。

一般情况下，两种方法会得出相同的结果，但当两投资项目按最小公倍寿命周期法求得的净现值相差不大时，运用两种方法可能会得出相反的结论，此时应该以哪种方法作为判别标准，要视公司的具体状况而定。若再投资风险较小、收益较好时，应以最小公倍寿命周期法为准；若再投资风险较大、收益较低时，应以年资本回收额法为准。

四、 年运行成本法

当公司进行项目投资时，有时会面对两个互斥的计算期不等的投资项目。而且，与前面所述的投资项目不同的是，投资项目的实施不会产生新增的现金流入量。例如，更新改造项目，两个投资项目的不同点在于投资项目运行时各期的运行成本不同。此时，由于投资项目不能产生新增的现金流入量，故而不能使用任何建立在净现值分析基础上的方法，因为投资项目的净现值小于零，从净现值指标的角度判断，投资项目财务上不具备可行性。针对此情况，可采用年运行成本法进行分析比较。其计算公式如下：

$$年运行成本=\frac{现金流出总现值}{年金现值系数} \tag{6-6}$$

【例 6-5】　ABC 公司应工程技术人员的要求打算更新一条生产线。有关的具体资料如表 6-3 所示。

表 6-3　新旧设备资料表

项目	旧设备	新设备
原值/元	30 100	30 200
预计使用年限/年	10	10
已使用年限/年	5	0
预计残值/元	100	200
变现价值/元	15 100	30 200
年营业成本/元	10 000	7 000

公司的资金成本率为 10%，所得税税率为 25%，请分析何种投资决策较适宜？

(1)继续使用旧设备的年运行成本。

$$\frac{15\,100 + 10\,000 \times (1 - 25\%) \times \mathrm{PVIFA}_{10\%,5} - 100 \times \mathrm{PVIF}_{10\%,5}}{\mathrm{PVIFA}_{10\%,5}} = 11\,466.74(元)$$

(2)使用新设备的年运行成本。

$$\frac{30\,200 + 7\,000 \times (1 - 25\%) \times \mathrm{PVIFA}_{10\%,10} - 200 \times \mathrm{PVIF}_{10\%,10}}{\mathrm{PVIFA}_{10\%,10}} = 10\,152.00(元)$$

经过上述分析，使用新设备的年运行成本低于继续使用旧设备的年运行成本，因此公司决定使用新设备。

第四节　其他特殊情况下的投资决策

一、　投资开发时机决策

投资开发时机决策主要研究采掘业开发时机的实际问题。在资源藏储量一定的前提条件下，随着开采量的增加、储存量的减少，价格会呈现一种不断上升的趋势，也就是说，早开发的收入少，晚开发的收入多；但是另一方面，受资金时间价值的影响，早开发的成本和价值比 10 年后开发的成本和价值高，究竟应该何时开发最为有利，就是现在要研究的问题。

投资开发时机决策的基本规则也是寻找净现值最大的方案。但是由于早、晚开发两个方案的时间(t)不一样，因而不能把净现值简单地相比较，需要把晚开发的净现值再一次折现，即换算为早开发的第一年初(0)时刻的现值，然后将两个方案进行比较，取其中的净现值最大的投资时机。

【例 6-6】　根据预测得知某矿产品价格 5 年后将上升 40%，不论当年还是 5 年后开发，初始投资额均为 100 万元，建设期均为 1 年，从第 2 年开始投产，5 年可全部采完，拥有该矿厂开发权的某公司，资本成本为 15%，欲确定最佳开发时机。现金流量资料如表 6-4 所示。

表 6-4　现金流量表（单位：万元）

时间 方案	0	1	2~5	6
立即开发	−100	0	90	100
5 年后开发	−100	0	130	140

现在开发的净现值：

$$NPV = 90 \times PVIFA_{15\%,4} \times PVIF_{15\%,1} + 100 \times PVIF_{15\%,6} - 100$$

$$= 90 \times 2.855 \times 0.870 + 100 \times 0.432 - 100$$

$$= 166.75(万元)$$

5 年后开发的净现值：

$$NPV = (130 \times PVIFA_{15\%,4} \times PVIF_{15\%,1} + 140 \times PVIF_{15\%,6} - 100) \times PVIF_{15\%,5}$$

$$= (130 \times 2.855 \times 0.870 + 140 \times 0.432 - 100) \times 0.497$$

$$= 140.84(万元)$$

因为现在开发的净现值大，为 166.75 万元，所以应该立即开发。

二、　投资期决策

从开始投资至投资结束投入生产所需要的时间称为投资期。缩短投资期，可以使项目早日投入运行，早日获得现金流入量，提前获得经济效益，若从资金时间价值这方面考虑是合算的。但是缩短投资期，需要集中施工力量，交叉作业，加班加点，因此往往需要增加投资额，增加现金的流出量。因此说，究竟是否缩短工期，工期缩短多长时间为宜，应采用一定的方法进行分析，把这笔经济账算清楚，从而决定最佳的投资期。进行投资期决策的方法有两种：差量分析法和净现值分析法。

（一）差量分析法

用投资期与正常投资期相比的 △ 现金流量来计算 △ 净现值。若 △ 净现值为正，说明缩短投资期比较有利；若 △ 净现值为负，说明缩短投资期得不偿失，即

$$\Delta NPV > 0 \rightarrow 有利 \rightarrow 缩短投资期$$

$$\Delta NPV < 0 \rightarrow 有利 \rightarrow 正常投资期$$

【例 6-7】　某公司进行一项投资，正常投资期为 4 年，现打算将投资期缩短为 2 年，公司的资金成本为 15%，正常投资期 4 年，每年投资 100 万元，4 年共计 400 万元，第 5~15 年每年现金净流量为 150 万元；若投资期缩短为 2 年，每年需投资 220 万元，2 年共需投资 440 万元；投产后的项目寿命和每年现金净流量不变，期末无残值，不用垫支营运资金。要求根据上述资料，分析判断应否缩短投资期。具体资料如表 6-5 所示。

表 6-5　现金流量表（单位：万元）

时间 项目	0	1	2	3	4	5～13	14	15
(1)缩短投资期的现金流量	-220	-220	0	150	150	150		
(2)正常投资期的现金流量	-100	-100	-100	-100	0	150	150	150
△现金流量(1)-(2)	-120	-120	100	250	150	0	-150	-150

缩短投资期的 △ 净现值计算如下：

$$NPV=-120-120\times PVIF_{15\%,1}+100\times PVIF_{15\%,2}+250\times PVIF_{15\%,3}+150$$
$$\times PVIF_{15\%,4}-150\times PVIFA_{15\%,2}\times PVIF_{15\%,13}$$
$$=-120-120\times0.870+100\times0.756+250\times0.658+150\times0.572-150\times1.626\times0.163$$
$$=61.74（万元）$$

计算结果表明：缩短投资期可增加净现值 61.74 万元，所以应该采纳缩短投资期的方案。

(二)净现值分析法

净现值分析法，先分别计算正常投资期和缩短投资期的净现值，然后进行比较分析，若缩短投资期与正常投资期净现值的差额为正值，可采纳；否则，应选择正常投资期的方案。

仍以【例 6-7】资料为例，两个方案的净现值计算如下：

正常投资期的净现值：

$$NPV=-100-100\times PVIFA_{15\%,3}+150\times PVIFA_{15\%,11}\times PVIFA_{15\%,4}$$
$$=-100-100\times2.283+150\times5.234\times0.572$$
$$=120.78（万元）$$

缩短投资期的净现值：

$$NPV=-220-220\times PVIF_{15\%,1}+150\times PVIFA_{15\%,11}\times PVIF_{15\%,2}$$
$$=-220-220\times0.870+150\times5.234\times0.756$$
$$=182.14（万元）$$

缩短投资期与正常投资净现值的差额：

$$182.14-120.78=61.36（万元）$$

计算结果表明：缩短投资期可增加净现值 61.36 万元，所以应该采纳缩短投资期的方案。

三、　资本有限量决策

公司在进行投资决策时，往往有两种情况会限制投资的数量和规模：一种是缺乏技术力量、管理人才、经营能力，这种限制被称为软资源配额，它属于企业经营管理的范畴；另一种情况是资金不足，不可能投资于所有可供选择的项目，不得不在一定的资金范围内进行选择投资，这种限制被称为硬资金配额，它属于财务管理研究的问题。

在资金有限量的情况下，公司如何选择最好的方案，是特殊条件下的决策问题。为了获得最大的经济效益，应将有限资金投资于一组最佳的投资组合方案，其选择标准是净现值最大和现值指数最大，相应的决策方法有两种，即现值指数法和净现值法。

采用现值指数法的计算步骤如下：①计算各项目的现值指数；②选出现值指数≥1的所有项目；③计算加权平均的现值指数；④取最大的一组。

采用净现值法的计算步骤如下：①计算各项目的净现值；②选出净现值≥0的所有项目；③计算各组合的净现值总额；④取净现值总额最大的一组。

【例6-8】　某公司只有400万元资金供投资，有6种投资方案供选择，资料如表6-6所示。

表6-6　各方案情况表

方案	A	B	C	D	E	F
投资额/万元	100	100	400	300	200	200
净现值/万元	20	22.5	58.5	42.5	25.4	22.8
现值指数	1.2	1.23	1.15	1.14	1.13	1.11

其计算结果如表6-7所示。

表6-7　各方案计算情况表

顺序	项目组合	初始投资/万元	加权平均现值指数	净现值总额/万元
1	A、B、E	400(100+100+200)	1.172 5	67.9(20+22.5+25.4)
2	A、B、F	400(100+100+200)	1.163	65.3(20+22.5+22.8)
3	B、D	400(100+300)	1.163	65(22.5+42.5)
4	A、D	400(100+300)	1.155	62.5(20+42.5)
5	C	400	1.55	58.5(58.5)
6	E、F	400(200+200)	1.22	48.2(25.4+22.8)

加权平均现值指数的计算公式为

$$PI_w = \sum_{i=1}^{n} PI_i \cdot W_i \qquad (6\text{-}7)$$

其中，PI_w 为加权平均现值指数；PI_i 为某项目的现值指数；W_i 为某项目投资额占总投资额的比重。

表6-7中A、B、E组合的加权平均现值指数的计算方法如下：

$$加权平均现值指数 = \frac{100}{400} \times 1.2 + \frac{100}{400} \times 1.23 + \frac{200}{400} \times 1.13 = 1.172\ 5$$

上述计算表明，在上述六种组合中，"A、B、E"的组合方案为最佳组合，它的现值指数和净现值总额都是最大值。但是如果其中A、B两个方案是互斥的，即不相容的，选A就不能选B，表6-7中的第一和第二组合方案都不能成立，应选第三个组合，即"B、D"组合方案，它的净现值指数与第二个组合相同。

第五节　风险投资决策

风险是市场经济的一个重要特征，它贯穿于公司财务活动的全过程。在公司从事的各项财务活动中充满了不确定性，会导致公司收益的不确定，因此可知，风险是客观存在的。如果项目投资决策面临的不确定性因素比较少，预期对公司未来收益状况影响比较小，一般可以认为项目投资面临的风险较小，可以忽略不计。此时，可以将投资项目视为在确定情况下（无风险）运行的投资决策。反之，如果项目投资决策面临的不确定性较大，预计对公司未来收益的影响较大，即投资决策面临的风险较大，足以影响公司对项目投资方案的选择。此时，就应该对项目投资所面临的风险进行计量，并在判定投资项目的财务可行性时予以考虑。

风险投资决策的分析方法很多，常用的方法有按风险调整贴现率法和按风险调整现金流量法两种。

一、　按风险调整贴现率法

按风险调整贴现率法是指在对投资项目的风险程度进行估计的前提下，根据投资项目的风险水平，利用风险报酬理论测定进行风险投资时公司要求的必要报酬率，并以其作为按风险调整后的贴现率，用以对投资项目的净现金流量进行折现分析，进而判定投资项目财务上是否可行的投资决策分析方法。这种方法的基本原理是按照风险报酬理论，投资者进行投资时承受的风险越大，要求的必要报酬率越高，因此对于高风险的投资项目，采用较高的贴现率去计算净现值，然后根据净现值法的判别规则来选择、判断投资方案。

运用风险调整贴现率法的关键问题是如何根据投资项目风险程度的大小确定包括风险因素在内的贴现率，即风险调整贴现率，在公司财务实务中常采用以下三种方法。

（一）用资本资产定价模型确定贴现率

根据"风险报酬理论"可知投资风险分为两部分：系统性风险和非系统性风险。其中系统性风险的大小可以借助于 β 系数来测量；非系统性风险属于公司特有风险，可以通过合理的资产投资组合来分散，而非系统性风险的分散程度决定于投资对象之间的相关系数 r，也就是说非系统性风险可以通过公司的多元化投资、多角化经营而分散。因此，在制定项目投资决策时，对公司要求的必要报酬率高低产生影响的是系统性风险的大小。为此，特定投资项目按风险调整的贴现率就可以运用资本资产定价模型来确定。其计算公式如下：

$$k_j = R_F + \beta_j \times (k_m - R_F) \tag{6-8}$$

其中，k_j 为按风险调整的贴现率；R_F 为无风险利息率，通常用国债利息率代替；β_j 为投资项目的贝塔系数；k_m 为市场平均报酬率。

【例6-9】　目前政府债券的利率为 10%（无风险利率），市场平均报酬率为 16%（平均贴现率），当 $\beta=1.5$、$\beta=1.0$、$\beta=0.5$ 时，求某公司债券按风险调整的贴现率。

当 $\beta = 1.5$ 时，说明该债券风险大于市场风险，其风险调整贴现率为

$$k_i = 10\% + 1.5 \times (16\% - 10\%) = 19\%$$

当 $\beta = 1$ 时，说明该债券风险等于市场风险，其风险调整贴现率为

$$k_i = 10\% + 1 \times (16\% - 10\%) = 16\%$$

当 $\beta = 0.5$ 时，说明该债券风险为市场风险的一半，其风险调整贴现率为

$$k_i = 10\% + 0.5 \times (16\% - 10\%) = 13\%$$

该方法的核心问题是 β 值不易确定，往往会使投资决策的预期收益与实际收益产生偏差。

(二)按投资项目的风险等级来调整贴现率

该方法是对影响投资项目的各因素进行评分，根据评分来确定风险等级，根据风险等级来调整贴现率的一种方法，一般通过列表计算，其计算过程如表 6-8 所示。

表 6-8　风险等级调整的贴现率表

项目	投资项目的风险状况得分									
	A		B		C		D		E	
	状况	得分	状况	得分	状况	得分	状况	得分	状况	得分
市场竞争	无	1	较弱	3	一般	5	较强	8	很强	12
战略协调	很好	1	较好	3	一般	5	较差	8	很差	12
投资回收期	1.5年	4	1年	1	2.5年	7	3年	10	4年	15
资源供应	一般	8	很好	1	较好	5	很差	12	较差	10
总分	—	14	—	8	—	22	—	38	—	49

总分	风险等级	调整后的贴现率
0~8	很低	7%
8~16	较低	9%
16~24	一般	12%
24~32	较高	15%
32~40	很高	17%
40分以上	最高	25%以上

表 6-8 分数等级、贴现率的确定，由人们凭经验主观估计来确定，具体的评分也是由有经验的专家来评定。该方法的最大问题就是受主观因素影响太大。

(三)用风险报酬率模型来调整贴现率

风险报酬率的模型如下：

$$k_i = R_F + b_i \times V \tag{6-9a}$$

其中，V 为投资项目的标准离差率，代表投资项目的整体风险水平。

即

$$\text{风险调整贴现率} = \text{无风险报酬率} + \text{风险报酬系数} \times \text{风险程度} \tag{6-9b}$$

按风险调整贴现率以后，具体的评价方法与无风险的基本相同。

【**例 6-10**】　某公司最低报酬率为 10%，有 A、B 两个投资方案可供选择，其投资额、各种不同情况下的税后现金净流量(CFAT)及各种情况发生的可能概率(p_i)资料见表 6-9。

表 6-9　A、B 两种投资方案

方案 年	A 方案		B 方案	
	CFAT	p_i	CFAT	p_i
0	−10 000	1	−4 000	1.0
1	6 000	0.25		
	4 000	0.50		
	2 000	0.25		
2	8 000	0.20		
	6 000	0.60		
	4 000	0.20		
3	5 000	0.30	6 000	0.1
	4 000	0.40	8 000	0.8
	3 000	0.30	10 000	0.1

本例中无风险报酬率(i)为 10%，要确定风险调整贴现率(k)，需要先确定风险程度(V)和风险报酬率(b)，其计算过程包括以下八个步骤。

1. 计算期望值

$$期望值：E_i = \sum_{i=1}^{n} CFAT_i \times p_i \tag{6-10}$$

A、B 两个方案的期望值计算如下：

$$\begin{cases} E(A_1) = 6\,000 \times 0.25 + 4\,000 \times 0.5 + 2\,000 \times 0.25 = 4\,000(元) \\ E(A_2) = 8\,000 \times 0.2 + 6\,000 \times 0.6 + 4\,000 \times 0.2 = 6\,000(元) \\ E(A_3) = 5\,000 \times 0.3 + 4\,000 \times 0.4 + 3\,000 \times 0.3 = 4\,000(元) \end{cases}$$

$$E(B) = 6\,000 \times 0.1 + 8\,000 \times 0.8 + 10\,000 \times 0.1 = 8\,000(元)$$

2. 计算标准差

$$标准差：\delta = \sqrt{\sum_{i=1}^{n} (CFAT - E_i)^2 \times p_i} \tag{6-11}$$

A、B 两个方案的标准差计算如下：

$$\begin{cases} \delta(A_1) = \sqrt{(6\,000 - 4\,000)^2 \times 0.25 + (4\,000 - 4\,000)^2 \times 0.5 + (2\,000 - 4\,000)^2 \times 0.25} \\ \quad\quad = 1\,414.21(元) \\ \delta(A_2) = \sqrt{(8\,000 - 6\,000)^2 \times 0.2 + (6\,000 - 6\,000)^2 \times 0.6 + (4\,000 - 6\,000)^2 \times 0.2} \\ \quad\quad = 1\,264.91(元) \\ \delta(A_3) = \sqrt{(5\,000 - 4\,000)^2 \times 0.3 + (4\,000 - 4\,000)^2 \times 0.4 + (3\,000 - 4\,000)^2 \times 0.3} \\ \quad\quad = 774.60(元) \end{cases}$$

$$\delta(B) = \sqrt{(6\,000 - 8\,000)^2 \times 0.1 + (8\,000 - 8\,000)^2 \times 0.8 + (10\,000 - 8\,000)^2 \times 0.1}$$
$$\quad\quad = 894.43(元)$$

3. 计算综合标准差

$$综合标准差：D=\sqrt{\sum_{t=1}^{n}\frac{\delta^2}{(1+i)^{2t}}} \tag{6-12}$$

A、B 两个方案的综合标准差计算如下：

$$D(A)=\sqrt{\frac{1\,414.21^2}{(1+10\%)^{2\times1}}+\frac{1\,264.91^2}{(1+10\%)^{2\times2}}+\frac{774.60^2}{(1+10\%)^{2\times3}}}=1\,756.20(元)$$

$$D(B)=\sqrt{\frac{894.40^2}{(1+10\%)^{2\times3}}}=671.90(元)$$

4. 计算现金流入预期现值

$$现金流入预期现值：EPV=\sum_{t=1}^{n}\frac{E_i}{(1+i)^t} \tag{6-13}$$

A、B 两个项目的现金流量预期现值计算如下：

$$EPV(A)=\frac{4\,000}{(1+10\%)^1}+\frac{6\,000}{(1+10\%)^2}+\frac{4\,000}{(1+10\%)^3}=11\,600.30(元)$$

$$EPV(B)=\frac{8\,000}{(1+10\%)^3}=6\,010.52(元)$$

5. 计算风险程度

$$风险程度：V=\frac{\sigma}{EPV} \tag{6-14}$$

A、B 两个项目的风险程度计算如下：

$$V(A)=\frac{1\,756.20}{11\,600.30}=0.15$$

$$V(B)=\frac{671.90}{6\,010.52}=0.11$$

在上述计算过程中，由于 B 方案只有第三年有税后现金流量发生，所以不必计算综合标准差(V)和现金流入预期现值(EPV)，直接用标准差(δ)和期望值(E_i)来计算风险程度(V)即可。B 方案的风险程度计算如下：

$$V(B)=\frac{\delta}{E_i}=\frac{894.43}{8\,000}=0.11$$

与上述计算结果相同。

6. 计算风险报酬率

风险报酬率是直线方程 $k=i+b\cdot V$ 的系数 b，它的高低反映风险程度变化对风险调整最低报酬率影响的大小。b 值是经验数据，可根据历史资料用高低点法或直线回归法求出。

因为

$$k=i+b\cdot V$$

所以

$$b=\frac{k-i}{V}$$

若该例中中等风险程度的变化系数为 0.5，含有风险报酬的最低报酬率为 16%，无风险报酬率为 10%，则

$$b = \frac{16\% - 10\%}{0.5} = 0.12$$

7. 计算风险调整贴现率

风险调整贴现率：$k = i + b \cdot V$

A、B 两个项目的风险调整贴现率计算如下：

$$K(A) = 10\% + 0.12 \times 0.15 = 11.8\%$$
$$K(B) = 10\% + 0.12 \times 0.11 = 11.32\%$$

8. 根据不同的风险调整贴现率计算净现值

$$净现值：NPV = \sum_{t=1}^{n} \frac{E_i}{(1+k_i)^t} - C \tag{6-15}$$

A、B 两个项目按风险调整贴现率计算的净现值如下：

$$NPV(A) = \frac{4\,000}{(1+11.8\%)^1} + \frac{6\,000}{(1+11.8\%)^3} + \frac{4\,000}{(1+11.8\%)^3} - 10\,000$$
$$= 11\,240.70 - 10\,000$$
$$= 1\,240.70（元）$$

$$NPV(B) = \frac{8\,000}{(1+11.32\%)^3} - 4\,000$$
$$= 5\,799.60 - 4\,000$$
$$= 1\,799.60（元）$$

计算结果表明，B 方案的净现值大，所以 B 方案优于 A 方案。

按风险调整贴现率法的优点是符合逻辑，有科学性，使用广泛；缺点是人为地夸大了风险的作用。该方法把时间价值和风险价值混在一起，并据此对现金流量进行贴现，这就意味着风险将随着时间的推移而加大，人为地假定风险一年比一年大，这是不合理的。

二、 按风险调整现金流量法

按风险调整现金流量法，是指先按风险程度的高低调整投资项目预期的各期净现金流量，然后利用调整后的净现金流量进行项目投资决策评价的分析方法。具体的调整方法很多，最常用的、效果最好的是肯定当量法。

肯定当量法也称约当系数法，是指将不确定的各年净现金流量，按照一定的系数（通常称为约当系数或当量系数）折算为大约相当于确定的净现金流量的数量，然后利用无风险贴现率来评价风险投资项目财务可行性的决策分析方法。该方法的基本思路是：先运用一个系数把有风险的税后现金流量调整为无风险的税后现金流量，然后再用无风险的贴现率去计算净现值，最后用净现值法的决策规则来判断投资方案的取舍。

$$NPV = \sum_{t=0}^{n} \frac{d_t \times 现金流量期望值}{(1+无风险报酬率)^t} \tag{6-16}$$

其中，d_t 为第 t 年的现金流量的约当系数，$0 \leqslant d_t \leqslant 1$。

肯定当量系数是指不肯定的一元现金流量期望值相当于使投资者满意的，肯定的金额的系数，可以把各年不肯定的一元现金流量换算为肯定的现金流量。也可以说，肯定当量系数是指预计现金流入量中使投资者满意的无风险的份额。提请注意的是，由于现金流量中已经消除了全部风险，相应的折现率应当是无风险的报酬率。其计算公式如下：

$$d_t = \frac{\text{确定的现金流量}}{\text{不确定的现金流量期望值}} \qquad (6\text{-}17)$$

在进行评价时，可根据各年现金流量风险的大小，选用不同的约当系数。当现金流量为确定时，可取 $d = 1.00$；当现金流量的风险很小时，可取 $1.00 > d \geqslant 0.08$；当风险一般时，可取 $0.08 > d \geqslant 0.40$；当现金流量风险很大时，可取 $0.40 > d > 0$。

约当系数的选用可能会因人而异，敢于冒险的分析者会选用较高的约当系数，而不愿冒险的投资者可能选用较低的约当系数。为了防止因决策者的偏好不同而造成决策失误。可以根据变化系数来确定约当系数，其对照关系如表 6-10 所示。

表 6-10　变化系数与约当系数对照关系表

变化系数	约当系数
0.00～0.07	1.0
0.08～0.15	0.9
0.16～0.23	0.8
0.24～0.32	0.7
0.33～0.42	0.6
0.43～0.54	0.5
0.55～0.70	0.4
⋮	⋮

仍以【例 6-9】的资料为例，其计算过程分为以下三个步骤。

1. 计算各年现金流入量的变化系数

$$\text{变化系数：} q = \frac{\delta i}{E_i} \qquad (6\text{-}18)$$

A、B 两个方案的变化系数计算如下：

$$\begin{cases} q(A_1) = \dfrac{1\,414.21}{4\,000} = 0.35 \\[2mm] q(A_2) = \dfrac{1\,264.91}{6\,000} = 0.21 \\[2mm] q(A_3) = \dfrac{774.60}{4\,000} = 0.19 \end{cases}$$

$$q(B) = \frac{894.43}{8\,000} = 0.11$$

2. 确定约当系数

$$\begin{cases} d(\mathrm{A}_1)=0.6 \\ d(\mathrm{A}_2)=0.8 \\ d(\mathrm{A}_3)=0.8 \\ d(\mathrm{B})=0.9 \end{cases}$$

3. 计算各方案的净现值

$$\mathrm{NPV}=\sum_{t=1}^{n}\frac{d_t E_i}{(1+i)^t}-C \tag{6-19}$$

A、B 两个方案按风险调整现金流量计算的净现值如下：

$$\begin{aligned}
\mathrm{NPV(A)} &= \frac{0.6\times 4\,000}{(1+10\%)^1}+\frac{0.8\times 6\,000}{(1+10\%)^2}+\frac{0.8\times 4\,000}{(1+10\%)^3}-10\,000 \\
&= 8\,553-10\,000 \\
&= -1\,447(元)
\end{aligned}$$

$$\begin{aligned}
\mathrm{NPV(B)} &= \frac{0.9\times 8\,000}{(1+10\%)^3}-4\,000 \\
&= 5\,409.50-4\,000 \\
&= 1\,409.50(元)
\end{aligned}$$

计算结果表明：B 方案的净现值为正值，所以应选 B 方案。

肯定当量法是用调整净现值公式中的分子的方法来考虑风险，而风险调整贴现率法是用调整净现值公式中分母的方法来考虑风险，这是两种方法的重要区别。

肯定当量法的优点是克服了风险调整贴现率法夸大远期风险的缺点；缺点是约当系数的确定是个难题。如何合理、准确地确定约当系数是个不好解决的问题，目前还没有一致公认的标准，而与投资者对风险的态度有关，因而难免带有主观性。

➤本章小结

项目投资是指以特定投资项目为对象，以获取未来投资收益为目的，与新建项目或更新改造项目密切相关的长期投资行为。由于项目投资决策金额大、投资回收期长、影响深远等特点，制约着公司在进行项目投资时为控制投资风险必须遵循一定的投资程序和投资原则。现金流量是指在投资项目实施过程中，因投资、运营等经济行为的发生引发的或可能发生的各项经济价值的流转量。现金流量按照流动方向的不同，分为现金流入量和现金流出量，流入量与流出量之间的差额被称为"现金净流量"。本章涉及风险投资决策、更新改造投资决策以及特殊情况下的投资决策。

➤复习思考题

简答题：

1. 请说明投资项目营业现金净流量的几种估计方法。

2. 如果投资项目的寿命期不一致，应当采用何种方法对投资项目的备选方案进行分析评价？

3. 如果公司的投资额受限制，不能满足所有财务可行的投资项目，请阐述投资决策的制定过程。

4. 比较方案重复法和年等额净回收额法的不同。

5. 请阐述何种情况下应当使用年运行成本法，分析比较投资项目的财务可行性。

计算题：

1. 2010 年某公司购买了一条新的生产线，需在建设起点一次投入资金 210 万元，项目于第 2 年年末完工，并于建设期期末投入净营运资本 30 万元。预计该生产线投产后，使公司各年的经营息前税后利润净增 60 万元。该生产线的使用寿命期限为 5 年，按直线法计提折旧，期满后的残值收入为 10 万元，营运资本于项目终结时一次收回。假设不考虑折旧的避税影响。

要求：计算该项目各年的净现金流量。

2. 某钢厂购买了一台 3 000 万元的机床，当年投产，预计可使用 10 年，按直线法计提折旧。该机床的投产可使销售收入每年增加 1 000 万元，经营成本每年增加 600 万元。税法规定，该机床的残值收入为 100 万元，但预计到期变价收入为 180 万元，所得税税率为 25%。

要求：(1)计算每年的折旧额；

　　　　(2)计算每年的净现金流量。

3. 某公司准备变卖一套尚可使用 5 年的旧设备，另购置一套新设备来替换它。旧设备账面净值 90 000 元，目前变价收入 80 000 元，若仍使用旧设备，按变价收入为基础计提折旧。新设备的投资额 200 000 元，预计使用年限 5 年。到第 5 年年末新设备与继续使用旧设备的预计净残值相等。新设备投入使用后，每年可为公司增加营业收入 70 000 元，增加付现成本 35 000 元。该设备采用直线法计提折旧，新旧设备的替换不会影响公司的正常经营。该公司所得税税率 25%，预期投资报酬率 10%。

要求：通过计算分析确定应否用新设备替换旧设备。

4. 某公司计划进行某项投资活动，拟有甲、乙两个方案，有关资料为：甲方案原始投资为 150 万元，其中固定资产投资 100 万元，流动资产投资 50 万元，全部资金于建设起点一次投入，该项目经营期 5 年，到期残值收入 5 万元，预计投产后年营业收入 90 万元，年总成本 60 万元。乙方案原始投资为 210 万元，其中固定资产投资 120 万元，无形资产投资 25 万元，流动资金投资 65 万元，全部资金于建设起点一次投入，该项目建设期 2 年，经营期 5 年，到期残值收入 8 万元，无形资产自投产年份起 5 年摊销完毕。该项目投资后，预计年营业收入 170 万元，年经营付现成本 80 万元。该公司按直线法折旧，全部流动资产于终结点一次回收，所得税税率 25%，折现率 10%。

要求：(1)采用净现值法评价甲、乙方案是否可行。

　　　　(2)如果两个方案互斥，确定该公司应该选择哪一个投资方案。

5. 某项目总投资额 4 000 万元，分 10 年年初均匀投入，最终残值收入 1 000 万元，现金流入量如下：第 3~4 年 1 000 万元，第 5~9 年 2 000 万元，第 10 年 3 000 万元，公司资金成本 6%。

要求：(1)计算项目总投资额的本利和及年均回收额；

（2）计算现金流入量的总现值；

（3）试决策该方案是否可行；

（4）若投资额分 2 年均匀年初投入，期末无残值，项目运行期间，每年至少
收回多少钱才能补偿项目建成时投资额的本利和。

6. 哈隆公司 2 年前购买一设备，购买价格 2 200 元，预计还可以使用 8 年，寿命期
终了有残值 200 元，该设备的年使用费为 700 元。设备如果于目前出售，售价 600 元。
现有一种新出产的设备售价 2 400 元，预计可使用 10 年，寿命期终了有残值 300 元，
其年使用费 300 元，公司要求在机器设备投资上的投资收益率至少达到 10%，公司应
否进行固定资产更新？

7. 某公司有一项 6 年前购入专用模具打算变卖，另行购置一套新的通用模具来代
替它。该专用模具购入时的价格为 783 000 元，当时估计该模具报废时的净残值为 3 000
元，使用年限为 10 年，采用直线法计提折旧。经过资产评估机构评估，该专用模具目
前变现价值为 243 000 元，更新的通用模具的市场价格为 482 000 元，估计只能使用 4
年，届时报废的预计净残值为 2 000 元，采用直线法计提折旧，使用通用模具可以扩大
市场占有率，使公司在以后的 4 年内每年增加营业收入 150 000 元（付现成本要增加
30 000元）。假设模具的替换不影响公司的正常生产经营，该公司适用的所得税税率为
25%，该行业的行业基准投资收益率为 12%。

要求：（1）根据所得税对收入和折旧的影响，计算使用新模具和继续使用旧模具各
年现金净流量之差；

（2）使用净现值的差额分析法，作出是否需要对旧模具进行更新改造的投资
决策。

8. 某新设备的买价为 84 000 元，运费为 2 000 元，安装费为 5 000 元，经济寿命为
10 年；10 年后的残值为 1 500 元，清理费用为 500 元；使用时每年可比旧设备节约原
料 2 000 元，节约人工费用 12 500 元。旧设备的账面价值为 32 000 元，剩余寿命为 4
年，4 年后残值与清理费用相等；目前出售可得到 40 000 元。如果以新设备替换旧设
备，从现在算起的第 4 年年末可以收回的原垫支流动资本 10 000 元，将推迟到第 10
年年末才能收回；后 6 年的每年营业现金流量为 18 000 元，资本成本为 10%，所得税税
率为 25%。

要求：决策用新设备替换旧设备是否有利。

9. 某公司有一设备可通过大修继续使用三年，预计大修费用为 2 万元，大修后，
每年还需要日常维护，其营运成本为每年 800 元，如果报废，更新设备需要 6 万元，预
计使用 12 年，每年营运成本 200 元。假设公司的资金成本为 12%，应选哪种方案？

案例分析

伟达相机制造厂是生产相机的中型公司，该厂生产的相机质量优良、价格合理，长期以来供不应
求。为扩大生产能力，厂家准备新建一条生产线。负责这项投资决策工作的财务总监经过调查研究
后，得到如下资料：

该生产线的原始投资为 12.5 万元，分两年投入。第一年年初投入 10 万元，余额在第二年年初的

时候投入。第二年年末项目完工可正式投产使用。投产后每年可生产相机 1 000 部，每部销售价格为 300 元，每年可获得销售收入 30 万元，投资项目可使用 5 年，5 年后残值 2.5 万元。在投资项目经营期间要垫支流动资金 2.5 万元，这笔资金在项目结束时可以全部收回。

该项目生产的产品总成本的构成情况如下：

材料费用	20 万元	制造费用	2 万元
人工费用	3 万元	折旧费用	2 万元

财务总监通过对各项资金来源进行分析，得出该厂加权平均的资金成本为 10%。

分析提示：

公司是否应该投资建造这条生产线？

第七章

证券投资决策

证券投资是公司通过购买股票、债券、基金等有价证券以获取收益而进行的投资，它是公司对外投资的重要组成部分。公司通过科学和合理地进行证券投资，可以充分地利用公司的闲置资金，增加收益，减少风险，有利于实现公司的财务管理目标。本章主要介绍股票投资、债券投资、基金投资和证券投资组合等问题。

【重要概念】 股票投资 债券投资 基金投资 证券投资组合

■第一节 证券投资的基本理论

一、 资本市场有效性理论

资本市场有效性理论又称有效市场假设，该理论为围绕强制性信息披露制度展开的讨论提供了一个理论平台。在这一理论出现之后，有关信息披露制度的各种论战，无论其依据的理论是源于法学、经济学还是社会学，都得以围绕着有效资本市场假设理论所建筑的构架和所提出的假设命题展开，从而进行实质意义上的真正交锋。

这一理论的最初提出者法玛(Eugene Fama)认为，资本市场机制的运作效率在不同信息环境下有三种"有效"形式，即弱式有效、半强式有效和强式有效。进一步来说，如果资本市场是有效的话，政府对信息披露的任何强制性要求都成为多余的。法玛以后，许多学者用实证的和推理的方法，试图从正面或反面来证明这一命题。

迄今为止，有关这一理论的探讨并未就政府应当在证券市场效率方面起什么样的作用这一问题得出定论。但事实上，有效资本市场理论最重要的贡献并不在于它对应有什么样的证券管理体制和证券法规得出一个结论，而在于它作为一个描述性理论，表明了宏观、中观及上市公司微观层面的财务信息(包括任何影响金融指标的信息)的披露与证券价格之间的关系。

这一理论建立了一个分析系统，让人们在该系统所设定的框架内，对股票价格本身的合理性，股票价格与信息披露和市场上其他各种因素的关系进行进一步的研究，从而得出自己的结论。过去几十年来，经济、法律学界的许多学者对这一理论进行了深入、广泛的研究，写了大量的论著。虽然至今各学者的说法仍是见仁见智、尚无定论，但所有对证券法学理论的严肃研究都不能不涉及这一理论。各国强制信息披露政策的制定，以及对强制信息披露制度成功与否的评判，也大多以此理论作为出发点。

(一)有效资本市场假说的三种形式

1. 弱式有效市场假说

该假说认为在弱式有效的情况下，市场价格已充分反映出所有过去历史的证券价格信息，包括股票的成交价、成交量、卖空金额、融资金额等。

推论一：如果弱式有效市场假说成立，则股票价格的技术分析失去作用，基本分析还可能帮助投资者获得超额利润。

2. 半强式有效市场假说

该假说认为价格已充分反映出所有已公开的有关公司营运前景的信息。这些信息有成交价、成交量、盈利资料、盈利预测值、公司管理状况及其他公开披露的财务信息等。假如投资者能迅速获得这些信息，股价应迅速做出反应。

推论二：如果半强式有效假说成立，则在市场中利用技术分析和基本分析都失去作用，内幕消息可能获得超额利润。

3. 强式有效市场假说

强式有效市场假说认为价格已充分地反映了所有关于公司营运的信息，这些信息包括已公开的或内部未公开的信息。

推论三：在强式有效市场中，没有任何方法能帮助投资者获得超额利润，即使基金和有内幕消息者也一样。

(二)有效资本市场具体阐述

如前所述，有效资本市场假设的基本理论将市场分为三种形式的有效市场，即弱式、半强式和强式有效市场。

1. 弱式有效市场

在弱式有效市场存在的情况下，可以假定在这一市场上参加交易的所有投资者均掌握了某一特定证券的历史(自上市以来)价格变动情况及这些变动所反映的全部信息。也就是说，所有投资者占有的历史信息是一样的，所有投资者对这些信息的集体判断形成了这一特定证券的价格。由于这一价格所包含的是所有的历史信息，也可以称之为"昨天的价格"。但是，昨天的价格既不能用来说明今天的价格，也不能用来预测明天的价格。通过对证券价格的长期跟踪、分析，人们用随机行走过程(random walk process)这一理论来形容某一特定股票的将来价格与其过去价格的关系。在随机行走过程中，股票连续的各次变动在统计链上是相互独立的，或者可以说，其序列相关系数为零。这就好像一群在空场上散步的人没有计划、没有目的地走来走去，使人完全没有办法预测其规律一样。过去的价格完全无法被用来预测将来的价格变化。研究股价历史完全无法给人带来盈利的机会。

2. 半强式有效市场

在半强式有效市场存在的情况下，可以假定在这一市场上所有参加交易的投资者所占有的有关某一特定上市公司的所有公开信息都是一样的，这些信息一般即为投资公众对之明显感兴趣的信息，如关于公司业务损益的财务报告，分红、送配股的决定，会计调账，新闻媒介对公司的评价，直至中央银行政策的变动等。证券价格反映了所有公开信息所包含的价值，也就是说，证券价格的形成反映了所有投资者对所有公开信息的集体判断。

3. 强式有效市场

在强式有效市场存在的情况下，可以假定在这一市场上所有参加交易的投资者都掌握了有关某一特定上市公司的业绩及其内在价值的所有信息，无论其公开与否。也就是说，所有投资者，无论是否特权群体，所占有的信息都是一样的。证券价格反映了所有这些信息所包含的价值。

二、 证券投资组合理论

(一)马科维茨有效组合理论

1952 年，年仅 25 岁的马科维茨提出了投资组合理论，引起了股票投资理论的革命，并因此获得了 1990 年的诺贝尔经济学奖。他的主要贡献有：①提出了如何定量股票投资的收益和风险以及投资组合的收益和风险。②用模型揭示出股票投资收益和风险成正比。③说明股票投资风险由系统性风险和非系统性风险两部分构成，通过适当的投资组合，可以避免非系统性风险。④提出有效投资组合的概念。有效投资组合具有如下要求：在相同的风险水平下，投资组合有最高的收益；在相同的期望收益下，投资组合有最低的风险。⑤如果有三个变量的数据，即每个股票的收益、收益的标准差(风险)、每个股票之间的协方差，就可以决定投资组合的期望收益和期望风险，从而建立有效的投资组合。

马科维茨有效组合理论认为：投资者都是理想的，投资者再进行投资时总是追求自身效用的最大化。马科维茨认为，对于投资者来说，投资收益是投资于某种资产给人们带来的正效用，投资收益越大，正效用也越大；而投资损失是投资于某种资产给人们带来的负效用，投资损失越大，负效用也越大。一个理性的投资者总是要比较投资所带来的正效用和负效用，只有当一种资产的正效用大于负效用时，投资者才会对这种资产进行投资。而且，投资者在进行投资时总是追求投资收益最大化，并规避风险，从而实现总效用的最大化。马科维茨的投资组合理论需要进行大量的计算，在当时的计算水平下大量地用于实践是很困难的。

(二)夏普的单一指数模型

1963 年，马科维茨的博士生夏普对有效组合理论进行了简化，提出了单一指数模型，也称市场模型或对角线模型。该模型的建立采用回归分析的方法，它假设影响资产价格波动的主要和共同的因素是市场总体价格水平的变动，于是各项资产价格波动之间的相互关系就可以通过各项资产与这一共同因素之间的相互关系间接地反映出来。实际分析表明：借助简化模型所选取的有效投资组合，十分类似马科维茨体系下的投资组合，但计算量大大减少了。

(三)夏普的资产定价模型

1964 年，夏普提出了著名的资产定价模型(capital asset pricing model，CAPM)，在投资理论上再一次取得重大突破。夏普系统地提出了：①资本市场线(capital market line，CML)，该线反映的是有效组合的风险与收益之间的关系，在 CML 中，用标准差衡量组合的风险。②证券市场线(securities market line，SML)，该线反映达到均衡时每个证券和证券组合的风险与收益之间的关系，在 SML 中，用 β 系数衡量风险。③市场组合是最有效的组合，没有任何具有相同风险的投资组合能比市场组合提供更高的预期收益，也没有任何具有相同预期收益的投资组合，能比市场组合拥有更低的风险。这意味着，若从长期来看，没有投资者能够战胜市场，最好的投资策略就是买进并持有一个尽可能分散的投资组合。

资产定价模型研究了如果每个投资者都按照马科维茨模型持有有效的证券组合，则在市场处于均衡的情况下，一种证券的期望收益率与该证券风险之间的关系可以通过一个风险溢价来确定风险的价格。由于人们在检验资产定价模型时遇到无法克服的困难，因此有的学者甚至断言资产定价模型是一个根本无法检验的理论，其后又有学者提出了多因素模型。

(四)罗斯的套利定价理论

1976 年，美国经济学家罗斯(Ross)，从影响证券预期收益率的各个因素出发，提出了套利定价理论(arbitrage pricing theory，APT)。

套利定价理论把资本资产定价模型中的市场收益分解成由基本经济因素产生的各种收益，但这些因素的不确定性导致证券收益的不确定性。因此，证券的系统风险是多种的，各种证券对每一个经济因素的敏感程度是不同的。一个因素会使这种证券价格上升，另一种因素也会使这种证券价格下降。

套利定价理论作为描述资本资产价格形成机制的一种新方法，其基础是价格规律：在均衡市场上，两种性质相同的商品不能以不同价格出售，否则市场上将出现套利行为。而套利的结果必然是两种资产的收益率趋于一致，使市场重新达到均衡。这与资产定价模型以预期收益率和收益均方差为基础的分析不同。对套利定价理论来说，只有一个条件是必需的，即投资者对未来资产预期收益率和风险预测的均匀性。因此，套利定价理论的一个重要前提条件是：资产的收益是由某个收益生成过程所产生的，而这个生成过程可以通过某个公式表述出来。同时，套利定价理论还要求资本资产的收益率与生成该收益的各个要素之间是一种线性关系。从前提条件来看，套利定价理论比资产定价模型具有更大的普遍性。

■ 第二节　股票投资

一、股票的概念

股票是证券市场最主要的投资品种之一。股票是股份公司发给股东，以证明其进行投资并拥有权益的有价证券。它既是作为股份的一种凭证，又是作为记载股东权利的股权证书。股权是股份的内容，而股票是股份的形式。股票持有人权益的核心是公司资本的所有权，因此股东权益作为一种财务概念被理解为每股所拥有的公司的净资产额：

$$每股净资产＝(公司资产净值－优先股总值)÷普通股股数 \qquad (7-1)$$

股东的全部权利和责任都是在所有权基础上派生出来的。

二、股票的特征

(1)公司全部资产被分为等额股份，每一股股票代表同等的权利与责任。

(2)股票持有人以其出资额为限对公司承担有限责任。

(3)股票是一种综合权利证书。其内容包括：①盈余分配请求权，新股认购权，股份转让权，剩余财产分配请求权的自益权；②股东会表决权，查阅账册权，董事会纠正违法行为的请求权，法院检查公司财务营业状况的请求权，法院解任董事、监事、清算人的请求权，法院撤销股东会违法决议的请求权和召集临时股东会的请求权等共益权。

(4)股票是一种无限期证书。投入发行公司的股金一般具有不可返还性。

(5)股票投资收益通常是不确定的。

(6)股票是一种证券证书。它以股份的存在为前提，是表明已发生股权的证书。换言之，股票不是设立一种权利，股票的制作和存在不是股权发生的条件，因而股票所代表的权利不会由于股票的转移而消灭。

三、股票的价值

(1)票面价值。票面价值是指股票票面上标明的金额，即股票面额。票面价值主要是用来确定每股在公司股本中所占的份额，还表明股东对公司所承担责任的最高限额。票面价值是公司股票发行价格的基础。根据我国有关法规规定，股票必须具有面值，公司可以按面值或超面值发行股票，不得低于面值发行股票。

(2)账面价值。账面价值是指在公司账面上的股票总金额，它大体上反映每股所代表的公司净资产。

(3)股票的内在价值。股票的内在价值亦称股票的理论价值。投资者购入股票可在预期的未来获得现金流入，现金流入包括两部分，即每期预期股利和出售股票时得到的价格收入。股票的内在价值就是指股票预期的未来现金流入的现值。股票的内在价值是投资者决定投资决策的主要依据。

(4)市场价值。股票的市场价值又称市场价格，就是通常所说的股票市价、股票行市。股票价格是股票在实际交易中所使用的价格，它处于不断波动的状态之中。

股票最初发行时，其面值与价格大体保持一致，即使有差异也并不悬殊。一旦进入市场长期交易后，股票的价格与面值相差甚远，有的相差几倍乃至几十倍。欲事先获知股票价格几乎是不可能的。一般来说，与股市升降直接相关的因素是预期股利数额和同期银行存款利息率，股票价格与股利成正比，与利率成反比。用公式表示如下：

$$股票价格 = \frac{预期股利}{同期银行存款利率} \qquad (7\text{-}2)$$

然而，现实的情形并非如此简单。除了股利和利率两个决定因素之外，股票价格还要受到社会、经济、法律、公司经营状况、投资者预期心理等因素的影响。

股票价值(市价)分为开盘价、收盘价、最高价和最低价等，投资人在进行股票评价时主要使用收盘价。

四、 股票投资的基本类型

(一)普通股票和优先股票

股票按股东所享有的权益和应履行的义务之间的差异可划分为普通股票和优先股票。普通股票是指对股东不加以特别限制、享有红利、并随着股份有限公司利润的大小而取得相应收益的股票。普通股是股份有限公司发行的最基本、最重要的股票种类；是股份有限公司发行的标准股票。普通股又可具体地分为干股(又称递延股)、蓝筹股、成长股、收入股等类型。

优先股票指的是给投资认购人以某些优惠条件同时也做出某种限制的特殊权利股。优先股一般具有约定股息率、优先分派股息、优先清偿剩余财产、限制表决权等基本特征。

按股息是否可以累积可分为累积优先股和非累积优先股；按优先股是否可以超过设定股息率分派股息，可分为不参加优先股、部分参加优先股、完全参加优先股；按优先股是否可以转换为普通股，可分为可转换优先股和不可转换优先股；按股份公司是否可以赎回优先股，可分为赎回优先股和不可赎回优先股。

(二)B 种股票

为了开辟利用股票市场引进外资的渠道，我国特设人民币特种股票，即 B 种股票和 B 股交易市场。B 股股票是指以人民币标明股票面值、以外汇买卖、在境内上市的外资股票。B 种股票享有与人民币 A 种股票(即用人民币进行买卖的股票)同等的权利和义务。

随着 B 股市场的发展，2001 年 2 月 28 日起，B 股市场向国人开放，已有一批国内投资人直接参与 B 股交易，国内一些异地证券交易部开通沪深 B 股交易市场，更为境内 B 股投资者提供了便利。

我国 B 种股票是一种极具潜力的投资品种，这是因为：

(1)市价偏低，相当一部分 B 股市价已跌破发行价、跌近净资产值，同一种股票的A、B 股差价很大。

(2)B股交易范围已从单一的境外投资者扩展到境内持外汇的投资者，这将大大扩展B股市场需求规模。

(3)国外基金看好中国股市，B股作为向外资开放的投资品种，有着巨大的潜在需要。

(三)其他股票种类

中国境内公司在香港发行上市的股票被称做H股。H种股票是作为中国公司筹措境外资金的又一重要形式，其与B种股票的主要区别在于，B种股票是把外资引入国内市场，而H种股票则使中国公司直接进入国际金融市场，在国际资本市场筹资和流通，从而直接成为国际资本市场的一部分。

中国公司在美国上市或发行上市的股票，被称为N种股票。B股、N股和H股的基本区别在于上市地点的不同，当同一种股票在两地股市上市时，该股票就兼有了两种属类。

五、　我国股票种类的划分

(一)国家股、法人股、个人股与外资股

国家股是指由国家作为投资主体而持有的股票。法人股是指由法人作为投资主体而持有的股票。个人股是指由个人(自然人)作为投资主体而持有的股票。外资股是指外国和我国香港、澳门、台湾地区的投资者以人民币特种股票形式向公司投资形成的股份。

(二)A股、B股与H股

A股是指在我国国内发行的、由国内投资者用人民币买卖的股票。国家股、法人股和个人股都属于A股。B股又称人民币特种股票，是指以人民币标明面值，专供我国境外和我国香港、澳门、台湾地区的投资者以及境内的外商独资公司购买的股票，目前已允许境内居民以合法取得的外币买卖。H股是指我国国内的股份公司经国家批准指定在香港发行并上市的股票。

六、　股票投资的选择

(一)详细了解和分析被投资股份公司的财务状况和经营能力

选择何种公司股票作为长期投资，主要取决于该公司的经营业绩、目前财务状况及未来发展的潜力。上市公司定期向投资者和证券管理机构提供全面完整、真实可靠的各项财务和会计信息，公布公司各期的经营业绩和财务状况。投资者应根据上市公司提供的各种财务报表和有关资料，运用各种分析方法，对其进行深入细致的分析，全面把握该公司的现时财务状况，预测其未来的获利能力。通过同一公司不同时期的财务状况和经营业绩的横向比较，以便做出合理的决策。分析上市公司的财务报表一般着重围绕以下财务指标进行：①流动性指标。它是衡量公司一定时期偿债能力最重要的比率，如

"流动比率、速动比率、现金比率等"，这些比率越大，说明公司短期偿债能力越强。②盈利性指标。它是反映公司一定时期盈利能力的指标，如"投资收益率"和"销售利税率"等。一般这些指标越高，说明公司盈利能力越强。③权益和负债性指标。它是反映公司一定时期资本结构是否合理及评价公司长期偿债能力的比率，如"权益与总资产比率"和"长期负债与总资产比率"等，权益比率越高，说明公司经营风险较小、偿债能力强。负债比率越高，则说明公司长期偿债能力不足，有一定的经营风险。④股本指标。它是反映公司股本与各收益项目的比率，说明股本的收益水平，如"每股净收益"、"每股净资产"、"市盈率"等。这些指标越高，一般反映公司盈利水平高，公司发展能力强。当然，上述指标还要结合公司以前年度和其他公司同类指标，相比较分析后才能做出最后的判断和决策。

(二)了解和分析被投资股份公司的行业特点

公司所在行业的特点，直接影响到公司未来的发展前途。如被列入重点发展规划的行业，国家可能在各项经济政策上给予一系列的支持和扶植，而那些正在进行结构调整的行业，国家可能对一些效益低和产品质量差的公司加以限制、调整、减少，甚至停业。例如，属于高新技术产业的公司，国家及地方政府可能在引导外资、银行信贷、财政税收、价格管理和资产折旧等方面给予支持。国家在宏观上的这种扶优限劣的调控手段，可能会直接影响某些公司的长远发展。因此，公司在进行股票投资决策时，应选择具有发展前景、获利能力高而且风险相对较小的行业进行投资。当然，公司在不同时期和不同情况下的投资，可能出于不同的目的，进而调整投资决策程序，选择合适的投资对象。

(三)合理预测股票市价的未来走势

反映各种股票市价综合走势的指标是股票价格指数，该指数是公司股票投资决策时要考虑的重要因素。不同性质的股票价格走势与整个股票价格指数走势要结合起来加以研究，不能只看单个股票市价而不看整体股票走势。分析股票市场未来走势，是股票投资者掌握和预测股票市价变化的重要手段。股票价格趋势分析的方法，一般有两种：一是以整体股票市价的平均指数为依据，逐日分析股票市价的走势；二是以某种股票市价为依据，逐日分析该种股票的动态变化规律，对于准备购入的股票种类应作更为详细的重点分析，在对公司最有利的时候不失时机地进行投资。

(四)了解和掌握被投资公司是否有一个相对稳定的股利政策

因为公司股票投资的主要目的之一是为了定期获取股利收入。虽然这种收入是一种不固定的收入，但投资公司往往可以根据公司以往的经营和目前市场上该行业的投资收益率，测算出一个预期股利收益率，由此才能测算预期股票投资报酬率，评价所投资股票的价值。如果被投资公司的股利发放政策变动不定，便无法确保公司的预期收益目标。因此，公司投资时要注意研究被投资公司在制定股利政策时，是否十分注重投资者的要求，保持股利发放政策和股利发放形式的相对稳定。一般来讲，股份公司实行稳定的股利政策便于有效地吸引投资者。同时，通过股份公司的股利政策，也能了解和分析出被投资公司的财务状况和经营作风，这对投资公司也十分重要。

七、 股票价值的评价

(一)股票估价基本模型

从理论上说，如果股东不中途转让股票，股票投资没有到期日，投资于股票所得到的未来现金流量是各期的股利。假设某股票未来各期股利为 D_t (t 为期数)，R 为估价所采用的贴现率，即所期望的最低收益率，股票价值的估价模型为

$$V_s = \frac{D_1}{(1+R)^1} + \frac{D_2}{(1+R)^2} + \cdots + \frac{D_n}{(1+R)^n} + \cdots = \sum_{t=1}^{\infty} \frac{D_t}{(1+R)^t} \qquad (7\text{-}3)$$

其中，V_s 为股票价值；n 为期数；D_t 为第 t 年预期股利；R 为期望收益率。

优先股是特殊的股票，优先股每期在固定的时点上支付相等的股利，且没有到期日，未来的现金流量是一种永续年金，其价值计算为

$$V_s = \frac{D}{R} \qquad (7\text{-}4)$$

其中，D 为优先股股利。

(二)常用的股票估价模型

持有期限、股利、贴现率是影响股票价值的重要因素。如果投资者准备永久持有股票，未来的贴现率也是固定不变的，则未来各期不断变化的股利就成为评价股票价值的难题。为此，不得不假定未来的股利按一定的规律变化，从而形成几种常用的股票价值估价模型。

1. 固定成长股票的估价模型

一般来说，公司不会把每年的盈余全部作为股利分配出去，留存收益扩大了公司的资本额，不断增长的资本应当创造更多的盈余，引起下期股利的增长。如果公司本期的股利为 D_0，未来各期的股利按上期股利的 g 速度呈几何级数增长，股票价值 V_s 为

$$V_s = \sum_{i=1}^{\infty} \frac{D_0(1+g)^t}{(1+R)^t} \qquad (7\text{-}5)$$

因为 g 是一个固定的常数，式(7-5)可以化简为

$$V_s = D_1/(R-g) \qquad (7\text{-}6)$$

2. 零成长股票的估价模型

如果公司未来各期发放的股利都相等，则这种股票与优先股是相类似的。或者说，当上式 $g=0$ 时，有

$$V_s = D/R \qquad (7\text{-}7)$$

3. 混合成长股票的估价模型

在现实生活中，许多公司的股利都不是固定的。在某一期间有一个超常的增长，而在另一个阶段股利固定不变或正常增长。在这种情况下，就要分段计算，才能确定股票

的价值。

【例 7-1】 某上市公司本年度的净收益为 20 000 万元，每股支付股利 2 元。预计该公司未来三年进入成长期，净收益第 1 年增长 14%，第 2 年增长 14%，第三年增长 8%。第 4 年及以后将保持该水平。该公司一直采用固定支付率的股利政策，并打算今后继续实行该政策。该公司没有增发普通股和发行优先股的计划。假设投资人要求的报酬率为 10%，股票价值的计算过程如表 7-1 所示。

表 7-1　某公司股票价值的计算

项目	0	1	2	3	合计
净收益/万元	20 000	22 800	25 992	28 071.36	
每股股利/元	2	2.28	2.60	2.81	
现值系数($i=10\%$)		0.909 1	0.826 4	0.751 3	
股利现值/(元/股)		2.07	2.15	2.11	6.33
未来股价/(元/股)				28.10	
未来股价现值/(元/股)				21.11	21.11
股票价值/(元/股)					27.44

其中，未来股价 $28.10 = 2.81 \div 10\%$。

(三)市盈率分析

上述方法中未来股利的预计很复杂并且要求比较高，一般投资者往往很难办到。有一种粗略衡量股票价值的方法，就是市盈率分析法。它易于掌握，许多投资者都愿意使用。

1. 用市盈率估计股价高低

市盈率是股票市价与每股盈余之比，以股价是每股盈余的倍数表示。市盈率可以粗略反映股价高低，表明投资者愿用盈余的多少倍货币来购买这种股票，是市场对该股票的评价。

因为，

市盈率＝股票市价/每股盈余

所以，

股票价格＝该股票市盈率×该股票每股盈余
股票价值＝行业平均市盈率×该股票每股盈余

根据证券机构或刊物提供的同类股票过去若干年的平均市盈率，乘以当前的每股盈余，可以得出股票的理论价值。用它和当前市价比较，可以看出所付价格是否合理。

【例 7-2】 某公司的股票每股盈余是 3 元，市盈率是 10，行业类似股票的平均市盈率是 11，则

股票价值＝3×11＝33 元
股票价格＝3×10＝30 元

说明市场对该股票的评价略低，股价基本正常，有一定吸引力。

2. 用市盈率估计股票风险

一般认为，股票的市盈率比较高，表明投资者对公司的未来充满信心，愿意为每一元盈利多付买价。这种股票的风险比较小。但是股市受到不正常因素干扰时，某些股票市价被哄抬到不应有的高位，市盈率会很高。通常认为，超过 20 的市盈率是不正常的，很可能是股价下跌的前兆，风险相当大。

股票的市盈率比较低，表明投资者对公司的未来缺乏信心，不愿意为每一元盈余多付买价。这种股票的风险比较大。通常认为，市盈率在 5 以下的股票，其前景比较悲观。

过高或过低的市盈率都不是好兆头，平均的市盈率在 10～11，市盈率在 5～20 是比较正常的。应研究拟投资股票市盈率的长期变化，估计其正常值，作为分析的基础。各行业的正常值有区别，预期将发生通货膨胀或提高利率时市盈率会普遍下降，预期公司利润增长时市盈率会上升，债务比重过大的公司市盈率较低。

八、 股票投资的收益率

股票投资的收益是指投资者从购入股票开始到出售股票为止整个持有期间的收入，由股利和资本利得两方面组成。

股票收益率是股票收益额与购买成本之比，为便于与其他年度收益指标相比较，可折算为年均收益率，股票收益率主要有本期收益率、持有期收益率两种。

本期收益率是指股份公司上年派发的现金股利与本期股票价格的比率，反映了以现行价格购买股票的预期收益情况。

$$本期收益率＝年现金股利÷本期股票价格 \qquad (7-8)$$

其中，年现金股利是指上年发放的每股股利；本期股票价格是指该股票当日证券市场收盘价。

持有期收益率是指投资者买入股票持有一定时期后又将其卖出，在投资者持有该股票期间的收益率。其反映了股东持有股票期间的实际收益情况，如投资者持有股票的时间不超过一年，不考虑复利计息问题，其持有期收益率可按如下公式计算：

持有期收益率＝(股票售出价－买入价＋持有期间分得的现金股利)÷股票买入价

$$持有期年均收益率＝持有期收益率÷持有年限 \qquad (7-9)$$

持有年限＝股票实际持有天数÷360

如股票持有时间超过一年，则需要按每年复利一次，考虑资金时间价值，其持有期年均收益率可按公式(7-10)计算：

$$买价＝各年股利的现值之和＋卖价的现值 \qquad (7-10)$$

使得上面等式成立的折现率 i，就是股票投资的收益率。

在【例 7-2】中，如果股票的市价为 24.89 元/股，计算股票的预期收益率(精确到 1%)。

由于按 10% 的预期收益率计算，其股票价值为 27.44 元、市价为 24.89 元时预期收益率应该高于 10%，故用 11% 测试(表 7-2)。

表 7-2　股票的预期收益率计算

项目	0	1	2	3	合计
净收益/万元	20 000	22 800	25 992	28 071.36	
每股股利/元	2	2.28	2.60	2.81	
现值系数($i=11\%$)		0.900 9	0.811 6	0.731 2	
股利现值/(元/股)		2.05	2.11	2.05	6.21
未来股价/(元/股)				25.55	
未来股价现值/(元/股)				18.68	18.68
股票价值/(元/股)					24.89

因此,该股票的预期收益率为 11%。

九、 股票投资的优缺点

(一)股票投资的优点

(1)投资收益高。普通股票的价格虽然变动频繁,但从长期看,优质股票的价格总是上涨的居多,只要选择得当,都能取得丰厚的投资收益。

(2)购买力风险低。普通股的股利不固定,在通货膨胀率比较高时,由于物价普遍上涨,股份公司盈利增加,股利的支付也随之增加。因此,与固定收益证券比较,普通股能有效地降低购买力风险。

(3)拥有经营控制权。普通股股东是股份公司的所有者,有权监督和控制公司生产经营的情况。因此,欲控制一家公司,最好是收购这家公司的股票。

(二)股票投资的缺点

股票投资的缺点主要是风险大,这是因为:

(1)求偿权居后。普通股对公司资产和盈利的求偿权均居于最后。公司破产时,股东原来的投资可能得不到全额补偿,甚至一无所有。

(2)价格不稳定。普通股的价格受众多因素影响,很不稳定。政治因素、经济因素、投资人心理因素、公司的盈利情况、风险情况都会影响股票价格,这也使股票投资具有较高的风险。

(3)收入不稳定。普通股股利的多少,视公司经营状况和财务状况而定,其有无、多寡均无法律上的保证,其收入的风险也远远大于固定收益证券。

第三节　债券投资

一、 债券及其特征

债券是由政府、金融机构或公司等发行的、定时定额支付利息、定时偿还本金的债权凭证。债券是证券市场的一种主要的投资品种,其特点主要有:投资人与发行人之间发生的是一种债权债务关系，这是一种资本买卖关系，资本的出让以确定的利息回报和定期的本金偿还为条件；具有较高的安全性，特别是政府债券，作为一种国家信用以国家的存在作为债券本息安全的保障；优良的流通性，债券作为一种标准的资本商品，在一国资本市场交易中占相当大的比重，从而具有快速兑现的能力。

二、　债券投资的种类

根据发行主体的不同，债券可分为公债（由公共机关，即各级政府、政府机构或各种公共团体发行的债券）和公司债券（由包括金融机构在内的各类公司发行的债券）。

根据偿还债务期限的长短，债券可分为 1 年期以内短期债券、2~5 年期的中期债券、6 年期以上的长期债券和永久债券。

根据利息的不同支付方式，债券一般可分为附息债券、贴现债券和一次付息债券。

根据债券的发行方式来分类，可分为公募债券（以社会公众为对象所募集的债券）和私募债券（向与发行人有特定关系的对象发行的债券）。

根据有关抵押担保，债券可分为信用债券、抵押债券和担保债券等。

根据券面上是否记名，债券可分为记名债券和无记名债券。

三、　债券投资的目的

公司进行短期债券投资的目的主要是为了配合公司对资金的需求，调节现金余额，使现金余额达到合理水平。当公司现金余额太多时，投资于短期债券，使现金余额降低；反之，当现金余额太少时，出售原来购买的短期债券，收回现金，使现金余额提高。因为长期债券的利率一般都高于短期债券，也会高于同期银行存款利率，所以公司进行长期债券投资的目的主要是为了获得稳定的利息收益。

四、　债券价值的评价

债券的价值是发行者按照合同规定，从当前至债券到期日所支付的款项的现值。计算现值时使用的折现率，取决于当前的利率和现金流量的风险水平。

（一）债券估价的基本模型

典型的债券类型是有固定的票面利率、每年支付利息、到期归还本金，这种模式下债券价值计量的基本模型是

$$V_b = \frac{I}{(1+i)^1} + \frac{I}{(1+i)^2} + \cdots + \frac{I}{(1+i)^n} + \frac{M}{(1+i)^n}$$
$$= \sum_{t=1}^{n} \frac{I}{(1+i)^t} + \frac{M}{(1+i)^n} \qquad (7\text{-}11)$$

其中，V_b 为债券价格；I 为债券各期的利息；i 为贴现率，一般采用当时的市场利率或投资者要求的必要报酬率；M 为到期的本金；n 为债券到期前的年数。

【例 7-3】　ABC 公司拟于 20×7 年 2 月 1 日发行面额为 1 000 元的债券，其票面利率为 5%，每年 2 月 1 日计算并支付一次利息，并于 5 年后的 1 月 31 日到期。同等风险

投资的必要报酬率为 6%，则债券的价值为

$$V_b = \frac{50}{(1+6\%)^1} + \frac{50}{(1+6\%)^2} + \frac{50}{(1+6\%)^3} + \frac{50}{(1+6\%)^4} + \frac{50+1\,000}{(1+6\%)^5}$$
$$= 50 \times \mathrm{PVIFA}_{6\%,5} + 1\,000 \times \mathrm{PVIF}_{6\%,5}$$
$$= 957.92(元)$$

通过该模型可以看出，影响债券定价的因素有必要报酬率、利息率、计息期和到期时间。

(二)贴现债券的估价模型

贴现债券是指发行人承诺在未来某一确定日期按面值偿还的债券。这种债券按低于面值的价格销售，在到期日前购买人不能得到任何现金支付，因此也称为"零息债券"。零息债券没有标明利息计算规则的，通常采用按年计息的复利计算规则。

贴现债券的价值为

$$V_b = \frac{M}{(1+i)^n} \tag{7-12}$$

其中，M 为债券面值。

【例 7-4】　有一贴现债券，面值 1 000 元，20 年期。假设必要报酬率为 16%，其价值为

$$V_b = \frac{1\,000}{(1+16\%)^{20}} = 51.4(元)$$

(三)一次还本付息债券的估价模型

一次还本付息债券是指不计复利，利随本清的还本付息方式的债券。在我国，许多公司债券都属于这种形式。

$$V_b = \frac{M+I \times n}{(1+i)} \tag{7-13}$$

其中，I 为年利息。

【例 7-5】　某 5 年期公司债券，面值 1 000 元，票面利率为 12%，单利计息，到期时一次还本付息。假设必要报酬率为 10%(复利、按年计息)，其价值为

$$V_b = \frac{1\,000+1\,000 \times 12\% \times 5}{(1+10\%)^5} = \frac{1\,600}{1.610\,5} = 993.48(元)$$

在到期日一次还本付息债券，实际上也是一种贴现债券，只不过到期日不是按票面额支付，而是按本利和作单笔支付。

(四)平息债券的估价模型

平息债券是指利息在到期时间内平均支付的债券。支付的频率可能是一年一次、半年一次或每季度一次等。

平息债券价值的计算公式如下：

$$V_b = \sum_{t=1}^{mn} \frac{I/m}{\left(1+\frac{i}{m}\right)^t} + \frac{M}{\left(1+\frac{i}{m}\right)^{mn}} \tag{7-14}$$

其中，m 为年付利息次数；n 为到期时间的年数；i 为每年的必要报酬率；I 为年付利息；M 为面值或到期日支付额。

【例 7-6】 有一债券面值为 1 000 元，票面利率为 8%，每半年支付一次利息，5 年到期还本。假设必要报酬率为 10%。

按惯例，报价利率为按年计算的名义利率，每半年计息时按年利率的 1/2 计算，即按 4% 计息，每次支付 40 元。必要报酬率按同样的方法处理，每半年期的折现率按 5% 确定。该债券的价值为

$$V_b = \frac{80}{12} \times \text{PVIFA}_{5\%,10} + 1\,000 \times \text{PVIF}_{5\%,10}$$
$$= 40 \times 7.721\,7 + 1\,000 \times 0.613\,9$$
$$= 922.77(元)$$

债券付息期越短、价值越低的现象，仅出现在折价出售的状态。如果债券溢价出售，则情况正好相反。

(五)永久债券的估价

永久债券是指没有到期日、永不停止定期支付利息的债券。英国和美国都发行过这种公债。对于永久公债，通常政府都保留了回购债券的权力。优先股实际上也是一种永久债券，如果公司的股利支付没有问题，将会持续地支付固定的优先股息。

永久债券的价值计算公式如下：

$$V_b = \frac{I}{R} \tag{7-15}$$

其中，I 为利息额；R 为必要报酬率。

(六)流通债券的估价

流通债券是指已发行并在二级市场上流通的债券。它们不同于新发行债券，在估价时需要考虑当前至下一次利息支付的时间。

流通债券的估价方法有两种：一种是以当前为折算时间点，历年现金流量按非整数计息期折现。另一种是以最近一次付息时间(或最后一次付息时间)为折算时间点，计算历次现金流量现值，然后将其折算到当前时点。无论哪种方法，都需要计算非整数期的折现系数。

【例 7-7】 有一面值为 1 000 元的债券，票面利率为 8%，每年支付一次利息，20×0年5月1日发行，5 年期。现在是 20×3 年 4 月 1 日，若投资的必要报酬率为 10%，该债券的价值是多少？

第一种计算方法：分别计算四笔现金流入的现值，然后求和。由于计息期数不是整数，而是 1/12、13/12、25/12，需要计算现值系数。

20×3 年 5 月 1 日利息的现值为

$$V_1 = \frac{1\,000 \times 8\%}{(1+10\%)^{\frac{1}{12}}} = \frac{80}{1.007\,97} = 79.367\,4(元)$$

20×4 年 5 月 1 日利息的现值为

$$V_2 = \frac{1\,000 \times 8\%}{(1+10\%)^{\frac{13}{12}}} = 72.151\,9(元)$$

20×5 年 5 月 1 日利息的现值为

$$V_3 = \frac{1\,000 \times 8\%}{(1+10\%)^{\frac{25}{12}}} = \frac{80}{1.219\,6} = 65.595\,3(元)$$

20×5 年 5 月 1 日本金的现值为

$$V_M = \frac{1\,000}{(1+10\%)^{\frac{25}{12}}} = \frac{1\,000}{1.219\,6} = 819.941\,0(元)$$

该债券年 20×3 年 4 月 1 日的价值为

$$V_b = 79.367\,4 + 72.151\,9 + 65.595\,3 + 819.941\,0 = 1\,037.06(元)$$

另一种计算方法，就是先计算 20×3 年 5 月 1 日的价值，然后将其向前移动一个月的时间。

20×3 年 5 月 1 日价值 = 80×1.735 5 + 80 + 1 000×0.826 4 = 1 045.24(元)

20×3 年 4 月 1 日价值 = 1 045.24/(1+10%)^{1/12} = 1 037(元)

五、 债券的收益率

(一)票面收益率

票面收益率又称名义收益率或息票率，是印制在债券票面上的固定利率。通常是债券年利息收入与债券面值的比率。其计算公式为

$$票面收益率 = 债券年利息收入 \div 债券面值 \tag{7-16}$$

票面收益率反映了债券按面值购入持有至期满所获得的收益水平。

(二)本期收益率

本期收益率又称直接收益率或当前收益率，是指债券的年实际利息收入与买入债券的实际价格的比率。其计算公式为

$$本期收益率 = 债券年利息收入 \div 债券买入价 \tag{7-17}$$

本期收益率反映了购买债券的实际成本所带来的收益情况，但与票面收益率一样不能反映债券的资本损益情况。

(三)持有期收益率

持有期收益率是指债券持有人在持有期间获得的收益率，能综合反映债券持有期间的利息收入情况和资本损益水平，其中债券的持有期是指从购入债券至售出债券或者债券到期清偿之间的期间，通常以年为单位，表示持有期的实际天数除以 360 天。根据债券持有期长短和计息方式不同，债券持有期收益率的计算公式存在差异，债券持有期收益率可以根据具体情况换算为年均收益率，持有时间较短，不超过 1 年的，直接按债券持有期间的收益额除以买入价计算持有期收益率。

持有期收益率＝(债券持有期间的利息收入＋债券卖出价－债券买入价)÷债券买入价

持有期年均收益率＝持有期收益率÷债券持有年限

持有年限＝债券实际持有天数÷360 　　　　　　　　　　　　　　　　　(7-18)

持有时间较长、超过 1 年的应按每年复利一次计算持有期年均收益率，即计算使债券产生的现金流入量净现值为零的折现率。

【例 7-8】　甲公司以 1 030 元的价格购入债券 A，债券 A 的面值为 1 000 元，票面利率为 10％。如果该债券为按年付息，两年后到期，计算该债券的到期收益率。

债券价值 $V_b = 1\,000 \times 10\% \times \text{PVIFA}_{i,2} + 1\,000 \times \text{PVIF}_{i,2}$

当 $i = 8\%$ 时，$V_b = 1\,036.53$(元)；

当 $i = 10\%$ 时，$V_b = 999.60$(元)。

运用内插法，求得到期收益率为 8.35％。

六、　债券投资的优缺点

(一)债券投资的优点

(1)本金安全性高。与股票投资相比，债券投资风险比较小。中央政府发行的债券有国家财力作后盾，其本金的安全性非常高，通常视为无风险证券。公司债券的持有者拥有优先求偿权，即当公司破产时，优先于股东分得公司剩余资产，因此其本金损失的可能性小。

(2)收入稳定性强。债券票面一般都标有固定利息率，债券的发行人有按时支付利息的法定义务。因此在正常情况下，投资于债券都能获得比较稳定的收入。

(3)市场流动性好。许多债券都具有较好的流动性。政府及大公司发行的债券一般都可在金融市场上迅速出售，流动性很好。

(二)债券投资的缺点

(1)购买力风险较大。债的面值和利息率在发行时就已确定，如果投资期间的通货膨胀率比较高，则本金和利息的购买力将不同程度地受到侵蚀，在通货膨胀非常高时，投资者虽然名义上有收益，但实际上却有损失。

(2)没有经营管理权。投资于债券只是获得收益的一种手段，无权对债券发行公司施以影响和控制。

■第四节　基金投资

基金投资是一种间接的证券投资方式。基金管理公司通过发行基金份额，集中投资者的资金，由基金托管人(即具有资格的银行)托管，由基金管理人管理和运用资金，从事股票、债券等金融工具投资，共担投资风险，分享收益。通常将这种投资方式称为证券投资基金，简称投资基金。

一、 投资基金的含义

投资基金是指基金发起人通过发行投资基金证券，将投资者分散的资金集中起来，交由基金托管人托管、基金管理人经营管理，并将投资收益分配给持券人的投资制度。其实质是一种间接的证券投资。投资基金的创立和运行涉及四个方面：投资人、发起人、托管人和管理人。

二、 投资基金的类型

(1)根据不同的组织形式，投资基金可分为契约型投资基金和公司型投资基金。

契约型投资基金，也称信托型投资基金，是指基金发起人通过发行受益证券的形式筹集投资基金，受益证券由证券机构或金融机构认购包销并向社会公开发行，投资人购买受益证券即成为该基金的受益人，在约定的存续时间内凭所持证券分享红利。

公司型投资基金，是指基金发起人通过组织基金公司的形式，发行投资基金股份，投资人购买基金股份即成为基金公司的股东，享有决议权、利益分配权和剩余财产分配权。

契约型基金和公司型基金的区别主要有：①资金的性质不同。契约型基金的资金是信托资产；公司型基金的资金是公司的法人资本。②投资者的地位不同。契约型基金的投资者购买受益凭证后成为基金契约的当事人之一，即受益人，没有管理基金资产的权力；公司型基金的投资者购买基金公司的股票后成为该公司的股东，通过股东大会和董事会享有管理基金公司的权力。③基金的运营依据不同。契约型基金依据基金契约运营基金，公司型基金依据基金公司章程运营基金。

(2)依据基金证券能否赎回，投资基金可分为封闭型投资基金和开放型投资基金。

封闭型投资基金，是指在基金的存续时间内，不允许证券持有人赎回的基金证券，不得随意增减基金证券，证券持有人只能通过证券交易所买卖证券。这种基金证券的资产比较稳定，便于经营，但价格受市场供求关系的影响较大。公司型的封闭型投资基金，其经营业绩对基金股东来说至关重要，在其经营业绩好时，股东可以通过超过基金净资产价值的价格而获得较高的收益，但在其经营业绩不好时，投资人则会承担较大的亏损，因此其风险也较大。

开放型投资基金，是指在基金的存续时间内，允许证券持有人申购或赎回所持有的证券或股份，在基金发行新证券时，一般按基金的净资产价值加经销手续费出售基金证券，持有人赎回基金证券时，则按净资产价值减除一定比例的手续费作为赎回价格。开放型投资基金由于允许赎回，因此其资产经常处于变动之中，一般要求投资于变现能力较强的证券。

封闭型基金和开放型基金的区别主要有：①期限不同。封闭型基金通常有5~10年的封闭期；而开放型基金没有固定期限，投资者可以随时向基金管理人赎回。②基金单位的发行规模要求不同，封闭型基金在招股说明书中列明其基金规模，而开放型基金没有发行规模限制。③转让方式不同。封闭型基金在封闭期内不能要求基金公司赎回，只能在证券交易所或柜台市场上出售给第三者；而开放型基金的投资者可以在首次发行结束一段时间(多为 3 个月)后,随时向基金管理人或中介机构提出购买或赎回申请。④交易价格的计算标准不同。封闭型基金的交易价格受市场供求关系的影响,并不必然反映公司的净资产价值;而开放型基金的交易价格取决于基金单位净值的大小,基本上不受市场供求关系的影响。⑤投资策略不同。封闭型基金不能赎回,因此基金可以进行长期投资;而开放型基金可随时赎回,为应付投资者随时赎回兑现,基金资产不能全部用来投资,必须保持基金资产的流动性。

(3)按照投资对象不同,投资基金可以分为股权式投资基金和证券投资基金。

股权式投资基金是指以合资或参股的形式投资于实业,以获取投资收益为主要目的,它可以参与被投资公司的经营,但一般不起控制支配作用。股权式投资基金的流动性和变现能力较差,一般要求采用封闭型投资基金。

证券投资基金是指以投资于已经公开发行上市的股票和债券为主的投资基金。这种投资基金的流动性较好,容易变现,可以采用开放型投资基金。我国 1997 年 11 月 14 日发布的《证券投资基金管理暂行办法》中的投资基金就属于证券投资基金,按规定一个基金投资于股票、债券的比例不得低于该基金资产总值的 80%。另外按照基金的运用方式,投资基金可分为固定型投资基金和管理型投资基金。按基金是否可以追加,投资基金可分为单位型投资基金和追加型投资基金。

三、 投资目标与投资方向

投资基金的经营主体是基金经理公司,投资基金的经营业绩完全取决于基金经理人的努力。基金经理公司在对投资基金进行经营运作时,确立投资目标和设计投资方向是决定投资基金经营业绩的前提因素。

(一)投资目标

投资目标是基金投资经营运作所要达到的目的,引导着基金的投资方向和投资政策。根据对投资风险和收益的选择,基金的投资目标一般有四种类型。

(1)资本迅速增值。这类基金强调在较短的时期内为投资者谋取较大的资本增长幅度,投资收益的来源主要是资本利得,即投资对象的买卖差价,而当期的期间收益不是追求的对象,故被称为积极增长型基金。一般投资于有高成长潜力的小型公司股票、高科技公司股票,投资政策往往采取快进快出策略,以避免投资风险。其通常很少或不分派基金分红,而是将盈利滚入本金再投资,以取得高速成长。谋取资本的快速成长,是以承担高风险为代价的。

(2)资本长期增值。这类基金强调为投资者谋取长期而稳定的资本增值,投资收益的来源主要是资本利得,故被称为成长型基金。它并不要求资本在短期内迅速扩大,而是强调资本增值的持续性。其投资对象往往是价格稳定上升的绩优股,投资政策主要是在有成长潜力的证券中组合投资。成长型基金在短期内基金价值下跌的风险也较大。

(3)收益与风险平衡。这类基金同时注重收益稳定和资本增值,要求既能派发红利又能使资本适当成长,故被称为平衡型基金。其投资对象一般是价格波动较小的证券,强调在收益稳定性证券(如债券、优先股)和成长性证券(如股票)中组合投资。其较为保守，适合资金不多的小投资者购买。

（4）收益长期稳定。这类基金注重长期稳定的收益，故被称为收入型基金。其一般投资于政府债券、公司债券、优先股以及货币市场工具，其本金损失的风险较小，但易受市场利率变动的影响，适合于保守的投资者和退休基金、养老基金。

（二）投资方向

投资方向是指涉及投资基金的主要投资区域。虽然投资基金的投资对象主要是有价证券，但受投资目标的影响，各类基金的投资取向是不同的。

（1）货币投资方向。基金投资的取向是以货币为客体的金融工具，形成货币市场基金。货币市场基金的业务主要是货币市场上的一系列长期和短期的存款和贷款，包括银行存款、银行票据、商业票据、短期国库券等。以货币作为投资方向的优势在于：汇聚投资者的零散投资作为大额存款，获得优惠的利率；参与外汇市场投资，赚取汇兑收益和利息差率。

（2）股票投资方向。基金投资的取向是普通股票或分行业专门股票，既可以取得股利收益又可以取得资本利得。对于中小投资者而言，利用基金投资于股票比自己操作股票更安全，市场信息更易取得。并且股票市场的国际化没有货币市场高，利用基金可以投资境外股票。

（3）债券投资方向。基金投资的取向是各类债券，包括政府公债、地方债券、公用事业债券、公司债券等。投资于债券的风险较小、收益稳定，但受市场利率的影响较大。

（4）认股权证投资方向。认股权证是一种票据类金融工具，持有人有权在指定的期间按指定的价格购买发行公司一定数量的股份。从理论上说，认股权证的价格是股票市价与认股价的差价，但认股权证价格的波动幅度远大于股票市价的波动幅度，具有强烈的杠杆效用，风险较大。

（5）衍生金融工具投资方向。衍生金融工具是以基础金融工具的存在为前提、以基础金融工具为交易对象、其价值也依附于基础金融工具的金融合同或合约，如金融远期、金融期货、金融期权、金融互换等。衍生金融工具诞生的原动力就是风险管理，通过买空、卖空等手段把市场风险聚集起来，在基础金融工具的价格上涨行情和下跌行情中都能赚取收益。但衍生金融工具的收益与风险放大的杠杆效用比认股权证更加强烈，在聚集风险的同时释放风险，需要较高的投资技巧。

（6）专门化投资方向。专门化投资方向是从股票投资方向中衍生过来的，基金主要集中投放于一些有特殊领域背景的证券。如投资于金矿采掘和加工公司的股票的黄金基金，投资于国家资源公司证券的资源基金，投资于目前未上市而前景良好的小型公司和新兴公司的创业基金，投资于高科技领域的科技基金等。

四、 投资基金的估价与回报

对投资基金进行财务评价旨在衡量投资基金的经营业绩，为投资者选择合适的基金作为投资对象提供参考。对投资基金财务评价所依据的信息来源主要是公开的基金财务报告信息。

(一)基金的价值

基金也是一种证券,与其他证券一样,基金的内涵价值也是指在基金投资上所能带来的现金净流量。但是基金内涵价值的具体确定依据与股票、债券等其他证券又有很大的区别。

(1)基金价值的内涵。股票和债券的价值取决于未来的现金流量,而基金的价值取决于目前能给投资者带来的现金流量,这种目前的现金流量用基金的净资产价值来表达。

(2)基金单位净值(net asset value,NAV)。基金的单位净值,也称单位净资产值或单位资产净值。基金的价值取决于基金净资产的现在价值,因此基金单位净值是评价基金业绩最基本和最直观的指标,也是开放型基金申购价格、赎回价格以及封闭型基金上市交易价格确定的重要依据。

基金单位净值是在一时点每一基金单位(或基金股份)所具有的市场价值,计算公式为

$$基金单位净值＝基金净资产价值总额/基金单位总份数 \qquad (7\text{-}19)$$

其中,基金净资产价值总额＝基金总资产价值－基金负债总额。

基金的负债除了以基金名义对外的融资借款以外,还包括应付投资者的分红、应付给基金经理公司的首次认购费、经理费用等各项基金费用。相对来说,基金的负债金额是固定的,基金净资产的价值主要取决于基金总资产的价值。基金总资产的价值是指资产总额的市场价值。

(3)基金的报价。从理论上说,基金的价值决定了基金的价格,基金的交易价格是以基金单位净值为基础的,基金单位净值高,基金的交易价格也高。封闭型基金在二级市场上竞价交易,其交易价格由供求关系和基金业绩决定,围绕着基金单位净值上下波动。开放型基金的柜台交易价格则完全以基金单位净值为基础,通常采用两种报价形式:认购价(卖出价)和赎回价(买入价)。开放型基金柜台交易价格的计算方式为

$$\begin{aligned} &基金的认购价＝基金单位净值＋首次认购费 \\ &基金的赎回价＝基金单位净值－基金赎回费 \end{aligned} \qquad (7\text{-}20)$$

基金认购价也就是基金经理公司的卖出价,卖出价中的首次认购费是支付给基金经理公司的发行佣金。基金赎回价是基金经理公司的买入价,赎回价低于基金单位净值是由于抵扣了基金赎回费,以此提高赎回成本,防止投资者的赎回,保持基金资产的稳定性。收取首次认购费的基金,一般不再收取赎回费。

(二)基金回报率

基金回报率用以反映基金增值的情况,通过基金净资产的价值变化来衡量。基金净资产的价值是以市价计量的,基金资产的市场价值增加,意味着基金的投资收益增加,基金投资者的权益也随之增加。基金回报率的计算公式为

$$基金回报率＝\frac{年末持份数×年末\,NAV－年初持份数×年初\,NAV}{年初持份数×年初\,NAV} \qquad (7\text{-}21)$$

其中，"持份数"是指基金单位的持有份数。如果年末和年初基金单位的持有份数相同，基金回报率就简化为基金单位净值在本年内的变化幅度。

年初的 NAV 相当于是购买基金的本金投资，基金回报率也就相当于一种简便的投资报酬率。

(三)有价证券周转率

对投资有价证券的基金而言，可以用有价证券周转率来衡量基金的投资组合政策。有价证券周转率的计算公式与一般公司资产周转率的计算公式相同，都是年收入(或销售收入)与资产平均余额的比值，即

$$有价证券周转率=\frac{证券年售出净额}{证券资产年平均余额} \tag{7-22}$$

有价证券周转率的高低在一定程度上反映了基金的投资组合政策；周转率越高，表明基金投资越偏重于能获取资本利得的投资组合；周转率越低，表明基金投资越偏重于能获取稳定红利收入的投资组合。当然，从过高的周转率上可以看出基金投资组合的不稳定，对证券频繁地购买和抛售会带来较高的投资管理成本。过低的周转率只能表明基金没有进取性，也无法判断基金经理人对基金投资的操作能力。

五、 投资基金的优缺点

(一)投资基金的优点

投资基金的最大优点是能够在不承担太大风险的情况下获得较高收益。这是因为：

(1)投资基金具有专家理财优势。投资基金的管理人都是投资方面的专家，他们在投资前均进行多种研究，能够降低风险，提高收益。

(2)投资基金具有资金规模优势。我国的投资基金一般拥有资金 20 亿元以上，西方大型投资基金一般拥有资金百亿美元以上，这种资金优势可以进行充分的投资组合，能够降低风险，提高收益。

(二)投资基金的缺点

(1)无法获得很高的投资收益。投资基金在投资组合过程中，在降低风险的同时，也丧失了获得巨大收益的机会。

(2)在大盘整体大幅度下跌的情况下，进行基金投资也可能会损失较多，投资人承担较大的风险。

第五节　证券投资组合

一、 证券投资组合的含义

证券投资组合又称证券组合，是指在进行证券投资时，不是将所有的资金都投向单

一的某种证券，而是有选择地投向一组证券。这种同时投资于多种证券的做法被称为证券的投资组合。

投资风险存在于各个国家的各种证券中，它们随经济环境的变化而不断变化，时大时小，此起彼伏。简单地把资金全部投向一种证券，便要承受巨大的风险，一旦失误，就会全盘皆无。因此，证券市场上经常可听到这样一句名言：不要把全部鸡蛋放在同一个篮子里。证券投资组合是证券投资的重要武器，它可以帮助投资者全面捕捉获利机会，降低投资风险。

二、 证券投资组合的风险与收益

证券投资组合理论认为，若干种证券组成的投资组合，其收益是这些证券收益的加权平均数，证券投资组合能降低风险，但是其风险不是这些证券风险的加权平均数。

(一)证券投资组合的预期报酬率和标准差

1. 预期报酬率

两种或两种以上证券的组合，其预期报酬率可以直接表示为

$$k_p = \sum_{j=1}^{m} k_j A_j \tag{7-23}$$

其中，K_j 为第 j 种证券的预期报酬率；A_j 为第 j 种证券在全部投资额中的比重；m 为组合中的证券种类总数。

2. 标准差与相关性

证券组合的标准差，并不是单个证券标准差的简单加权平均。证券组合的风险不仅取决于组合内的各证券的风险，还取决于各个证券之间的关系。

实际上，各种股票之间不可能完全正相关，也不可能完全负相关，所以不同股票的投资组合可以降低风险，但又不能完全消除风险。一般而言，持有股票的种类越多，风险越小。

(二)投资组合的风险计量

投资组合报酬率概率分布的标准差是

$$\sigma_p = \sqrt{\sum_{j=1}^{m} \sum_{k=1}^{m} A_j A_k \sigma_{jk}} \tag{7-24}$$

其中，m 为组合内证券种类总数；A_j 为第 j 种证券在投资总额中的比例；A_k 为第 k 种证券在投资总额中的比例；σ_{jk} 为第 j 种证券与第 k 种证券报酬率的协方差。

式(7-24)中的协方差 σ_{jk} 为

$$\sigma_{jk} = r_{jk} \sigma_j \sigma_k \tag{7-25}$$

其中，r_{jk} 为证券 j 和证券 k 报酬率之间的预期相关系数；σ_j 为第 j 种证券的标准差；σ_k 为第 k 种证券的标准差。

相关系数总是在 $-1 \sim +1$ 取值。当相关系数为 $+1$ 时，表示一种证券报酬率的增长总是与另一种证券报酬率的增长成比例，反之亦然；当相关系数为 -1 时，表示一种证

券报酬的增长与另一种证券报酬的减少成比例，反之亦然；当相关系数为0时，表示缺乏相关性，每种证券的报酬率相对于另外的证券之间的相关系数多为小于1的正值。

$$相关系数(r) = \frac{\sum_{i=1}^{n}\left[(x_i - \bar{x}) \times (y_i - \bar{y})\right]}{\sqrt{\sum_{i=1}^{n}(x_i - \bar{x})^2} \times \sqrt{\sum_{i=1}^{n}(y_i - \bar{y})^2}} \tag{7-26}$$

(三)非系统性风险和系统性风险

证券投资组合的风险可以分为两种性质完全不同的风险，即非系统性风险和系统性风险。

(1)非系统性风险。非系统性风险又称可分散风险或公司特别风险，是指某些因素对单个证券造成经济损失的可能性。如公司在市场竞争中的失败，一家公司的工人罢工、新产品开发失败、失去重要的销售合同、诉讼失败等。这类事件是非预期的、随机发生的，它只影响一个或少数公司，不会对整个市场产生太大影响。这种风险，可通过多样化投资、证券持有的多样化来抵消。即多买几家公司的股票，其中某些公司的股票收益上升，另一些股票的收益下降，从而将风险抵消。因而，这种风险被称为可分散风险。

在证券组合中，可分散风险的分散程度决定于相关系数 r，以两种股票为例：当两种股票完全正相关($r=1.0$)时，其收益将一起上升或下降，不能抵消任何风险；当两种股票完全负相关($r=-1.0$)时，所有的风险都可以分散掉。实际上，大部分股票都是正相关，但又不完全正相关，一般来说，随机取两种股票，相关系数为$+0.6$左右的最多，而对绝大多数两种股票而言，r 将位于$+0.5\sim0.7$。在这种情况下，把两种股票组合成证券组合能降低风险，但不能全部消除风险，不过如果股票种类较多，则能分散掉大部分风险，而当股票种类足够多时，几乎能把所有的非系统性风险分散掉。

(2)系统性风险。系统性风险又称不可分散风险或市场风险，是指由于某些因素给市场上所有的证券都带来经济损失的可能性。例如，宏观经济状况的变化、国家税法的变化、国家财政政策和货币政策变化、世界能源状况的变化都会使股票收益发生变动。这些风险影响到所有的证券，因此不能通过证券组合分散掉。对投资者来说，这种风险是无法消除的，故称不可分散风险。但这种风险对不同的公司也有不同影响。

系统性风险通常用 β 系数来计量。β 系数有多种计算方法，实际计算过程十分复杂，但幸运的是 β 系数一般不需投资者自己计算，而由一些投资服务机构定期计算并公布。

作为整体的证券市场的 β 系数为1。如果某种股票的风险情况与整个证券市场的风险情况一致，则这种股票 β 系数等于1；如果某种股票的 β 系数大于1，说明其风险大于整个市场的风险；如果某种股票的 β 系数小于1，说明其风险小于整个市场的风险。

投资组合的 β 系数是单个证券 β 系数的加权平均数，权数为各种证券在投资组合中所占的比重。其计算公式如下：

$$\beta_p = \sum_{i=1}^{n} x_i \beta_i \tag{7-27}$$

其中，β_p 为证券组合的 β 系数；x_i 为证券组合中第 i 种股票所占的比重；β_i 为第 i 种股票的系数；n 为证券组合中股票的数量。

通过以上分析，可得出如下结论：

（1）一只股票的风险由两部分组成，它们是可分散风险和不可分散风险，可以用图 7-1 加以说明。

（2）可分散风险可通过证券组合来消减。如图 7-1 所示，可分散风险随证券组合中股票数量的增加而逐渐减少。

（3）不可分散风险由市场变动所产生，它对所有证券都有影响，不能通过证券组合来消除。其可通过 β 系数来测量，一些标准的 β 值如下：

$\beta=0.5$，说明该证券的风险只有整个市场证券风险的一半。

$\beta=1.0$，说明该证券的风险等于整个市场证券的风险。

$\beta=2.0$，说明该证券的风险是整个市场证券风险的两倍。

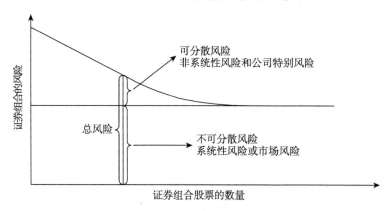

图 7-1　投资组合的风险

（四）证券投资组合的风险收益

投资者进行证券组合投资与进行单项投资一样，都要求对承担的风险进行补偿，股票的风险越大，要求的收益就越高。但是与单项投资不同，证券组合投资要求补偿的风险只是不可分散风险，而不要求对可分散风险进行补偿。如果有可分散风险的补偿存在，善于科学地进行投资组合的投资者将购买这部分股票，并抬高其价格，其最后的收益率只反映不能分散的风险。因此，证券组合的风险收益是投资者因承担不可分散风险而要求的，超过时间价值的那部分额外收益。可用下列公式计算：

$$R_P = \beta_p (K_m - R_f) \tag{7-28}$$

其中，R_p 为证券组合的风险收益率；β_p 为证券组合的 β 系数；K_m 为所有股票的平均收益率，即由市场上所有股票组成的证券组合的收益率，简称市场收益率；R_f 为无风险收益率，一般用政府公债的利息率来衡量。

(五)风险和收益率的关系

在西方金融学和财务管理学中,有许多模型论述风险和收益率的关系,其中一个最重要的模型为资本资产定价模型(capital asset pricing model,CAPM)。这一模型为

$$K_i = R_f + \beta_i \cdot (K_m - R_f) \tag{7-29}$$

其中,K_i 为第 i 种股票或第 i 种证券组合的必要收益率;R_f 为无风险收益率;β_i 为第 i 种股票或第 i 种证券组合的 β 系数;K_m 为所有股票或所有证券的平均收益率。

【例7-9】 顺达公司股票的 β 系数为 2.0,无风险利率为 6%,市场上所有股票的平均收益率为 10%,顺达公司股票的收益率为

$$K_i = R_f + \beta_i(K_m - R_f) = 6\% + 2.0 \times (10\% - 6\%) = 14\%$$

说明顺达公司股票的收益率达到或超过 14% 时,投资者方肯进行投资。如果低于 14%,则投资者不会购买顺达公司的股票。

三、 证券投资组合的策略与方法

(一)证券投资组合策略

(1)保守型策略。这种策略认为,最佳证券投资组合策略是要尽量模拟市场现状,将尽可能多的证券包括进来,以便分散掉全部非系统风险,得到与市场所有证券的平均收益同样的收益。这种投资组合有以下好处:①能分散掉全部可分散风险;②不需要高深的证券投资的专业知识;③证券投资的管理费用比较低。但这种组合获得的收益不会高于证券市场上所有证券的平均收益。因此,此策略属于收益不高、风险不大的策略,故称之为保守型策略。

(2)冒险型策略。这种策略认为,只要投资组合做得好,就能击败市场或超越市场,取得远远高于平均水平的收益。在这种组合中,成长型的股票比较多,低风险、低收益的证券不多。另外,其组合的随意性强,变动频繁。采用这种策略的人认为,收益就在眼前,何必死守苦等。对于追随市场的保守派,他们是不屑一顾的。这种策略收益高、风险大,故称之为冒险型策略。

(3)适中型策略。这种策略认为,证券的价格,特别是股票的价格,是由特定公司的经营业绩决定的。市场上股票价格的一时沉浮并不重要,只要公司经营业绩好,股票一定会升到其本来的价值水平。采用这种策略的人,一般都善于对证券进行分析,如行业分析、公司业绩分析、财务分析等,通过分析,选择高质量的股票和债券,组成投资组合。适中型策略如果做得好,可获得较高的收益,又不会承担太大风险。进行这种组合的人必须具备丰富的投资经验,拥有进行证券投资的各种专业知识。这种投资策略风险不太大,收益却比较高,所以是一种最常见的投资组合策略。各种金融机构和投资基金在进行证券投资时一般都采用此种策略。

(二)证券投资组合的方法

进行证券投资组合的方法有很多,最常见的有以下三种。

(1)选择足够数量的证券进行组合。这是一种最简单的证券投资组合方法。采用这种方法，不是有目的的组合，而是随机选择证券，随着证券数量的增加，非系统风险会逐步减少，当数量足够多时，大部分非系统风险都能分散掉。根据投资专家们估计，在美国纽约证券市场上，随机地购买40种股票，绝大多数非系统风险都能分散掉。为了有效地分散风险，每个投资者拥有股票的数量最好不少于14种。我国股票种类还不太多，同时投资于10～15种股票，就能达到分散风险的目的了。

(2)把风险大、风险中等、风险小的证券进行组合。这种组合方法又称1/3法，是指把全部资金的1/3投资于风险大的证券；1/3投资于风险中等的证券；1/3投资于风险小的证券。一般而言，风险大的证券对经济形势的变化比较敏感，当经济处于繁荣时期，风险大的证券获得高额收益，当经济衰退时，风险大的证券会遭受巨额损失；相反，风险小的证券对经济形势的变化不十分敏感，一般都能获得稳定收益，不致遭受损失。因此，这种1/3的投资组合法，是一种进可攻、退可守的组合法，虽不会获得太高的收益，但也不会承担太大风险，是一种常见的组合方法。

(3)把投资收益呈负相关的证券进行组合。一种股票的收益上升而另一种股票的收益下降的两种股票，称为负相关股票。把收益呈负相关的股票组合在一起，能有效地分散风险。例如，某公司同时持有一家汽车制造公司的股票和一家石油公司的股票，当石油价格大幅度上升时，这两种股票便呈负相关。因为石油价格上涨，石油公司的收益会增加，但油价的上升，会影响汽车的销量，使汽车公司的收益降低。只要选择得当，这样的组合对降低风险有十分重要的意义。

➤本章小结

证券投资决策是公司对外投资的重要组成部分，科学地进行证券投资，能增加公司收益、降低风险，有利于实现公司财务管理目标。

股票投资的目的是：透过股票的价格波动来获取买卖价差以及通过购买某一公司的大量股票来达到控制该公司的目的。股票按不同划分标准可以分为国家股、法人股、个人股与外资股和A股、B股与H股等。

债券是由政府、金融机构或公司等发行的、定时定额支付利息、定时偿还本金的债权凭证。公司进行短期债券投资的目的是为了配合公司对资金的需求，保持最佳现金持有量；长期债券投资是为了获得稳定的收益。

投资基金是一种集合投资制度，其实质是一种间接的证券投资。对投资基金财务评价所依据的信息来源主要是公开的基金财务报告信息。投资基金证券的收益是不固定的，一般小于股票投资，而大于债券投资。

➤复习思考题

简答题：

1. 股票价值模型有哪些？它们的适用条件分别是什么？

2. 影响债券价值的因素有哪些？

3. 如何衡量基金投资的价值与收益率？

4. 如何衡量证券投资组合的风险和收益？

5. 证券投资组合的风险有哪些？各有什么特点？

6. 证券投资组合的策略与方法有哪些？

计算题：

1. LD公司 20×1 年 7 月 1 日发行面值为 1 000 元、票面利率为 8％、期限为 5 年的债券，债券每年 7 月 1 日付息，5 年后还本。

要求：

(1)如果发行时市场利率为 5％，债券发行价格为 1 100 元，问应否投资购买该债券？

(2)若该债券发行价格为 1 080 元，则债券的到期收益率是多少？

2. 某公司拟购买股票市场中的 A、B、C、D 四种股票组成一投资组合。A、B、C、D 四种股票的 β 系数分别为 2、1.2、1 和 0.5，国库券的收益率为 6％，市场平均风险股票的必要报酬率为 10％。

要求：

(1)计算 A、B、C、D 四种股票的预期投资报酬率。

(2)假设 A 股票为一固定成长股，成长率为 3％，预计一年后的股利为 4 元，当时该股票的市价 35 元，问该公司是否购买 A 股票？

(3)若该公司以 4∶3∶3 的比例分别购买了 A、B、C 三种股票，计算该投资组合的 β 系数和预期报酬率。

(4)若该公司以 4∶3∶3 的比例分别购买了 A、B、D 三种股票，计算该投资组合的 β 系数和预期报酬率。

(5)若该公司想提高投资报酬，应选择(3)、(4)中的哪一个投资组合？若该公司想降低投资风险，又该如何选择？

3. 预计 ABC 公司明年的税后利润为 1 000 万元，发行在外普通股 500 万股。

要求：

(1)假设其市盈率应为 12 倍，计算其股票的价值；

(2)预计其盈余的 60％将用于发放现金股利，股票获利率应为 4％，计算其股票的价值；

(3)假设成长率为 6％，必要报酬率为 10％，预计盈余的 60％用于发放股利，用固定成长股利模式计算其股票价值。

4. 假设某公司经营一新兴产业，销售每年以 45％的速度增长。预期这一销售增长势头将使公司在未来前 3 年的每年现金股利增长 20％，以后转为正常增长，增长率为每年 5％。公司最近支付的股利为每股 0.75 元，股票的必要报酬率为 10％。计算股票的价值。

案例分析

穷汉搏股市

随着社会经济的发展，个人财富渐增，投资理财观念逐步普及，可以预料，将会有越来越多的人涌入股市。但每一个投资股市的人都应知晓这样一个事实：成功的投资并不是一件轻而易举的事。不是吗？你在股市会听到有人暴富、有人破产的喜悲，也会听到有人在股市暴涨中赚得百万家财，又在暴跌中化为乌有的憾事。但这并不意味着股市盈利是不可能的。美国有一个未受过教育的移民——尼古拉斯·J.哈瓦利斯，一辈子都在饭馆里干着粗贱的杂活，工资微薄，他以自己省吃俭用节约下来的余钱投资股市，13年后竟然赢得了16万美金。哈瓦利斯逝世时，美国报纸发表了消息，他的股市传奇曾在老百姓中广为流传。

哈瓦利斯因贫苦在15岁时来到美国。他没有受过教育，身无分文，更无谋生的一技之长。为了生存下去，他在希腊人开的酒吧、餐馆里干各种各样的粗活以求糊口，低廉的报酬只能维持他个人的最低生活，因此他一生未婚。为躲避孤独，闲暇时光他只有泡在公共图书馆里看报、读书。

哈瓦利斯从未对生活失去信心，艰难困苦中他豁达乐观地在人生的旅途上跋涉着，并时时留意摆脱困境的机会。在书籍中他读到了马克·吐温讲述的穷小子成功的故事，在报纸上他看到了穷光蛋在股市上致富的事迹，于是他相信，每个普通人都有平等竞争的机会。通过分析自身的条件和所处的环境，他决心投资股市，通过投资理财使自己致富。他相信，具有最大收益的投资在于购买那些经营有方的公司发行的普通股票。为此，从1937年起他开始有计划地吸纳业绩优异而且股息率较高的普通股票。由于资本微薄，他只能在不同的时期分批购买一小部分股票，然后经常不断地增加投资。

哈瓦利斯懂得无知是投资成功的最大障碍，因此他认真地研究所能得到的有关证券资料，细致地了解所持股票公司的经营情况。他订了《华尔街日报》，每天手不释卷地一页页阅读。直到他临死时，房间里除很少几件家具外，两年多的《华尔街日报》完整地堆放在那里。久而久之，哈瓦利斯得出自己的投资理念，那就是"长期投资，适时投机"。

起初哈瓦利斯的股息并不多，但他总是把股息留下用于再投资，购买同类股票。通过年复一年的分红、派息，增资分股，他的股票数目逐步增多。1943年，当他感到市场上涨时，便抛售长期积累的股票，获利后，为长期收益又开始新的再购进计划。

1943~1944年，他的年工资收入为1525美元，而他的普通股股息年收入上升为2285美元，并且还从卖出股票中获取差价2600美元。

1945年，股息年收入上升到2785美元。这一年他的长期资本利得达到2600美元。

1946年，股息年收入下降为1506美元，但这一年他适时地抛售即获得相当可观的差价。

1948~1950年，每年股息年收入达到1万美元。而在这些年里，他作为店员的年工资从未超过1600美元。

1950年他逝世时还留下许多股票，这些股票的市价为16万美元。

分析提示：

(1)哈瓦利斯的成功告知了我们什么？

(2)一个证券投资者应该如何对待股票投资的风险与收益？

(资料来源：《财务管理案例》编写组.财务管理案例.北京：机械工业出版社，2007。作者引用时有改动)

第八章

投资与融资的综合决策

前面章节中对投资决策与融资决策的研究是分离的，但事实上投资与融资是密不可分的，二者有着紧密的联系，相互影响相互制约，因此把二者结合起来讨论就十分必要。本章将重点研究投资总量与融资总量的相互关系、投资结构与融资结构的相互关系、投资与融资的关系、投资中流动资产投资与融资中流动负债融资的关系等。

【重要概念】 投资总量 边际收益递减规律 边际成本递增规律

■ 第一节 投资与融资总量的综合决策

公司的投资与融资关系十分紧密，投资主要考虑风险与收益的关系，融资主要考虑风险与成本的关系，二者事实上是一个问题的两个方面，只是所站的角度不同。但是对于同一个公司而言，收益与成本之间却是一对矛盾，如何在二者之间找到一个最佳的或相对最佳的结合点，是公司投资与融资决策过程中一个十分重要的问题。

一、 投资总量的决策

投资总量，即公司的投资规模，它是指公司在一定时期内的投资总额，以公司的总资产的形式表示。处于市场环境下的公司，其活动在一定时期内受到公司内外环境的影响和制约，公司的投资也不例外。因此，随着公司内外部环境的变化，公司的投资总量也会随之发生变化，最优投资规模将成为公司管理层需要考虑的问题。

公司的最优投资规模理论，是建立在公司追求利润最大化目标的假设前提之下的。公司投资总额的确定是以两个经济学的理论为基础的，即边际收益递减规律和边际成本递增规律，以下简要介绍这两个相关理论。

1. 边际收益递减规律

在固定投入量不变时，随着一个公司所用的可变投入的增加，其边际产量最终会减少。这是由于在固定投入量不变时，可变投入的增加会使可变投入过剩，从而使公司的效率降低，导致增加的 1 单位可变投入的边际产量小于前 1 单位的边际产量。这就说明：随着公司投资额的增大，单位投资额的边际收益最终呈递减趋势。因此，从边际收益递减规律的角度看，公司投资的规模不可能无限地扩大，否则将得不偿失。

2. 边际成本递增规律

在公司规模不变的条件下，随着公司产量的增加，公司的边际成本最终会增加。这个规律从根本上来说是由边际收益递减规律决定的。公司要扩大产量，必须要有资金，而融资（即获取资金）是要付出代价的——资金成本。当公司靠负债筹资时，随着负债额的增大，公司风险升高，负债的边际成本率也提高；如果公司靠发行股票的权益方式筹资，随着股票股数增多，当公司税后净利总额不变时会导致股票价格下跌，也会使公司的边际成本上升。而公司要想获利就得想尽办法降低成本，从这个意义上说，公司的规模并不是越大越好。在公司财务管理中所使用的边际概念通常用边际率来表示，它是一个相对数。另外，上述研究是以公司规模不变为假设前提的，是指在特定的或者短期内的情况，在长期的持续发展过程中，不存在不变与可变之分，公司的规模是可变的。

从公司的成本与收益两个角度看，在一定时期内，公司的规模都是有一定限度的。从理论上讲，当投资项目的边际收益率与其所获资金的边际成本率相等时的投资规模可以使公司获得最大收益，从而使股东财富最大化或公司价值最大化，这个投资规模就是最优投资规模。从经济学的角度看，当边际收益等于边际成本时，公司的获利达到最大。若公司的收益用投资的内部收益率表示，融资的成本用资金成本率来表示，由上述分析可得到图 8-1。

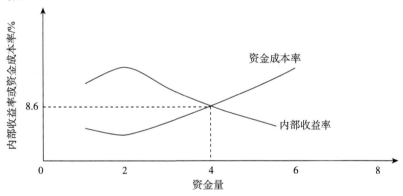

图 8-1　公司融资成本与内部收益的关系

由图 8-1 可知，当资金量为 4 单位时，公司的资金成本率和内部收益率相等，均为 8.6%，此时公司价值最大，投资达到最优规模。

公司最优投资规模在理论上是可行的，但是公司实务运行中的投资规模要受到许多因素的影响，为求得最优投资规模，需要对公司的内、外部影响因素进行分析。

(一)限制公司最优投资规模的内部因素

(1)举债能力。若公司大量借债会使债务负担沉重，进而造成负债成本上升和股票价格下跌。因此，公司就会拒绝通过大规模地举债来满足所有有利可图的投资项目的资金需要，即会确定最大投资限额。

(2)管理能力。公司有可能因其管理能力有限而不敢贸然扩大规模，故而退而求其次。即使在获利颇丰的情况下，公司也会多留收益而不敢贸然投资。

（3）筹资能力。公司从其自身的安全和维护现有股东的利益出发，不愿从外部大量筹集资金，有时甚至舍不得动用留存收益；有时公司现有的股东为防止其控制权的削弱，反对发行新的股票。

（4）管理层意图。管理层为了追逐自身收益最大化以及安全性，有时会反对大规模的负债融资，也会反对大规模的对外发行股票融通资金；在对投资项目的选择上会出现追求短期利益，而放弃对公司长远发展大有利益的项目。

（二）限制公司最优投资规模的外部因素

（1）市场规模的限制。市场规模的大小直接制约着公司的投资规模。某类商品的最大市场容量，就是生产该类商品的行业最大投资规模，一般来说，任何一个公司都不能独占市场，因此其投资规模也必然小于行业最大投资规模，而且竞争越强，投资规模相对就越小。当然，市场规模对投资的限制，最终是通过投资收益率递减来实现的。虽然一个公司可以通过转变经营方向、从事多元化经营来扩大投资规模，但是由于转向成本（或退出成本）的存在，最终可能导致公司投资收益率递减，迫使公司不得不限制投资规模。

（2）国家产业政策、法规等的限制。为了促进国民经济的发展，需要引导公司的投资发展方向，各国都会制定特定时期的产业政策及相关法规，但是这些政策法规在某种程度上也会限制某些行业、公司的发展，甚至让其萎缩。如果某个公司刚好处于这样的行业，而转向成本又很大时，公司的投资规模就会有所限制甚至收缩。

（3）行业自身特点的限制。按照发展阶段和状态可以将行业划分为朝阳产业和夕阳产业。对于一个处于夕阳产业的公司来说，行业前景不容乐观，公司的生产受到很大限制，公司不得不缩小生产规模，另谋他路，投资将会十分谨慎。

（4）公司融资能力的限制。公司有时会遭遇经营状况不佳、财务状况不良的困难，受其财务困境的限制而无法筹足所需的资金，也可能因为资金市场供求关系的影响，而无法获得有利可图的资金来源。由于公司融资能力不足，自然会限制投资规模，其中融资能力的限制最终是通过影响资金成本来实现的，即不断上升的资金成本不断趋近于或大于投资报酬率，致使投资活动变得无利可图甚至亏损，迫使公司不得不缩小投资规模或放弃投资活动。

因此，公司的投资规模并非越大越好，它受到公司的投资收益率和获取资金的资金成本的双重影响，在实践中还会受到公司内、外部因素的影响和制约，才能确定公司的实际或可行的投资规模。

二、 融资总量的决策

当公司的资金成本和内部收益率相等时，投资量和融资量是相等的，可实现最优规模，即理论上的最优投资规模，也就是理论上的最优融资规模。在公司财务实践活动中，理论上的最优融资规模与实际的融资规模可能有出入，这是由公司的内、外环境因素影响所致。另外，从决策的程序上看，首先分析某投资项目的获利情况，通过决策确立其财务可行性，进而按照项目所需资金额筹集资金，即投资规模决定融资规模，但是从实际的操作程序上看，是先筹集资金然后再投资，在投资项目未出现效益之前，公司在资金市场上融资的能力就会受到当前盈利水平和风险水平的影响。如果公司现有的融资能力有限，公司也就很难达到最优的投资规模，也很难实现最优融资规模。也就是说，公司的投资规模、获利能力、风险水平是制约公司融资规模的重要因素。

为了实现公司价值最大化，努力实现公司的最优投资规模，进而实现最优融资规模，需要提高公司现行投资的获利能力、降低公司风险，从而提高公司的融资能力。

第二节　投资结构与融资结构的综合决策

一、　投资结构与盈利能力和风险水平的关系

投资结构是指公司的资产结构。公司将资金投放于不同的资产会产生不同的盈利能力和风险水平。一般而言，资产的流动性与风险成反比，风险与收益成正比，即资产的流动性越大，风险水平越低，相应的盈利能力越低；相反，资产的流动性越小，风险水平也就越高，相应的盈利能力也越高。当然，这一推论是建立在长期资产均能得到充分运用的基础之上的。

公司对待投资结构的态度有保守、适中和冒险之分。保守的态度，要求公司资产保持足够的流动性，以规避任何可能出现的风险；适中的态度，要求公司保持一定的流动资产，并要时时关注非流动资产的比重，尽可能的降低风险；冒险的态度，要求公司减少流动资产，将资产投放于可能产生最大收益的领域，以获取最大收益。除了这三种态度之外，在它们之间存在着众多形式的风险与收益的投资组合，这些投资组合的目的在于既能控制风险又能获得满意的收益。

二、　筹资结构与筹资成本和风险水平的关系

公司通过不同渠道筹集的资金会产生不同的资金成本和承受不同的风险压力。资金成本与风险水平之间存在着反比例关系。一般而言，资金成本越高，风险水平越低。从具体的筹资渠道来看，所有者权益的资金成本最高，但风险最低或基本没有财务风险；短期负债的资金成本最低，但相应的还款压力最大，风险最高；长期负债的资金成本和风险均居中。这是因为，短期负债的到期日近，可能产生不能按时偿付的风险，而且短期债务在利息方面也有较大的不确定性。

公司对筹资结构的态度也有保守、适中和冒险之分。保守者希望权益资金占资金来源的比重足够大，更有甚者希望负债为零，以最大限度规避财务风险；冒险者正好相反，希望负债资金占资金来源的比重尽可能的大，以获取低资金成本的利益。适中态度居于二者之间，保持二者的合适比例，在规避财务风险的同时，获取低资金成本的好处。介于它们之间，存在许多种筹资结构的组合，这些组合的目的均在于能使资金成本和风险控制在一个满意的范围之内。

三、 投资结构与筹资结构的综合决策

投资结构具有的盈利能力和风险水平与筹资结构具有的成本水平和风险水平相配合，构成了公司的综合盈利能力和风险水平，由于投资结构和筹资结构均有保守、适中和冒险之分，因此两两组合可以形成九种策略，下面重点研究六种策略。

(1)保守的投资结构与保守的筹资结构相结合的管理策略。该策略要求在投资结构上充分保持资产的流动性，并且尽可能减少长期资产的投入，特别保守者甚至将经营所需的固定资产都采用租赁的方式取得。在流动资产中，尽可能压缩存货等变现能力差的资产，增加现金或接近于现金的资产。实施该策略的结果是资产的盈利能力相应降低。在筹资结构方面，首先要求权益资本占资金来源的比重足够大；其次，在负债中要求长期负债占总负债的比重足够大。不仅权益资本和长期负债可以满足长期资产的需要，而且还可以满足部分流动资产的需要。特别保守者，甚至全部资产的资金来源都由权益资本提供，且全部资产流动性极强。这就使得筹资成本上升，盈利能力下降。这种策略的风险虽然低，但相应的盈利能力也极低。

(2)保守的投资结构与适中的筹资结构相结合的管理策略。该策略要求在投资结构上充分保持资产的流动性，尽可能减少长期资产的投入。在流动资产中，尽可能压缩存货等变现能力差的资产，增加现金或接近于现金的资产。实施该策略的结果使得资产的盈利能力相应降低。在筹资结构上，权益资本与负债资本的比重相对适中，但偏向于加大权益资本的比重。这样，不仅可以获得较高的收益，还能适当地降低公司的资金成本。

(3)保守的投资结构与冒险的筹资结构相结合的管理策略。该策略要求在投资结构上保持资产的流动性以控制风险，在筹资结构上要求尽可能用低的资金成本的资金来源来满足投资的需要。由于资产的流动性可以在很大程度上防止筹资风险的扩大，因此该种策略的风险也属中等。但是筹资成本的节约是有限的，对盈利的贡献一般不如投资盈利能力大，因此该种策略的盈利能力不如下一种管理策略高。

(4)冒险的投资结构与保守的筹资结构相结合的管理策略。该策略要求在投资结构上最大限度地增加资产的盈利能力，不惧风险，其风险主要依靠削减负债，特别是流动负债占总资金来源的比例来控制。在这种策略中即使投资出现失误，其风险也能受到有效的遏制，因为权益资本可以防止风险的扩大。因此，这种策略是盈利能力和风险均居中的管理策略。

(5)冒险的投资结构与适中的筹资结构相结合的管理策略。该策略要求在投资结构上与第四种策略是一致的，而在筹资结构上则要求权益资本与负债资本的比重适中，以降低风险。在这种策略中如果投资出现失误，其风险能够受到一定程度的遏制，因为权益资本对防止风险的扩大有一定的作用。因此，这种策略是盈利能力适中风险较高的管理策略。

(6)冒险的投资结构与冒险的筹资结构相结合的管理策略。该策略不但要求投资结构有最大的盈利能力，而且还要求筹资的资金成本最低，更为冒险的是相当部分长期资产的资金来源都靠流动负债来解决。该种策略承受的风险极大，一旦环境有变，冒险的

投资结构不能为公司带来相应的收益，风险就会迅速放大，从而导致公司失败或破产。因此，这种收益高、成本低的管理策略的盈利能力最高，但风险也最大。在现实中，很少有人采用。

事实上，公司在融资和投资行为中，总是希望寻求到一种风险低、收益高的策略，但在现实经济活动中很难同时满足这两个方面，通常是退而求其次，采用折中的办法进行组合。

■第三节　流动资产与流动负债的综合决策

一、　流动资产内部结构决策

(一)流动资产结构的收益和风险

无论从理论还是从实践来看，流动资产各项目的变现能力的大小是不同的，存在如下顺序：首先是现金，变现能力为百分之百；其次是短期有价证券（即交易性金融资产），在高效率的资本市场条件下其变现能力接近现金；再次是应收账款，在公司外部法制环境健全的条件下，其变现能力也是很高的；最后是存货，其变现能力受市场不确定性因素的影响，故最差。一般而言，资产的变现能力越弱，风险就越大。

与变现能力或风险相反，流动资产各项目可能带来收益率的大小，一般存在如下顺序：收益率最低的是现金，因为将现金存入银行只能获得利率极低的活期存款利息，如果保存库存现金，根本不能获取生息收益；其次是短期有价证券，其收益率高于现金，因为短期有价证券投资的风险大于库存现金和银行存款；再次是应收账款，其收益率高于前两者，因为应收账款中包含待实现的利润，利用应收账款还可以促销，使公司从增加销售中获取更多利润；收益率最大的是存货，充足的原材料和在制品存货，有利于公司减少停工待料的损失，有利于按最佳生产批量安排生产，产成品存货可以保证销售的需要，减少舍弃销售所造成的损失，因此存货有利于公司利润的形成和实现。在一般的情况下，公司的收益主要来源于销售利润，故而，相比较来说存货的收益率最高。

公司为了能在追求利润的同时尽可能规避风险，就应该根据自身的特点和外部环境，充分权衡各项目的收益和风险，制定最佳流动资产结构。最佳流动资产结构的确定是一个复杂的问题，在实践工作中多采用经验决策法，即管理者根据以往的不同流动资产结构对收益和风险的影响程度，凭借主观经验来确定最佳的流动资产结构的方法。对经验决策的具体方法本节不加以介绍，重点研究流动资产管理中的保守和冒险两种策略。

(二) 流动资产管理的两种策略分析

流动资产管理策略就是确定公司流动资产总量和流动资产内部各项目结构的策略，具体分为保守的管理策略、适中的管理策略和冒险的管理策略三类。由于适中的管理策略居于其他两种策略之间，其风险与收益也就居于保守和冒险策略之间，故本节只讨论保守和冒险两种策略。

1. 流动资产管理的保守策略

这种策略不但要求公司流动资产总量要足够充裕，占总资产的比重大；而且要求流动资产中的现金和有价证券也要保持足够的数量，占流动资产总额的比重大。该策略的基本目的是使公司资产的流动性保持在一个较高的水平，具备较强的变现及支付能力。即要求公司资产保持较强的流动能力，使之能够应付可能出现的各种意外情况。公司采用这种保守的流动资产管理策略，主要是为了保持较高的剩余流动能力，可为预期之外的销售增长提供存货和应收账款的资金保证，进而减少这部分销售的风险；同时由于剩余的流动能力还可及时提供偿还到期债务的资金，因此可以避免或降低无力偿付到期债务的风险。

保守的流动资产管理策略虽然具有降低公司风险的优点，但也有较低收益率的缺点，这不仅是因为现金和短期有价证券收益率低，也因为在预期销售水平上超储存货会使公司资金积压，不能高效地发挥作用而影响公司的盈利水平。故保守的流动资产管理策略是一种低风险、低报酬的管理策略，一般情况下它只适用于公司外部环境极不确定、风险极大的情况。

2. 流动资产管理的冒险策略

这种策略不但要求最大限度削减流动资产，使其占总资产的比例尽可能的低；而且还力图尽量缩减流动资产中的现金和有价证券，使其占流动资产的比重尽可能的小，冒险者甚至还要求尽可能地缩减存货数量，最好是零库存。该策略的基本目的是通过削减流动资产占用量来提高公司盈利能力。公司采用这种冒险的流动资产管理策略，虽然可以增加公司的收益，但也相应地提高了公司的风险。因为现金和短期有价证券的大幅度缩减，公司的机动性和流动能力必然会大大降低，势必增加由于应付意外情况能力减弱所带来的风险。另外，应收账款的减少会影响公司促销，存货减少则会增加停工待料或生产中断的风险，以及减少销售收入的风险等。所以，冒险的流动资产管理策略是一种高风险、高收益的策略。一般来说，它只适用于公司外部环境相当确定、风险极小或无风险的情况。

当然，风险与收益是可以相互转换的。高风险诚然可以带来高收益，但客观要求一个度，一旦超过了这个度，高风险带来的就不是高收益，而是高损失，甚至会导致公司破产。因此，采用过于偏激的流动资产管理策略并不可取。在公司外部环境并不明朗的情况下，采用介于保守与冒险之间的适中策略也许是明智之举。当然，选择流动资产管理的策略离不开公司流动资金的来源状况。

应当注意的是，公司流动资产的数量要求通常与公司的销售情况有着密切的联系。因此，在选择流动资产的管理策略时应当紧密联系公司的销售情况才能确定。

二、 流动资产管理策略的图解

以上简述了流动资产管理的不同策略，为了更清晰地反映不同策略的特征，可用图来直观地加以揭示。首先，假设公司的流动资产正常需要量为公司销售总额的20%，正常的保险储备量占销售总额的10%，公司的销售总额为1 500万元。则正常需要量1 500×20%＝300万元，保险储备量1 500×10%＝150万元，具体策略及图解如下：

1. 保守的流动资产管理策略

在图 8-2 中，公司流动资产的正常需要量与保险储备量之和小于公司的流动资产总量。在这种策略中，在正常需要量与保险储备量的基础上，还要加上一部分额外的储备量。这种策略可以降低风险，报酬一般较低，风险也就较低。

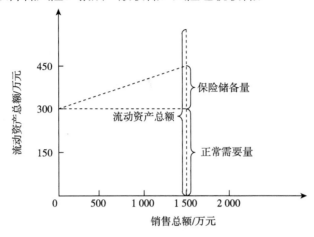

图 8-2 保守的流动资产管理策略

2. 适中的流动资产管理策略

图 8-3 中的虚线以下部分是公司的流动资产正常需要量，其上面部分刚好为公司的保险储备量。二者之和正好等于公司的流动资产总量。在这种策略下，报酬一般，风险也一般。在销售额一定的情况下，公司应尽量减少流动资产的数量。

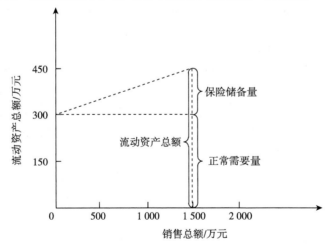

图 8-3 适中的流动资产管理策略

3. 冒险的流动资产管理策略

在图 8-4 中，公司流动资产正常需要量刚好等于公司的流动资产总量。在这种策略中，公司对于保险储备量安排几乎为 0，这就大大提高了风险，当然报酬一般也较高。

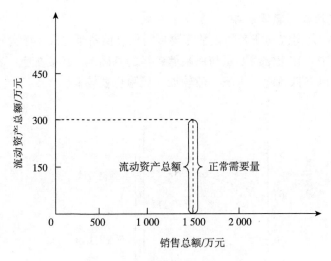

图 8-4　冒险的流动资产管理策略

三、 流动负债结构的决策

(一)流动负债结构的成本和风险

流动负债本身也是由各种不同项目所组成的,如短期银行借款,结算原因所引起的应付账款、应付票据,以及形成与解缴和支用时间不一致而引起的应付款项等。因此,公司在确定流动负债总额的同时,必须要考虑流动负债的结构问题。

流动负债,分为视同权益资金的流动负债和一般流动负债。视同权益资金的流动负债是指那些由于法定结算程序的原因而导致的形成与解缴和支用时间不一致所引起的诸如应付税金、应付费用等应付款项。对于这种负债,公司一般不能或不应做主观安排,而只能加以利用。一般流动负债占流动负债总额的比重较大,公司的短期银行借款、应付票据、应付账款,以及计算出来的应缴未缴、应付未付的各种款项均属于一般流动负债。对于这类流动负债,公司可以根据其内部条件和外部环境安排其借款期限、还款期限和支用期限等。因此,流动负债结构的决策,就是指对这类可以由公司自主安排的流动负债内部各项目比例的决策。

流动负债结构决策的主要内容是研究如何安排偿债期限的问题。公司应根据自身的生产经营的规律性,按不同的偿还期限来组织筹措各种短期资金来源,以保证能及时清偿各种到期债务。

由于不同的流动负债项目的资金成本和偿还期限不一样,因此它们对收益和风险的影响也各有差异。例如,用短期银行借款筹资,当公司因某些原因暂时不能如期偿还借款时,银行一般不会立即诉诸法律,大多会采用提高利息率的办法来制约公司。如果用短期借款筹资,当公司不能如期还款时,产生的结果一般是低风险、高成本。用应付款项筹资,当公司延期偿还时,遇到的危险一般不是支付高利息,而是债权人诉诸法律,即用应付款项筹资,可能产生的结果是高风险。若事情能顺利解决,则是低成本的。因此,采用流动负债筹资时,应该权衡不同项目的收益和风险,尽可能实现高收益、低风险，使其结构最佳。由于这种权衡需考虑的因素众多，因此用数学模型来寻求最优解难度很大，实际工作中大多采用经验决策方法来寻求可行的较优结构（或相对的最优结构）。

(二)流动负债管理的两种策略

流动负债管理策略是指用何种筹资方法来为所需流动资产筹集资金的策略。它与流动资产管理的策略一样，分为保守的管理策略、适中的管理策略和冒险的管理策略三类，由于适中的管理策略居于其他的两种策略之间，其风险与成本也就居于二者之间，故只研究保守和冒险两种策略就可以推知其风险与成本的情况。

1. 流动负债管理的保守策略

这种策略不但主张最大限度地缩小公司资金来源中的短期负债的数额，用发行公司长期债券或从银行获取长期借款的方法来筹集所需要的资金，而且更保守者还试图以权益资金代替长期负债，即流动资产需要的资金除少数视同权益资金的负债外均由权益资金来提供。

实施保守策略的主要目的是回避风险。当然，如果用权益资金来取代流动负债，可以使公司流动比率趋于无穷大，即财务风险趋于零；用长期负债替代流动负债，在长期负债未到期前，也可使流动比率增大，减少了不能偿还到期债务的风险。

保守的策略会使公司的资金成本增大，利润减少；如公司用权益资金代替负债，还会使公司丧失财务杠杆利益，使权益资金收益率降低。在权益资金既定的情况下，减少负债就会减慢公司的发展速度；若通过增加权益资金来追求公司发展，又会稀释现有股东权益。因而，这种保守的流动负债管理策略，一般来说并不是一种理想的策略，它只适用于权益资金过多闲置，又找不到较好的投资机会的公司。

2. 流动负债管理的冒险策略

这种策略主张尽力扩大流动负债为流动资产筹集所需资金，并尽可能寻求资金成本最低的资金来源，试图将流动负债作为流动资产的唯一资金来源。很明显，这种冒险策略的目的是追求最大利润。在满足公司各种假定的条件下，这种筹资策略的确能为公司获取最大利润。

但是，利用该种策略即使能让公司获取最大利润，也不一定能使股东财富最大化。因为，当流动比率过低时，公司风险就很大，风险过大，势必对股票市场投资人的投资积极性产生不利影响，一方面更多的现有股东出售股票，另一方面购买该股票的人减少，出现供大于求的情况，从而造成股票市场价格下跌，影响股东权益。反过来股票价格的下跌，又造成权益资金成本上升，抵消了部分甚至全部靠增大流动负债而获得的低资金成本的利益。

即使该种策略实施成功的情况下，对股东财富最大化也是不利的。因为一旦外部环境发生变化，如出现银根紧缩的情况，公司将陷于十分被动的境地，不但股东财富最大化的目的不能保证，甚至公司本身的生存也将成问题。因此，这种冒险(特别是过于冒险)性的流动负债管理策略不是一种理想策略，至少对于上市公司来说是如此。

因此，一个公司的流动负债管理策略既不能过于保守，也不能过于冒险，而应在两者之间寻找一种适合于本公司的折中方案，即适中的管理策略。上市公司还应特别注意方案选择对股票市场的影响，以促成股东财富最大化目标的实现。

四、 流动负债管理策略的图解

以上简述了流动负债管理的不同策略，为了更清晰地反映不同策略的特征，可用图来直观地加以揭示。

1. 保守的流动负债管理策略

在图 8-5 中的虚线以下部分，其长期资金来源不但能满足非流动资产的资金需要量，而且还能满足部分或全部波动性短期流动资产的资金需要量。在这种情况下，当波动性短期流动资产出现高峰时，公司只需要借入少量短期借款就可以满足需要。显然，该种策略是一种十分保守的流动负债管理策略。

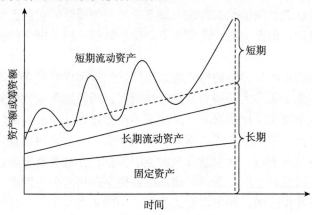

图 8-5　保守的流动负债管理策略

2. 冒险的流动负债管理策略

图 8-6 中虚线在长期流动资产以内，表明公司的部分长期流动资产的资金需要量依赖于短期资金来解决，公司所承担的风险必然会大增。如果虚线还在固定资产线以内的话，那就表明公司不但全部流动资产而且还包括部分固定资产的资金需要量都来源于短期资金，这种策略就更冒险了。

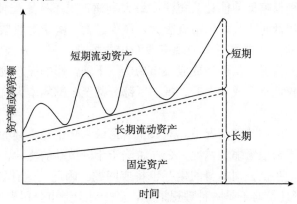

图 8-6　冒险的流动负债管理策略

3. 适中的流动负债管理策略

图 8-7 中虚线刚好与长期流动资产线相重合,长期资金正好满足非流动资产的资金需要量,而波动性短期流动资产的资金需要则全部依靠短期资金来解决。这种适中的策略的风险小于冒险的策略,但大于保守的策略。在这种情况下,公司若要尽可能回避风险,就应尽可能准确地计算其各种资产的变现性和负债的到期结构,使两者有机衔接起来,减少公司不能偿还到期债务的风险。由于折中法对资产的变现和债务到期的衔接要求高,故又称期限衔接法。

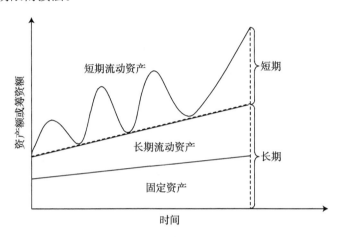

图 8-7 适中的流动负债管理策略

五、 流动资产与流动负债的综合决策

(一)流动资金管理策略主要的四种类型结合分析

前面研究了流动资产管理和流动负债管理的保守与冒险的两种策略,如果将其两两组合起来,可以得到流动资金管理的四种策略:保守的流动资产管理和保守的流动负债管理的策略,保守的流动资产管理和冒险的流动负债管理的策略,冒险的流动资产管理和保守的流动负债管理的策略,冒险的流动资产管理和冒险的流动负债管理的策略。这四种策略的风险、报酬特征分析如表 8-1 所示。

表 8-1 四种策略的风险、报酬特征

序号	流动资金管理策略类型	风险特征	报酬特征
1	保守的流动资产管理和保守流动负债管理相结合的策略	资金短缺风险小,偿还债务风险小	流动资产获利能力低,资金成本高
2	保守的流动资产管理和冒险流动负债管理相结合的策略	资金短缺风险小,偿还债务风险大	流动资产获利能力低,资金成本低
3	冒险的流动资产管理和保守流动负债管理相结合的策略	资金短缺风险大,偿还债务风险小	流动资产获利能力高,资金成本高

续表

序号	流动资金管理策略类型	风险特征	报酬特征
4	冒险的流动资产管理和冒险流动负债管理相结合的策略	资金短缺风险大，偿还债务风险大	流动资产获利能力高，资金成本低

显然，上述四种策略会对公司的流动比率、流动资金净额产生不同的影响。流动比率除了用流动资产与流动负债的比率来表示外，还可用如下两种比率来表示：

$$流动资产流动比率 = \frac{现金 + 有价证券}{流动资产总额} \qquad (8\text{-}1)$$

$$现款偿债流动比率 = \frac{现金 + 有价证券}{流动负债总额} \qquad (8\text{-}2)$$

流动资产流动比率衡量公司流动资产的流动能力，这一比率值越大，流动资产的流动能力就越强，就越有能力为应付各种意外情况提供资金保证。

现款偿债流动比率是衡量公司在不将其他资产变现或从外部取得借款的情况下偿付的能力。这一比率越大，公司自身偿债能力就越强，不能偿还到期债务的风险就越小。

显然，在上述四类流动资金管理策略中，第 1 类由于主张尽量增加现金和有价证券在流动资产中的比重，故而会有较大的流动资产流动比率；另外，由于强调最大限度地缩小流动负债在资金来源中的比重，故而会有较大的现款偿债流动比率。而且由于现金和有价证券的增长与流动负债的减少同步发生，故而会使得现款偿债流动比率更大于流动资产流动比率。在这种流动资产大幅度高于流动负债的情况下，公司流动资金净额也将会产生较高的正值。相反，第 4 类由于主张最大限度地缩小现金和有价证券在流动资产中所占比重，故而流动资产流动比率较低；以及由于尽力利用短期借款为流动资产筹集资金的方法，故而其现款偿债流动比率也较低，甚至会出现负值。第 2 类、第 3 类流动资金管理策略则介于最保守与最冒险之间。总的来说，第 2 类策略的流动资产流动比率大，但现款偿债流动比率相对较小；第 3 类策略的流动资产流动比率小，但现款偿债流动比率相对较大。这两类适中策略的流动资金净额情况如何，要视具体情况才能确定下来。

(二)流动资金管理策略风险程度的确定

以上分别探讨了流动资金管理策略所具有的风险问题，但是这种探讨偏重于定性方面，为了清晰地反映出公司采用不同流动资金管理策略的总体风险程度，还需要进行定量分析。下面以实例说明对流动资金管理策略总风险的定量分析方法。

【例 8-1】 某公司在预计的生产经营范围内，有 A、B、C、D 四个流动资金管理方案，其有关数据及其各方案风险程度评价如表 8-2 所示。

表 8-2　风险程度评价表

方案	现金与有价证券/万元	流动资产/万元	资产总额/万元	流动资产与资产总额之比	流动资产流动比率	1-流动资产流动比率	流动负债/万元	流动负债与资产总额之比	流动资金管理策略的风险程度/%
	①	②	③	④=②÷③	⑤=①÷②	⑥=1-⑤	⑦	⑧=⑦÷③	⑨=(⑥+⑧)÷2

续表

方案	现金与有价证券/万元	流动资产/万元	资产总额/万元	流动资产与资产总额之比	流动资产流动比率	1-流动资产流动比率	流动负债/万元	流动负债与资产总额之比	流动资金管理策略的风险程度/%
A	20	100	200	0.5	0.2	0.8	50	0.25	0.525
B	20	100	200	0.5	0.2	0.8	80	0.4	0.6
C	5	70	170	0.412	0.07	0.93	50	0.294	0.612
D	5	70	170	0.412	0.07	0.93	80	0.47	0.7

表 8-2 中第 5 栏,即流动资产流动比率,反映流动资产管理策略风险程度,其值越小,表明风险程度越高;第 6 栏是第 5 栏的转化形式,其目的是便于评价流动资金管理策略的总风险程度。用"1-流动资产流动比率"来替代"流动资产流动比率"评价风险程度,其值越大,表明公司偿还到期债务的风险就越大。表 8-2 中第 9 栏,即第 6 栏与第 8 栏的平均数,反映的是流动资金管理策略的总风险程度,其值越大,表明流动资金管理策略的风险程度越高;反之,则表明其风险程度越低。

利用这种方法,既可对公司各种流动资产管理策略和流动负债管理策略所具有的风险分别进行比较,又可对由它们所组合而成的流动资金管理政策的风险程度进行比较,使其十分直观和方便。另外,如果在表 8-2 中加入收益总额和投资收益率两栏,还可对流动资金管理策略所引起的风险程度与投资收益率进行综合比较,更好地确定方案的取舍。当然,还可加入其对股票市价的影响栏等进行更深入的系列分析,以股东财富最大化作为目标来选择流动资金管理策略。

就本例来看,A 方案风险最小,其次是 B 方案、C 方案,D 方案风险最大。D 方案的流动负债数(80 万元)大于其流动资产数(70 万元),流动资金净额已为负数,公司在这种情况下必然承受着极大的风险,因此 D 方案一般来说不可取。至于 A、B、C 三方案哪一个更可取,则取决于公司管理者对待风险和收益的态度,喜爱高风险和高收益的财务管理者可能会寻求 B、C 方案,甚至采纳 D 方案,而过于保守的财务管理者可能会采纳 A 方案。需要注意的是:一方面,随着资本市场的日趋完善,商业信用广泛使用,为公司提供了更多的短期资金来源渠道,使公司有可能尽量减少现金和有价证券的保有量,并又可以应付意外情况;另一方面,随着计算机的普及和多种预测模型的建立,公司财务人员能够更加准确地把握外部环境的变化对公司经营的影响,保证做出的计划更符合实际,使借款与还款能很好地衔接,从而增加了公司既可用流动负债筹集大量资金又不致承担过高还款的风险。两方面作用的结果促使公司流动资金管理策略出现日益冒险的趋势。

➤ 本章小结

公司的投资与融资总是密不可分的,其中投资总量与融资总量的相互关系、投资结构与融资结构的相互关系、投资中流动资产投资与融资中流动负债融资的关系是本章陈述的重点。投资主要考虑风险与收益的关系,融资主要考虑风险与成本的关系。对于投资总量的决策和融资总量决策所依据的原则是不同的。综合决策涉及投资结构与盈利能力和风险水平的关系，以及筹资结构与筹资成本和风险水平的关系。投资结构具有的盈利能力和风险水平与筹资结构具有的成本水平和风险水平相配合，构成了公司的综合盈利能力和风险水平，由于投资结构和筹资结构均有保守、适中和冒险之分，本章重点介绍其中的六种策略。同时，流动资产与流动负债的综合决策也能够为公司的日常运营提供有效的理论支持。

➤ 复习思考题

简答题：

1. 从公司内部看，限制最优规模的主要因素有哪些？
2. 从公司外部看，限制最优规模的主要因素有哪些？
3. 投资结构与盈利能力和风险水平的关系是什么？
4. 筹资结构与筹资成本和风险水平的关系是什么？
5. 公司筹资如何配合公司的投资？
6. 公司如何进行投资结构与筹资结构的综合决策？
7. 流动资产管理的两种策略是什么？
8. 流动负债管理的两种策略是什么？

计算题：

假定 S 公司流动资产总额为 800 万元，流动负债与长期负债合计为 500 万元，流动负债的资金成本为 2%，长期负债的资金成本 10%。

要求：

(1)当流动负债总额分别为 100 万元、200 万元、400 万元时，计算公司三种方案全部负债的资金成本。

(2)计算各方案的流动资金量和流动比率。

案例分析

CH 公司新建生产线的项目投资决策

CH 公司是一家生产大屏幕彩色显像管的大型股份有限公司。该公司生产的产品质量优良、价格合理，是市场上的畅销产品，近几年来一直供不应求。为了扩大生产能力，CH 公司准备新建一条生产线。

王华是该公司财务部门的助理会计师，财务经理李明要求他收集建设生产线的有关资料，并写出项目投资的财务评价报告，以供董事会决策时参考。王华经过详细地分析调查，得到以下有关资料：

这条生产线的初始投资额是 1 亿元，分两年投入。第一年年初投入 7 500 万元，第二年年初投入 2 500 万元，第二年年末建成投产。投产后每年可生产彩色显像管 240 万只，每只销售价格 700 元，每年可获销售收入 16 亿元。项目经营期间要垫支流动资金 2 000 万元，这笔资金在项目结束时可如数收回。项目经营期间每年的经营成本为 4.8 亿元。王华又对 CH 公司的各种资金来源进行了分析，得出该公司的加权平均资本成本为 10%。

根据以上资料，王华计算出该项目的净现金流量的净现值(表 8-3)，并把这些数据资料提供给董事会的投资决策会议。

表 8-3　项目的净现值分析表

年份	期初投资/万元	流动资金/万元	销售收入/万元	经营成本/万元	设备残值/万元	净现金流量/万元	现值系数	现值/万元	现值累计/万元
年初	−7 500					−7 500	1.000 0	−7 500	−7 500
第 1 年	−2 500	−2 000				−4 500	0.909 1	−4 091	−11 591
第 2 年			160 000	−48 000		112 000	0.826 4	92 557	80 966
第 3 年			160 000	−48 000		112 000	0.751 3	84 146	165 112
第 4 年			160 000	−48 000		112 000	0.683 0	76 496	241 608
第 5 年			160 000	−48 000		112 000	0.620 9	60 541	311 149
第 6 年			160 000	−48 000		112 000	0.564 5	63 224	374 373
第 7 年			160 000	−48 000		112 000	0.513 2	57 478	431 851
第 8 年			160 000	−48 000		112 000	0.466 5	52 248	484 099
第 9 年			160 000	−48 000		112 000	0.424 1	47 499	531 598
第 10 年			160 000	−48 000		112 000	0.385 5	43 176	574 774
第 11 年		2 000	160 000	−48 000	10	114 010	0.350 5	39 961	614 735

　　在董事会上，王华对他提供的有关数据资料做了必要的说明。他认为这条生产线有 61 473.4 万元的净现值，故此，该项目是可行的。

　　董事会对王华提供的资料进行了分析研究。认为王华在收集资料方面做了大量的工作，计算方法正确，但却忽略了物价变动问题。财务经理李明认为，在项目投资和使用期间，年通货膨胀率大约为10%左右。

　　基建部经理张立认为，由于受物价变动的影响，初始投资额将会增加 10%，项目终结后，设备残值净增加到 12.5 万元。

　　生产部门经理赵刚认为，由于物价变动，每年的产品总成本将会增加 14%。

　　销售部经理钱磊认为，产品销售价格预计可增加 10%。

　　总经理郑磊指出，除了考虑通货膨胀对现金流量的影响以外，还要考虑通货膨胀对购买力的影响。他要求财务部门根据以上各位的意见，重新计算投资项目的现金流量和净现值，提交下次会议讨论。

　　分析提示：

　　如果你是王华，你将如何重新计算该项目的现金流量和净现值？重新计算后的项目是否可行？

　　（资料来源：《财务管理案例》编写组．财务管理案例．北京：机械工业出版社，2008。作者引用时有改动）

第九章

利 润 分 配

利润分配是公司财务管理的核心问题之一，其中的股利分配不仅关系到股东的切身利益，而且影响到公司内部积累及未来的发展。所以公司的股利分配既是一个分配问题，又是一个再融资的问题。本章将着重阐述公司股利种类及支付程序，影响股利政策的因素以及公司的股利分配政策。

【重要概念】 股利分配政策　股利支付程序　股票股利　股票分割　股票回购

第一节　利润分配概述

公司实现的当期利润总额需要在国家、所有者、法人和职工等利益相关者之间进行分配。通常所说的利润分配包括两个层面，一个层面所说的利润分配包括公司税前利润的分配和税后利润的分配，另一个层面所说的利润分配认为税收具有强制性和无偿性，公司无法对其施加影响，因此利润分配仅指公司税后利润的分配。本章所述的利润分配是指后一个层面上的利润分配。

一、　利润分配的基本原则

(1)遵章守纪、依法分配原则。遵循国家的财经法规，按程序、按比例进行利润分配。该原则侧重于法律法规的规定。

(2)积累与分配并重原则。正确处理积累与分配关系，累积优先，增强公司发展后劲。该原则侧重于处理公司长远利益和近期利益的关系。

(3)利益兼顾、合理分配原则。兼顾投资者、经营者、生产者(职工)利益，保全投资者资本，保障劳动者权益，保证经营者积极性。该原则侧重于处理各方面利益关系。

(4)投资与收益对等原则。根据投资主体的投资份额进行利润的分配。该原则侧重于处理各个投资者之间的经济利益关系。

二、　利润分配面临的风险

1. 无法及时筹集投资所需资金的风险

当公司未能预计投资时间、所需资金数量时，可能出现过度发放股利的情况，造成公司投资的内部资金不足，使得公司需要放弃投资机会或加大外部筹资额度。一般来说，外部筹资风险高于内部筹资风险。公司因过度分配造成所需内部资金不足时，公司的筹资风险即会加大。

2. 降低公司偿债能力的风险

公司过度发放盈余或选择以现金形式发放股利，会减少公司的流动资金，加大不能到期偿还债务的风险，降低公司的偿债能力。

3. 股价下跌影响公司再筹资的风险

公司利润的过度留存，会挫伤投资者的积极性，引起股价的下跌，影响公司的未来外部筹资，加大筹资风险。再者由于公司利润分配政策选择不当，也会引起公司股价的波动，影响公司未来的筹资能力。

4. 股东、员工积极性降低的风险

过度保留留存收益，会引起股东及员工短期利益与长期利益的冲突。当公司保留盈余时，其假设前提是能够获得更多的未来收益，但由于公司规模的不断扩大、市场竞争的日趋激烈，投资报酬率的长期走势是逐渐下降的趋势。当公司的投资报酬率无法满足股东和员工的最低要求时会挫伤他们的积极性，同时由于未来收益的不确定性，股东和员工一定程度上更重视短期利益，不分配或少分配更容易引起他们的不满情绪，影响公司未来发展。

三、 利润分配的程序

公司利润分配必须按照一定的顺序进行，严格按照国家有关法律、法规的规定程序对利润进行分配。除国家另有规定外，公司利润的分配顺序如下：

(1)计算可供分配的利润。在利润分配之前，首先要将公司的本年税后净利润与年初未分配利润(亏损)相合并，即得出本年可供分配的利润数额。若该数额为负数，则不能进行后续分配。具体步骤分为两步：①支付各种税收的滞纳金和罚款。公司因违反法律法规而被没收的财务损失，因违反税法而被税务部门处以的滞纳金和罚款，只能从公司的税后净利中支付，而不能在税前列支。②弥补以前年度的亏损。公司以前年度内的亏损，若未能在5年内用税前利润弥补完，需要用税后净利弥补。以前年度亏损未弥补完之前，公司不能提取公积金，也不能向投资者分配利润。

(2)提取法定盈余公积金。本年的净利润抵减年初累计亏损后，按照该数额提取法定盈余公积金。法定公积金的提取比例为10%。主要用于弥补公司的亏损、扩大生产经营以及转增资本金。当公司积累的法定盈余公积金达到注册资本的50%以后，可以根据自身的需要不再继续提取。

(3)向优先股股东发放股利。

(4)提取任意盈余公积金。对任意盈余公积金的提取，公司有较大自主权。其主要是为公司的自身生产经营和生存发展服务的。在经过上述利润分配之后，公司可以根据自身情况、经营战略，按照公司权力机构如股东大会、董事会等的决议在剩余可分配利润中任意比例提取。该公积金的用途与法定盈余公积金的用途相同。

(5)向所有者分配利润。在经过上述利润分配的过程之后，如果还有可供分配的利润即可向公司的所有者分配。向所有者分配利润的原则是：有利则分，无利不分。但是在亏损的年度，如果公司年初有较多未分配利润，并且已经用合法的途径弥补了亏损，为了维持自身形象和分配政策，仍然可以进行利润分配。

对于发放优先股的股份公司，应在提取任意盈余公积金之前分配优先股股利。目前，我国绝大多数的公司不存在此程序。

公司如违反上述利润分配程序，在弥补亏损和提取法定公积金之前向投资者分配利润的，投资者必须将违反规定分配的利润退还给公司。

【例 9-1】 某股份有限公司 20×5 年有关资料如下：

20×5 年实现利润总额 6 000 万元，所得税税率 25%；公司前两年累计亏损 1 500 万元；法定盈余公积提取比例为 10%，通过股东大会决议提取 5% 的任意盈余公积金；支付 2 000 万股普通股股利，每股 0.8 元。

根据上述资料，该公司利润分配的程序如下：

(1)弥补亏损、计缴所得税后的净利润＝(6 000－1 500)×(1－25%)＝3 375(万元)。

(2)提取法定盈余公积金＝3 375×10%＝337.5(万元)。

(3)提取任意盈余公积金＝3 375×5%＝168.75(万元)。

(4)可用于支付股利的利润＝3 375－337.5－168.75＝2 868.75 (万元)。

(5)实际支付普通股股利＝2 000×0.8＝1 600(万元)。

(6)年末未分配利润＝2 868.75 －1 600＝1 268.75(万元)。

■第二节 股利分配理论

股利是指公司的股东从公司所取得的利润收入，以股东投资份额为分配标准。在实际工作中，股利、股息和红利常常被混用，实际上它们是有区别的。股息是指优先股股东依照事先约定的股息率定期提取的公司经营收益；红利则指普通股股东在公司分派股息之后从公司提取的不定期的收益。股息和红利都是股东投资的收益，统称为股利。

股利理论正是体现了股利与股票市价之间的关系。对于股利理论目前仍然有很多不同的观点，并形成了不同的股利理论。股利理论主要包括股利无关论、税收效应理论、信号传递理论及代理理论。

一、 股利无关论

传统股利政策理论认为，投资者更喜欢现金股利，而不大喜欢将利润留给公司。因为，在投资者看来，留利并不一定转化为未来的股利，公司分配的股利越多，公司的市场价值也就越大。然而米勒(Miller)和莫迪利亚尼(Modigliani)则认为，公司市场价值的高低，是由公司所选择的投资政策的好坏所决定的。因为一旦投资政策已定，在完全的资本市场上，股利政策的改变就意味着收益在现金股利与资本利得之间分配上的变化。如果投资者按理性行事的话，这种改变就不会影响公司的市场价值及股东的财富。

然而，"股利无关论"是建立在"完全的资本市场"这一假设前提基础上的。所谓完全的资本市场，必须具备以下四个条件：①不存在税赋；②信息是对称的；③合同是完全的；④不存在交易成本。但是倘若上述假设条件有所改变，情况就会发生很大变化。由此，不难理解"股利无关论"被后来的经济学家视为股利政策理论的基石，其根本原因并不在于股利政策与公司市场价值无关的这一推论，而在于它以隐含的方式告诉人们，在哪些情况下股利政策的变化可能会引起公司的市场价值发生相应变化。后来的股利政策理论，大多是沿着放松上述假设条件的路径而不断发展完善的。

二、 税收效应理论

税收效应理论认为，在不存在税收因素的情况下，公司选择何种股利支付方式并不重要。但是如果对现金红利和资本利得课以不同的税赋（如现金股利的税赋高于资本利得的税赋），则支付现金股利就不是最优的股利分配政策。由此可见，在存在差别税赋的前提下，公司选择不同的股利支付方式，不仅会对公司的市场价值产生不同的影响，而且也会使公司（及个人）的税收负担出现差异。股东们对于现金股利的发放态度，也会因为税赋的差异而由积极要求派发现金股利转为将利润留在公司，以刺激股票市价的上扬。即使在税率相同的情况下，由于资本利得只有在实现之时才缴纳资本增值税，因此相对于现金股利纳税而言，其仍然具有延迟纳税的好处。

三、 信号传递理论

当信息对称时，所有的市场参与者（包括公司自身在内）都具有相同的信息。然而，现实中往往信息不对称。信号传递理论认为，在信息不对称的情况下，公司可以通过股利政策向市场传递有关公司未来盈利能力的信息。一般来说，高质量的公司往往愿意通过相对较高的股利支付率同低质量的公司区别开来，以吸引更多的投资者。对市场上的投资者来说，股利政策的差异或许是反映公司质量差异的极有价值的信号。如果公司连续保持较为稳定的股利支付率，投资者就可能对公司未来的盈利能力与现金流量抱有较为乐观的预期。不过，公司以支付现金股利的方式向市场传递信息，通常也要付出较为高昂的代价。例如：①较高的所得税负担；②一旦公司因分派现金股利造成现金流量短缺，就有可能被迫重返资本市场发行新股，一方面必然产生必不可少的交易成本，另一方面又会扩大股本，摊薄每股的税后盈余，对公司的市场价值产生不利影响；③如果公司因分派现金股利造成投资不足，并丧失有利的投资机会，还会产生一定的机会成本。

围绕"股利分配之谜"，经济学家们做出了各种各样的解释。其中，比较有说服力的观点有四种：一是激励理论。该理论认为，由于公司未来的现金流量具有很大的不确定性，因此为了在将来能够以较为有利的条件在资本市场上融资，公司必须在事先建立起不剥夺股东利益的良好声誉。二是逆向选择理论。该理论认为，相对于现金股利而言，股票回购的主要缺陷在于，如果某些股东拥有关于公司实际价值的信息，他们就可能在股票回购过程中，充分利用这一信息优势。当股票的实际价值超过公司的回购价格时，他们就会大量竞买价值被低估的股票；反之，当股票的实际价值低于公司的回购价格时，他们就会极力回避价值被高估的股票，于是便产生了逆向选择问题，而派发现金股利则不存在这类问题。三是交易成本理论。该理论认为，市场上有相当一部分投资者出于消费等原因，希望从投资中定期获得稳定的现金流量。对于这类投资者来说，选择稳定派现的股票也许是达到上述目的最廉价的方式。这是因为：倘若投资者以出售所持股票的方式来套现，就可能因时机选择不当而蒙受损失。况且，选择在何时以何种价位出售股票还需要投入许多时间和精力，这些交易成本的存在使得投资者更加偏好现金股利。四是制度约束理论。该理论认为，公司之所以选择支付现金股利，是由于"谨慎人"所起的作用。所谓"谨慎人"，是指信托基金、保险基金、养老基金等机构投资者出于降低风险的考虑，同时法律通常要求这些机构投资者只能持有支付现金股利的股票，并获得股利收入。如果公司不派现，这种股票就会被排除在机构投资者的投资对象之外。

虽然股利分配的信号传递理论已为人们广泛接受，但也有一些学者对此持不同看法。他们的主要观点是：①公司目前的股利分配并不能帮助投资者预测公司未来的盈利能力；②高派现的公司向市场传递的并不是公司具有较好前景的利好消息，相反则是公司当前没有净现值为正的投资项目，或公司缺乏较好投资机会的利空消息。不过，由于上述反对意见缺乏实证考察的支持，因此未能引起人们过多的关注。

四、 代理理论

在完全合同的情况下，公司经理们与股东之间并不存在代理问题。但是在不完全合同的情况下，公司经理们与股东之间的代理问题便应运而生了。股利分配的代理理论认为，股利政策实际上体现的是公司内部人与外部股东之间的代理问题。在存在代理问题的前提下，适当的股利政策有助于保证经理们按照股东的利益行事。而所谓适当的股利政策，是指公司的利润应当更多地支付给股东。否则，这些利润就有可能被公司的内部人所滥用。较多地派发现金股利至少具有以下几点好处：一是公司管理者要将公司的很大一部分盈利返还给投资者，于是他自身可以支配的"闲余现金流量"就相应减少了，进而保护了外部股东的利益；二是较多地派发现金股利，可能迫使公司重返资本市场进行新的融资，如再次发行股票。这一方面使得公司更容易受到市场参与者的广泛监督；另一方面，再次发行股票不仅为外部投资者借股份结构的变化对"内部人"进行控制提供了可能，而且再次发行股票后，公司的每股税后利润被摊薄，公司要维持较高的股利支付率，则需要付出更大的努力。这些均有助于缓解代理问题，并降低代理成本。

有关股利分配代理理论的研究，又取得了新的进展。其中，最重要的突破便是从法律角度来研究股利分配的代理问题。这类研究的主要结论有三条：一是股利分配是法律对股东实施有效保护的结果。即法律使得小股东能够从公司"内部人"那里获得股利。二是在法律不健全的情况下，股利分配可以在一定程度上替代法律保护。即在缺乏法律约束的环境下，公司可以通过股利分配这一方式，来建立起善待投资者的良好声誉。三是受到较好法律保护的股东，愿意耐心等待当前良好投资机会的未来回报，而受到较差法律保护的股东则没有这种耐心。

■第三节　股利分配方式及政策

一、股利分配形式及程序

(一)股利分配形式

股利分配有多种形式可供选择，但每种股利分配形式的实施将会受到各种因素的影响和制约，并且各有利弊。

1. 现金股利

现金股利是以支付现金的形式向股东派发股利，它是一种最普遍、最直接、最受欢迎的股利分配形式。现金股利包括定期股息和年终一次发放的红利，现金股利发放的多少主要取决于公司的股利政策和经营业绩。公司支付现金股利除了要有累计盈余(特殊情况下可用弥补亏损后的盈余公积金支付)外，还要筹集足够的现金，因此公司在支付现金股利前需筹备充足的现金。如果股利支付之前有足够的现金流入，则可先将其投资于短期有价证券以获得一些收益；如果股利支付时没有足够的现金，但预计在股利支付后不久就会有现金流入，则可先向银行筹集短期借款，以保证股利的发放；如果目前公司现金不足，且在近期内无法预计到有现金的流入，外部融资受到限制，则可考虑采用财产股利、股票股利等其他形式代替现金股利。

发放现金股利的分配形式，能使股东明显体会到投资回报的愉悦，也容易激发股东向公司追加投资的积极性。对上市公司而言，选择派发现金股利的形式，也是重视给股东以直接投资回报的体现，有利于股票价格和公司价值的提升。但是过高比例的现金股利，也容易引发争议：一是股利支付与留存收益成反比，股利支付的越多，留存收益就越少，内部融资的渠道也就越窄，不利于公司长期稳定持续发展，不符合广大股东长期理性投资的初衷；二是会产生大股东借机套现的质疑，很可能损害流通股股东和中小投资者的利益。

2. 股票股利

股票股利是以赠送股票的形式向股东发放的股利，这种股利形式也被上市公司经常采用，或者与现金股利配合使用。对公司来说，没有资产的流出或负债的增加，因此公司的所有者权益总额不变，但是所有者权益的内部构成发生变化，股本和未分配利润同额增减；另外，公司的股数总额增加，因此普通股的每股账面价值与每股收益减少。

【例 9-2】　某公司在发放股票股利前，股东权益情况见表 9-1。

表 9-1　股东权益情况表(单位：元)

项目	金额
普通股(面额 1 元，已发行 400 000 股)	400 000
资本公积	400 000
未分配利润	2 000 000
股东权益合计	2 800 000

若该公司宣布发放 10％的股票股利，即发放 40 000 股普通股股票，并规定现有股东每持 10 股可得 1 股新发放股票。该股票当时市价 20 元，随着股票股利的发放，需要从"未分配利润"项目划转出的资金为

$$20 \times 400\,000 \times 10\% = 800\,000（元）$$

由于股票面额(1 元)不变，发放 40 000 股，普通股只应增加"普通股"项目 40 000 元，其余的 760 000 元(800 000－40 000)应作为股票溢价转至"资本公积"项目，而公司股东权益总额保持不变。发放股票股利后，公司股东权益各项目见表 9-2。

表 9-2　公司股东权益各项目表(单位：元)

项目	金额
普通股(面额 1 元，已发行 440 000 股)	440 000
资本公积	1 160 000
未分配利润	1 200 000
股东权益合计	2 800 000

股票股利的支付并不直接增加股东的财富。但是在一些特定条件下，股票股利的支付对股东却有着特殊的意义。

(1)公司发放股票股利后，股价并不成比例下降。若只发放少量的股票股利(如 2％～3％)不会引起股价的立即波动，这样可使股东得到股票价值相对上升的利益。

(2)若公司在发放股票股利后同时发放现金股利，股东会因所持有股数的增加而得到更多的现金。例如，公司宣布发放 8％的股票股利，同时每股支付现金股利 1 元，则某拥有 1 000 股股票的股东可得到的现金股利为 $1 \times 1\,000 \times (1+8\%) = 1\,080$(元)，而若不发放股票股利，该股东只能得到 1 000 元的现金股利。

(3)发放股票股利的公司通常为成长中的公司，因此投资者往往会认为发放股票股利预示着该公司将会有较大的发展，利润将会有大幅度增长。投资者的这种心理会稳定股价甚至使股价略有上升。

(4)股票股利的发放会降低每股盈余，进而降低市盈率。市盈率较低的股票，意味着目前来讲其价格偏低，因而有着较大的上升空间。待市价上涨后，投资者将其出售可以获得丰厚的资本利得收益。在不同的国家，对所得税税率的规定不同，有些国家规定出售股票所需交纳的资本利得税率比收到现金股利所需交纳的所得税税率低，这可以使股东得到纳税上的好处。

发放股票股利后，如果盈利总额不变，会由于普通股股数增加而引起每股收益和每股市价的下降；但又由于股东所持股份的比例不变，每位股东所持股票的市场价值总额仍保持不变。这可从【例 9-3】中得到说明。

【例 9-3】　假定上述公司本年盈余为 440 000 元，某股东持有 20 000 股普通股，发放股票股利对该股东的影响见表 9-3。

表 9-3　发放股票股利对该股东的影响表

项目	发放前	发放后
每股收益(EPS)/元	440 000÷400 000＝1.1	440 000÷440 000＝1.0

续表

项目	发放前	发放后
每股市价/元	20	20÷（1+10%）=18.18
持股比例/%	20 000÷400 000=5%	22 000÷440 000=5%
所持股总价值/元	20×20 000=400 000	18.18×22 000=400 000

发放股票股利对每股收益和每股市价的影响，可以通过对每股收益、每股市价的调整直接算出：

$$发放股票股利后的每股收益=\frac{E_0}{1+D_s} \tag{9-1}$$

其中，E_0 为发放股票股利前的每股收益；D_s 为股票股利发放率。

$$发放股票股利后的每股市价=\frac{M}{1+D_s} \tag{9-2}$$

其中，M 为股利分配权转移日的每股市价；D_s 为股票股利发放率。

依【例9-3】资料：

$$发放股票股利后的每股收益=\frac{1.1}{1+10\%}=1.0（元）$$

$$发放股票股利后的每股市价=\frac{20}{1+10\%}=18.18（元）$$

采用股票股利的股利形式，对公司来说，使股东分享公司盈余而无需支付现金，可以节约大量现金支出而用于再投资项目，有利于公司长期发展；可以降低每股股价，吸引更多的投资者；可以向市场传递公司有较好投资机会与发展前景的信息，提高投资者信心，起到稳定股价的作用。但发放股票股利的手续复杂，费用较大，会增加公司负担；并且有些投资者认为发放股票股利是公司资金周转困难的信号，向市场传递的是不利信息，从而降低投资者信心，使股价加速下跌。

3. 财产股利

财产股利是以现金以外的资产支付的股利，主要是公司所拥有的产品或资产等，主要包括实物股利，如实物资产或实物产品等；证券股利，如公司拥有的其他公司的债券、股票等。其中，实物股利形式并不增加公司的现金流出，适用于公司现金支付能力较低的时期。证券股利形式既保留了公司对其他公司的控制权，又不增加公司目前的现金流出，并且由于证券的流动性较强，因此为股东所乐于接受。

4. 负债股利

负债股利是公司以负债形式支付的股利，通常以公司的应付票据支付给股东，在未来一定日期再偿付该项负债；在不得已的情况下也有公司发行债券抵付股利的，这种股利方式往往可以使现金在一段时间内留在公司内。财产股利和负债股利实际是现金股利的替代。这两种股利方式目前在我国公司实务中很少使用，但并非法律所禁止。

(二)股利分配程序

公司股利的发放必须遵守相关的要求，按照日程安排来进行。一般情况下，先由董事会提出分配方案，然后提交股东大会决议，股东大会决议通过才能进行分配。股东大会决议通过分配预案后，要向股东宣布发放股利的方案，并确定股权登记日、除息日和股利发放日。

(1)股利宣告日，即股东大会决议通过并由董事会将股利支付情况予以公告的日期。公告中将宣布每股应支付的股利、股权登记日、除息日以及股利支付日。

(2)股权登记日，即有权领取本期股利的股东资格登记截止日期。凡是在此指定日期收盘之前取得公司股票，成为公司在册股东的投资者都可以作为股东享受公司本期分派的股利。在这一天之后取得股票的股东则无权领取本次分派的股利。

(3)除息日，即领取股利的权利与股票分离的日期。在除息日之前购买股票的股东才能领取本次股利，而在除息日当天或是以后股买股票的股东，则不能领取本次股利。由于失去了"收息"的权利，除息日的股票价格会下跌。除息日是股权登记的下一个交易日。

(4)股利支付日，即公司按照公布的分红方案向股权登记日在册的股东实际支付股利的日期。

二、 股利分配政策

(一)剩余股利政策

1. 分配方案的确定

剩余股利政策是指公司在有良好的投资机会时(即投资机会的预期报酬率高于股东要求的必要报酬率时)，根据目标资本结构的要求，将税后净利首先用于满足投资所需要的权益资本，然后将剩余的净利润再用于股利分配。在这种分配政策下，投资分红额(股利)成为公司新的投资机会的函数，随着投资资金需求的变化而起伏。只要存在良好的投资机会，就应当首先考虑其资金需要，最后考虑公司剩余收益的分配需要。因此，公司投资机会较好时，为了规避融资风险，通常会采用剩余股利政策。

采用剩余股利分配政策时，应遵循下列步骤：

(1)测定目标资本结构，即确定权益资本与债务资本之间的比率，在此资本结构下，加权平均资本成本将达到最低水平。

(2)确定目标资本结构下投资所需的股东权益数额。

(3)最大限度地使用保留盈余来满足投资方案所需的权益资本数额。

(4)投资方案所需权益资本已经满足后若有剩余盈余，再将其作为股利发放给股东。

【例 9-4】 某公司 20×1 年提取了公积金后的税后净利为 800 万元，20×2 年投资计划所需资金 1 000 万元，公司的资本结构中权益资本占 60%，债务资本占 40%。

公司投资方案中所需的权益资本数额为

$$1\ 000 \times 60\% = 600(万元)$$

公司 20×1 年可用于分配股利的盈余为 800 万元，满足投资方案中所需的权益资本数额后还有剩余为

$$800 - 600 = 200(万元)$$

这 200 万元作为股利发放。

假设该公司 20×1 年流通的普通股有 100 万股，每股股利为

$$200÷100＝2(元/股)$$

2. 优缺点

这种政策的优点是：能够充分利用公司内部的资金来源，满足投资机会的需要，并能保持理想的资本结构，使加权平均资本成本最低。

这种政策的缺点：一是容易与股东，特别是那些非重要影响的大众股东对当前报酬的偏好产生矛盾，并可能因此而难以在股东大会上获得绝对多数的赞同票；二是可能会因股利发放的波动而给投资者造成公司经营状况不稳定的感觉；三是会因股利发放率过低而影响股价，导致公司市场价值被低估，为他人进行廉价收购创造可乘之机；四是导致股利支付不稳定，不能满足希望取得稳定收入股东的愿望，也不利于公司树立良好的财务形象。

3. 该政策适用情况

奉行剩余股利政策，意味着公司只将剩余的盈余用于发放股利。这样做的根本理由是为了保持理想的资本结构，使加权平均资本成本最低。如【例 9-4】，如果公司不按剩余股利政策发放股利，将可向股东分配的 800 万元全部留用于投资(这样当年将不发放股利)，或全部作为股利发放给股东(当年每股股利将达到 8 元)，然后再去筹借债务，这两种做法都会破坏目标资本结构，导致加权平均资本成本的提高，不利于提高公司的价值(股票价格)。

采用该政策的先决条件是公司必须有良好的投资机会，并且该投资机会的预计报酬率要高于股东要求的必要报酬率，才能为股东所接受。这种政策适用于处于成长期，未来有良好发展前景的公司。当公司有良好的投资机会时，投资者会预期公司未来有良好的获利能力，从而其股票价格会上涨，公司也能因此保持理想的资本结构和最低的资金成本。但是这种满足最佳资本结构后所剩余的资金再以股利形式发放的政策，会使股东未来可获得的收益有很大的随意性及不确定性。例如，某年份可能因为相反的原因而发放巨额的股利，另一年份又因投资项目或其资金需求量大而不发放股利。那些希望有稳定股利收入的投资者是不会喜欢这种股利政策的。

(二)固定股利支付率政策

1. 分配方案的确定

固定股利支付率政策，就是每年的股利支付率保持不变，每股股利随着公司经营所获净利润的增减变动而变动。在这一股利政策下，各年股利额随着公司经营的好坏而上下波动，获得较多盈余的年份股利额高，获得盈余较少的年份股利额低。

2. 优缺点

这一政策的主要优点是：保证公司的股利支付与盈利状况之间保持稳定，股利额随盈利额的变动而相应变动，能使股利支付与公司盈利得到很好的配合。

这一政策的主要缺点是：公司的股利支付路径极不稳定，传递给股票市场的是公司经营不稳定的信息，容易造成公司的信用地位下降、股票价格下跌与股东信心动摇的局

面，不利于实现公司价值最大化。因此，很少有公司采用这种政策。

3. 该政策适用情况

主张实行固定股利支付率政策的观点认为，公司净利润增加时，每股股利额也增加，公司净利润减少时，每股股利额也减少。采取固定股利政策，能使股利与公司经营效益紧密相连，能充分体现出多盈多分，少盈少分，无盈不分的原则。但是当股利额随着公司盈余变化而频繁变动时，投资者会认为公司经营得很不稳定，有损公司的形象，对于稳定股票价格不利。因此采用固定股利支付率政策时，一定要对公司未来的支付能力做出较好的判断。

但并非所有公司都不宜采用固定股利支付率政策。在推行内部员工持股和管理层持股的公司里，如果采用固定股利支付率政策，可以使员工个人的利益与公司的利益紧密地联系起来，使员工意识到他们的切身经济利益是与公司的兴旺发达息息相关的，从而充分调动广大员工的积极性和创造性，为公司持续发展提供良好的条件。这样不但使公司员工、股东的财富能稳定地增加，也能吸引更多的投资者购买公司股票，促使公司股票市价的上涨。

(三)稳定或稳定增长的股利政策

1. 分配政策的确定

稳定的股利政策是指公司股利的发放，不因公司盈利多少而变化，一直维持一定数额的股利，并在一段时间里保持不变，只有当公司认为未来盈余将会显著地、不可逆转地增长时，才提高年度的股利发放额。另外，股利是向外界传递公司信息的一个最快捷的工具，对一个健康的、可持续增长的公司来讲，随着其盈利的不断增长，对股东的回报也应该增长，使得股利增长与公司盈利增长之间始终保持一定的比例关系，即固定增长率。这一政策的显著特点是：先确定每股的年股利额，并保持不变。如果公司的未来收益可以维持更高的股利，也可增加每股固定年股利额，这便成为稳定增长的股利政策。

2. 优缺点

这种政策的优点是：采取稳定或稳定增长的股利政策，将传递给市场一个稳定的信息，表达了公司管理者对公司未来的预期，有利于保持公司股票价格的稳定，增强投资者对公司的信心，树立良好的公司形象；有利于投资者有规律地安排股利收入和支出，尤其对那些期望每期有固定数额收入的投资者更是如此。

这种政策的缺点是：各年分配的股利变动很大，形成公司不稳定的感觉，对于稳定股票价格不利；股利支出与公司税后净利脱节，不能像剩余股利政策那样能筹措成本较低的资本，而且净利降低时股利仍需照常支付，容易导致公司资金短缺，财务状况恶化。

3. 该政策适用情况

稳定或稳定增长的股利政策虽然有悖于剩余股利理论，但考虑到如果突然降低股利，会使投资者认为该公司经营出现危机，业绩在下滑，股票价格会因此快速下跌，对公司更不利，所以即使推迟某些投资方案或者暂时偏离目标资本结构，也要将股利维持在稳定的水平上。但是这也可能会给公司造成较大的财务压力，尤其是在公司现金紧张时，公司的资本成本也不能保持较低。因此，采用稳定或稳定增长股利政策时，一定要对公司未来的支付能力做出较好的判断，它一般适用于经营比较稳定以及稳步增长的公司采用。

(四)低正常股利加额外股利政策

1. 分配方案的确定

低正常股利加额外股利政策是公司每年只支付数额较低的正常股利，当公司盈利有较大幅度的增加时，再根据实际需要，向股东临时发放一些额外股利。但是额外股利并不固定化，并不意味着公司永久化地提高了规定的股利。这是一种介于固定股利政策与变动股利政策之间的折中股利政策，是对上述股利政策的综合。

2. 优缺点

采取这种股利政策的优点是：使公司股利支付具有较大的灵活性。当公司盈余较少或投资需要较多资金时可维持既定的、较低的正常股利，股东不会有股利跌落感，同时又能保证股东稳定的股利收入；当公司盈余有较大幅度增长时，可发放额外的股利，使股东增强对公司的信心，有利于稳定股票的价格。

这种政策也存在一定的缺点：如果公司经营状况一直良好，并持续地支付额外股利，股东对股利发放的期望水平会随之升高，额外股利会失去它原本的意义，股东会将额外股利也视作正常股利之内，一旦公司因盈利下降而减少额外股利时，会招致股东的不满。

3. 采用该政策的原因

由于该股利政策使公司股利支付具有较大的灵活性，同时可以使那些依靠股利度日的股东每年至少可以得到虽然较低，但比较稳定的股利收入，从而吸引住这部分股东。在公司的净利润与现金流量不够稳定时，采用这种股利政策对公司和股东都是有利的。由于该股利政策集灵活性与稳定性于一身，因此为大多数公司所采用。

在上述几种股利分配政策中，固定股利政策、低正常股利加额外股利政策为我国上市公司所普遍采用，并为广大投资者所认可。以上各种股利政策各有所长，公司在分配股利时应借鉴其基本决策思想，制定适合自己公司具体实际情况的股利政策。而且股份公司采取何种股利政策需要由公司董事会负责制定，并由股东大会讨论批准，方可执行。

■ 第四节　影响股利分配的因素

一、法律因素

股利分配政策的确定，受到公司所在国家公司法、税法、商法等关于公司股利分配规定的影响。只有在不违反法律强制性规定的前提下，公司才能自主确定股利分配政策。同时，为了保护债权人和股东的利益，国家有关法律法规对公司股利分配予以一定的硬性限制，这些限制主要体现在以下几个方面。

(1)资本保全约束。资本保全约束是公司财务管理应遵循的一项重要原则。它要求公司发放的股利或投资分红不得来源于原始投资(或股本)，而只能来源于公司当期利润或留存收益。其目的是防止公司任意减少资本结构中所有者权益的比例，以维护债权人利益。

(2)资本积累约束。资本积累约束要求公司在分配收益时，必须按一定的比例和基数提取各种公积金。另外，当公司出现年度亏损时，一般不得分配股利。

(3)偿债能力约束。偿债能力是指公司按时足额偿付各种到期债务的能力。当其支付现金股利后会影响公司偿还债务和正常经营时，公司发放现金股利的数额就要受到限制。

(4)超额累计利润约束。由于投资者接受股利交纳的所得税要高于进行股票交易的资本利得所交纳的税金，所以许多公司通过积累利润使股价上涨的方式来帮助股东避税。许多西方国家都注意到这一点，并在法律上明确规定公司不得超额累计利润，一旦公司留存收益超过法律认可的水平，将被征收额外税款。

二、 股东因素

1. 稳定的收入和避税

在美国、英国、加拿大等成熟的资本市场中，由于股权比较分散，公司经理层出于外部的压力而满足股东对某一股利形式的偏好。而在我国，由于特殊的股权结构，权利不对称的情况比较明显，上市公司经理层则有利用某种股利形式满足自身效用的内在动机。另外，一些高股利收入的股东又出于避税的考虑（股利收入的所得税高于股票交易的资本利得税），往往反对公司发放较多的股利。

2. 控制权的稀释或争夺

一方面，公司支付了较高的股利，就会导致留存收益的减少，这就意味着将来发行新股的可能性加大，如果公司的控股股东没有或不能认购增发的新股，其控制权就会被稀释，这时控股股东就可能采取低支付率的股利政策。这种股利政策不可能使全部股东的财富最大化，但却对具有控制权的股东有最大的利益。另一方面，当一个公司面临被其他公司或投资者收购的危险时，低股利支付率可能有助于"外来者"取得控制权。外来者可以游说公司的股东使他们相信公司不能使股东财富最大化，而他们（外来者）却可以做得更好。这样会导致面临被收购的公司不得不支付较高的股利来取悦其股东。

3. 风险的规避

在某些股东看来，通过增加留存收益引起股价上涨而获得的资本利得是有风险的，而目前所得到的股利是确定的，是真正的现金收入，即便是现在较少的股利，也强于未来较多但存在较大风险的资本利得，因此往往要求较多的股利。

三、 公司因素

1. 盈余的稳定性

公司的持久营利性、是否获得长期稳定的盈余，是其股利决策的重要基础。因此公司的管理层在制定股利政策时，不仅要考虑当期的盈利状况，而且还要预测未来的盈利水平。当公司本期盈利受到暂时的冲击时，持久盈利变动不大，公司经理通常不会改变股利政策；当盈利受到持久冲击或预期冲击时，持久盈利的变动与冲击的幅度大致相当，公司经理倾向于调整股利政策。对于不同的公司来说，盈余相对稳定持久的公司能够较好地把握自己，有可能支付较高的股利；而盈余不稳定持久的公司一般采用低股利政策。因为低股利政策可以减少因盈余下降而造成的股利无法支付、股价急剧下降的风险，还可以将更多的盈余进行再投资，以提高公司权益资本比重、减少财务风险。

2. 公司资产的流动性

资产的流动性是指公司资产转化为现金的难易程度。如果公司发放现金股利，股利的分配就代表现金的流出。因此，一方面，公司的现金流量与资产整体流动性越好，其支付股利的能力就越强；另一方面，较多地支付现金股利会减少公司的现金持有量，使资产的流动性降低。

3. 公司的投资机会

公司的股利政策在很大程度上受投资机会所左右。如果公司有着良好的投资机会，往往采用低股利、高留存收益的政策，将大部分盈余留存下来用于投资；反之，如果公司缺乏良好的投资机会，就可能采用高股利政策。因此，对那些处于发展中的公司，往往支付较少的现金股利；陷于经营收缩的公司大多采用高股利政策。

4. 公司的举债能力

公司的举债能力强，能够及时地从资本市场筹措到所需的资金，则有可能采取较宽松的利润分配政策；而如果公司举债能力弱，宜保留较多的盈余，因而往往采取较紧的股利分配政策。

四、　其他因素

1. 债务合同因素

公司的债务合同，特别是长期债务合同，往往附有限制公司现金支付程度的条款，以保护债权人的利益，通常包括四种情况。

(1)未来的股利只能以签订合同之后的收益来发放，也就是说不能以过去的留存收益来发放。

(2)营运资金低于某一特定金额时不能发放股利。

(3)将利润的一部分以偿债基金的形式留存下来。

(4)利息保障倍数低于一定水平时不得支付股利。

公司出于方便未来负债筹资的考虑，一般都能自觉恪守与债权人事先签订的有关合同的限制性条款，以协调公司与债权人之间的关系。

2. 通货膨胀

通货膨胀会带来货币实际购买力水平下降、固定资产重置资金来源不足，此时公司往往必须考虑留用一定的利润，以便弥补由于货币购买力水平下降而造成的固定资产重置成本的缺口。因此，在通货膨胀时期，公司一般采取偏紧的股利分配政策。

第五节　股票分割

一、　股票分割的含义

股票分割是指将面额较高的股票交换成面额较低的股票的行为。例如，将原来的一股股票交换成两股股票。严格来讲，股票分割不是某种股利支付方式，但其所产生的效果与发放股票股利相似。

股票分割后，使得公司发行在外的股数增加，每股面值降低，每股盈余随之下降；但公司价值和股东权益总额不变，这一点与发放股票股利相似。但与发放股票股利所不同的是股东权益各项目的金额及其相互间的比例关系不会改变。

【例 9-5】 以 ABC 公司为例，假定其按 1 股换成 2 股的比例进行股票分割，分割后的股东权益如表 9-4 所示。

表 9-4　ABC 公司股票分割后的股东权益(单位：元)

项目	金额
普通股(面值 0.5 元，已发行 200 000 股)	100 000
资本公积	4 000 000
未分配利润	4 900 000
股东权益合计	9 000 000

若 ABC 公司本年盈余为 440 000 元，则股票分割前的每股收益为 2.2 元，假定股票分割后公司的净利润不变，股票分割后的每股收益为 1.1 元，每股市价也会因此而降低。

二、 股票分割的作用

(1)公司实行股票分割的主要目的，在于通过增加股票股数来降低每股市价，从而吸引更多的投资者，促进股票流通和交易。因为股票价格过高，会对交易造成不便，影响公司的股票流通。尤其是对于中小投资者来说，若股票价格过高，购买少数的股份也会占用巨额的资金，无疑会降低投资者的热情。为此，通过股票分割降低股票市价，吸引中小投资者的入市欲望，进而造成股票市价回升，使投资者获益。而且，若公司股票分割后能够维持原来的每股股利或者股利并不成比例地下降，股东会因所持股数的增加而相应增加他们的实际股利收入。

(2)公司实行股票分割为发行新股作准备。股票价格过高使许多潜在投资者力不从心而不敢轻易进行投资。在新股发行之前，利用股票分割降低股票价格，有利于提高股票的可转让性和促进市场交易活动，由此增加投资者对公司股票的兴趣，促进新发行股票的销售。

(3)公司实行股票分割有助于兼并、合并政策的实施。当一个公司兼并或合并另一个公司，会采取将自己的股票加以分割的方式，来增加对并购方股东的吸引力。例如，假设有甲、乙两个公司，甲公司股票每股市价为 20 元，乙公司股票每股为 2 元，甲公司准备通过股票交换的方式对乙公司实施并购，如果以甲公司 1 股股票换取乙公司 10 股股票，可能会使乙公司的股东在心理上难以承受；相反，如果甲公司先进行股票分割，将原来 1 股分割为 5 股，然后再以 1：2 的比例换取乙公司股票，则乙公司的股东在心理上可能会容易接受些。通过股票分割的办法改变被并购公司股东的心理差异，更有利于公司并购方案的实施。

（4）股票分割往往是成长中的公司所为，所以宣布股票分割后容易给人一种"公司处于发展之中的"印象，可以向股票市场和广大投资者传递公司业绩好、利润高、增长潜力大的信息，从而提高投资者对公司的信心。

三、　股票分割与股票股利的关系

从实践效果看，股票分割与股票股利非常接近，所以一般要根据证券管理部门的具体规定对二者加以区分。例如，有的国家证券管理交易机构规定，发放 25％ 以上的股票股利即属于股票分割。

尽管股票分割和股票股利都能够达到降低公司股价的目的，但股票分割后每股面值变小，股票市价必然下降；发放股票股利，股票面值不变，只有当其发放数额较多时，才能使股票市价大幅度下降。而在公司股价上涨不大时，往往通过发放股票股利将股价维持在理想范围之内。

在国外的实务中，也有为提高股价进行股票"反向分割"的。公司因目前股票市价低于它所期望的价格，因此采用减少股票数量，增加股票面值的方法，以使股票市价回升至合理的水平。但这类情况很少出现。

■第六节　股票回购

一、　股票回购的含义

股票回购是指上市公司购回部分流通在外的普通股，使其成为库藏股而退出流通。但若公司购回股票后将股票注销，则不属于股票回购。股票是上市公司的所有权证书，代表了投资者在公司中的投资及其衍生权益，因此股票回购可以被理解为减少公司资本的行为。但是上市公司真正直接为了"减资"而进行股票回购的情况是比较少的，通常公司回购股票是为了调整资本结构和发挥财务杠杆的作用，改善资金运用效率，达到利润分配或反收购等目的。股票回购是证券市场发展到一定阶段的产物，是上市公司财务中一个重要的领域，最终目的在于引起股价上升，实现公司价值最大化。

二、　股票回购的作用

1. 巩固公司的控股权或转移公司的控股权

股份公司的大股东为了保证其对公司的控股权不被改变，往往采取直接或间接的方式回购自己的股份。有些股份公司的法定代表人最初并非是公司最大股东的代表者，这些人为了保证不改变在公司中的地位，也为了能在公司中实现自己的意志也可以采取回购股份的方式，来分散或削弱原控股股东的控股权，实现控股权的转移。

2. 提高每股收益

在财务分析中每股收益是按照流通在外的股份数计算的。在当期净利润一定的前提下，股份公司为操纵每股收益只能通过减少流通在外的股份数来提高每股收益，树立良好的公司形象，满足投资者对高回报的渴望和自身上市的需求。

3. 稳定或提高公司的股价

股票价格过高会影响其流动性，过低的股价会降低投资者对公司的信心，使公司难以从证券市场上进一步融资，对公司经营造成不良影响。在这种情况下，回购股票是维护公司形象的有效途径，公司通过回购股票来支撑股价，重新树立投资者对公司的信心，增强公司的筹资能力。此外，在公司增发新股时，为使市价发行的新股顺利被投资者吸收，上市公司也经常在二级市场进行股票回购，以稳定交易和提高股价。

4. 改善资本结构

公司在不同的发展时期，有着不同的资金结构需求。在上升期，公司内部融资不足，往往通过发行股票融资来加快资本的形成。当进入衰退期后，公司内部资金较为充足，因不愿扩大投资将产生部分闲置的资金，影响公司的净资产收益率。此时，通过股份回购减少公司资本，不仅可以改善资本结构，还能提高每股收益。

5. 反回购策略

股票回购在国外常常被用于反收购策略。股票回购可以提高公司的股价，减少流通在外的股份数，使收购方的收购难度增加。但由于回购的股票无表决权，回购后公司的有表决权的持股比例会上升，因此公司还需将回购的股票再卖给稳定的股东，才能真正起到反回购的作用。

三、　股票回购的负作用

目前，世界各国的法律为保护债权人利益、维护证券市场的交易秩序，大都对股票回购做出了较具体的规定。这是因为股票回购存在以下弊端。

(1)公司回购其股票，除无偿收回外，都无异于股东退股和公司资本的减少。而公司资本的减少则从根本上降低了公司的资金实力，削弱了公司对债权人的财产保障，损害了债权人权益。

(2)上市公司回购本公司的股票，易导致其利用内幕消息进行炒作，或者对一系列财务指标进行人为的操纵，加剧公司行为的非规范化，损伤投资者的权益。

(3)股票回购使公司持有自己的股票，成为自己的股东，公司的法律地位与股东的法律地位出现统一，公司与股东之间的法律关系发生混淆，这便背离了公司与股东原本具有的法律意义。

(4)股东很难真实地了解公司股票回购的真正目的，存在信息不对称问题，致使股东的利益受到损害。

(5)公司回购股票，将使投资者认为公司无良好的投资计划，对公司的形象及股价产生不利影响。如果回购的价格定的不合理，公司还会因此而蒙受损失。为避免操纵股价的嫌疑，公司不能经常采用股票回购的方法，否则会招致证券管理部门的干预。

由此可以看出，股票回购的灵活性较高，但因其对公司的影响既有有利的一面，也有不利的一面，所以应慎重使用。

在国外成熟的证券市场上，股票回购是一种合法化的公司行为。但是由于股票回购不可避免地会引起股价波动，并涉及内幕交易，世界各国对上市公司回购股份都做了严格的规定。我国原则上不允许股票回购。《公司法》规定，公司不得收购本公司的股票，但为减少公司资本或者与持有本公司股票的其他公司合并时除外。公司收购本公司股票后，必须在 10 天内注销该部分股票，依照法律、行政法规办理变更登记并公告，即按照现行法律规定，我国目前不存在库藏股的概念。

■第七节　股权置换

股权置换是指把两家以上的公司通过互换股权来达到降低有关公司的国有股比例、改善公司的股本结构、促使投资主体多元化的目的。在我国上市公司的股权结构中，国有股、法人股占据着绝对的优势，这些股份的不流通影响了国有资产的保值增值。2005年 5 月，上市公司的股权分置改革正式拉开序幕，国有股、法人股股东采用向流通股股东支付对价的形式逐渐取得上市流通的权利。

一、　国有股权的流通与转让

（一）股权无偿划转

上市公司中的股权无偿划转是一种特殊的并购形式，是政府（上市公司的所有者）通过行政手段将上市公司的产权无偿划归并购公司的行为。国有股权无偿划转一般由地方政府和行业主管部门牵头实施，而且只能在国有资产的代表中进行转让。因此，这部分股权的变动对上市公司的持有者没有损失。股权无偿划转的目的在于通过股权持有者的改变来强化对上市公司经营管理的控制，提高资产运营效率。

（二）股权有偿转让

股权的有偿转让是指公司根据股权协议价格受让目标公司全部或部分股权，从而取得对目标公司的控制权的并购行为，股权有偿转让也是我国上市公司重组的主要模式，其原因在于，我国上市公司股权结构中大多数公司的国有股权占控股地位，而国有股权不能上市流通，在此情况下，国有股权的持有单位在改变投资方向或是对公司的经营业绩感到不满时，就有将国有股权转让出去变现的需要。此外，在我国目前的上市公司股权结构中，国有股股东的持股比例往往超过绝对持股的最低要求，在客观上也有将超出部分转让出去实现最优投资组合的需要。

（三）股权转让的特点

（1）股权量的大小决定了控股权是否转移。当上市公司的股权少量转移，一般不会引起第一大股东地位的变化，而且这种小宗股权的变动对证券市场的影响也较小。而当上市公司将大量股权进行转让时，则会引起第一大股东地位发生变化，引起控制权的转移，这时对上市公司往往产生一系列的影响。

（2）控制权的转移往往会引起公司业务范围的改变。

（3）股权转让多为股权协议转让，通过协商确定双方均可接受的价格。

（4）股权出让方以金融机构如证券公司、银行、信托、投资公司居多。

（5）上市公司股东之间的股权变更频繁，转让后大股东持股量增加，地位得以巩固，而出让方可以获得一批资金投入其他领域。

二、 股权转让的重组形式

股权的转让和变更往往会引起资产的重新配置和重组，一般有两种情况：一是在不属于一个系统的公司之间的股权转让引起的资产重组；另一种是发生在集团内部公司之间的股权转让，引发内部的资产重组。具体来说，除了采用资产置换模式实现资产重组外，还可以通过以下两种主要模式实现。

（一）资产剥离

资产剥离模式，就是新股东对原上市公司的不良资产进行剥离和转移，使上市公司通过转让不良资产将资金集中于主营业务方面。这类重组往往发生在一些主营业务前景较好，只是受副业或不良资产拖累造成经营不善的公司。这类公司资产重组能否使上市公司的本身发生根本性改善，最终还取决于上市公司的主营业务能否乘此良机摆脱不利局面，进入正常发展的轨道。

剥离不良资产这种模式具有如下特点：①出售资产一般都有大笔现金收回，改善资产流动状况以及资产的负债结构。②收缩产业战线。有些公司投资范围过于分散，造成主业不强、无力管理的现象。通过转让与主业无关的资产，有利于公司调整经营结构，集中抓好主营业务。③对盈利能力差的资产进行处理，改善其他资产的盈利水平。

（二）资产注入

资产注入是指将新股东的优质资产注入上市公司，通过新注入的优质资产来改善上市公司的经营业绩。但由于上市公司原有的不良资产没有剥离，因此亏损照常发生，且充足资金的借入将给上市公司带来一定的财务负担。因此，此类资产重组的上市公司在达到配股资格后，需通过配股改善公司的财务结构。

➤本章小结

股利理论体现股利与股票市价之间的关系，股利理论主要包括股利无关论、税收效应理论、信号传递理论及代理理论。股利分配有多种形式可供选择，主要包括现金股利、股票股利、财产股利和负债股利。公司在利润分配过程中应遵守公开、公平、公正的"三公"原则，按照《公司法》等法律、法规的规定分配股利。影响公司股利分配政策的因素主要有法律因素、股东因素、公司因素及其他因素。股利分配政策是公司管理层就与股利有关的事项所做出的方针策略，常用的股利分配政策有剩余股利政策、固定股利支付率政策、稳定或稳定增长的股利政策、低正常股利加额外股利政策。本章最后介绍了股票分割与股票回购这两种与股利分配有关的方法。

➤复习思考题

简答题：

1. 利润分配的基本原则有哪些？

2. 股利政策有几种？各有哪些优缺点？其适用性如何？

3. 股利的支付形式有哪几种？公司应如何选择？

4. 公司为什么要进行股票回购？股票回购属于投资行为还是融资行为？

5. 与现金股利相比较，股票分割和股票股利的优点是什么？

计算题：

1. 某公司本年税后净利为 300 万元，下年拟上一个新项目，需投资 400 万元，公司目标资本结构的产权比率为 0.667，公司流通在外的普通股为 1 000 万股，如果公司采用剩余股利政策，问题：

(1)公司本年可发放的股利额是多少？

(2)股利支付率是多少？

(3)每股股利是多少？

2. 某公司年终利润分配前的股东权益项目资料如下：

股本——普通股(每股面值 2 元，200 万股)	400 万元
资本公积金	160 万元
未分配利润	840 万元
所有者权益合计	1 400 万元

公司股票的每股现行市价为 35 元。

要求：计算回答下述 3 个互不关联的问题。

(1)计划按每 10 股送 1 股的方案发放股票股利，并按发放股票股利后的股数派发每股现金股利 0.2 元，股票股利的金额按现行市价计算。计算完成这一分配方案后的股东权益各项目数额。

(2)如果按 1 股换 2 股的比例进行股票分割，计算股东权益各项目数额、普通股股数。

(3)假设利润分配不改变市净率，公司按每 10 股送 1 股的方案发放股票股利，股票股利按现行市价计算，并按新股数发放现金股利，且希望普通股市价达到每股 30 元，计算每股现金股利应是多少。

案例分析

川江控股股份有限公司股利分配方案

一、基本情况

四川川江控股股份有限公司曾用中文名峨眉铁合金(集团)股份有限公司。其前身峨眉铁合金是国家"大三线"公司，该公司是国家铁合金六大重点公司之一，属大一类公司，已连续四年进入国家 500 家最大规模和最佳经济效益公司行列，1988 年 4 月 18 日改组为峨眉铁合金(集团)股价有限公司。该公司股票于 1993 年 9 月 24 日在上海证券交易所上市。

公司经营情况为：年产铁合金能力 10 万吨，可生产 20 多个铁合金系列品种，是全国同行业中生产品种最多的公司之一，目前正向高科技公司转型。

二、四川川江控股股份有限公司董事会决议和召开 2004 年度股东大会的公告

公司四届十二次董事会于 2005 年 1 月 10 日，在四川省投资集团有限责任公司会议室召开。董事长陈宽金先生主持了会议，主要审议和通过了 2004 年度利润分配及资本公积金转增股本预案。

1. 利润分配预案

经四川君和会计师事务所审计，公司 2004 年度实现利润总额 16 035.05 万元，税后利润 12 315.29 万元。分别提取 10％法定公积金 1 231.53 万元，提取 5％法定公益金 615.76 万元；提取 15％任意公积金 1 847.29 万元，加上上年结转利润 2 712.56 万元，本次可供股东分配利润 11 333.27 万元。

董事会提议以 2004 年总股本 241 380 290 股为基数，向全体股东按每 10 股派现金 0.75 元(含税)，每 10 股派送红股 3 股，总计利润支出总额为 9 051.76 万元。剩余 2 281.51 万元结转下年度。

2. 公积金转增股本预案

公司 2004 年年末有资本公积金 8 598.64 万元，董事会提议本次按 2000 年总股本 241 380 290 股为基数，向全体股东以每 10 股转增股份 3 股。总计转增 7 241.41 万元，剩余资本公积金 1 357.23 万元结转下年度。

以上预案表决结果需提交 2004 年度股东大会审议。

3. 预计公司 2005 年利润分配政策

公司拟在 2005 年结束后分配利润一次；公司下一年度实现净利润用于股利分配的比例约为 10％；公司本年度未分配利润用于下一年度股利的分配比例约为 10％；分配可采用派现形式，现金股息占股利分配的比例约为 50％。

三、川江控股股份有限公司 2004 年度股东大会决议公告

2005 年 2 月 15 日上午公司召开第 13 次股东大会，出席会议的股东共 16 人，代表股份 14 468.56 万股，占公司总股份的 59.94％。六名董事、三名监事及全体高级管理人员出席了大会，会议由董事长陈先生主持，以记名投票方式逐一表决通过了利润分配及资本公积金转增股本的方案。

1. 以 100％赞成票通过了利润分配方案

2. 以 100％赞成票通过了公积金转增股本方案

3. 以逐项表决方式通过了 2005 年申请配股的预案

以 10.6％赞成票通过配股比例和本次配售股份的总额、本次配股以公司 2004 年 12 月 31 日总股本 241 380 290 股为基数，按 10：3 的比例向全体股东配售，可配股总数为 72 414 087 股。其中，国有法人股股东可配股份 39 287 433 股，其他法人股股东可配股份 4 112 790 股，社会公众股可配股份 29 013 864 股。

4. 以 100％赞成票通过配股价格及配股价格的定价方法

本次配股价格拟定为每股人民币 11～17 元，确定依据如下：①配股价格不得低于公司 2004 年度经审计的每股净资产；②根据本次募集资金投资项目的资金需求量；③参照本公司股票二级市场价格、市盈率状况及对未来趋势的判断；④遵循与主承销商充分协商一致的原则。

四、川江控股关于实施派发股利股份与用资本公积金转增股本公告

根据 2005 年 2 月 15 日公司 2000 年度股东大会审议通过的 2004 年度利润分配及用资本公积金转增股本方案，现将具体实施办法公告如下：

(1)派发股利、股份方案。公司决定以 2004 年总股本 241 380 290 股为基数，向全体股东按每 10 股派发股利现金 0.75 元(含税)，每 10 股派发股份 3 股，总计利润支出总额为 9 051.76 万元。剩余 2 281.51 万元结转下年度。

(2)用资本公积金转增股本方案。公司决定以 2004 年总股本 241 380 290 股为基数，向全体股东以每 10 股转增股份 33 股。总计转增 7 241.41 万元，剩余资本公积金 1 357.23 万元结转下年度。

(3)股权登记日和除权及上市交易日。股权登记日为 2005 年 3 月 29 日；除权及上市交易日为 2005 年 3 月 30 日。

(4)股利股份派发及用资本公积金转增股本的对象：截止到 2005 年 3 月 29 日下午上海证券交易所交易结束后，在上海证券中央登记结算公司登记在册的该公司全体股东。

(5)具体操作办法。股利派发办法：①每 10 股派发股利税前 0.75 元，税后 0.60 元。股利发放日为 2005 年 4 月 4 日。②社会公众股东之股利款：每 10 股派发的现金股利 0.75 元(含税，由公司统一代扣代缴个人所得税 0.15 元)，股利由上海证券中央登记结算公司代理发放，通过股东托管证券商直接划入各股东账户。③国有法人股和其他法人股的派现红利款由公司按其指定的账户直接划入各法人股东。

派发股份及用资本公积金转增股本办法：本次派发股份和转增股本的股份由上海证券交易所通过计算机网络，根据股权登记目登记在册的股东的持股数按比例自动计入股东账户。

(6)本次派发股份和转增股份后的股本结构见表 9-5(保留两位小数)。

表 9-5　股份派发、转增前后的股本结构表

占总股本比例/%	股份种类	派发股份和本次派转增股本前/股	本次转发股份/股	增股本/股	派发股份和转增股本后/股
54.25	国有法人股	130 958 110	39 287 433	39 287 433	209 532 976
5.68	法人股	13 709 300	4 112 790	4 112 790	21 934 880
40.07	公众股	96 712 880	29 013 864	29 013 864	154 740 608
100.00	合计	241 380 290	72 414 087	72 414 087	386 208 464

(7)本次派发股利、红利及用资本公积金转增股本后，按新股本摊薄计算的 2004 年度每股净收益为 0.318 元。

分析提示：

1. 该公司采用的是哪种股利分配政策？对公司及股东的影响如何？

2. 股东大会以 100% 赞成票通过了利润分配方案和公积金转增股本方案，以逐项表决方式通过了 2005 年配股预案，其中仅以 10.6% 的赞成票通过配股比例和配售总额，反映出什么问题和现象？

(资料来源：汤谷良. 财务案例研究. 北京：中央广播电视大学出版社，2008。作者引用时有改动)

第十章

公司价值评估

公司价值评估是财务估价的一种特殊形式，是公司进行财务管理的重要工具之一，具有广泛的用途，是现代财务的重要组成部分。公司价值评估是一种经济评估方法，进行公司价值评估的目的是分析和衡量公司的公平市场价值，并为投资者和公司管理层制定决策提供有关的数据资料。

进行公司价值评估并不是要求确切的计算公司的价值，而是通过公司价值的评估过程为制定投资决策、进行战略管理以及以公司价值认定为基础的管理提供决策所必要的信息，是对处于持续经营状态下的公司所进行的价值评估。

【重要概念】 公司价值　自由现金流量估价法　EVA估价法　市盈率估价法

■第一节 公司价值评估概述

一、 公司价值评估的对象

公司价值评估的一般对象是公司整体的经济价值。公司整体的经济价值是指将公司作为一个整体的公平市场价值。

(一)公司整体价值的特征

1. 整体不是各部分价值的简单加总

公司作为整体虽然是由各部分组成，但是公司整体价值却不是各部分价值的简单相加，而是一种带有一定财务协同效应的有机结合。这种带有财务协同效应的有机结合，使得公司总体具有单一各组成部分所不具备的整体功能，为此，公司整体价值不等同于各部分的价值之和。例如，一台由多个零部件所组装而成的设备，在各种零件的有机结合的条件下，使得设备具有了一项复杂的整体功能，而这种功能是任何单一一个零部件都无法独立完成的，所以设备的价值不等同于各零部件价值的累加。

从财务管理的角度看，公司的整体性功能表现为它可以通过特定的生产经营活动为公司增加财富、创造价值，这是任何单项资产所不具备的。公司是各种资源按独特的方式结合而成的，各种资源的结合方式不同就产生了不同财务效率的公司。

2. 公司整体价值取决于资源的结合方式

公司整体价值的大小取决于资源的结合方式，只有公司内部各资源之间实现有机结合时，才能使公司成为一个高效的有机整体。各部分之间的有机结合方式、协同效果，是公司形成整体价值的关键。因此，公司资源的重组——即改变各要素之间的结合方式，能够在一定程度上改变公司的功能和效率，从而影响公司的整体价值。

3. 部分价值只有融入整体中才能充分发挥其价值

公司是整体和部分的统一体。部分构成整体，整体控制部分。公司的一个部门在公司整体中发挥它的特定作用，一旦将其从整体中剥离出来，它就将丧失在公司内的价值，而具有了另外的意义。公司的有些资源是可以剥离并单独存在的；有些资源是不能单独存在的，如商誉。那些可以单独存在的部分一旦被剥离出来，其功能也将会有别于该资源作为公司一部分的功能和价值，剥离后的公司效能、价值也会不同于原来的公司。

4. 公司整体价值是在具体运营中表现出来的

公司的整体功能只有在运行中才能得以体现。公司是一个运行着的有机体，一旦成立就有了独立的"生命"和特征，并维持它的整体功能。如果公司停止运营，整体功能将随之丧失，此时公司的价值将会是这些资产的可变现价值，即清算价值。

(二) 公司的公平市场价值

公平市场价值是经济学家所持有的价值观念。它是指一项资产的经济价值，通常用该资产所产生的未来现金流量的现值来计量。公司的公平市场价值不同于会计价值。

所谓"公平的市场价值"，是指在公平交易中，信息对称的双方，自愿进行资产交换或债务清偿时的金额。资产被定义为能够带来未来经济利益的资源。所谓"带来未来经济利益"，其实就是获取可控现金的流入。资产就是未来可以带来现金流入量的资源。由于不同时点的货币资金量不具备可比性，需要利用时间价值的原理折算成现值来进行对比，因此资产的公平市场价值就是指运用该资产所能够产生的未来现金流入量的现值。

公平市场价值不同于现实市场价值。现实市场价值是指按现行市场价格计量的资产价值，它可能是公平的，也可能是不公平的。因为对公司整体而言不存在活跃市场，交易双方存在严重的信息不对称，因而现实市场价值不一定是公平市场价值。

二、 公司整体价值的种类

公司整体价值按照估价的角度不同，可以分成实体价值和股权价值。

公司全部资产的总体价值，称为"公司实体价值"。公司实体价值是股权价值与债务价值之和。

公司实体价值＝股权价值＋债务价值

公司实体价值与股权价值的差别在公司并购过程中表现得尤为突出。当一家公司收购另一家公司时，可以只收购对方的资产，而不承担其债务；或者在购买对方公司股份的同时承担其债务。例如，A公司以50亿元的价格买下了B公司的全部股份，并承担了 B 公司原有的 5 亿元的债务，则 A 公司本次收购行为的经济成本就是 55 亿元。对于 A 公司的股东来说，他们不仅需要支付 50 亿元现金(或者以价值 50 亿元的股权换取 B 公司的股权)，而且还要以书面契约的形式承担并偿还 5 亿元债务。实际上他们需要支付 55 亿元，50 亿元现在支付，另外 5 亿元将来支付，意味着他们共使用 55 亿元购买了 B 公司的全部资产。由此可知，公司的实体价值与股权价值是不等同的。

公司财务中的股权价值不是会计意义上的所有者权益的账面价值，而是股权的公平市场价值。同样，债务价值也不是它们的账面价值，而是债务的公平市场价值。

大多数公司购并是以购买股份的形式进行的，因此评估的最终目标和双方谈判的焦点是卖方的股权价值。但是，买方的实际收购成本等于股权成本加上所承担的债务。

三、 公司价值评估的方法

(一)自由现金流量估价法

自由现金流量估价法的基本思想是任何资产的价值是其所能产生的未来净现金流量的现值。

公司也可被看做一项资产，公司具有资产的一般特征。但是它又与一般的实物资产有区别，是一种特殊的资产。第六章介绍过项目投资评价，项目投资评价是实物资产范畴的价值评估。公司价值评估与项目价值评估既有联系又有区别。

从某种意义上看公司也是一个大的项目，是一个由若干个投资项目组成的项目组合。因此，公司价值评估与投资项目评估有许多相似之处，主要表现在：

(1)无论是公司还是投资项目，都可以给投资主体带来未来净现金流入量，现金流入量越大则经济价值越大。

(2)它们的现金流量都带有一定的不确定性，其价值衡量都要考虑风险因素。

(3)它们的现金流都是在不同时点陆续产生的，其价值计量都要考虑时间价值。

因此，可以使用项目投资的折现现金流量法对公司价值进行评估。净现值不过是项目产生的公司价值增量，它们在理论上是完全一致的。

公司价值评估与项目价值评估也有许多明显区别，主要表现在：

(1)投资项目的寿命是有限的，而持续经营状态下的公司寿命是无限的。

(2)典型的项目投资有稳定的或下降的现金流，而公司通常将收益再投资并产生增长的现金流，它们的现金流分布有不同特征。

(3)项目产生的现金流属于投资人，而公司产生的现金流仅在管理层决定分配它们时才流向所有者，如果管理层决定向较差的项目投资而不愿意支付股利，则少数股东除了将股票出售外别无选择。这些差别，也正是公司价值评估比项目评价更困难的原因，或者说是现金流量折现模型用于公司价值评估需要解决的问题。

(二)EVA 估价法

EVA(economic value added，即经济利润)是指从超过投资者要求的报酬率中得来的价值，也称经济增加值。

$$经济利润＝投资资本×（投资资本报酬率－加权平均资本成本）$$
$$＝投资资本×投资资本报酬率－投资资本×加权平均资本成本 \quad (10\text{-}1)$$
$$＝息前税后营业利润－资本费用$$

与经济利润相对的是会计利润。两者的主要区别在于经济利润扣除了股权资本费用，而不仅仅是债务费用；会计利润仅扣除债务利息，而没有扣除股权资本成本。

公司价值评估的 EVA 估价法：

$$公司价值＝投资资本＋预计经济利润的现值 \quad (10\text{-}2)$$

该模型的基本原理是：如果每年的息前税后利润正好等于债权人和股东要求的收益，即经济利润等于零，则公司的价值没有增加，也没有减少，仍然等于期初的投资资本。

经济利润模型越来越受到重视，逐步成为最受推崇的方法，不仅得到理论家的赞同，而且许多有影响的咨询公司也在实务中使用这类模型。

（三）市盈率估价法

市盈率是指公司的每股股价与公司同期每股收益之比。

$$市盈率＝\frac{每股股价}{每股收益} \quad (10\text{-}3)$$

因此，在市盈率估价法下，公司的股权价值与净利润之间的关系表现为

$$股权价值＝市盈率×净利润 \quad (10\text{-}4)$$

该模型的基本原理是：股票市价总是表现为每股净利的一定倍数。每股净利越大，则股票价值越大。同类公司有类似的市盈率，所以目标公司的股权价值可以用每股净利乘以可比公司的平均市盈率来进行计算。但是，模型的应用需满足一定的前提条件，具体内容见第十章第四节。

第二节　自由现金流量估价法

自由现金流量估价法是目前公司价值评估中使用最广泛、理论发展最健全的估价方法。

一、自由现金流量的含义

"现金流量"是指各期的预计现金流量。不同资产投资产生的未来现金流量表现内容各不相同，债券投资现金流量的内容是债券利息和本金；项目投资现金流量的内容是项目投资引起的增量现金流量；公司价值评估现金流量的内容是公司实体现金流量。

实体现金流量是公司全部现金流入扣除成本费用和必要的投资后的剩余部分，它是公司在一定期间内可以提供给所有投资人（包括债权人和股东）的税后现金流量。公司实体现金流量可以分为自由现金流量和非营业现金流量两部分。自由现金流量是营业活动产生的税后现金流量，公司可以根据筹资政策和股利分配政策自由决定如何支配。非营业现金流量是公司非营业活动产生的税后现金流量，包括非持续的现金流量、非常项目

及对非关联公司投资活动的税后现金流量。

自由现金流量决定了公司的营业价值，非营业现金流量决定了公司的非营业价值。

公司总价值＝营业价值＋非营业价值

　　　　＝自由现金流量现值＋非营业现金流量现值　　　　　　　　　(10-5)

在公司价值评估中，由于评估的是公司整体在持续经营条件下的公平市场价值，因而使用的现金流量为实体自由现金流量。并且多数情况下，非营业现金流量数额相对较小，或者不具有可持续性，因此可以将其忽略不计。当然，如果其数额较大并具有可持续性，就应当将其纳入评估范围。

二、　自由现金流量的估计

未来自由现金流量的数据需要通过财务预测才能取得。

(一)预测销售收入和销售成本

预测销售收入是全面预测的起点，大部分财务数据与销售收入有内在联系。为简化起见，【例 10-1】中的财务预测数据建立在已知现实财务数据和未来增长率的前提下。以 ABC 公司 20×1 年的数据为例，说明主要项目的估算过程。

【例 10-1】　ABC 公司 20×1 年的基本财务信息资料如下：销售收入 500 万元，主营业务成本占销售收入 70%，营业、管理费用占销售收入 8%，折旧占销售收入 5%，短期债务利息率为 4%，长期债务利息率为 8%，所得税平均税率为 25%。ABC 公司非营业损益、非营业资产和非营业现金流量为零。20×1 年年末，固定资产净值为 200 万元，计提折旧金额为 200 万元；股东权益合计金额为 404 万元，其中未分配利润为 80 万元。预计 20×2 年销售收入将会增长 10%，则 ABC 公司有关财务数据预测如下：

1. 预计销售收入

$$销售收入 = 500×(1+10\%) = 550(万元)$$

2. 预计成本、费用和支出

根据预计销售收入和成本费用销售百分比，可以估计主营业务成本、营业和管理费用以及折旧费。ABC 公司的主营业务成本占销售收入 70%，营业、管理费用占销售收入 8%，折旧占销售收入 5%。

$$主营业务成本 = 550×70\% = 385(万元)$$
$$营业费用和管理费用 = 550×8\% = 44(万元)$$
$$折旧费用 = 550×5\% = 27.5(万元)$$

(二)预计需要的营业资产

营业流动资产是指流动资产减去无息流动负债后的余额，它是投资人提供的流动资本数额。根据预计销售额和各项营业资产占销售收入的百分比，可以估计各项营业资产的需用金额。ABC 公司各营业资产占销售收入的百分比资料见表 10-1。

表 10-1　各项营业资产占销售收入百分比表（单位：%）

项目	货币资金	应收账款	存货	其他流动资产	应付账款	其他流动负债
占销售比重	1	20	20	4	9	1

$$货币资金 = 550 \times 1\% = 5.5（万元）$$
$$应收账款 = 550 \times 20\% = 110（万元）$$
$$存货 = 550 \times 20\% = 110（万元）$$
$$其他流动资产 = 550 \times 4\% = 22（万元）$$
$$应付账款 = 550 \times 9\% = 49.5（万元）$$
$$其他流动负债 = 550 \times 1\% = 5.5（万元）$$
$$营业流动资产 = 流动资产 - 无息流动负债$$
$$= 5.5 + 110 + 110 + 22 - 49.5 - 5.5$$
$$= 192.5（万元）$$

或者，
$$营业流动资产 = 销售收入 \times （流动资产占销售百分比 - 无息流动负债占销售百分比）$$
$$= 550 \times （1\% + 20\% + 20\% + 4\% - 9\% - 1\%）$$
$$= 192.5（万元）$$

预测假设固定资产净值随销售增长，其销售百分比为 40%。
$$固定资产净值 = 550 \times 40\% = 220（万元）$$

"折旧提取"的数额要与预计利润表的"折旧费"衔接：
$$累计折旧 = 上年累计折旧 + 本年提取折旧 = 200 + 27.5 = 227.5（万元）$$

固定资产原值根据"累计折旧"和"固定资产净值"求和得出
$$固定资产原值 = 固定资产净值 + 累计折旧 = 200 + 227.5 = 427.5（万元）$$
$$营业资产合计 = 营业流动资产 + 营业固定资产净值 + 营业其他长期资产 -$$
$$无息长期负债$$

若 ABC 公司没有其他长期资产和无息长期负债，所以，
$$营业资产 = 营业流动资产 + 营业固定资产净值$$
$$= 192.5 + 427.5 = 620（万元）$$

营业资产与非营业资产的合计称为"投资资本"。在忽略非营业资产的情况下，营业资产等于投资资本。

投资资本是总资产扣除无息负债后的净额，因此也称"总资产净额"。它是债权人投入的有息负债和股权投资人投入的资金，应与"有息负债及所有者权益"合计相等。

(三)预计所需的融资额

预计得出的投资资本是全部的筹资需要，如何筹集这些资金取决于公司的筹资政策。

ABC 公司的目标资本结构是有息负债占投资资本的 30%，其中短期负债占投资资本 20%，长期负债占投资资本 10%。公司采用剩余股利政策，需要筹集资金时按目标

资本结构配置留存利润(权益资本)和借款(债务资本),剩余的利润分配给股东。如果当期利润小于需要筹集的权益资本,在"应付股利"项目中显示为负值,表示需要向股东筹集的现金(增发股本)数额。如果有剩余现金,按目标资本结构同时减少借款和留存利润,公司不保存多余现金。在这种情况下,全部股权现金流量都作为股利分配给股东,股利现金流量和股权现金流量是相同的。

$$短期借款=投资资本×短期借款比例=620×20\%=124(万元)$$
$$长期借款=投资资本×长期借款比例=620×10\%=62(万元)$$
$$股东权益=投资资本-借款=620-(124+62)=434(万元)$$

或者

$$股东权益=620×(1-30\%)=434(万元)$$
$$股东权益增加(权益筹资)=期末股东权益-期初所有者权益$$
$$=434-404=30(万元)$$

公司也可以采取其他的融资政策,例如采用固定的股利支付率政策等。在公司采用不同的股利分配政策下,股权现金流量的计算方法不同。由于公司先发放现金股利,而后判断股东应当向公司投入多少现金,因此股权现金净流量为净利润减股权净投资。

【例 10-2】　ABC 公司采用固定股利支付率政策,20×1 年公司股东权益总额为 8 200 万元,预计实现净利润 1 000 万元,公司的目标资本结构与目前的资本结构相同,有息负债占投资资本的 40%。公司在进行股利分配时采用固定股利分配政策,股利分配率为当年净利润的 30%。预计公司 20×1 年投资资本的金额为 15 000 万元,根据公司有关的财务政策得出

$$有息负债=投资资本×有息负债比例=15\,000×40\%=6\,000(万元)$$
$$股东权益=投资资本×权益比率=15\,000×60\%=9\,000(万元)$$
$$股东权益增加(权益筹资)=期末股东权益-期初所有者权益$$
$$=9\,000-8\,200=800(万元)$$
$$股权现金净流量=净利润-股权净投资=1\,000-800=200(万元)$$

(四)其他需要估计的数据

1. 预计财务费用

ABC 公司的财务费用是根据当期期末有息债务和预期利率预计的。

$$财务费用=短期借款×短期利率+长期借款×长期利率$$
$$=124×4\%+62×8\%$$
$$=4.96+4.96$$
$$=9.92(万元)$$

2. 预计股利和年末未分配利润

在确定了财务费用之后,就可完成净利润的预计:

$$利润总额=主营业务收入-主营业务成本-营业和管理费用-折旧费-财务费用$$
$$=550-385-44-27.5-9.92=83.58(万元)$$
$$净利=利润总额-所得税$$

$$=83.58-83.58\times25\%$$
$$=83.58-20.90$$
$$=62.68(万元)$$

股利＝本年净利－内部筹资
$$=62.68-30=32.68(万元)$$

将上述金额数填入 20×2 年的资产负债表相应栏目，然后完成资产负债表其他项目的预计。

年末股东权益＝期初股东权益＋本期留存收益
$$=404+30=434(万元)$$

有息负债及股东权益＝有息负债十股东权益
$$=186+434=620(万元)$$

(五)预计现金流量

实体现金流量＝营业现金净流量－资本支出
　　　　　　　＝(营业现金毛流量－Δ营业流动资产)－资本支出
　　　　　　　＝(息前税后营业利润＋折旧与摊销)－Δ营业流动资产－资本支出
　　　　　　　＝EBIT×(1－所得税税率)＋折旧与摊销－Δ营业流动资产－资本支出

另一种方法是加总全部投资人的现金流量：

　　实体现金流量＝普通股权现金流量＋债权人现金流量＋优先股现金流量

优先股现金流量与债权人现金流量有类似性。为了简化，下面不再讨论优先股问题，即假设公司没有优先股。与此同时普通股股权现金流量简称股权现金流量。

同时用以上两种方法计算实体现金流量并进行核对，可以减少差错。下面以 20×1 年的数据为基础，说明各项目的具体计算过程。

1. 息税前营业利润(EBIT)

息税前营业利润是指已含利息，没有扣除所得税的营业利润。

EBIT＝主营业务收入－主营业务成本＋其他业务利润－营业和管理费用－折旧

20×2 年 EBIT ＝ 550－385＋0－44－27.5＝93.5(万元)

其中营业利润是指营业活动产生的利润，即销售产品和提供劳务取得的利润。它不包括对外投资损益、利息损益(财务费用)和营业外收支等与营业活动没有直接关系的"非营业损益"。

2. 息前税后营业利润

息前税后营业利润是指已经扣除所得税，但未扣除利息的营业利润。

　　　息前税后营业利润＝息税前营业利润－息税前营业利润所得税

上式中的"息税前营业利润所得税"，是指息税前营业利润应当负担的所得税。在价值评估中使用税后的资本成本作折现率，根据现金流量与折现率的匹配原则，现金流量也必须是税后的。因此，在计算现金流量时要扣除其应负担的所得税。

计算息前税后营业利润所得税有两种方法。

(1)平均税率法。如果各项应税所得的实际税率相差不多，可以使用平均税率计算息税前营业利润应负担的所得税。

息税前营业利润所得税＝息税前营业利润×平均所得税税率

20×2年息税前营业利润所得税＝93.5×25％＝23.38(万元)

20×2年息前税后营业利润＝93.5－93.5×25％＝70.13(万元)

这种算法，实际上是将所得税平均分摊到营业损益和其他损益，而不管其实际税率的差别，分摊的结果并不精确。由于税法对不同应税项目规定有不同税率，并且有许多不可扣除项目和税收优惠，比较准确的计算方法是使用所得税调整法。

(2)所得税调整法。所得税调整法是以公司的全部所得税为基础，扣除利息应计所得税(通常是利息支出减少所得税)，得出息税前营业利润应当负担的所得税。

息税前营业利润所得税＝所得税额＋利息支出抵税

20×2年息税前营业利润所得税＝93.5×25％＋9.92×25％＝25.86(万元)

20×2年息前税后营业利润＝93.5－25.86＝67.64(万元)

如果利息的适用税率与营业利润有显著不同，则两种方法的计算结果会有较大差别。

息前税后营业利润也可以通过净利润调节，即间接法计算：

20×2年息前税后营业利润＝净利润＋税后利息费用

＝62.68＋9.92×(1－25％)

＝62.68＋7.44＝70.12(万元)

3. 营业现金毛流量

"营业现金毛流量"是指在没有资本支出和营业流动资产增长的情况下，公司可以提供给投资人的现金流量总和，也称"常用现金流量"。

营业现金毛流量＝息前税后营业利润＋折旧与摊销

20×2年的营业现金毛流量＝70.12＋27.5＝97.62(万元)

上式中的"折旧与摊销"是指在计算利润时已经扣减的固定资产折旧和长期资产摊销数额。它们虽然也是可以减税的项目，但是本期并未支付现金。"折旧与摊销"包括计提长期资产减值准备、固定资产折旧、无形资产和长期待摊费用摊销。

4. 营业现金净流量

营业现金净流量是指营业现金毛流量扣除营业流动资产增加后的剩余现金流量。如果公司没有资本支出，即是可以提供给投资人(包括股东和债权人)的现金流量。

营业现金净流量＝营业现金毛流量－营业流动资产增加

20×2年营业现金净流量＝97.62－(550－500)×(45％－10％)

＝82.62(万元)

本例题的"营业现金净流量"与按现行会计制度编制的现金流量表中的"经营活动产生的现金流量净额"不同。首先，它们包含的损益范围不同。"经营活动产生的现金流量净额"的损益范围是"经营活动"损益，包括罚款支出、非常损失、罚款净收入等营业外损益。"营业现金流量净额"仅仅包括营业损益，不包括营业外损益。其次，它们的所得税扣除数不一样。"经营活动产生的现金流量净额"将公司全部所得税(包括筹资、投资损益和其他营业外损益所得税)作为经营现金流出予以扣除，而"营业现金净流量"仅仅扣除了"息税前营业利润"应负担的所得税。

5. 实体现金流量

实体现金流量是营业现金净流量扣除资本支出后的剩余部分。它是公司在满足营业活动和资本支出后,可以支付给债权人和股东的现金流量。

实体现金流量＝营业现金净流量－资本支出

20×2年实体现金流量＝82.62－20－27.5＝35.12(万元)

上式中的"资本支出",是指用于购置各种长期资产的支出,减去无息长期负债增加额。长期资产包括长期投资、固定资产、无形资产和其他长期资产。无息长期负债包括各种不需要支付利息的长期应付款、专项应付款和其他长期负债等。购置长期资产支出的一部分现金可以由无息长期负债提供,其余的部分必须由公司实体现金流量提供(扣除)。因此,营业现金净流量扣除了资本支出,剩余部分才可以提供给投资人。

为了简化,本例题假设ABC公司没有其他长期资产和无息长期负债,因此资本支出等于购置固定资产的支出,即等于固定资产净值增加与本期折旧之和。

三、 公司价值的估算

【例10-3】 假设ABC公司20×2～20×6年的实体现金流量分别为35.12、10、18、27、32万元,加权平均资本成本是10%,用它作为折现率将各期实体现金流量折现可以得出公司实体价值,扣除债务价值后可以得出股权价值。有关计算结果如表10-2所示。

表10-2 计算结果

项目	20×1年	20×2年	20×3年	20×4年	20×5年	20×6年
实体现金流量/万元		35.12	10	18	27	32
平均资本成本/%		10	10	10	10	10
预测期现金流量现值/万元	91.69	31.60	8.26	13.52	18.44	19.87
销售增长率/%						5
固定增长期价值/万元	259.10					417.259 5
实体价值/万元	350.79					

20×1年现金流量现值＝$\sum$各期现金流量现值＝63.099 1(万元)

后续期现金流量在第五期期末的价值＝现金流量$_{t+1}$÷(资本成本－现金流量增长率)

＝19.87×(1＋5%)÷(10%－5%)

＝417.30(万元)

后续期现值＝后续期现金流量在第五期期末的价值×(1＋10%)$^{-5}$

＝417.30×0.620 9＝259.10(万元)

公司实体价值＝预测期现金流量现值＋后续期现值

$$=91.69+259.10$$
$$=350.79(万元)$$

四、 自由现金流量估价模型的应用

根据公司在未来发展中表现出的增长模式的不同，其不同时期的自由现金流量的数量变化规律也有所不同，按照变动趋势划分，可以将自由现金流量估价法分为三种具体应用模式，分别是现金流量永续增长模式和分阶段增长模式，其中分阶段增长模式又分为两阶段增长模式和三阶段增长模式。

(一)现金流量永续增长模式

该模式假定公司有能力保持现状不变，即公司不打算增发新股、不改变现有的财务政策(保持现有的资本结构、股利分配政策和股利分配方式)，保持现有的运营状况(保持现有的销售净利率、资产周转率)。在这种情况下，公司将处于长期稳定、可持续增长状态。此时，公司的价值可以用式(10-6)表达：

$$公司价值=\frac{下期自由现金流动}{加权平均资本成本-永续增长率} \tag{10-6}$$

【例 10-4】　ABC 公司预计将进入稳定增长阶段，今后业务量和公司自由现金流量将保持同步增长态势。经有关专家预测，公司稳定增长率将达到 5%，目前公司的加权平均资本成本为 10%，预计下期自由现金流量为 29.55 万元。则该公司的内在价值为

$$P=\frac{29.55}{10\%-5\%}=591(万元)$$

(二)现金流量分阶段增长模式

1. 现金流量分两阶段增长模式

该模式适用于公司从成长期步入成熟期的公司价值评估。两阶段增长表明公司的自由现金流量最初处于高速增长阶段，历经几年的市场竞争转入稳定增长阶段。此时，公司价值会由两阶段自由现金流量的现值共同决定。

【例 10-5】　某公司预计在未来的五年内业绩状况将会由目前的高速增长期步入稳定发展期。受公司经营业绩的影响，公司的自由现金流量也将会由高速增长阶段转入稳定增长阶段。有关数据资料如下：公司高速增长阶段增长率将会达到 20%，持续五年后公司将会转入稳定增长阶段，增长率为 3%。公司目前的自由现金流量为 1.00 万元，公司预计有能力保持目前的资本结构不变，在目前资本结构下，公司的加权平均资本成本为 15%。该公司的价值确定如下：

公司价值=高速增长期自由现金流量的现值+稳定增长期自由现金流量的现值

高速增长期自由现金流量的现值：

$$\frac{1.2}{(1+15\%)^1}+\frac{1.44}{(1+15\%)^2}+\frac{1.73}{(1+15\%)^3}+\frac{2.07}{(1+15\%)^4}+\frac{2.49}{(1+15\%)^5}=5.56(万元)$$

稳定增长阶段自由现金流量的现值：

$$\frac{2.49\times(1+3\%)}{(15\%-3\%)}\times\frac{1}{(1+15\%)}=21.37(万元)$$

公司价值＝5.56＋21.37＝26.93(万元)

2. 现金流量分三阶段增长模式

该模型适用于公司从不稳定期进入高速发展期进而转入稳定发展期的情况。其计算原理与两阶段增长模式相同。

公司价值＝非稳定期自由现金流量现值＋高速增长期自由现金流量现值＋稳定增长期自由现金流量现值

第三节　EVA 估价法

公司的理财目标是公司价值最大化，因此在运营过程中能否实现价值的增值显得尤为重要。考察公司价值增加最直接的方法是计算其市场增加值。

市场增加值＝公司市值－总资本

公司市值是投资人按当时的市价出售公司可获得的现金流入，包括股本市值和债务市值。总资本是指投资人投入公司的总现金，包括股权资本和债务资本。但是，在日常决策中很少使用市场增加值。一个原因是，只有上市公司才有市场价格，才能计算市场增加值，而上市公司只是少数；另一个原因是，短期股市总水平的变化大于公司决策对公司价值的影响，股市行情湮没了管理作为。

经过大量的实证研究发现，经济利润(或称经济增加值、附加经济价值、剩余收益等)可以解释市场增加值的变动。经济利润不是什么新的理论，它的大部分内容已存在很长时间。现实中日益严重的代理问题，使它成为越来越热门的理财思想。它的优势之处在于能将投资决策、业绩评价和奖金激励统一起来。把公司的目标定位为增加经济利润，并用经济利润的增加作为投资决策的标准和衡量经营业绩的尺度，奖金的发放也可以根据创造多少经济利润来确定。这就使得基于价值的管理变得简单、直接，具有了逻辑上的一致性。

一、 经济利润模型的原理

(一)经济利润的概念

经济利润是指经济学家所持的利润概念。虽然经济学家的利润也是收入减去成本后的差额，但是经济收入不同于会计收入，经济成本不同于会计成本，因此经济利润也不同于会计利润。

1. 经济收入

经济收入是指期末和期初同样富有的前提下，一定期间的最大花费。其中收入是按财产法计量的，如果没有任何花费则期末财产的市值超过期初财产市值的部分即是本期收入：

本期收入＝期末财产－期初财产

　　例如，某投资者年初有资产 8 万元，在年末升值为 10 万元，本年工资收入 4 万元，经济学家认为该投资者的全年总收入为 6 万元，其中包括 2 万元的净资产增值。

　　会计师则认为该投资者的全年总收入是 4 万元，2 万元的资产升值不能算收入，理由是它还没有通过销售而实现，缺乏记录为收入的客观证据。除交易频繁的资产外，绝大多数资产难以计量价值的期间变化。

　　会计师的做法有一个很麻烦的问题：如果把已经升值的资产出售，得到 10 万元，然后用 10 万元再将它们购回，则会计师承认资产的 2 万元增值收入实现了，投资者的年收入就是 6 万元了。这种虚假交易可以改变收入的做法，不仅和经济理论相矛盾，也很难被非专业人士理解和使用。许多公司正是利用会计的这一缺点操纵利润的。

　　2. 经济成本

　　经济成本不仅包括会计上实际支付的成本，而且还包括机会成本。例如，股东投入公司的资本也是有成本的，是本期成本的一部分，在计算利润时应当扣除。这样做的理由是，股东投入的资本是生产经营不可缺少的条件之一，并且这笔钱也不是没有代价的。股东要求回报的正当性不亚于债权人的利息要求和雇员的工资要求。会计师不确认对股东的应付义务，不将股权资本成本列入利润表的减项。其理由是没有证据表明应当支付给股东多少钱，会计师不做没有根据的估计。

　　3. 经济利润

　　计算经济利润的一种最简单的办法，是用息前税后营业利润减去公司的全部资本费用。复杂的方法是逐项调整会计收入使之变为经济收入，同时逐项调整会计成本使之变为经济成本，然后计算经济利润。斯特恩—斯图尔特公司设计了非常具体的经济增加值计算程序以及向经理分配奖金的模型，被许多著名的公司采用。

　　【例 10-6】 A 公司的期初投资资本为 1 000 万元，期初投资资本回报率（息前税后营业利润/投资资本）为 10%，加权平均资本成本为 9%，则该公司的经济利润为 10 万元。

经济利润＝息前税后营业利润－全部资本费用
　　　　＝1 000×10%－(1 000×9%)＝100－90＝10(万元)

　　计算经济利润的另一种办法是用投资资本回报率与资本成本之差，乘以投资资本。

经济利润＝期初投资资本×(期初投资资本回报率－加权平均资本成本)
　　　　＝1 000×(10%－9%)＝10(万元)

　　这种方法得出的结果与前一种方法相同，其推导过程如下：

经济利润＝税后净利润－股权费用
　　　　＝息前税后营业利润－税后利息－股权费用
　　　　＝息前税后营业利润－全部资本费用
　　　　＝期初投资资本×期初投资资本回报率－期初投资资本×加权平均资本成本
　　　　＝期初投资资本×(期初投资资本回报率－加权平均资本成本)

　　按照最简单的经济利润计算办法，经济利润与会计利润的区别是它扣除了全部资本的费用，而会计利润仅仅扣除了债务利息。

(二)价值评估的经济利润模型

根据现金流量折现原理可知,如果某一年的投资资本回报率等于加权平均资本成本,则公司现金流量的净现值为零。此时,息前税后营业利润等于投资各方的期望报酬,经济利润也必然为零,公司的价值与期初相同,既没有增加也没有减少。如果某一年的投资资本回报率超过加权平均资本成本,则公司现金流量的净现值为正值。此时,息前税后营业利润大于投资各方期望的报酬,也就是经济利润大于零,公司的价值将增加。如果某一年的投资资本回报率小于加权平均资本成本,则公司现金流量的净现值为负数。此时,息前税后营业利润不能满足投资各方的期望报酬,也就是经济利润小于零,公司的价值将减少。

因此,公司价值等于期初投资资本与经济利润现值之和:

公司价值＝期初投资资本＋经济利润现值

公式中的期初投资资本是指公司在经营中投入的现金:

全部投资资本＝所有者权益＋有息债务

＝(流动资产－无息流动负债)＋(长期资产净值－无息长期负债)

【例 10-7】 B公司年初投资资本 1 000 万元,全部为债务资本,年利率为 8%;预计今后每年可取得息前税后营业利润 100 万元,每年净投资为零,资本成本为 10%,则:

每年经济利润＝100－1 000×8% ＝20(万元)

经济利润现值＝20÷10% ＝200(万元)

公司价值＝1 000＋200＝1 200(万元)

二、 EVA 估价法的具体运用

(一)预测期经济利润的计算

【例 10-8】 C公司 20×2 年期初投资资本为 500 万元,20×2 年的息前税后营业利润为 75 万元,期初投资资本回报率为 15%,加权平均资本成本为 12%,则该公司 20×2 年度的经济利润为

经济利润＝(期初投资资本回报率－加权平均资本成本)×期初投资资本

＝(15%－12%)×500

＝ 3%×500

＝ 15(万元)

或者,

经济利润＝息前税后营业利润－期初投资资本×加权平均资本成本

＝75－500×12%

＝75－60

＝15(万元)

(二)后续期价值的计算

【例 10-9】 C 公司 20×5 年经济利润为 25 万元, 在 20×6 年进入永续增长的稳定状态, 以后每年递增 5%, 加权平均资本成本为 12%, 则 C 公司 20×6 年以后各年的经济利润的现值为

后续期经济利润在 20×6 年的价值＝后续期第一年经济利润÷(资本成本-增长率)

$$=25×(1+5\%)÷(12\%-5\%)$$

$$=375(万元)$$

后续期经济利润现值＝后续期经济利润在 20×6 年的价值×折现系数

$$=375×0.7118=266.93(万元)$$

(三)期初投资资本的计算

期初投资资本是指评估基准时间的公司价值。估计期初投资资本价值时, 可供选择的方案有三个: 账面价值、重置价值和可变现价值。**【例 10-8】** 采用的是账面价值。这样做的原因不仅仅是简单, 而在于它可靠地反映了投入的成本, 符合经济利润的概念。

不采用重置价值的原因主要是资产将被继续使用, 而不是真的需要重置。此外, 计算公式中使用的资产缺乏有效的公平市场, 其重置价值估计有很大的主观性。可变现价值在理论上是一个值得重视的选择。不过, 有两个原因妨碍了这种方法的实际应用。首先, 如果使用市价计量投资资本, 为保持计量的一致性, 结果必然是将每年的资产收益(存量资产升值)计入当年的经济利润。然而, 预计未来每年存量资产的市价变动是很难操作的。存量资产一般没有公开交易的市场, 预计的可靠性难以评估。其次, 事实上多数资产的变现价值低于账面价值, 在账面价值已经提取过减值准备的情况下, 使用账面价值不会导致严重的失真。当然, 如果通货膨胀严重, 资产的可变现价值超过账面价值很多, 并且能够可靠估计可变现价值的时候, 也可以采用变现价值。

(四)公司总价值的计算

公司的总价值为期初投资资本、预测期经济利润现值、后续期经济利润现值的合计。

【例 10-10】 接上例, C 公司期初投资资本账面价值是 500 万元, 以此作为投资资本。预计该公司从 20×3 年起连续 3 年每年能够获得 25 万元的经济利润, 20×6 年该公司的经济利润进入稳定增长期, 年增长率为 5%, 加权平均资本成本为 12%, 运用经济利润模型, 评估该公司总价值为

公司总价值＝期初投资资本＋预测期经济利润现值＋后续期经济利润现值

$$=500+25×PVIFA_{12\%,3}+266.92$$

$$=500+60.05+266.93$$

$$=826.98(万元)$$

■第四节　市盈率估价法

自由现金流量法和 EVA 估价法在理论上很完善，但是在应用时会遇到较多的技术性问题。有一种相对容易的估价方法，即相对价值法，其中运用得比较多的是市盈率估价法。这种方法是利用类似公司的市场定价来估计目标公司价值的一种方法。它的假设前提是存在一个支配公司市场价值的主要变量（如净利等）。关于市场价值与该变量（如净利等）的比值，各公司是类似的、可以比较的。

其基本做法如下：首先，寻找一个影响公司价值的关键变量（如净利）；其次，确定一组可以比较的类似公司，计算可比公司的市价、关键变量的平均值（如平均市盈率）；最后，根据目标公司的关键变量（如净利）乘以得到的平均值（平均市盈率），计算目标公司的评估价值。

相对价值法，是将目标公司与可比公司对比，用可比公司的价值衡量目标公司的价值。如果可比公司的价值被高估了，则目标公司的价值也会被高估。

实际上，所得结论是相对于可比公司来说的，以可比公司的价值为基准，是一种相对价值，而非目标公司的内在价值。

例如，公司准备购买一栋写字楼作为分支机构的办公场所，出售者报价 9 000 万元，如何评估这个报价呢？一个简单的办法就是寻找一个类似地段、类似质量的写字楼，计算每平方米的价格（价格与面积的比率），假设是 0.9 万元/平方米，公司拟购置的写字楼是 8 000 平方米，利用相对价值法评估它的价值是 7 200 万元，于是公司认为出售者的报价高了。公司对报价高低的判断是相对于类似写字楼说的，它比类似写字楼的价格高了。实际上，也可能是类似写字楼的价格偏低。这种做法很简单，真正使用起来却并不简单。因为类似写字楼与公司拟购置的写字楼总有"不类似"的地方，如写字楼所在地区的环境、房屋的装潢状况、楼层差价、购销双方的讨价还价的能力等因素。类似写字楼的价格也不一定是公平市场价格。准确的评估还需要对计算结果进行另外的修正，而这种修正要复杂得多，它涉及每平方米价格的影响因素问题。

现金流量法的假设是明确显示的，而相对价值法的假设是隐含在比率内部的。因此，市盈率估价法看起来简单，实际应用时却并不简单。

一、市盈率估价法的基本原理

相对价值模型分为两大类，一类是以股权市价为基础的模型，包括股权市价/净利、股权市价/净资产、股权市价/销售额等比率模型。另一类是以公司实体价值为基础的模型，包括实体价值/息前税后营业利润、实体价值/实体现金流量、实体价值/投资资本、实体价值/销售额等比率模型。本节只讨论一种最常用的方法——市盈率估价法。

（一）基本模型

市价与净利比率，通常被称为市盈率。

$$市盈率＝市价/净利＝每股市价/每股净利$$

运用市盈率估价模型进行估价时，

　　　　目标公司每股价值＝可比公司平均市盈率×目标公司的每股净利

　　　　目标公司价值＝目标公司每股价值×普通股股数

该模型假设股票市价总是表现为每股净利的一定倍数。每股净利越大，则股票价值越大。同类公司有类似的市盈率，所以目标公司的股权价值可以用每股净利乘以可比公司的平均市盈率来进行计算。

(二)模型原理

$$市盈率＝\frac{股价}{每股收益}$$

$$股价＝\frac{第一期股利}{股权成本－增长率}$$

将上述两式合并，可得

$$市盈率＝\frac{股利支付率}{股权成本－增长率} \tag{10-7}$$

式(10-7)表明，市盈率的驱动因素是公司的增长潜力、股利支付率和风险水平(股权资本成本)。只有这三个因素类似的公司，才会具有类似的市盈率。可比公司实际上应当是这三个比率类似的公司，同行业公司不一定都具有这种类似性。

在影响市盈率指标高低的三个因素中，最关键的因素是公司的增长潜力。所谓"增长潜力"类似，不仅指待评估公司与相似公司之间具有相同的增长率，还包括增长模式的类似性，例如，二者在评估期间都是处于永续增长的模式；或者都是处于由高速增长转为永续低增长的模式下。

上述内在市盈率模型是根据永续增长模型推导的。如果公司符合两阶段模型的条件，也可以通过类似的方法推导出两阶段情况下的内在市盈率模型。它比永续增长的内在市盈率模型形式复杂，但是仍然由这三个因素驱动。

(三)市盈率估价法的适用性

市盈率估价法的优点表现在以下三个方面。

(1)对评估公司而言，计算其市盈率的相关数据容易取得，并且市盈率指标计算比较简单。

(2)能够建立起公司股权价格和收益状况之间的内在联系，相对直观地反映了投入和产出之间的关系。

(3)在运用的过程中考虑了风险补偿率、公司的增长率、股利支付率对公司价值的影响，具有很高的综合性。

但是市盈率估价法存在一定的局限性，主要包括：

(1)要求目标公司——待评估公司必须具有一定的盈利能力，要求公司的收益为正值，即公司收益大于零；如果收益是负值，市盈率估价法就失去了意义。

(2)市盈率指标数值的高低，除了受公司自身基本面的影响以外，还会受到整个经济景气程度的影响。当整个经济处于繁荣期时，市盈率指标数值整体上升；当整个经济处于衰退期时，市盈率指标数值整体下降。如果目标公司的 β 值为1，则评估价值正确反映了对公司未来价值的预期。如果公司的 β 值显著大于1，在经济繁荣时期，公司的评估价值将会被夸大；而当经济处于衰退期时，公司的评估价值将会被缩小。如果 β 值明显小于1，经济处于繁荣期时，公司的评估价值整体偏低；当经济发展处于衰退期时，公司的评估价值整体偏高。如果被评估公司是一家带有明显周期性经营规律的公司，则公司价值可能会被歪曲。因为在不同的时期，公司的经营受周期性波动的影响，当期的收益水平很难公允地反映公司的平均收益能力，因而在采用该期的每股收益指标评估公司的价值时，将会在一定程度上歪曲公司的真实价值。

综上所述，市盈率估价法最适合于针对连续盈利，并且 β 值接近于1的公司的内在价值的评估。

(四)市盈率估价法应用举例

【例 10-11】　ABC 公司今年的每股净利是 0.5 元，分配股利 0.35 元/股，该公司净利润和股利的增长率都是 6%，β 值为 0.75。国债利息率为 7%，股票的风险附加率为 4%。D 公司与 ABC 公司是类似公司，今年实际净利为 1 元，则该公司的本期股利支付率、股权资本成本率、预期股价和市盈率各是多少？D 公司预期明年净利是 1.6 元/股，根据 ABC 公司的预期净利市盈率对 D 公司估价，其股票价值是多少？

ABC 公司股利支付率 = 每股股利/每股净利 = 0.35 ÷ 0.5 = 70%

ABC 公司股权资本成本 = 无风险利率 + β × 风险附加率 = 7% + 0.75 × 4% = 10%

ABC 公司股价 = 1 × 70% × (1 + 6%) ÷ (10% - 6%) = 18.55(元/股)

ABC 公司市盈率 = 18.55 ÷ 1 = 18.55

D 公司股票价值 = 目标公司预期每股净利 × 可比公司预期市盈率

　　　　　　　= 1.6 × 18.55 = 29.68(元/股)

通过【例 10-11】可知，如果目标公司的预期每股净利变动与可比公司相同，根据本期市盈率和预期市盈率进行估价的结果相同。值得注意的是：在估价时目标公司本期净利必须要乘以可比公司本期净利市盈率，目标公司预期净利必须要乘以可比公司预期市盈率，两者必须匹配。这一原则不仅适用于市盈率，也适用于市净率和收入乘数；不仅适用于未修正价格乘数，也适用于后面所介绍的各种修正的价格乘数。

二、 相对价值模型的应用

(一)可比公司的选择

相对价值法应用的主要困难是选择可比公司。通常的做法是选择一组同业的上市公司，计算出它们的平均市价比率，作为估计目标公司价值的乘数。根据前面的分析可知，市盈率取决于增长潜力、股利支付率和风险(股权资本成本)。选择可比公司时，需要先估计目标公司的这三个比率，然后按此条件选择可比公司。在三个因素中，最重要的驱动因素是增长率，应予以格外重视。处在生命周期同一阶段的同行业公司，大体上有类似的增长率，可以作为判断增长率的主要依据。如果符合条件的公司较多，可以进一步根据规模的类似性进一步筛选，以提高可比性的质量。

【例 10-12】　W公司是一家制造业公司，每股收益为 0.5 元，股票价格为 15 元/股。假设在制造业上市公司中，增长率、股利支付率和风险与 W 公司类似的公司有 6 家，它们的市盈率为 28.1。用市盈率法评估 W 公司的股价被市场高估了还是低估了？

由于股票价值＝0.5×28.1＝14.05(元/股)，而实际股票价格是 15 元，所以 W 公司的股票被市场高估了。

(二)修正的市盈率

当要求的可比条件较严格，或者同行业的上市公司很少的时候，经常找不到足够的可比公司。解决问题的办法之一是采用修正的市盈率。

在影响市盈率的诸驱动因素中，关键变量是增长率。增长率的差异是市盈率差异的主要驱动因素。因此，可以用增长率修正实际市盈率，把增长率不同的同业公司纳入可比范围。

修正市盈率＝实际市盈率/(预期增长率×100)

修正的市盈率，排除了增长率对市盈率的影响，剩下的部分是由股利支付率和股权成本决定的市盈率，可以称为"排除增长率影响的市盈率"。

此外，在得出评估价值后还需要全面检查评估的合理性。例如，公开交易公司的股票流动性高于非上市公司。因此，非上市公司的评估价值要减掉一部分。一种简便的办法是按上市成本的比例减少其评估价值。当然，如果是为新发行的原始股定价，该股票将很快具有流动性，则无须折扣。又如，对于非上市公司的评估往往涉及控股权的评估，而可比公司大多选择上市公司，上市公司的价格与少数股权价值相联系，不含控股权价值。因此，非上市公司的评估价值需要加上一笔额外的费用，以反映控股权的价值。

➤本章小结

公司价值评估的一般对象是公司整体的经济价值。公司整体的经济价值是指将公司作为一个整体的公平市场价值。公平的市场价值是指在公平交易中，信息对称的双方，自愿进行资产交换或债务清偿时的金额。在公司进行价值评估的实务中，主要估价方法有自由现金流量估价法、EVA 估价法、市盈率估价法。

自由现金流量估价法包括现金流量永续增长模式和分阶段增长模式，可以分为三种具体应用模式。EVA 估价法中，公司价值等于期初投资资本与经济利润现值之和。市盈率估价模型假设股票市价总是表现为每股净利的一定倍数。每股净利越大，则股票价值越大。同类公司有类似的市盈率，所以目标公司的股权价值可以用每股净利乘可比公司的平均市盈率来进行计算。

➤复习思考题

简答题：

1. 进行公司价值评估的目的是什么？

2.进行公司价值评估时，评估的对象是什么？

3.公平市场价值与会计账面价值有何不同？

4.进行公司价值评估的方法有哪些？

5.自由现金流量模型的基本原理和前提假设是什么？

6.EVA估价法的基本原理和前提假设是什么？

7.市盈率估价法的基本原理和前提假设是什么？

8.运用市盈率估价法的关键前提是什么？

计算题：

1.ABC公司拟以5 000万元的价格出售一全资子公司，具体的资金来源中管理者以现金1 000万元出资，其余款项来自于以公司全部资产作抵押的贷款，贷款年利率为10%，今后5年每年年末等额偿还本金，并支付每年年末未偿还本金的利息。公司目前的销售收入为20 000万元，预计该公司前五年每年的销售收入分别为20 000万元，21 000万元，22 000万元，23 000万元，24 000万元，销售息税前利润率为10%，固定资产增长和营运资金增长（设均发生在各年年末）占销售额增长的百分率分别为10%和5%，预计从第六年开始该子公司的自由现金流量将每年以2%的增长率增长，公司所得税率为25%，所有债务必须用收入偿还。投资人要求的最低报酬率为10%，分析该子公司能否顺利出售。

2.现代公司20×3年报告的净利润是86万元，EBIT是1 225万元，利息费用是1 000万元，资本支出1 172万元被等额折旧所抵消。20×3年的总收入为13 070万元，营运资本为220万元，据预测，20×4年到20×8年的增长率为8%，到20×9年，债务比率下降，资本成本变为12%，这一年的自由现金净流量估计为1 201.68万元，2004年的（EBIT－所得税）值为846.72万元，资本支出仍然和折旧等额，营运资本新增17.60万元，若20×9年前的资本成本为10%，要求计算：

(1)现代公司的后续期价值(已知20×9年以后增长率为6%)；

(2)现代公司的价值；

(3)若现代公司债务的市值为10 000万元，则股权价值是多少？

3.泰达公司20×4年投入资本1 885万元，投入资本收益率为23%，加权平均资本成本为8%，预计20×4年后，20×5～20×7年均保持资本成本不变，这三年的投入资本收益率预计分别为23%、22.7%、22.6%，预计20×5年年初投入资本1 830万元，20×6年、20×7年年初分别预计投入资本1 919万元、20×5万元。若投入资本额只按第一期预计数计算，试计算泰达公司的价值(假设无非营业价值，并且不考虑年中调整系数)。

4.某电缆厂在20×6年的基本情况如下：

(1)该公司未来5年预期利润总额分别为100万元、110万元、120万元、120万元、130万元；从第六年开始，利润总额将在第5年的基础上，每年比前一年度增长2%；

(2)该公司适用的所得税税率为25%；

(3)据查，评估基准日社会平均收益率为9%，无风险报酬率为4%，被评估公司所在行业的基准收益率为 9%，公司所在行业的平均风险与社会平均风险的比率（β）为 1.2；

（4）电缆厂生产比较平稳，将长期经营下去。

试评估该电缆厂的净资产价值。

5. 华海公司 20×6 年度销售收入为 10 000 万元，销售净利率为 10%，预计 20×7年公司的销售收入将增长 10%。该公司的营业流动资产占销售收入的 20%，资本支出占销售收入的 10%，折旧和摊销金额占销售收入的 5%。公司目前的资本结构是目标资本结构，负债占公司总资本的 40%，并且预计公司在未来能够按照 10% 的增长速度增长 5 年，而后进入持续增长期，增长率为 5%。若公司股权的资金成本为 10%，则运用现金流量折现模型评估公司股权的价值？

案例分析

盐田港的开发始于 1985 年，建港早期主要从事散杂货的装卸，年吞吐量为 75 万吨左右，开发者为深圳东鹏实业有限公司，1994 年更名为深圳盐田港集团有限公司（简称盐田港集团）。

1993 年 10 月，盐田港集团与和记黄埔盐田港口投资有限公司（简称和记港口）合资成立盐田国际集装箱码头有限公司，投入 60 亿元开发、经营盐田港一、二期集装箱码头，其中盐田港集团持有股权 27%，和记港口持有股权 73%。作为全球最大码头运营商的和记港口，事实上将盐田港作为国际集装箱中转业务的战略后备港。

1997 年 7 月，由盐田港集团作为独家发起人，对其部分资产及业务进行改组，以募集方式设立深圳市盐田港股份有限公司，上网公开发行 11 647 万 A 股，募集资金 64 亿元，在深圳证券交易所上市。在 2000 年以前，该公司主要收入来自于惠盐高速公路的通行收费，有关港口装卸和运输的业务所占比重很小。2000 年以后，通过实施资产重组，盐田港集团将 YICT（Yantian International Container Terminals，即盐田国际集装箱码头）的 27% 股权、长期债权以及梧桐山隧道 50% 股权注入盐田港股份，使之形成了以港口集装箱装卸业为龙头，以疏港高速公路和隧道营运业为支柱，以商品混凝土、仓储、运输业为配套的新型产业结构。

2000 年完成重组后，盐田港股份拥有 YICT、惠盐高速和梧桐山隧道三块优良资产，其利润的 80% 以上来自 YICT。1994～2004 年，YICT 的集装箱吞吐量持续高速增长，从 1.3 万元增长到 625.9 万元，增长速度在国内乃至全球都首屈一指。

对于 YICT 而言，由于具有较大的资金和技术优势，必然选择总成本领先战略，通过扩大生产规模、降低生产成本获得竞争优势。这是由港口天然的规模经济性质所决定的。

YICT 于 1997 年开始盈利。从单箱收益来看，收入由 1998 年的 531 港元上升到 645 港元，利润由 198 港元提高到 458 港元，在全国来看也是非常高的，这是交通部给予外商投资码头一定的定价自主权以及 YICT 本身高效率运营两方面共同作用的必然结果。

从 YICT 的净利润率来看，由 1997 年的 15% 增加到 2003 年的 70%，且利润增幅始终高于收入增幅，显示出非常明显的规模经济效益。不过从 2003 年开始，该公司的"五免"税收优惠期满，所得税率由 0% 提高到 7.5%，因此利润率将相应下降。

分析提示：

1. 税收政策的变化对 YICT 公司价值的影响表现在哪些方面？

2. 请分析 YICT 崛起的原因。

（资料来源：根据新浪网相关信息改写）

第十一章

公司重组

在市场经济条件下，优势公司要借势实现低成本的扩张和发展，而劣势公司则要以各种方式寻求出路、摆脱困境，这两种目标的有效结合，就形成了公司重组。公司是企业的一种较高组织形式，公司重组是企业重组的典范。本章将针对现代公司重组中的股权重组、资产重组、债务重组、员工重组以及管理重组等问题进行研究。

【重要概念】 公司重组　股权重组　资产重组　债务重组　管理重组

■ 第一节　公司重组的动因

一、 基于调整产业结构动因进行公司重组

出于这种动因进行重组的公司所占比例很大。资本重组成为现阶段公司战略性重组和产业结构调整的重要手段。它既是公司优胜劣汰的市场规律的需求，维护广大投资者利益的需要，也是国家产业整合的需要。我国国有公司中传统产业占多数，这类上市公司逐渐失去竞争优势，迫切希望通过资本重组实现产业调整和升级。因此，股东、管理层希望通过兼并收购等重组活动实现资本重构，完成生产经营活动的战略性调整。这在操作上也容易得到地方政府的支持。

二、 基于突出主营业务动因进行公司重组

在证券市场开设之初，综合类上市公司因从事多种经营可以分散风险曾受到市场的追捧。但随着时间的推移，由于本身不具有多元化经营的能力、主业不明，其业绩不断下滑。明晰主业、改善业绩成了这类公司进行重组最主要的动因。这类公司往往通过资产剥离和资产置换的方式来达到剥离非经营性资产、加强主营业务的目的，即采取收缩战略。

三、 基于追求规模经济动因进行公司重组

这类公司多处在成长期，产品市场空间较大，公司本身产能尚未达到经济规模，要

素投入的边际收益率高于社会平均利润率，而大规模生产的效益能带来规模经济。利用资本重组可以迅速获得已存在公司的生产经营能力和销售渠道，达到规模经济，追求规模经济使其具有更强的风险抗御机制，同时大公司具有庞大的资本规模，使其敢于对充满风险及各种不确定性的研究开发活动进行投资。

四、　基于政府意图进行公司重组

我国政府为鼓励公司重组，制定了许多财税、信贷方面的优惠政策。某些地方政府为利用中央提供的优惠政策，极力推动地方性国有公司的重组。在政府的推动和支持下，许多公司积极配合剥离不良资产，轻装上阵，优化资源配置，实现了公司重组的目的。

五、　基于多元化经营进行公司重组

公司为了实现扩张战略目标，除了进行主业扩张外，还选择向其他行业和领域发展。与主业扩张相比，实行多元化经营，具有可分散投资风险、易于向其他产业转型等优点。显然，通过资产重组方式实现多元化经营比重新投资立项要高效的多。

第二节　公司重组的类型

一、　公司重组的概念

公司重组指的是公司生产经营各要素的分拆、整合以及内部优化的过程。它的实质是产权经营，是产权的流动和转移。公司重组只是一种经济过程和手段，它的结果和物质内容是资源的再组合和配置优化，它的目的是为了更有效地进行公司制度创新，提高公司运行效率和竞争力。它是一个通过不同的法人主体的出资人所有权、法人财产权及债权人债权进行符合资本最大增值目的的相互调整和改变，对公司之间或单个公司的实业资产、金融资产、产权资产和无形资产进行分拆和整合的优化组合过程。

二、　公司重组的分类

公司重组的本质是对其生产力的重组，按照现代生产力理论，生产力诸要素是指公司的劳动者、劳动资料、劳动对象、生产管理等，所以公司重组是对这些要素的重组。按公司重组的本质，可划分如下：

(一)股权重组

在资本运营过程中，投资者在对资本市场状况进行分析的基础上，利用自身拥有的实物资产、金融资产、无形资产等资产形式，通过参股、控股、股权的相互转让与置换，实现资产在不同公司之间的重组，通过这种以公司产权为核心的股权重组，以期达到资本收益最大化的目的。

常用的股权置换方式包括以下几种。

（1）理论界关于股权置换方式的解释：第一种是并购方以其自身的股票作为支付方式与目标公司的股东手中的股票相交换实现并购。第二种是公司向股东提供新的证券、权证或选择权以交换股东手中拥有的公司证券、权证或选择权。第三种是指在公司股份总数不变的前提下，同一公司同一类股权（普通股）在不同股东之间股份的增减变化，如我国的国有股配售。

（2）经理层融资收购，又称"经理层（管理层）收购"，是指目标公司的经理层利用杠杆收购这一金融工具，通过负债融资，以少量资金投入收购自己经营的公司，从而改变本公司所有者结构、控制权结构和资产结构，进而达到重组本公司的目的，并获得预期收益的一种收购行为。它是杠杆收购的一种。

（3）股份回购是指股份有限公司通过一定的途径买回本公司发行在外的股份的行为。这是一种大规模改变公司资本结构的方式，是公司收缩技术中一种比较特别的手段。

（4）股票分割是指将证券市场发行的面值较大的股票，分割成多枚较小面值股票的行为，以促进股票的发行和流通。股票分割时，发行在外的股票数增加，使得每股面额降低，每股盈余下降，但股东价值不变，股东权益总额、股东权益各项目的金额及其相互间的比例也不改变。

其他的方式还有上市收购、参股等。

（二）资产重组

1. 资产重组的概念

关于资产重组的定义，理论界和实务界的人士站在不同的角度有多种不同的解释。广义的资产重组是指通过不同法人主体的法人财产权、出资人所有权及债权人债权进行符合资本最大增值目的的相互调整与改变，对实业资本、金融资本、产权资本和无形资本的重新组合，实质上就是公司重组。狭义的资产重组，是指会计学意义上的资产重组，即通过兼并、合并、收购、出售等方式，实现资产主体的重新选择和组合，优化公司资产结构，提高公司资产的总体质量，最终建立起符合市场要求的、更富有竞争力的资产组织体系。本章所研究的资产重组是指狭义的资产重组。

2. 资产重组的方式

资产重组可以采取多种途径和方式，主要有公司并购、公司收缩和资产置换等。

公司并购是现代经济发展中的一个突出现象，主要涉及经营项目的购入，其目的是增强公司的核心业务或主营项目。并购按采取的手段可分为兼并、合并、取得控制权三种；并购按其跨度可分为横向型并购、纵向型并购和混合型并购。

公司收缩是与公司并购相对应的重组形式，是把公司拥有的一部分资产、子公司、内部某一部门或分支机构转移到公司之外，从而缩小公司的规模，主要包括资产剥离、公司分拆、割股上市、股份回购以及定向股方式。作为对西方20世纪60年代混合并购浪潮反思的结果，公司收缩战略于80年代应运而生并迅速成为一种新兴的资本运营方式。90年代中后期，公司收缩战略在我国的资产重组实务中得到运用，例如，1997年深华源、哈医药、龙发股份、丽珠集团都采取资产剥离的方式进行收缩。

资产置换是公司间通过资产的相互交换，使资产结构更加符合各自的经营方针与策略。但从我国近几年资产重组中的资产置换实践看，资产置换实际上是上市公司与其背后的集团或大股东之间通过协议将其全部或部分劣质资产剥离出去，并由大股东或集团重新注入优质资产的行为，从根本上改变上市公司的资产结构，试图使绩效差的公司得到盈利的能力。同时，资产置换往往被上市公司当做扭亏、粉饰业绩的手段。

资产置换包括两种具体的方式：单纯的资产置换和伴随着股权变动的资产置换。单纯的资产置换不涉及股权的变动，只是出资者在其拥有控股权的公司之间进行法人财产权的调整。伴随着股权变动的资产置换的客体不仅限于资产，而且涉及与资产相应的负债和股权。我国资产置换案例中，大多为伴随股权变动的资产置换。

3. 资产重组的动因及资产重组方式的选择

资产重组的动因有外在动因和内在动因。外在动因主要有以下三个：一是来自当地政府的压力。地方政府为了发挥大型公司和上市公司对当地经济发展的推动作用，敦促甚至通过行政手段进行骨干公司的资产重组，尤其是上市公司的资产重组，从而利用资本市场的融资功能带动地方经济的发展。二是亏损严重、财务状况差的公司试图通过资产重组摆脱困境，对于上市公司来说，这类公司视资产重组为"保牌"战役。三是效益平平、净资产收益率三年平均不过10%的上市公司，通过资产重组保10%，视资产重组为一场"配股资格保卫战"。而内在动因主要来自出资者的压力以及管理层求生存谋发展的欲望。

外因和内因不是促成资产重组的两个不同的动力，而是融为一体成为资产重组的推动力。对于绩效良好的公司，本着居安思危的心理，依据公司生命周期理论和公司所呈现的生命周期特征，通过资产重组调整公司经营规模、产业结构和产品结构，最大限度谋求竞争优势。暂时处于经营劣势的公司将扭亏和脱贫作为腾飞的前奏。从长期目标看，所有公司进行资产重组都是相同的，但处于特定状况和特定经营阶段的公司，其阶段性目标存在着差别，从而决定着公司所采取的具体重组方式不同。

当公司需要通过扩大规模来获取规模经济或竞争优势时，通常采取并购方式。

当公司因扩张等原因造成规模的扩大超出一定限度，但又缺乏对新业务领域的管理经验而影响整体盈利水平甚至使经营处于颓势的情况下，管理层应该开始有计划地放弃一些与本行业联系不甚紧密、不符合公司长远发展战略、缺乏一定成长潜力的业务和资产，采取公司收缩的重组方式，培植主导产业和关联度强的产品。

由于行业原因，使主业经营陷入困境的公司或因资产低劣而在同行业缺乏竞争优势的公司通常采用资产置换的方式进行重组。

4. 资产重组的一般原则

(1)资产重组、债务重组和股权重组相结合原则。公司资产的来源由债权人和所有者提供，因此公司资产重组时，很可能涉及公司债务和所有者权益的变动，所以资产重组必须将三者结合进行，才能更好地发挥资产重组的作用。

(2)盘活存量资产原则。公司的资产重组行为是公司实现扩大再生产和走向集约化大生产的重要途径，因此资产重组时要对存量资产进行完全的清理和盘活，既要通过并购来实现资产规模的扩张，又要将一些不需用和经营效率低下的资产进行剥离，使资产能物尽其用。

（3）保值增值原则。防止资产流失，保障股东权益最大化。

（4）效益最佳原则。通过资产重组使公司建立明晰的产权关系，重组后的公司资产效益达到最佳水平。

（5）均衡原则。资产重组应对重组后各方的发展都更加有利。

（6）不竞争原则。重组后应避免各关联公司之间产生同业竞争和自相残杀。

（三）债务重组

1. 债务重组的概念

债务重组的概念有广义和狭义之分。广义的债务重组是指为了改变或解除债务人对存在债务的责任而采取的行动，但债务的消除或可转换债券转为股权除外。所有涉及修改债务条件的事项（包括修改债务的金额和时间）都应视作债务重组，包括债务人处于财务困难条件下的债务重组，也包括债务人正常情况下的债务重组，还包括债务人处于清算或改组时的债务重组。

狭义的债务重组是指 2006 年 6 月财政部发布的《企业会计准则——债务重组》规定的，是指在债务人发生财务困难的情况下，债权人按照其与债务人达成的协议或法院的裁定做出让步的事项。此时，债务人发生财务困难是重组的前提；而让步即债权人同意债务人现在或将来以低于重组账面价值的金额偿还债务，是其主要的特征；债权人做出让步，是指债权人同意发生财务困难的债务人现在或者将来以低于重组债务账面价值的金额或者价值偿还债务；债权人做出让步的情况主要包括债权人减免债务人部分债务本金或利息、降低债务人应付债务的利率等。以下主要研究狭义债务的重组。

2. 债务重组的分类

（1）持续经营条件下的债务重组。它是指债务重组双方在可预见的将来仍然会继续经营的情况下所进行的债务重组，分为债权人做出让步的债务重组和债权人未做出让步的债务重组。债权人做出让步的债务重组，即债权人同意债务人现在或将来以低于重组债务账面价值的金额偿还债务；而未做出让步的债务重组，即债务人现在或将来偿还债务的金额不低于重组债务的账面价值。

（2）非持续经营条件下的债务重组。它是指债务人处于破产清算或公司改组等状态时与债权人之间进行的债务重组。

3. 债务重组的方式

财政部公布的《企业会计准则——债务重组》规定，企业债务重组包括如下四种方式。

（1）以资产清偿债务。即债务人转让其资产给债权人以清偿债务的债务重组方式。

（2）债务转为资本。即债务人将债务转为资本，同时债权人将债权转为股权的债务重组方式。对股份公司而言，即将债务转为股本，对有限公司而言，即将债务转为实收资本。

（3）修改其他债务条件方式。是指修改不包括上述第一、第二种情形在内的债务条件进行债务重组的方式。该种方式包括债务展期、减免部分债务金额、调整债务利息等，由债务人和债权人经过协商，修改其中某一项或若干项债务条件。债务展期，即债权人同意延长到期债务的偿还期限。减免部分债务金额，即债权人同意债务人以偿还部分债务的形式来解决全部债务。

（4）以上各种方式的组合。主要包括如下几种：①以现金、非现金资产两种方式的组合清偿某项债务。②以现金、债转为资本两种方式的组合清偿某项债务。③以非现金资产、债务转为资本两种方式的组合清偿某项债务。④以现金、非现金资产、债务转为资本三种方式的组合清偿某项债务。⑤以资产、债务转为资本等方式清偿某项债务的一部分，并对该项债务的另一部分以修改其他债务条件进行债务重组。

4. 债务重组的一般原则

（1）真实性原则。它是指进行债务重组的公司，特别是债务人公司应当真实地提供财务状况报表及其他会计核算资料，做到数字真实、内容完整、资料可靠，不得通过债务重组来逃避债务，或损害债权人和所有者的利益。

（2）合法性原则。债务重组要符合《公司法》、《中华人民共和国民法通则》和财政部公布的《企业会计准则——债务重组》等会计准则。

（3）及时性原则。它包括三层含义：①债务债权双方对于债务重组所引起的经济业务应及时进行会计处理。②债务人应当及时向债权人提供公司财务状况的会计信息。③债权人有义务对债务人所提出的债务重组协议和方案及时做出反应。

（4）充分揭示原则。债务债权双方对债务重组经济业务引起的资金运动等信息予以充分揭示。

（5）互利互惠原则。债务重组要本着对债务人和债权人双方都有利的原则协商处理。

（四）员工重组

1. 人员的优化组合与管理

公司重组是各种生产要素的重新组合，而劳动者是生产要素之一，因此公司重组必然带来人员的重组。劳动者是生产要素中最活跃、最富有创造力的要素，生产资料的价值终究要靠人的智慧与能力去实现，所以做好人员的优化组合与管理、加强新组合的员工队伍建设是公司重组顺利进展与继续发展的保障。为此，重组公司应着手做好如下几项工作。

（1）做好重组双方公司员工的思想工作，统一思想，统一认识，使员工在感情上与重组后的公司融为一体。另外，重组后的公司应创建自己的公司文化，树立本公司的价值观念、运行机制及管理制度。

（2）选好管理人员。要使重组后的公司有较大的发展，必须从重组公司或向社会公开招聘精明能干、有管理才能、熟悉业务的管理人员。从干部到职工都明确公司的发展，必须立足于先进的管理，通过生产方式的变革推动资源的优化配置。

（3）充分调动重组公司员工的积极性，培养员工的主人公意识，设法留住有用人才。对于有管理和技术专长的人员，应给予合适的待遇，要及时了解和解决员工的困难，免除他们的后顾之忧，充分发挥每个人的聪明才智。另外，也可采取员工持股制度和经理股票期权制度，增强员工的参与意识，留住有才能的员工。

（4）建立优胜劣汰的用人机制。在用人制度上，坚持"能者上，庸者下"的原则，实行"双轮制"。一是聘任制，总经理层由董事会聘任，部分负责人由总经理聘用，一般管理人员由各部门经理聘任；二是招聘制，在公司或社会上公开招聘有用人才。

2. 下岗员工的安置

公司重组、精简人员，必然造成一些员工下岗，若简单地将下岗人员推向社会，就会造成这些人员失业，引起社会不安定。因此，有必要采取各种方式对下岗员工进行安置。

(1)引导下岗人员进入劳动力市场，实行自主型安置。大力发展劳动力市场，使劳动力的就业向市场型转变。

(2)建立再就业服务中心，实行过渡型安置。我国的公司大多是国有独资或国有控股的公司，富余人员较多。在我国现阶段社会保障体系不够完善，又不能将员工推向社会的情况下，建立再就业服务中心是比较稳妥的办法。再就业中心是一座桥梁，一头连着公司，一头连着市场，它具有单向流动性和过渡性特点。单向流动性是指员工进入再就业服务中心，不能流回原公司；过渡性是指员工进入再就业服务中心，不是在这里停留下来，而是要继续前进。

(3)建立再就业基地，实行扶持型就业。各地政府出面建立再就业基地，采取以工代赈的形势，吸纳下岗员工上岗再就业，这种方式属于创造新的岗位安置人员就业。

(4)努力增加就业岗位，实行开发型就业。大力发展第三产业和多种经济形式并存的中、小公司，创造更多的就业机会，安置下岗及失业人员。

(5)加强劳动者职业技能培训，实现转化型就业。加强下岗员工的再就业培训，提高他们的再就业能力，使他们重新走上新的工作岗位。

(6)转变下岗员工的就业观念，实现主动型就业。劳动者不论通过什么方式，在什么领域，从事什么工作，只要是依法从事有一定报酬的劳动，对经济发展做出贡献，都属于就业。就业的方式不再是国家安置，而是劳动者通过一定方式的选择和竞争就业。

(7)建立和健全社会保障体系。建立养老保险、失业保险和医疗保险方面的社会保险制度，同时健全社会救济、社会安抚等社会福利政策。

(五)管理重组

随着公司资产、债务、股权、员工的重组，必然带来公司管理体制的重新构建。公司管理体制是指对公司经济运行进行组织和管理的体制，主要包括机构设置及管理制度。因此，管理体制重组包括公司治理结构的变迁及一些管理制度的变化。我国的公司大部分是由原国有公司进行股份制改造而形成的，国有股"一股独大"及"内部人控制"现象比较严重，因而重组的公司有必要健全和完善公司治理结构，形成内部法人治理机制。

1. 公司治理的概念

公司治理(也叫公司治理结构)是基于现代公司所有权与经营权的分离，股东与经理人员之间的委托代理关系产生的。公司治理结构实质上是一种制度安排，其功能是配置权、责、利。

公司治理有广义和狭义之分。广义的公司治理则不局限于股东对经营者的制衡，而是涉及广泛的利益相关者，包括股东、债权人、供应商、雇员、政府和社区等与公司有利益关系的集团。狭义的公司治理，是指所有者(主要是股东)对经营者的一种监督与制衡机制，即通过一种制度安排，来合理地配置所有者与经营者之间的权利与责任关系。以下主要讨论狭义的公司治理。

2. 公司内部治理机制

公司内部治理是指按照《公司法》所确定的法人治理结构对公司进行的治理。我国《公司法》规定公司法人治理结构是由股东大会、董事会、监事会和经理组成的一种组织结构。其中股东大会、董事会、监事会和经理相互制衡共同实施对公司的治理。在公司内部治理结构中，股东大会拥有最终控制权，董事会拥有实际控制权，经理拥有经营权，监事会拥有监督权。这四种权力既相互制约，又共同构成公司内部治理权。

公司内部治理包括三个有效的机制，即激励机制、监督机制与决策机制。

(1)激励机制。激励机制是为解决委托人与代理人之间关系的动力问题的机制，即委托人如何通过一套激励机制促使代理人采取适当的行为，最大限度地增加委托人的效用。一个有效的激励机制能够使经营者与所有者的利益一致起来，使前者能够努力实现公司所有者利益，即公司市场价值的最大化，而不是单纯追求公司的短期利益，其目的是吸引最佳的经营人才且最大限度地调动他们的主观能动性，防止逆向选择、机会主义等道德风险。

(2)监督机制。监督机制是指固定的利益相关者针对公司经营者的经营结果、行为或决策进行的一系列客观而及时的审核、监察与督导的行为。公司内部治理的监督机制主要包括以下几个方面：①股东与股东大会的监督机制。②董事会的监督。③监事会的监督。

(3)决策机制。公司内部决策机制关注的是决策权在公司内部利益相关者之间的分配格局。它表明什么样的决策由谁做出，它实质上是由决策权力机构及其对应的决策权力内容组成。公司内部治理决策机制主要包括股东大会的决策及董事会的决策两个方面。

3. 公司治理的基本原则

(1)明确股东、董事、监事和经理人员的权力与责任。

(2)强化董事与公众股东之间的信息沟通。

(3)强化董事个人及整个董事会的责任，确保董事会对公司和股东负责。

(4)保持董事会的独立性，强化董事会下属委员会的责任、作用及其独立性，建立并健全公司内部控制制度和风险管理制度。

(5)强化董事会对高级管理人员业绩评估和行为的监督。

(6)强化董事会的独立性及其对董事、经理的监督作用。

(7)建立和实施有效的、可操作的信息披露标准，提高公司运作的透明度。

第三节　公司重组应注意的问题

一、《公司法》关于公司重组的规定

公司合并，应当由合并各方签订合并协议，并编制资产负债表及财产清单。公司应当自做出合并决议之日起十日内通知债权人，并于三十日内在报纸上公告。债权人自接到通知书之日起三十日内，未接到通知书的自公告之日起四十五日内，可以要求公司清偿债务或者提供相应的担保。

公司分立，其财产应作相应的分割，并且应当编制资产负债表及财产清单，公司应当自做出分立决议之日起十日内通知债权人，并于三十日内在报纸上公告。分立前的债务由分立后的公司承担连带责任，但是公司在分立前与债权人就债务清偿达成的书面协议另有约定的除外。

二、 公司重组的整合问题

整合管理是公司在重组过程中，为了推进公司重组进程、提高公司重组绩效，采取一系列管理措施、手段和方法合理有效地协调公司内外部资源以取得重组后的集成效应的活动过程。整合管理是关系到公司重组成败的一个关键因素，实施结果将直接影响到公司重组后的运营状况。从实践来看，整合管理在重组中经常被管理者疏忽或处理不当，从而导致重组失败。有效地实施整合管理对公司成功地进行重组有着重要意义。

整合是一个系统工程，包括业务整合、管理整合、文化整合和人力资源整合等多方面。

(一)业务整合

许多公司重组的效果不佳，很重要的一个因素是业务整合不好，或是不注重培植核心能力和核心业务，导致新的业务组合不仅不能促进原有公司产生规模效益，反而分散力量。为了使业务子系统与公司系统的运行目标一致，公司重组中需要实施相关业务的有效整合，及时调整业务流程，才有可能实现优化资源配置、提高经济效益的目标。如公司紧缩后，原来多种业务同时发展的格局被彻底打破，公司的业务会呈现主次分明的结构，公司的各类资源配置应随着业务重点的变化而做出调整，向主体业务集中。在公司整合时应当注意，如果被紧缩的业务中有对主体业务发展有利的资源，应设法把这部分有用资源从被紧缩业务中先剥离出来，这样可以最有效地利用被紧缩的资产。否则公司原来各类业务之间长期发展中存在的相互配合关系在紧缩后被破坏，公司要重新建立这种配合关系不是容易的事情，有时可能需要付出较大的代价。

(二)管理整合

公司重组后，重组各方的管理机制、管理方法有一定的差别，如果不改革旧的管理运行机制，引进新的运行机制，必然会引起管理紊乱、效率低下等问题。管理系统作为业务系统的支撑和保障系统，间接地为公司创造价值服务。因此管理整合是公司整合不可缺少的一部分，如果不重视管理整合，仅仅对业务和资产进行紧缩，其效果可能与预期相差甚远。公司重组后，公司的管理架构和重组前有很大的区别，公司核心层对公司的管理能力大为加强，这时就可能需要公司针对新的管理格局采用新的管理方法。

(三)文化整合

公司文化作为鼓舞士气、加强沟通、优化管理的核心因素，对公司重组的成功起着极为重要的作用。对于任何一个成功的公司来说，在公司重组时，公司文化的变迁是不可避免的。因此，只有有效地整合公司文化，才能充分挖掘员工潜力，增强公司凝聚力，提高公司系统的运营效率。例如，海尔兼并亏损公司时，首先派去的是公司文化部的人，将公司的一整套公司文化输入到被兼并公司中。其中包括"用户永远是对的"、"用户是衣食父母"的服务理念，"高标准、精细化、零缺陷"、"质量是永恒的主题"的质量观念，"高质量的产品是高质量的人才干出来的"、"人人是人才"的人才观念等。由于这些先进文化理念的输入和一整套文化模式的改组，被兼并公司职工不仅思想水平提高，质量意识增强，而且斗志高涨。

(四)人力资源整合

公司重组是生产力各要素的重新配置和优化组合，而人力资源作为生产力各要素中最关键的因素之一，对公司重组后生产力水平的提高起着决定性的作用。因此公司重组中必须对人力资源进行有效的整合，正确评估人力资源的价值，发挥人力资源优势，减少人力资源的摩擦，才能有效提高公司的运营效率。

三、 公司重组整合的原则

(一)系统集成原则

系统集成从一般意义上可以理解为把两个或两个以上的要素(单元、子系统)集合成为一个有机整体，这种集成不是要素之间的简单叠加，而是要素之间的有机结合，即按照一定规则进行的组合和构造，其目的在于提高系统的整体功能，追求系统的整体优化。公司重组中，各要素发生了变化，按旧的规则运行难以有效实现新系统的功能。因此，需要将重组后的各个子系统(要素)有机地结合起来，按照新的规则运行，才能实现新的公司系统功能大于各子系统功能总和的目标，实现集成效应。

为了有效实施公司重组，在实施整合管理的过程中，应始终坚持以系统集成为基本原则。在公司重组过程中，从市场分析、产品设计、加工制造、经营管理、信息渠道到售后服务等各要素形成一个不可分割的整体，需要紧密合作，统一整合。公司内部的各个部门也是一个不可分割的整体，应根据整个业务流程的需要统一设置；即使是局部的调整，也应以系统整体优化为目标。

(二)协同性原则

对公司系统来说，协同性表现为系统内部各要素为实现统一的目标相互协作。为了使公司各要素通过相互协作实现整体优化的目标，整合管理必须遵循协同性原则，使公司运行的各个环节有效协作、紧密配合。例如，在业务的整合中要使公司的研究开发、计划、生产、销售及售后服务等一系列生产经营活动有效协作。

(三)动态发展原则

公司重组时,随着整合范围的不断扩张、力度的不断加大,整合后各要素的作用与功能也在不断发生变化。从信息渠道到人力资源,从组织结构到管理制度,这些要素都将随着目标与环境的变化不断地变化与发展。为了使公司系统在这种不断变化的动态过程中生存和发展,整合管理也需要不断调整和完善。因此,整合管理的实施必须坚持动态发展的原则,根据公司内部要素及外部环境的变化不断进行调整。

(四)层次性原则

公司作为一个复杂的系统,其结构是有层次性的。由于构成公司系统的各要素分别处于不同的地位,它们对公司系统产生的影响和发挥的作用并不相同,有些作用也不是直接的,而是需要通过不同层次间的传递才能产生最终效果。因此在整合过程中不可能一步到位,只能分层次实施。

■第四节　公司重组效果评价

一、 公司重组的技术与方法

要评价公司重组的效果,首先应了解公司重组的技术与方法。公司重组作为公司发展过程中重要的经营策略,具有十分重要的意义。公司重组技术与方法的发展,为更好地运用重组策略发展公司提供了有力的技术支持。以下将对公司重组的各种技术与方法进行介绍,其中购并、资产剥离、股票回购、公司分立以及定向股等方法将在第十二章和第十三章中介绍。

(一)股权置换

1. 股权置换的类型

根据置换的证券种类,换股可分为八种类型:①用普通股交换公司债券。例如,公司用普通股转换投资者手中的可转换债券。②用普通股转换优先股。③用优先股交换公司债券。④用债券交换公司普通股。如果公司为了减少股本,可能用新的债券交换股东手中的股票。⑤用优先股交换普通股。⑥用新发行债券换回发行在外的优先股。实际上,前三种交换是后三种交换的逆过程。⑦行权换股,持有股票期权的高级管理人员可以在规定时期内以约定的股票期权的行权价格购买本公司股票。⑧持有同类股票的股东之间的股权交换,如我国上市公司普通股中流通股与非流通股的交换、国有股配售等。

2. 股权置换对股东和公司财务的影响

从实证分析结果来看,凡是通过换股增加了公司的杠杆效率,或者提高了未来收益,或者使管理者对公司的控制力加强,均会引起公司股价上升,这对股东是有利的。通过换股,公司可以灵活地调整公司的资本结构。例如,在利率最低时发行股票交换原利率高的旧债券,有利于降低公司的资本成本,提高公司的经营效益。

(二)经理层融资收购

在西方国家，随着经理层融资收购(management buy-outs，MBO)，在实践中的发展，实践中又出现了另外两种 MBO 形式：一种是由目标公司管理层与外来投资者或有关专家组成投资集团来实施收购，这样使 MBO 更容易获得成功；另一种是管理层收购与员工持股计划(employee stock ownership plans，ESOP)或职工持股收购(emerging business opportunities，EBO)相结合，通过向目标公司员工发售股权、进行股权融资，从而免缴税收，降低收购成本。

在母公司方面，将资产出售给第三方会损害自身形象，或者不希望将子公司出售给所属行业的垄断性公司；在管理层方面，如果其已经拥有目标公司的很大比例的股份，或掌握了不为卖方和外部竞争者所知晓的重要内幕消息，都会增强管理层购买的竞争力。把资产剥离给管理层时，由于管理层非常了解公司情况并且和高层关系密切，因此公司高层在决定买家时可能更倾向管理层一边，这就对公平竞争造成了威胁。美国购并历史上发生过这样的例子，于是出台法规要求在遇到类似情况时，母公司设立一个"独立决策委员会"，主要由公司的独立董事组成，由该委员会负责资产剥离的公平性。

管理层收购主要包括如下步骤：①制订收购计划。收购计划包括收购的主要参与者、效果、融资计划、公司资本结构的调整和收购完成之后的操作计划等。②资金筹措。其融资来源主要有银行和其他金融机构的贷款、风险基金投资、卖方贷款和收购合伙人投资。③接管改组公司，完成收购。由于经理层收购由目标公司内部经理人员实施，所以收购中经理层不会遇到太大的阻碍。

(三)资产置换

资产置换是公司间通过资产的相互交换，使资产结构更加符合各自的经营方针与策略。从我国近几年资产重组中的资产置换实践来看，资产置换实际上是上市公司与其背后的集团或大股东之间通过协议将其全部或部分劣质资产剥离出去，并由大股东或集团重新注入优质资产的行为。其从根本上改变上市公司的资产结构，试图使绩效差的公司得到盈利的能力。

资产置换包括两种具体的方式：单纯的资产置换和伴随着股权变动的资产置换。单纯的资产置换不涉及股权的变动，只是出资者在其拥有控股权的公司之间进行法人财产权的调整。伴随着股权变动的资产置换的客体不仅限于资产，而且涉及与资产相应的负债和股权。我国资产置换案例中，大多为伴随股权变动的资产置换。

(四)股票回购的财务分析

股票回购能否产生良好的财务效应，主要取决于股票价格与每股净资产、股权融资成本之间的关系。假设某公司股本为 n 股，股票价格为 p，每股净资产为 $a(a>0)$，回购比例为 $b(0<b<100\%)$，税后利润为 E，债务融资成本为 i，股权融资成本为 i'，则股票回购后每股净资产保值率 M 的计算如下：

$$M = \frac{an - pbn}{n - bn} \bigg/ a = \frac{1 - \dfrac{p}{a}b}{1 - b} \tag{11-1}$$

股票回购后，每股收益保值率 N 的计算如下：

$$N = \frac{E - bnpi}{n - bn} \bigg/ \frac{E}{n} = \frac{1 - (\dfrac{np}{E}i)b}{1 - b} = \frac{1 - \dfrac{i}{i'}b}{1 - b} \left(i' = \frac{E}{np}\right) \tag{11-2}$$

(1)股票市价低于每股净资产（$p < a$），则

$$\frac{1 - \dfrac{p}{a}}{1 - b} > 1 \tag{11-3}$$

在假设净资产收益率和市盈率不变的情况下，每股净资产与股价存在一个不变的常数关系，也就是净资产倍数。因此，股价将随着每股净资产的变化发生相应变化，显然当每股市价低于每股净资产时，股票回购将导致每股净资产的上升，股价的上升。

(2)股票价格高于每股净资产（$p > a$），但股权融资成本高于债务融资成本（$i' > i$），则

$$\frac{1 - \dfrac{i}{i'}b}{1 - b} > 1 \tag{11-4}$$

这种情况下的股票回购可能会引起每股净资产下降，也可能会引起每股净资产的上升，但可以降低融资成本，提高每股税后利润。

(3)股票价格高于每股净资产（$p > a$），但股权融资成本低于债务融资成本（$i' < i$），则

$$\frac{1 - \dfrac{i}{i'}b}{1 - b} < 1 \tag{11-5}$$

这种情况下的股票回购会使每股税后利润下降，损害回购后剩余股东的利益。此时的股票回购只能作为股市大跌时稳定股价、增强投资者信心的手段或在反收购中消耗公司剩余资产的手段。

(4)若股票价格等于每股净资产（$p = a$），则股票回购前后的每股净资产值不变。

(5)若 p 虽大于 a，但（$i' = i$），则股票回购前后的每股收益不变。

(五)债务重组的运作

一般而言，债务重组有四大运作步骤：第一步，重组前策划，即债权债务双方进行债务重组的财务可行性分析以及重组时机、重组方式等内容的选择与设计；第二步，签订重组协议，即双方经过协商，就债务重组内容（债务重组的具体方式、金额、时间等）达成一致，并写进书面协议中，以法律形式明确双方的权利义务关系，防止日后造成经济纠纷；第三步，完成债务重组，即债务人履行协议或法院裁定将相关资产转让给债权人，将债务转为资本或修改后的偿债条件开始执行；第四步，进行债务重组账务处理，即在债务重组日，确认债务重组的收益或损失，并进行相关账务处理。

1. 债务人的财务策划

对债务人来讲，考虑是否进行债务重组以及选择债务重组时机与方式，遵循的是债务重组收益最大化原则，即争取债权人的让步最大化。

(1)债务重组的财务可行性分析。债务人获得的债务重组收益不仅包括债权人做出让步的显性收益或利得，还包括一些隐性收益，如公司获得可继续经营权、再度发展的机会，避免了可能产生的社会动荡，消除了破产清算时的各种法律费用和损失等。因此，从单个债务项目看，债务重组总是可行的。

对债务人来讲，债务重组是否可行，关键要看债权人是否同意，而债权人是否同意，关键要看债务人财务危机的程度是否符合债务重组的两个先决条件：一是债务人确实陷入财务危机和债务人面临的财务危机是暂时的；二是财务状况及经营状况恢复正常的前景比较乐观。为此，债务人应通过认真审阅分析自己的会计报表，并考虑各种因素，对自身的财务状况与经营前景做一客观评价与预期估计。只有当债务公司的财务困难具有暂时性，其继续经营价值大于清算价值，债权人同意进行债务重组的可能性才较大，否则债务人应申请破产保护或寻求被并购以重新改组等。

(2)债务重组提出时机、谈判策略及方式的策划。当债务公司经过总体判断，认为债务重组具有可行性时，为了保证债务重组收益最大化，还应进一步对债务重组的提出时机、谈判策略及方式进行策划。

债务重组可在债务到期前、到期时及到期后提出，但最好在债务到期前的某一时刻提出，以便争取较多的相互理解和磋商时间，避免陷入被动或被迫破产。

在重组谈判的策略上，债务人应派出有丰富谈判经验，熟悉公司情况及债务重组相关业务的人员进行谈判，其重点应放在争取债权人理解、支持及树立债权人对公司债务重组成功的信心上。当同时有多个债务即将到期或已到期时，债务人应分清主次，先争取大债主和破产清算时获偿次序处于前面的债权人合作，以增强其他债权人对公司债务重组成功的信心。一般不宜采取召集所有债权人共同商议的做法。

至于债务重组方式的选择，债务人应视自己财务危机的原因、程度及债权人接受的可能性而定。当债务人只是由于理财不当致使临时支付能力不足，应考虑延长债务期限等修订条款或以非现金资产抵债的方式，不宜考虑债转股方式，以免分散公司的控制权；当债务人由于经营管理不善，内部控制机制不健全、缺乏活力而已处于经济性失败，但产品尚有前景，尚有恢复希望时，应考虑债务转化资本的方式。

2. 债权人的财务策划

对债权人而言，考虑是否接受债务重组，遵循的是债务重组损失最小化原则，即追求债权重组价值低于重组债权账面价值的差额最小化。

(1)债务重组的财务可行性分析。债务重组是债权人做出的让步，因而某一债权项目的重组价值必然低于其账面价值。但对债权人来讲，允许债务人进行债务重组，在符合债务重组的条件下比让债务人破产更为有利。因为债务人破产后，债权人的个别追偿行为便为法律所限制，债权人收回的债权额非常有限。一般来说，当债权重组价值大于债务人破产清算过程中债权人所获得的债权清偿价值，债务重组是可行的，但债权人要先对债务人是否符合债务重组的条件进行分析判断。

第一，对债务人是否陷入财务危机进行分析判断。债务人陷入财务危机的直接表现是出现资金周转困难或经营陷入困境，没有能力按原定条件偿还到期债务。债权人首先应取得债务公司最近期的财务报告，了解其财务状况、盈亏情况及现金流量状况，并利用报告数据计算债务公司的资产负债率、流动比率、速动比率等偿债指标，从总体上分析其偿债能力。然而，财务报告并不能反映出债务公司的全部信息，再加上"信息不对称"的可能性，债务公司提供的财务报告并不一定完全属实，因此债权人在审阅分析了债务人提供的财务报告后，还应深入债务公司进行实际调查，看其是否确实存在上述财务危机及其成因。调查的方法包括查阅更详细的财务资料、了解债务公司的日常经营状况、询问债务公司的有关管理人员等。

第二，对债务公司面临的财务危机是否是暂时的，其经营及财务状况恢复正常的前景是否乐观进行分析判断。一方面取得债务公司的财务报告并进行分析，从总体上了解债务公司的财务状况、盈亏情况及现金流量状况；另一方面深入债务公司进行实际调查，通过查阅历史资料、询问管理人员、做必要的市场调研，了解债务公司内部治理结构、以前各期间的盈亏情况、产品销售情况、市场前景以及恢复经济和财务实力的能力等，必要时还要调查公司经营的客观经济环境如何。

通过以上两个渠道的调查取证，首先应判定债务公司的财务危机是否只是由于单纯性理财不当引起的，如果是，债务重组可行；如果债务公司的财务危机主要是经营不当的原因，要对债务公司的经营状况做进一步的分析。如果债务公司虽发生暂时财务困难，但产品市场尚有潜力，尚有扭亏为盈的希望，经营状况及财务状况恢复正常的前景乐观，债务重组可行。

（2）债务重组方式的策划。当债权人通过以上分析判断，认为债务重组可行时，还应考虑选择何种具体方式。一般而言，当债权人自己资金也比较紧张时，应主要考虑以非现金资产抵债的重组方式。当债权人资金较为宽裕时，可考虑降低剩余期间利率、债务展期、减免所欠利息等修改债务条件的方式。若预计债务公司将有较好的发展前景，而公司也想拓展业务、寻求新的发展机会，可采取债权转为资本的方式。在实际操作中，债权公司可结合自身情况并考虑有利于债务公司走出困境的因素，选择几种方式的组合。

(六)公司托管

1. 公司托管的含义与类型

公司托管是指具备接受公司资产托管经营管理能力和权力的独立公司法人，即公司托管的主体可以是按公司制度模式建立的专门公司托管公司、国有资产管理部门，也可以是中外合资或外商独资公司，要在规定期限内，通过经营、管理、运作受托资产，实现资产的保值、增值，并取得显著的效益，使公司重新获得活力。公司托管的客体可以是经营不善的亏损公司、资不抵债或濒于破产的公司，也可以是经营较好的公司。公司托管的类型有许多种，被托管公司要根据自身的规模、性质以及本行业的特点，来选择最合适的托管类型，使托管经营能取得最佳效益。

（1）按照托管资产的范围划分，可以分为整体托管、部分托管和单项业务托管。整体托管是指委托方将被托管公司的全部有形和无形资产委托给受管方进行经营的托管方式。这种模式适合于规模不大、公司经营的专业性不太高、不需对公司生产结构作大调整的中小型公司。部分托管是指将被托管公司的下属分部或某一个部门、生产车间、生产线从整体中划出来，委托给受管方经营的托管方式。这种方式适合于对大型公司进行托管。对大型公司进行托管，受管方和被托管方都必须承担较大的风险和责任，同时需要较多的托管资金，而采取部分托管，只托管可以承担风险并能确保其保值增值的那部分资产，容易被双方接受。单项业务托管是指对被托管公司的某项业务实行单项托管经营的托管方式。实行单项业务托管经营主要是重点解决公司的某些显著存在的问题，从而改造公司。

(2)按照被托管公司托管方式划分，可以分为委托方式、风险金抵押方式和股权回购方式。委托方式是指公司被托管后，其产权主体不变，托管公司按照既定的契约对公司进行经营管理，而公司也有权根据契约对托管公司的管理行为进行监管。风险金抵押方式是指在进行托管之前，由托管公司交付给被托管公司或第三方一笔资金作为其托管经营亏损风险抵押的一种托管方式。股权回购方式是指被托管公司在托管前按其净资产额作价卖给托管公司，并同时签订回购协议，在托管期结束时，按托管后公司净资产额再作价购回股权。

2. 公司托管经营与其他经营模式的区别

1)公司托管与承包和租赁的区别

首先，它们的性质不同。公司托管是以实现资产一定的增值为指标的资产经营权和处置权的让渡行为；而承包、租赁则是以短期经营利润为指标的业务经营权的让渡行为。

其次，由于性质不同，导致它们的经营时效不同。托管是对公司资产经营权和处置权的让渡，涵盖了公司产权的各种操作过程，一般时间跨度较长，因而是一种长期的经济行为；而承包、租赁以短期经营利润作为指标，是一种时间性很强、盈利性明确的短期行为，它们关注的是近期的利益，而对公司长远持续发展能力很少考虑，因而不利于公司的长期发展。

再次，它们的托管对象不同。公司托管的资产对象是公司资产的经营权和处置权，乃至法人财产权；而承包、租赁的资产对象仅是公司经营使用的有形资产和无形资产。

最后，就经营风险而言，公司托管中的受托方多为专业性的托管公司和优势公司，具备法人资格，拥有雄厚的资产实力和专业管理人才；而承包者一般都非法人，承受风险的能力较弱，因而承包者与被承包者之间存在经营风险不对称问题。因而公司托管的风险较小。

2)公司托管与并购的区别

托管经营与公司并购都是资本运营的基本模式，但两者存在着显著的区别。

首先，公司并购是在并购者和被并购者之间进行的直接的、一次性的公司产权关系重组的活动，而托管是委托方和受托方之间通过协议约定，由受托方代理委托经营管理公司的一个较长期的过程，且协议到期后被托管公司仍有可能是独立法人公司。

其次，并购要购买公司产权，一般需要大额资金，而托管并不需要受托方收购产权，只需以自身的资产作抵押或寻求担保，投入少量资金即可。

最后，托管不涉及产权的交易，只是公司经营权的暂时转移，不需要对公司的产权进行合理估价和有效分割，因而实际操作起来难度较小。

3）公司托管与公司破产的区别

公司破产的负面影响比较大，如大量职工失业、银行债权挂空等，而托管是一种较平和的改革方式，不会给原公司带来大的震荡，有利于维护社会的稳定，同时也减少了社会资产的流失。

3. 公司托管经营的操作步骤

为了使公司托管经营能顺利进行，确保资源的优化配置和资产的保值、增值，公司托管经营必须抓住以下几个环节。

（1）委托方和受托方相互进行调查，了解各方面的基本情况。公司托管经营是指公司的法人财产权以契约形式暂时让渡给一定法人和自然人进行经营的经营方式。在进行公司托管经营之前，委托方有必要对受托公司的资产、负债、损益、生产经营现状、管理实力等进行全方位调研。这一方面有利于对公司的产权实行界定并进行产权登记，以防止在托管经营过程中造成资产的流失；另一方面也有利于托管经营后公司的正常经营，以及所有者对受托人的必要监督和考核。委托人在授权之前，应对受托人进行调查、分析、评估，以确保托管经营的顺利进行和公司资产的保值、增值。

（2）委托人选择受托人。一定要选择具有较强经营能力且能承担一定风险的法人和自然人作为托管经营的受托人。受托方承担着实施公司资产经营的重任，必须具备相应的资质。首先，受托方应该拥有一支高水平的管理人才和专业人才队伍，有能力完成组织变革；其次，受托方应该具有在相同或相关领域中开展经营的经验和技能；另外，受托方还应掌握一些关键性的资源，这些资源能够与被托管公司的资源结合在一起，创造出更多的价值，这意味着在选择受托方时，应该根据被托管公司的行业特点，把同一行业或相关行业中的领先公司排在优先位置。

（3）签订托管意向书。

（4）对托管对象进行资产评估、清理债权债务。

（5）正式签订资产托管合同。订立托管经营合同，明确受托方和委托方的主要权利、义务。托管合同应包括如下内容：委托方、受托方和被托管对象的名称；决定托管形式；确定托管期限；确定受托方的经营权；清算事项的确定；收益分配与风险承担办法；违约责任的确定；托管经营的中止、变更；担保办法；托管期满，双方办理移交及有关财务、资产处理事宜。

二、　公司重组效果评价指标体系

要进行公司重组效果的评价，就要构建一个合适的评价指标体系，本书以资产重组的评价指标体系为例进行介绍。

(一)构建资产重组评价指标体系的原则

1. 评价要素要把握资产重组的本质特征

评价要素应确定为对资产重组的风险、成本、竞争力、发展潜力、经营绩效等方面,只有对这些方面进行综合考察,才能正确评价资产重组的质量,提高资产重组效率。

2. 评价指标体系应当具有整体性特征

评价系统的整体性要求在分析单个指标的同时关注它们的协调性,通过对公司资产重组的综合评价,据以指导决策。只有这样,资产重组的目标——公司综合竞争力的提高才会成为现实。

3. 评价指标体系应具有层次性特征

对资产重组各阶段的每一层次进行分析,可以确定具体的专项分析的重点,从而使分析更具深度、更具说服力。对决策者而言,对资产重组体系的分析不仅仅是一种事后评价,而是要有利于公司做出后续决策和计划,面向现在和未来的分析。因此,必须有系统、分层次对资产重组全面、客观地加以分析,只有这样才能科学评价资产重组质量。

(二)资产重组评价指标体系的构建

评价资产重组的质量主要应考察资产重组的效率与效果。因此,资产重组评价指标体系应包括资产重组战略目标的评价、资产重组操作过程的评价和资产重组效果的评价。以下将分别予以说明。

1. 资产重组战略目标评价指标

对资产重组战略目标的评价主要侧重于评价资产重组是否有助于公司战略规划目标的实现,是否有利于公司的长远发展、竞争优势的建立以及核心能力的培养。评价的主要依据是公司的发展战略。因此,资产重组战略目标评价应集中于两个方面:重组后公司市场地位和重组后公司的发展潜力。

1)公司市场地位评价指标

(1)资本集中度。

资本集中度=重组后公司所控制的投资总额/行业投资总额×100%

该指标说明本公司在本行业或相关产业中总投资所占的份额。资本集中度越高,公司的市场地位越高,越不易动摇。因此,公司越容易(与其他公司共同)制定相关的产品或行业标准,或者至少在合作中处于更加有利的地位。

(2)市场份额。

市场份额=重组后公司的利润额/本行业的总利润总额×100%

该指标说明重组后公司的利润总额在本行业或相关产业内部所占的份额,所占份额越高,说明公司的安全边际越大,市场地位越高,抵御风险的能力越强。

(3)产品覆盖率。

产品覆盖率=已建立目标市场销售网点数/应建立目标市场销售网点数×100%

该指标显示出公司在其目标市场范围内(区域市场、国内市场或国际市场)产品销售的覆盖程度,覆盖程度越高,说明其营销网络越发达、健全,扩张能力、竞争能力越强,市场地位越牢固。

(4)市场占有率。

市场占有率=本公司产品销售量/行业内相同产品销售量×100%

市场占有率指标从一个侧面反映公司产品的市场竞争能力,市场占有率越高,市场统一度越强,进入壁垒越大,公司对市场的控制力就越强。

2)公司发展潜力评价指标

(1)市值增长率。

市场增长率=(重组后公司的市值/重组前公司的市值-1)×100%

公司的市值,即市场价值,主要是指上市公司的股票价值。上市公司的市值体现了公众对公司的基本判断。市值增长率越高,说明公众对公司信心越强,公司融资渠道就越畅通,资金供应方面就不会出现短缺甚至枯竭。

(2)交易成本降低率。

交易成本降低率=(重组后交易成本/重组前交易成本-1)×100%

这里的交易成本主要包括:外部购买原材料及配套产品的成本、运输成本、异地销售成本等。重组后的公司通过对不同地域相关公司的控制,可以对上、下价值链实行重组,减少原材料及配套产品的采购成本和外部交易成本。同时,异地生产、异地销售的实现,能有效地利用当地的销售网络并减少运输成本。这些成本的降低都将有利于增加公司的盈利能力。

(3)净资产增长率。

净资产增长率=(重组后公司净资产/重组前公司净资产-1)×100%

净资产增长率是指公司的资本增长能力,净资产增长率越高,资本的集聚能力越强。公司可以自由支配的资金越多,越有利于公司的自主发展,增强了投资者、债权人、经营者、客户、社会公众对公司的信心,并有力地影响着公司的未来发展前景。

2. 资产重组操作过程评价指标

对资产重组操作过程的评价,着重评价公司资本运作的能力,主要是通过对资产重组实施过程进行效率分析,侧重于评价资产重组过程中公司支付的相关成本和置换的资产数量的效率,即是否以最小的成本控制或掌握了大量的优势资产。其评价指标主要有:

1)重组过程中付出的无形资产比例

重组过程中付出的无形资产比例=重组过程中付出的无形资产/重组过程中付出的总资产×100%

作为主动方的公司,在重组过程中所付出的成本包括有形的资产,如资金、设备等,也包括无形资产,如品牌、管理机制、营销网络等。在总成本中,无形资产占的比重越大,说明公司资本运营的能力越强,越善于使用无形的资产去换取有形的资产,当然其重组的效率就越高。

2)单位成本重组效率

单位成本重组效率=重组后新增的资产总额/重组过程中所付出的全部成本×100%

　　单位成本重组效率是指重组后新增的资产总额与公司在重组过程中所付出的全部成本(包括有形的和无形的)的比值。该比值越高说明公司的经营效率越高,重组收益越大。

　　3)股权置换效率

　　股权置换效率＝重组后控制的外部股权份额/重组过程中付出的本公司股权份额×100％

　　股权置换效率是指以股权交换方式进行资产重组时,换入股权与换出股权的比率。这个比率越高,说明公司换出股权的价值越大,公司可以用一小部分的股权去交换大比例的股权,进而控制更大量的资产。因此,指标数值越大,资本经营的效率就越高。

　　4)资产扩张效率

　　资产扩展效率＝资产重组后的资产总额/资产重组前的资产总额×100％

　　资产扩张效率是指公司在进行资产重组后的资产总额与重组前资产总额的比值。指标值越高,说明公司资产的扩张能力越强,重组效率越高。

　　3. 资产重组效果评价指标

　　资产重组效果的评价,侧重于评价重组后公司集团的经营效果。对资产重组效果的评价主要考察重组后公司的动态发展,所以评价指标宜采用发展指数指标。

　　1. 工业增加值增长率

　　工业增加值增长率＝(重组后工业增加值/重组前工业增加值－1)×100％

　　该指标反映资产重组后一定时期内生产经营过程中新创造价值的增长情况,即公司在生产过程中新增的价值和固定资产的转移价值增长情况。

　　2. 利润总额增长率

　　利润总额增长率＝(重组后利润总额/重组前利润总额－1)×100％

　　该指标考察资产重组后一定时期公司总利润的增长情况。利润是反映公司盈利能力的重要指标。体现重组效益的一个重要方面就是公司重组后获利能力的提高、综合竞争力的增强。

　　3. 全员劳动生产率提高率

　　全员劳动生产率提高率＝(重组后全员劳动生产率/重组前全员劳动生产率－1)×100％

　　该指标主要考察公司在重组后对劳动力要素的利用提高情况。这个指标的高低标志着公司重组后生产力的发展水平,公司提高经济效益的途径。

　　4. 社会贡献增长率

　　社会贡献增长率＝(重组后社会贡献率/重组前社会贡献率－1)×100％

　　公司社会贡献总额,即公司为国家或社会创造或支付的价值总额,包括工资(含奖金、津贴等工资性收入)、劳保退休统筹及其他社会福利支出、利息支出金额、应交增值税、应交产品销售税金及附加、应交所得税、其他税收、净利润等。社会贡献增长率主要是衡量公司重组后对社会贡献大小的变化,是反映公司社会效益方面的重要指标。

　　综上所述,公司通过以上指标构建重组评价体系,就可以比较好地进行效果评价,这一指标体系涵盖了很多财务指标与非财务指标,从而指标可以进行全面而系统的评价，最终达到理想的重组效果评价。

三、 公司重组的启示

(一)对所有者、经营者的启示

资产重组需要公司做好中长期发展规划，制定发展战略，防止陷入不利于公司持续发展的误区。上市公司要有一个积极、明确的主业发展战略，不能过于注重资产规模和销售规模的提高。确定重组对象，必须要看是否符合公司本身的经营战略，重组的效果最终要从是否有利于公司主导产品的发展来考虑；重组决策应从公司长远利益出发，做好可行性研究。

(二)对债权人的启示

公司的经营者、所有者比债权人占有优势，主要有信息优势与实际控制权优势。信息的不对称使债权人请求权的实现加大了风险。因此，债权人出于对自身利益的保护，必须采取各种手段建立一定的偿债保障体系。债权人可以凭借契约手段获得一定保障，即在与公司签订债权债务合同时考虑这些风险。债权人还可以通过资本市场转让其债权。

➤本章小结

公司重组指的是公司生产经营各要素的分拆、整合以及内部优化的过程。它的实质是产权经营，是产权的流动和转移。按公司重组的本质，可将公司重组分为股权重组、资产重组、债务重组、员工重组和管理重组。公司重组的技术和方法一般可以分为股权置换、经理层融资收购(MBO)、资产置换、股票回购、债务重组的运作和公司托管。公司重组后的整合管理是公司在重组过程中，为了推进公司重组进程、提高公司重组绩效，采取一系列管理措施、手段和方法，合理有效地协调公司内外部资源，以取得重组后的集成效应的活动过程。整合是一个系统工程，包括业务整合、管理整合、文化整合、人力资源整合等多方面。

➤复习思考题

简答题：

1. 公司重组的方式有哪些？
2. 股权重组的含义以及具体的操作方式是什么？
3. 简述债务重组的含义以及方式。
4. 简述公司托管的含义以及主要类型。
5. 公司托管经营与其他经营模式的区别在哪里？
6. 公司重组后应该注意哪些整合问题？

案例分析

伊利起家于呼和浩特市回民奶厂，起家时的注册资本只有 40 万元，性质是国有企业，拥有国有股 3 200 万股。20 多年来，在郑俊怀率领团队的拼搏下，回民奶厂变成了上市公司。改制之后的伊利股份与蒙牛乳业号称来自内蒙古大草原的"乳业双雄"，雄心勃勃有意成为中国乳品行业的龙头老大。伊利股份 2003 年的销售额达到 63 亿元。

2001 年，伊利公司对中高层管理人员实行期权激励，为了便于持股，伊利公司用激励资金注册了启元投资有限公司，公司法人即为郑俊怀。其中，郑俊怀出资 2 540 万元，杨桂琴出资 34 万元。2002 年，呼和浩特市国有资产管理局持有的伊利国家股全部被划拨到市财政局名下，并于当年将其中的 500 万股(占总股本的 3.41%)有偿转让给启元公司，至 2003 年年末，股份持有增至 4.38%，成为伊利股份的第二大股东。而启元则是由伊利 20 多位高管组成的投资公司，其中郑俊怀的股份最多。

华世商贸于 1999 年年底成立，注册资本 50 万元，张显著和李永平分别出资 20 万元和 30 万元。2002 年 11 月增加注册资本 415 万元，由郑海燕、马庆、李凤兰三人共同缴足，他们三人分别是郑俊怀之女、杨桂琴的丈夫、李永平之母。郑海燕以占 49.47% 的比例为华世商贸第一大股东。

2002 年 10 月，伊利董事长郑俊怀在董事会上提出购买国债的想法。11 月开始，近 3 亿元资金陆续打到闽发证券。截至 2004 年 9 月 7 日，已售出所持全部国债，收回资金 2.2 亿元，累计亏损 775 万元。

2003 年 3 月，呼和浩特市财政局拟将所持伊利股份 2 802.87 万国有股转让给金信信托，占总股本的 14.33%。转让价格定为每股 10 元，而其时伊利的每股净资产为 9.54 元，半年每股业绩已经达到 0.58 元，该转让被市场指责为低价转让。7 月，股权转让获得批准完成过户，金信信托成为第一大股东，受让的股权性质由国有股变为法人股。

由于在时间和金额上，伊利股份的国债投资与金信信托的国有股收购几乎吻合，市场怀疑国债资金很可能被腾挪出来，作为实施 MBO 的资金。

随之，博时基金价值成长持有 3.30% 的股份。博时在伊利前 10 大股东中的位置不断靠前，从 2002 年年底的第五名，升到 2003 年中期的第四，2004 年年初的第三名，到 2004 年 9 月底，博时价值成长已经成为第一大流通股股东。公开信息显示金信信托恰恰是博时基金的第一大股东。

2003 年 6 月，俞伯伟等三名独立董事要求对公司国债买卖等作专题审计，8 月 3 日，临时股东大会罢免俞伯伟独董职务，公司独董王斌提出辞职。2004 年 12 月 20 日，伊利股份"紧急停牌"。12 月 17 日，董事长郑俊怀、副董事长杨桂琴、董事郭顺喜、财务负责人兼董事会秘书张显著及证券代表李永平 5 人因涉嫌挪用公款，违法进行 MBO 被刑事拘留。事后，检察院就伊利事件不断深入调查，诸多事实逐渐浮出水面。2005 年 4 月 7 日，伊利股份发布公告称金信信托已于 4 月 6 日与呼和浩特投资有限责任公司签订《股权转让协议》。金信信托将其持有的公司社会法人股 5 605.74 万股(占总股本 14.33%)协议转让给呼市投资公司，每股转让价格为 5.352 元，转让总价款为 3 亿元。本次转让实际上是对前期股权转让的撤销。呼市投资公司正是该市国有资产监督管理委员会设立的国有独资公司。

伊利 MBO 最后以国有资产监督管理委员会收回金信信托所持股权画上句号。

分析提示：

1. 伊利集团的 MBO 失败的原因以及启示。

2. 通过本案例可以看出我国 MBO 过程中公司高管本身存在哪些问题，如何解决？

(资料来源：尹晓冰．公司财务案例．天津：南开大学出版社，2007。作者引用时有改动)

第十二章

公司扩张

公司发展演变的过程中存在一个重要现象——公司扩张。公司根据自身发展的需要，实施不同的公司扩张战略；同时公司的扩张存在不同的分类方法，拥有不同的扩张动因。本章着重研究公司扩张的动因，不同的扩张类型以及公司扩张的程序，并对扩张的效果进行评价。

【重要概念】 公司扩张战略　购并　扩张动因　效果评价

■ 第一节　公司扩张战略

决定公司的规模是扩大、缩小还是保持基本稳定，是通过分析公司的规模经济的存在与否：一类是存在规模经济效益的公司；另一类是不存在规模经济效益的公司。对于前一类存在规模经济效益的公司，生产规模为多大时，公司利润最大呢？需要通过分析市场结构和公司成本两大因素来决定。西方经济学认为，公司的边际收益等于边际成本时，生产产量决定生产规模，从而决定公司是扩大、缩小还是基本保持生产规模的稳定；对于不存在规模经济效益的公司，应保持生产规模的基本稳定。因而具有规模经济效益的公司，应适时科学合理地制定公司扩张战略。

一、公司扩张战略的概念

公司扩张战略是指公司在分析外部环境和内部条件的基础上，特别是公司面对所处的市场结构的需求和成本两大关键因素的作用下，为了达到利润最大化而谋求未来扩张公司规模的战略。

二、公司扩张战略的内容

(一)购并战略

购并是公司取得外部经营资源、谋求对外发展的战略，是指一公司欲将另一正在营运中的公司纳入其集团中或一公司借兼并其他公司来扩大市场份额或进入其他行业，或将该公司分割出售以牟取利益，即除《公司法》上的吸收或新设合并外，还包括股权和资产的购买（纯粹以投资为目的而不参与营运的股权购买不包括在内），并且此种购买不以取得被购买方全部股份或资产为限，仅取得部分资产或股份亦可。狭义的购并和最狭义购并的区别在于后者仅为一特定的合并模式，而前者则包括所有公司借外力成长的模式。二者的共同特征是被并购公司的经营资源支配权发生了转移，对于购并公司，实施购并战略可以使其迅速获得新的经营资源、扩大经营规模、开拓新的市场。对于被并购公司，则可以利用不需要的经营资源换取资金，调整公司的结构，改善经营状况，把人力、物力和财力投入到更有吸引力的经营领域，使公司更好地发展。

（二）多种经营战略

多种经营战略，又称多样化战略或多角化战略，是公司在新产品领域和新的市场领域形成的扩张战略，即公司同时增加新产品种类和新市场战略。这是一种产品或市场战略，公司实行这种战略是为了扩张经营和追求最大的经济效益。多种经营战略按照不同的划分方法可分成不同的类别。

1. 指标分类法

美国学者鲁梅尔特提出四个划分多种经营的标准，即专业比率、关联比率、纵向整合比率以及集约或扩散四个标准。前三个标准为量的标准，而后一个标准为质的标准。

专业比率是反映公司多种经营化程度的指标，用该公司最大经营项目的销售额所占比重确定；关联比率是反映公司内各经营项目间相互关联程度的指标，用经营项目最大关联组销售额所占的比例确定；纵向整合比率是纵向整合各生产阶段中的原材料、副产品、半成品以至产成品的销售额占该公司销售总额的比例。

依据上述四个比率，可将多种经营战略分为以下五种类型。

（1）纵向整合型，是指纵向整合比率为70%以上的公司所采取的多种经营战略。

（2）专业型，是指专业比率为95%以上的公司所采取的多种经营战略。

（3）本业中心型，是指专业比率在70%～95%的公司所采取的多种经营战略。

（4）关联型，是指专业比率不满70%，关联比率为70%以上的公司所采取的多种经营战略。

（5）非关联型，是指关联比率为70%以下的公司所采取的多种经营战略。

其中，本业中心型和关联型多种经营战略又可分为集约型和扩散型战略。集约型多种经营战略是指相互关联的所有经营项目共同利用经营资源，互相联系紧密，呈网状分布。扩散型多种经营战略是指相互关联的经营项目中的各项目，只与关联组中任一经营项目相联系，呈线状分布。如此，中心型和关联型多种经营战略可以进一步划分为本业扩散型战略和关联扩散型战略。

2. 关联程度分类法

公司还可以根据现有经营业务领域和未来的经营业务领域之间的关联方式，把多种经营战略分为以下几种类型。

（1）横向多种经营战略，是指以公司现有的产品市场为中心，向水平方向拓展经营业务领域的多种经营。

(2)纵向多种经营战略，又称垂直多种经营战略，是指公司以现有的产品、市场为基础，纵向扩大经营业务领域的多种经营战略。

(3)多向多种经营战略，是指公司开发与现有的产品、市场领域有关但又完全不同的产品、市场，来扩大经营业务领域的多种经营。

(4)复合式多种经营战略，是指公司在与现有的经营业务领域没有明显关系的产品、市场中寻求成长机会的多种经营战略。

(三)公司一体化战略

一体化往往是公司在实行密集型发展战略的基础上产生的，这是因为公司实行了密集型发展战略，市场占有率越来越大，公司实力有所增强，这时公司就需要考虑如何扩展、向何方向发展的问题，于是一体化战略便应运而生。

一体化战略的基本形式有三种，即纵向一体化战略、横向一体化战略和混合一体化战略。

1. 纵向一体化战略

纵向一体化战略又称垂直一体化战略，是将生产与原材料供应，或者生产与产品销售联结在一起的战略形式。依据一体化的方向划分，纵向一体化可分为后向一体化和前向一体化两种；依据一体化的程度划分，纵向一体化又可分为全面一体化和部分一体化。纵向一体化的战略目标是：巩固公司的市场地位，提高公司竞争优势，增强公司实力。

2. 横向一体化战略

横向一体化战略是指公司通过购买与自己有竞争关系的公司或者与之联合及兼并来扩大营业，获得更大利润的发展战略。该种战略的目的是扩大本公司的实力范围，提高其竞争能力。横向一体化战略一般是公司在竞争比较激烈的情况下进行的一种战略选择。这种选择既可能发生在产业成熟化的过程中，成为增加竞争实力的重要手段；也可能发生在产业成熟之后，成为避免过度竞争和提高效率的手段。

3. 混合一体化战略

混合一体化战略是将上述两种一体化战略同时加以运用的一体化战略。其主要适用于一些特大型公司，只是它在造就大公司方面虽有明显作用，但实施起来难度较大、风险较大，因此必须非常谨慎。

(四)专业化战略

专业化战略是集中生产一种产品或服务的增长战略，即公司选择一个或几个小市场目标，实行专业化生产和销售，力争在这些小市场上占有较大份额。美国的麦当劳公司就是采用专业化战略最典型的公司，它的发展是通过区域扩展、维持高质量的产品和优质的服务以及洁净的名望等手段来实现的。采用这种战略时，公司的扩张速度随行业发展的阶段不同而有所不同，如产品正处于成长期，速度可能很快，如已进入成熟期，速度就可能放慢；扩张速度还因公司采用市场营销策略的不同而不同，如策略正确而有效，速度可望加快。

(五)跨国经营战略

公司跨国经营战略是公司发展型战略中层次最高、难度最大，也是最为复杂的一种战略，它包括的内容很多、范围很广，其本身就是一门独立的管理学科。跨国经营就是公司以商品、劳务、资本、技能等形式，从事超越一国主权范围的资源传递与转化活动。公司可以通过跨国经营利用别国的人力、市场和技术来扩大公司的规模。

■第二节　公司扩张的动因

在市场经济条件下，公司的经济活动必然是一个追逐利润的过程。扩张作为公司的一种市场行为也不例外，正是因为扩张可以加速资本集中，有助于公司谋求更大的经济效益，才使得这种经济行为得以发生和发展。但是从单个公司扩张来看，其具体动机又表现为不同的形式，而且大多数的动因不仅只限于某一个因素，而是由诸多因素综合作用的结果。

一、　资本驱动公司扩张

公司扩张之所以成为公司演化中的一个基本现象，之所以是公司发展普遍追求的目标，从本质上而言，是与公司的本质、与公司扩张的本质相联系的。公司的本质是在公司与资本的联系中得到体现的。公司从本质上体现了资本的本质，公司扩张则从本质上体现了资本扩张。而资本的本质则表现在，只要是资本就要追求增值。不管资本来源于何处，也不论资本是以货币形式还是实物形式出现，只要是成为了资本，它便具有了资本要增值的本质属性。公司之所以要扩张，公司扩张之所以要成为公司发展的普遍追求，其根本的原因就在于资本要增值的本性所产生的内在驱动力量。

公司因资本而生，没有资本便没有公司，任何公司都是由一定的资本投入所形成的。公司作为资本的存在形式和载体，无处不打上了资本的烙印，无处不与资本休戚相关。公司的本质体现了资本的本质，公司的追求体现了资本的追求，公司的运动受资本驱动并与资本的运动融合在一起。公司之所以要追求盈利、追求扩张，其根本的原因就是资本要增值。公司不能带来资本增值则意味着公司经营的失败。资本要增值的本质决定了资本并不是只要一次实现增值就没有了进一步增值的需要。

二、　市场竞争压力

任何公司都是作为市场主体而存在的，但是作为市场主体的不一定都是公司。作为市场主体，公司不能脱离于市场而孤立地存在，公司的生产经营活动总是在市场中进行的，公司的生存也总是以生产经营的商品在市场上的售出即商品交换的实现为基本条件。就公司和市场的关系而言，公司是形成市场的主体要素，市场则是公司的外部环境，一个具体的公司与市场总是具有明确的边界，公司与市场相互依赖、相互作用、相互制约。从某种意义上讲，正是公司与市场的这种紧密联系，正是由于这种联系所产生的公司与市场间的相互作用，才使得公司扩张成为公司必然的和必需的追求，这就是公司间在市场中的竞争。

三、 谋求协同效应

协同效应是指 $1+1>2$ 的效应，主要是指公司扩张中常用的购并方式的效应，是指两个公司购并之后，其总体效益大于两个独立公司的效益之和。购并带来的协同效应主要表现为，两个独立公司购并后可以在较优的经济规模下运行，从而带来生产经营效率的提高，迫使公司要在最佳经济规模上生产经营，在客观上要求资本相对集中。兼并与收购则能以较小的成本实现优势公司资产存量的增加，使之接近或达到最佳经济规模，实现资产存量整体的有效配置，此外通过购并还可以充分利用专业化生产的好处，在生产经营、行政管理、调查研究、原材料采购和产品销售等方面统一协调、组织，降低生产成本和管理费用等。

购并所产生的协同效应还来自于财务方面的种种利益，这种利益的取得不是由于经营效率的提高而引起的，而是由于税法、会计处理惯例以及证券交易等内在规定的作用而产生的一种纯货币上的效益。例如，一个盈利公司可以通过兼并亏损公司，以充分利用税法中有关亏损递延条款来达到合理避税的目的，减少公司的税金支出。

四、 谋求发展

在市场经济条件下，公司必然面临着激烈的市场竞争，要保持和增强在市场中的地位，成为市场竞争中的强者，就必须具有相当的实力，其中公司是否拥有雄厚的资本规模和实力是决定竞争成败的重要因素。因此，为了应付市场竞争，公司就必须不断扩大自身规模，加速资本集中。新建公司和购并公司均能扩大公司规模，但比较而言，购并的效率更高，能尽快地在竞争中发挥效用。这主要是由于在购并情况下，可以利用被购并公司原有的专业人员、技术设备、销售渠道和已占有的市场，节省新建公司所需要花费的时间，减少发展过程中的不确定因素，降低成本和风险。此外，由于购并没有增加新的生产能力，短期内行业内部的竞争结构保持不变，因此可以减少引发价格战或其他公司报复的可能性。

五、 提高市场占有率

一般来说，市场占有率的提高和利润增加之间存在着明显的相关关系：一方面是因为提高市场占有率必须要求公司扩大经营规模、提高产品产量，形成规模经济，使产品的单位成本低于同类产品的社会平均成本；另一方面，市场占有率越高，公司对产品市场的控制能力就越强，从而有可能通过操纵市场价格来获取垄断利润。公司要扩大自己的市场占有率，可以采用价格竞争和非价格竞争等一系列手段与其他公司进行竞争，但其他公司也会采取同样的手段加以还击，结果可能导致两败俱伤。相反，公司采用扩张的方式一举将对方吞并，对方产品的市场份额就自然归向扩张公司，从而可以迅速提高市场占有率，以获取高额利润。由于横向扩张对提高市场占有率和对市场的控制能力效果最为明显，在很多情况下会形成垄断，从而降低了整个社会的运行效率，因此当横向扩张使公司的市场占有率提高到一定程度时，就会受到有关法律的审查和管制。

六、 实现多元化经营

多元化经营是指公司的经营已超出了一个行业的范围，向几个行业、多种产品方向发展，它是公司的一种向外扩张战略。公司的经营环境总是不断变化的，任何一项投资都存在着风险，如果公司把投资分散于多个行业或多个产品，实行多元化经营，当某个行业因环境变化而导致投资失败时，还可能从其他方面得到补偿，即"不把所有的鸡蛋放在一个篮子里"，从而降低了单一经营所面临的风险，增加了公司资本的安全性。

公司实现多元化经营的途径可以有两种选择：一是公司内部在原有基础上，增加设备和技术力量，逐步向其他行业扩展；二是从公司外部兼并和收购其他行业的公司。比较而言，后者是实现多元化经营的一条快捷途径。

七、 获得特殊资产

获得某项特殊资产常常是扩张的重要动因。特殊资产可能是一些公司发展至关重要的专门资产。如土地是公司发展的重要资源，一些有实力、有前途的公司往往会因为空间狭小难以扩展，而另一些经营不善、市场不景气的公司却往往占有较多的土地和优势的地理位置，这时优势公司就有可能通过兼并和收购劣势公司来获得其优越的土地资本。通过对外的扩张，还可能是为了得到目标公司所拥有的一支有效的管理队伍和优秀的研究和开发人员以及其他的专门人才。

八、 获得价值低估效应

以低于目标公司实际价值的价格获得目标公司的资产，也是扩张的动机之一。主要存在以下三种情况：一是要求扩张的公司有时比被吸收公司更了解它所拥有的某些资产的实际价值，如目标公司可能拥有有价值的土地或其他不动产，这些资产在其会计账簿上可能是已经折旧的历史成本反映的，往往低估了这项资产的现期重置价值，使得兼并方能够廉价购买这家公司；二是对一些暂不盈利或亏损的公司，利用其暂时的困境压低收购价格，吸收后再对其进行重组，保留其可盈利部门；三是利用股票价格暴跌乘机吸纳其他公司。此外，为了获得被兼并公司的商标等无形资产，往往也是兼并与收购的动机之一。

九、 管理层利益驱动

公司的管理人员与一般的股东不一样，他们大都是职业管理人员或企业家，一般不拥有或只拥有极少的公司股份，因此他们往往更多地关心公司的长远发展和规模的扩大，而不是股东们要求的利益最大化。因为公司的发展壮大将直接影响到他们的权力、声誉、社会地位和薪金报酬等，而公司扩张则是公司规模迅速扩大的捷径。因此，扩张有时可能完全是公司高层管理人员为了满足自己的成就所致。

另外，跨国扩张还可能具有其他多种特殊的动因，如公司增长、技术、产品优势与产品差异、政府政策、汇率、政治和经济稳定性、劳动力成本和生产率差异、多样化、确保原材料来源、追随顾客等。

■ 第三节　公司扩张的类型和方式

公司扩张是公司在发展变化中的一种表现形式，指的是公司在成长进程中的发展扩大。简而言之，公司扩张指的是公司规模的扩大。

对于公司扩张的分析需要注意以下两点。

（1）虽然公司在短期内也可以调整产量，但公司扩张主要针对的是规模的扩大，因此扩张要素应该是一个长期现象，它意味着对公司扩张的研究是在资本要素和技术以及制度可变的条件下进行的。

（2）从理论上理解公司扩张，实际上就是要说明公司的边界或规模的决定理论。从科斯提出交易费用概念之后，理论发展的结果是同时选择技术和交易费用两个局限条件来说明公司的边界。

一、 公司扩张的类型

（一）从公司购并的角度划分

1. 按购并的范围，分为横向购并、纵向购并和混合购并

横向购并是指生产或销售相同、相似产品或提供同种服务而处于相互直接竞争中的两个或两个以上的公司之间的购并。其优点是可以削除竞争，扩大市场份额，对公司的资产进行补充和调整，达到最佳经济规模的要求，尽可能降低生产成本，节约共同费用，便于在更大范围内实现专业分工协作，加强技术管理和进行技术改造，从而减少单位成本，提高设备的使用效率等。

纵向购并是指同一产业中处于不同阶段，生产过程或经营环节相互衔接、具有纵向协作关系的专业化公司之间的购并。在纵向购并的情况下，各个不同的生产环节得到了更好的调整，促进供、产、销之间的专业化协作，形成了物质上和技术上更好的配合，某些产品的流转的中间环节缩短，从而节省了生产与管理过程中的成本开支。

混合购并在性质上既非横向购并又非纵向购并，而是二者的结合。它通常有三种形态：其一是产品扩张型，如果一家公司经常需要另一家公司生产一种前者所不能生产但又与前者的生产与销售有关的产品时，就会产生产品扩张型购并；其二是市场扩张型购并，即一个公司为了扩大它的竞争地盘而对它尚未渗透的地区生产同类产品的公司进行的购并；其三是有关"其他的"或"纯粹的"购并，这种形式的购并是将那些生产和经营彼此毫无关联的产品或服务的若干公司购并过来。混合购并是第二次世界大战以后公司购并的主要形态。混合购并不仅兼有横向购并和纵向购并的优点，而且有利于多样化经营和减轻危机对公司的影响。

2. 按购并是否取得目标公司的同意与合作，划分为善意购并与敌意购并

善意购并是购并者事先与目标公司经营者商议，征得其同意，目标公司主动向购并公司提供必要的材料等，并且有时目标公司经营者还劝其股东接受公开购并要约，出售股票，从而完成购并行为的公开购并。

敌意购并又称恶意购并，是指购并者在购并目标公司股权时，虽然该购并行动遭到目标公司经营者的抗拒，但购并者仍要强行进行，或购并者事先未与目标公司经营者商议，而突然直接提出公开出价要约的购并。善意购并与敌意购并是公开购并中，依购并者态度进行的分类。由于敌意购并对股价影响较大，易造成股价波动，以至影响公司发展的正常秩序，造成不必要的损失，因此各国政府都对敌意购并进行一定程度的限制。

3. 按购并是否真正实现，分为意愿购并与强制购并

意愿购并是指一家公司根据市场情况认为自己完全有实力获得另一家上市公司的股份，可在任何情况下(不排除勒索、抬高售价的目的)、任何持股比例下提出公司购并要约。由于这只是该公司的意愿，并不预示购并成功与否，故称之为"意愿购并"。

强制购并又称强制要约，即投资者购并到一定比例股权后要依法向目标公司的其他股东发出的买入股票的要约。我国《证券法》规定，投资者持有一上市公司已发行股份的30%以上且继续收购时，应当依法向该上市公司所有其余股东以特定价格发出购买股票的要约。

4. 按购并是否通过中介机构，分为直接购并与间接购并

直接购并就是由收购公司直接向目标公司提出收购要求，共同完成购并的各项程序，达到合并的目的。

间接购并主要是指收购公司首先设立一个子公司，然后再用子公司的名义购买其他公司。

5. 按购并的出资方式，分为产权收购和股权收购

产权收购是指收购公司通过收购目标公司的大部分或全部财产来控制目标公司。产权收购实际上是一种财产买卖行为，因此一般来说，收购公司不需要承担目标公司的债务。

股权收购是指收购公司通过收购目标公司的大部分或全部股份来控制目标公司。以收购股权方式进行收购公司，由于收购公司要成为目标公司的主要股东，因此收购公司也要承担目标公司的所有债务。

6. 按是否利用目标公司本身资产，分为杠杆收购与非杠杆收购

杠杆收购是指收购公司利用目标公司资产的经营收入，来支付兼并价款或作为此种支付的担保。也就是说，收购公司不必拥有巨额资金，只需准备少量现金(用以支付收购过程中的律师、会计师等费用)，加上以目标公司的资产及营运所得作为融资担保及所贷得资金的还款来源，即可兼并任何规模的公司。

非杠杆收购是指不用目标公司自有资金及营运所带来支付或担保支付购并价款的收购方式。但非杠杆收购并不意味着收购公司不用举债即可负担购并价款，实践中几乎所有的收购都是利用贷款来完成的，所不同的是借贷数额的多少而已。

(二)按照公司规模扩大所需的资金来源进行分类

(1)内部积累性扩张。这是传统的扩张方式，针对的企业组织主要是业主企业或合伙企业，通过企业多年积累的自有资本进行扩张。

(2)外部融资性扩张。公司通过资本市场筹集扩张所需资金，以达到扩张的目的。

这种扩张方式要求存在发达的资本市场以及相应的制度建设。

(三)按照公司规模扩大的产业分布进行分类

(1)单一化扩张,是指公司在扩张中只是增大原产品的生产规模,即通过新设、兼并和收购相同类型的公司,达到增加生产设备、提高产量的目的。

(2)多样化扩张,是指在扩张中增加产品的种类,实现多样化生产特征。其扩张的目的是扩大公司生产经营的范围,增加产品种类,达到多元化生产的目的。

(四)按照并购的动因进行分类

(1)规模型扩张,通过扩大规模,减少生产成本和固定费用。

(2)功能型扩张,通过购并提高市场占有率,扩大市场份额,从而能够垄断市场。这种扩张类型往往体现了市场激烈的竞争。

(3)组合型扩张,通过并购实现多元化经营以获取组合效益,并减少风险。

(4)产业型扩张,目的在于通过购并协调生产工序、销售服务公司,减少中间流转成本,以实现生产经营一体化,扩大整体利润。

二、 公司扩张的方式

公司扩张的常用方式是公司购并,因此本节重点介绍公司购并的运作。

(一)公司购并的程序

公司购并是一个非常复杂的过程,西方国家一般都有法律规范购并行为,并规定了详细严密的兼并与收购程序。我国尚缺少规范购并活动的法规,仅在《公司法》、《证券法》中对此做了一些相应的规定。

1. 非上市公司的购并程序

在我国,公司兼并与收购一般均在中介机构如产权交易事务所、产权交易市场、产权交易中心等的参与下进行。在有中介机构的条件下,公司购并的程序如下:

(1)购并前的工作。购并双方中的国有公司,购并前必须经职工代表大会审议,并报国有资产管理部门认可,购并双方中的集体所有制企业购并前必须经过所有者的讨论,职工代表会议同意,报有关部门备案,购并双方的股份公司和中外合资(合作)公司,购并前必须经过董事会(或股东大会)讨论通过,并征求职工代表的意见,报有关部门备案。

(2)在产权交易市场办理手续。目标公司在依法获准转让产权后,应到产权交易市场登记、挂牌。交易所备有《买方登记表》和《卖方登记表》供客户参考。买方在登记挂牌时,除应填写《买方登记表》外,还应提供营业执照复印件,法定代表人资格证明书或受托人的授权委托书、法定代表人或受托人的身份证复印件。卖方登记挂牌时,应填写《卖方登记表》,同时还应提供转让方及被转让公司的营业执照复印件、转让方法定代表人的资格证明书或受托人的授权委托书、法定代表人或受托人的身份证复印件、转让方和转让公司董事会的决议(限于设董事会的公司)。如有可能,还应提供被转让方的资产评估报告。对于有特殊委托要求的客户，如客户要求做广告、公告，以招标或拍卖方式进行交易，则客户应与交易所订立专门的委托出售或购买公司的协议。

（3）洽谈。经过交易所牵线搭桥或自行找到买卖对象的客户，可在交易所有关部门的协助下，就产权交易的实质性条件进行谈判。

（4）签约。在充分协商的基础上，由购并双方的法人代表或授权人员签订公司购并协议书，或购并合同。

（5）购并双方报请政府授权部门审批，并到工商行政管理部门核准登记。目标公司报国有资产管理部门办理产权注销登记，购并公司报国有资产管理部门办理产权变更登记，并到工商管理部门办理法人变更登记。

（6）产权交接。购并双方的资产移交，必须在国有资产管理局、银行等有关部门的监督下，按照协议（合同）办理移交手续，经过验收、造册，双方签证后，会计据此入账。目标公司未了的债权、债务，按照协议进行清理，并据此调整账户，办理更换合同手续。

（7）发布购并公告。将兼并与收购的事实公诸社会，可以在公开报刊上刊登，也可以由有关机构发布，使社会各方知道购并的事实，并调整与之相关的业务。

2. 上市公司的购并程序

随着我国证券市场的发展，通过收购上市公司一定比例的股份达到购并目的已日益成为众多公司采用的方式。收购上市公司的程序如下：

（1）选择目标公司。做出购并决策，拟订购并计划，聘请有关专家担任购并顾问，筹措资金，并做好保密工作。

（2）初步收购。收购上市公司不超过5％的流通在外的普通股。

（3）进一步收购。我国《证券法》规定，通过证券交易所的证券交易，投资者持有或者通过协议、其他安排与他人共同持有一个上市公司已发行的股份达到百分之五时，应当在该事实发生之日起三日内，向国务院证券监督管理机构、证券交易所做出书面报告，通知该上市公司，并予公告；在上述期限内，不得再买卖该上市公司的股票。

投资者持有或者通过协议、其他安排与他人共同持有一个上市公司已发行的股份达到百分之五后，其所持该上市公司已发行的股份比例每增加或者减少百分之五，应当依照前款规定进行报告和公告。在报告期限内和做出报告、公告后两日内，不得再买卖该上市公司的股票。

（4）向有关部门做出有关收购的书面报告。我国《证券法》规定，在发出收购要约之前，收购人应向证券监督管理机构和证券交易所报送收购报告书，载明下列事项：①收购人的名称、住所。②收购人关于收购的决定。③被收购的上市公司的名称。④收购的目的。⑤收购股份的详细名称和预定收购的数量。⑥收购期限和收购价格。⑦收购所需资金及资金保证。⑧报送上市公司收购报告书时持有被收购公司股份数占该公司已发行的股份总数的比例。收购人还应当将上市公司收购报告书同时提交证券交易所。

（5）发出收购要约。按步骤（3）采取协议收购方式的，收购人收购或者通过协议、其他安排与他人共同收购一个上市公司已发行的股份达到百分之三十时，自该事实发生之日起15个工作日内，向目标公司所有股票持有人发出收购要约。购买价格取在收购要约发出前 12 个月内收购要约人购买该种股票所支付的最高价格与在收购要约发出前 30 个工作日内该种股票的平均市场价格中较高的一种价格。在发出收购要约前，不能再购买该种股票。在发出收购要约的同时，向受要约人、证券交易所提供本身情况的说明与该要约的全部信息，并保证材料的真实、准确、完善、不产生误导。收购要约的有效日不得少于 30 个工作日，并不得超过 60 日，自收购要约发出之日起计算。在收购要约确定的承诺期限内，收购人不得撤销其收购要约。收购人需要变更收购要约的，必须事先向国务院证券监督管理机构及证券交易所提出报告，经批准后，予以公告。收购要约的全部条件适用于同种股票的所有持有人。收购要约发出之后，主要要约条件改变的，收购要约人应当立即通知所有受要约人。收购要约人在要约期满后 30 个工作日内，不得以要约规定以外的任何条件购买该种股票，预受收购要约的受要约人有权在收购要约失效前撤回对该要约的预受。

(6)按收购要约进行收购。收购人按照收购要约上列明的条款对目标公司的股份进行收购，直至收购要约期满为止。应注意以下几个问题：①收购要约期满，收购要约人持有的普通股未达到目标公司发行在外普通股总数的 50% 时，为收购失败。②收购要约期满，收购要约人持有的普通股达到公司发行在外普通股总数的 75% 以上的，该公司应当在证券交易所终止交易。③收购要约期满，收购要约人持有的股票达到该公司股票总数的 90% 时，其余股东有权以同等条件向收购要约人强制出售其股票。④收购要约人购买股票的总数低于预受收购要约的总数时，收购要约人应当按比例从所有预受收购要约的受要约人中购买股票。⑤收购后的公告。收购上市公司的行为结束以后，收购人应当在 15 日内将收购的情况报告给证券监督管理机构和证券交易所，并予以公告。⑥收购后的管理。办理完各种必需的手续后，对目标公司进行重组或改造，或任何其他合法处置。

(二)公司购并的财务分析

购并的财务决策主要是确定目标公司的价值，目标公司的价值评估有多种方法，主要包括以下几种。

1. 现金流量贴现法

现金流量贴现法即"拉巴波特模型"，是公司购并中评估公司价值最常用的科学方法。它是根据目标公司被购并后各年的现金流量，按照一定的折现率所折算的现值，作为目标公司价值(不包括非营运资产的价值)的一种评估方法。它主要适用于采用控股购并方式(即购并后目标公司仍然是一个独立的会计主体、法律主体)购并上市公司或非上市公司。其计算公式如下：

$$NPV = \sum_{t=1}^{n} \frac{NCF_t}{(1+i)^t} + \frac{V_n}{(1+i)^n} \tag{12-1}$$

其中，NPV 为各年的现金净流量的现值(即目标公司的评估价值)；NCF_t 为第 t 年的预期现金净流量；n 为折现年限；i 为折现率(一般以购并后目标公司股权资金成本率，或购并后目标公司股权资金和债务资金的加权平均成本率，或购并方可接受的最低资金报酬率等，作为风险调整后的折现率)；V_n 为预测期末(即第 n 年年末)的公司终值。

　　显然，采用现金流量贴现法评估目标公司价值的过程，其实就是资本预算问题。

　　采用此法有三大难点：预测期限（即折现年限）的确定；购并后目标公司各年现金净流量和预测期末终值的测算；体现时间和风险价值的折现率的确定。

　　1）预测期限的确定

　　通常，评估目标公司价值的预测期限为5～10年，购并公司可以根据所掌握的相关数据的难易程度及其可信程度的大小具体确定预测期限，应考虑以下各因素：①被购并公司所在行业的产品或服务的市场需求情况及其变化，行业内市场供应竞争的程度。②被购并公司的发展战略和措施的经济效应，市场竞争力和市场占有率的变化。③被购并公司各年的营业收入，预计将经历的经济快速增长或不均衡增长的年数。④能够合理预测资本性支出的年份。⑤对被购并公司未来各年的财务状况、经营成果和现金流量情况所作预测的自信度。

　　2）各年的现金净流量和预测期期末终值的测算

　　（1）各年的现金净流量的测算。购并后目标公司各年的预测现金净流量（NCF）可按下列公式计算：

$$
\begin{aligned}
\text{NCF} &= \frac{\text{年营业现}}{\text{金净流量}} - \left(\frac{\text{年资本}}{\text{性支出}} + \frac{\text{年追加的流}}{\text{动资产投资}}\right) \\
&= \frac{\text{年营业}}{\text{收入}} - \frac{\text{年付}}{\text{现成本}} - \frac{\text{年所}}{\text{得税}} - \left(\frac{\text{年资本}}{\text{性支出}} + \frac{\text{年追加的流}}{\text{动资产投资}}\right) \\
&= \frac{\text{年税后}}{\text{利润}} + \text{年折旧} + \frac{\text{无形资产，待摊}}{\text{费用的摊销额}} - \left(\frac{\text{年资本}}{\text{性支出}} + \frac{\text{年追加的流}}{\text{动资产投资}}\right)
\end{aligned} \tag{12-2}
$$

　　营业现金净流量是指目标公司被购并后，由于生产经营活动所带来的现金流入量与现金流出量之差额（一般按年计算）。显然，要准确预测 NCF_1 到 NCF_n 的值将是比较困难的。现金流量贴现法主要适用于控股方式，即购并后目标公司仍然是一个独立的会计主体或法律主体。

　　（2）预测期末终值的测算从永续经营的观点看，预测期期末购并后的公司仍有巨额终值。因此，购并价格中必须予以考虑，用于估算目标公司在预测期期末终值的方法，主要有固定增长率法和乘数法。

　　固定增长率法即恒定法，是指假定目标公司被购并后自预测期期末（即第 n 年）开始每年的现金净流量保持 NCF_n 不变或每年以一个固定的比率（g）增长的一种终值估算法。其预测期期末终值（V_n）的估算公式为

$$
V_n = \sum_{t=1}^{m} \frac{NCF_n \cdot (1+g)^t}{(1+i)^t} \tag{12-3}
$$

　　当 $m \to \infty$，且 $i > g$ 时，式（12-3）可转换成

$$
V_n = \frac{NCF_n \cdot (1+g)}{i-g} \tag{12-4}
$$

　　特别是，当 $g = 0$（即自预测期期末开始每年的现金净流量保持 NCF_n 不变）时，式（12-4）又可转换成

$$
V_n = \sum_{t=1}^{m} \frac{NCF_n}{(1+i)^t} \quad \text{或} \quad V_n = \frac{NCF_n}{i} \quad (\text{当 } m \to \infty \text{时}) \tag{12-5}
$$

乘数法是指首先估算购并后目标公司预测期期末的某一财务比率，然后以该比率作为乘数乘以当时目标公司的某一财务指标，从而得出目标公司预测期期末终值的一种估算法。

3）折现率的确定

现金流量贴现法高度依赖于折现率的确定。折现率的细小差别，都会造成目标公司评估价值的巨额差异，从理论上讲，在现金流量贴现法中，所使用的折现率应该是购并后目标公司的边际资本成本（资金成本率）或可接受的最低资金报酬率等。但是在购并实务中，往往采用下列方法近似确定折现率。

（1）股权资本成本法。股权资本成本是指公司筹集和使用股权资本所发生的成本（一般用相对指标，即股权资金成本率表示）。该成本反映了投资者的预期投资报酬率，该投资报酬率不仅应包括无风险投资报酬率，还应包括投资者承担经营与财务风险的报酬。股权资本成本可用下列资本资产定价模型来计量：

$$\frac{股权资本}{成本}=\frac{无风险投}{资报酬率}+\frac{该企业的}{风险系数}\times\left(\frac{市场平均}{投资报酬率}-\frac{无风险投}{资报酬率}\right) \tag{12-6}$$

如果购并后公司的财务风险与购并公司总的风险相同，并且购并活动不会影响购并公司的风险，也可以采用购并公司的加权平均成本（即税后负债成本和股权成本的加权平均值）对目标公司的现金流量进行贴现。

（2）债权资本成本法。债权资本成本是指公司筹集和使用债权资本所发生的成本（一般用相对指标，即借款筹资成本率或债权筹资成本率等来表示）。一般采用长期借款筹资成本率。

$$长期借款筹资成本=\frac{借款年利息率\times(1-所得税税率)}{1-借款筹资费用率} \tag{12-7}$$

由于借款筹资费用额相对于借款总额来说很小，因此借款筹资费用额可以忽略不计。在市场经济中，债权成本与公司的资本结构有关，公司负债比率越高，财务风险越大，因此债权人所要求的利率也应越高。

（3）综合资本成本法。综合资本成本是指公司长期资本的总成本率。通常以各种长期资本占总资本的比重为权数，对个别资本进行加权平均来确定。其计算公式如下：

$$k_w=\sum_{j=1}^{n}k_j \cdot w_j \tag{12-8}$$

其中，k_w 为综合资本成本（即加权平均筹资成本）；k_j 为第 j 种长期资本的成本；w_j 为第 j 种长期资本占总资本的比重。

（4）经验确定法。经验确定法是根据预测人员的经验和购并公司的最低可接受的投资报酬率来确定折现率的一种方法。通常可在下列指标的基础上进行适当的调整后确定：购并公司目前的加权平均资本成本；购并公司目前的资金利润率（或过去若干年的平均资金利润率）；对未来长期借款利息率的预期；可比公司目前的加权平均资本成本。

根据上述确定的预测期限、购并后目标公司各年现金净流量和预测期期末终值及折现率，就可利用现金流量贴现法的计算公式评估公司价值。

2. 市盈率法

市盈率法是市盈率和目标公司被购并后所带来的预期年税后利润（或购并的年税后

利润，但需扣除非常项目所带来的利润）测算目标公司价值的一种评估方法，主要适用于对上市公司的购并，尤其是采用股票购并方式。所谓股票购并方式，是指购并方以增加发行的本公司股票替换目标公司的股票，从而达到购并目的的一种出资方式。市盈率法的计算公式为

$$目标公司的评估价值 = 税后利润 \times 市盈率$$

$$= 税后利润 \times \left(\frac{普通股每股市价}{普通股每股税后利润} \right) \tag{12-9}$$

【例 12-1】 A 公司想横向兼并同行业的 B 公司，假设两者的长期负债利率均为 10%，所得税率为 25%，按照 A 公司的现行会计政策对 B 公司的财务数据进行调整后，双方的基本情况如表 12-1 和表 12-2 所示。

表 12-1　20×7 年 12 月 31 日简化资产负债表（单位：万元）

资产	A公司	B公司	负债与股东权益	A公司	B公司
流动资产	1 800	600	流动负债	500	150
			长期负债	1 000	150
长期资产	1 200	300	股东权益		
			股本	900	400
			留存收益	600	200
			股东权益合计	1 500	600
资产总计	3 000	900	负债与股东权益合计	3 000	900

表 12-2　20×7 年度的经营业绩及其他指标表

指标	A公司	B公司
20×7 年度经营业绩：		
息税前利润	500 万元	120 万元
减：利息	100 万元	30 万元
税前利润	400 万元	90 万元
减：所得税	100 万元	22.5 万元
税后利润	300 万元	67.5 万元
其他指标：		
资本收益率＝息税前利润÷（长期负债＋股东权益）	20%	16%
利润增长率	24%	18%
近三年平均利润：		
税前	150 万元	84 万元
税后	112.5 万元	63 万元
市盈率	20 万元	14 万元

由于购并双方处于同一行业，从购并公司角度出发，预期目标公司未来可达到同样的市盈率是合理的，故 A 公司可用其自身的市盈率为标准市盈率。选用不同的估价收

益标准，分别用公式计算 B 公司的价值如下：

(1)用目标公司最近一年的税后利润作为估价收益的指标：

B 公司最近一年的税后利润＝67.5(万元)

同类上市公司(A 公司)的市盈率＝20

B 公司的价值＝67.5×20＝1 350(万元)

(2)用目标公司近三年税后利润的平均值作为估价收益的指标：

B 公司近三年税后利润的平均值＝63

同类上市公司(A 公司)的市盈率＝20

B 公司的价值＝63×20＝1 260(万元)

(3)如果目标公司购并后能获得与购并公司同样的资本收益率，以此计算出的目标公司购并后税后利润作为估价收益指标：

B 公司的资本额＝长期负债＋股东权益＝150＋600＝750(万元)

购并后 B 公司：资本收益＝750 ×20％＝150(万元)

减：利息＝150×10％＝15(万元)

税前利润＝135(万元)

减：所得税＝33.75(万元)

税后利润＝101.25(万元)

同类上市公司(A 公司)的市盈率＝20

B 公司的价值＝101.25×20＝2 025(万元)

市盈率反映投资者愿意为取得公司的获利能力付出多大的代价。一般来说，一个预期收益增长率快的公司，其股票的市盈率就较高；反之，其股票的市盈率就较低。采用收益法估计目标公司的价值，以投资为出发点，着眼于未来经营收益，并在测算方面形成了一套较为完整有效的科学方法，因而为各种购并价值评估广泛使用，尤其适用于通过证券二级市场进行购并的情况。但在该方法的使用中，不同的估价收益指标的选择具有一定的主观性，而且我国股市建设尚不完善、投机性较强，股票市盈率普遍偏高，适当的市盈率标准难以取得，所以在我国当前的情况下，很难完全运用收益法对目标公司进行准确估价。

3. 股利法

股利法是根据购并后预期可获得的年股利额和年股利率，计算确定目标公司价值的一种评估方法。对投资者来说，其投资利益是由股利和转让股票时的资本利得两部分构成的。但是，资本利得只是原投资者将获取股利的权利转让给新投资者的一种补偿。因此，从长远来看，投资者关心的只是股利，于是可以通过股利收益资本化来评估目标公司的价值。股利法主要适用于购并上市或非上市的股份公司，其计算公式如下：

$$目标公司的评估价值＝\frac{购并后预期可获得的年股利额}{年股利率} \tag{12-10}$$

对于非上市公司，可参照可比上市公司的年股利率经过适当的调整后作为公式的分母。

4. 资产基准法

资产基准法是通过对目标公司的所有资产和负债进行逐项估价的方式来评估目标公

司价值的一种评估方法。采用该法时，首先需要对各项资产与负债进行评估，从而得出资产负债的公允价值，然后将资产的公允价值之和减去负债的公允价值之和，就可得出净资产的公允价值，它就是公司股权的价值。净资产的公允价值（即目标公司的评估价值）的计算公式为

$$净资产的公允价值＝资产的公允价值－负债的公允价值 \qquad (12\text{-}11)$$

采用资产基准法的关键是评估标准的选择。目前国际上常用的资产评估标准主要有以下 5 种：①账面价值；②市场价格；③清算价格；④续营价值；⑤公平价值（即未来收益折现值）。这 5 种资产评估标准是国内外资产评估中经常使用的方法，其适用范围是不同的。因此，应根据目标公司资产的特点、经营业绩和生存能力等选择合适的评估标准。

5. 股票市价法

股票市价法是利用目标公司股票的市场价格评估其净资产价值的一种方法，如果目标公司的股票在证券交易所上市并广泛交易，其市值总额就可视为目标公司的股权价值。

股票市价法可以直接用于上市公司价值的评估。对于非上市公司的评估，则可以通过寻找可比上市公司进行间接评估，但是由于股票市场价格经常波动，并受许多经济或非经济因素的影响，因此股票市价并不是目标公司价值的公正而确定性的评估值。尽管如此，股票市价法仍然是应用最广泛的方法之一。

在股票市场上收购目标公司的股票时，为引诱目标公司股东出售手中的股票，购并方通常需要支付高于购并前目标公司股票市价 10%～30% 的价格，甚至更高。

6. 分拆法

分拆法是对业务多元化的目标公司，先分别评估其每一个业务部门的价值，然后加总计算其价值总额的一种评估方法，分拆法认为，跨行业经营的公司各部分业务价值之和可能高于其整体的当前总价值。因此，对于多元化经营的目标公司，可以利用分拆法分析公司整体的当前总价值（或其他评估方法评估的价值）是否低估，该目标公司是否值得购并。

（三）购并对象的选择与分析

1. 确定购并标准

如果公司采用积极主动的购并方式，就应根据公司的整体性发展战略规划财务状况，制定购并规划和购并标准。购并标准并无固定模式，但它必须能够反映公司整体性发展战略。其内容一般应包括目标公司所处产业类别、公司规模、市场占有率、财务状况、技术水平、购并价格范围等。一般来说，购并标准越详细，选择的目标公司就越符合公司的整体性发展战略的需要，但是失去的购并机会也就越多。制定购并标准时，一般应考虑以下几点。

（1）根据购并目的确定购并公司范围。

（2）根据购并公司自身的财务结构确定目标公司的财务杠杆的范围。

（3）根据购并公司购并的融资安排确定目标公司的财务状况的要求。

(4)根据购并成本和购并风险的大小设定目标公司的资产、经营规模和盈利水平的范围。

2. 进行商业调查及购并的初步分析

在物色目标公司时，购并公司必须充分掌握有关潜在购并对象的财务状况、经营成果、市场竞争力、所处的产品寿命周期阶段等信息。通过购并前的商业调查，收集和分析各潜在购并对象的财务会计资料和其他相关信息。

1)商业调查资料来源

中国市场经济的不完善性，给购并公司信息收集和分析带来许多困难，从而增加了购并公司购并财务决策的风险性。也正是因为如此，购并前的信息收集和分析就显得更为重要。一般来说，购并公司可以从下面几个方面收集有关信息：信息咨询机构；报纸、杂志、广播等大众传播媒介；证券交易所；政府的相关部门；资信评估机构和市场研究；个人接触等其他来源。

2)商业调查的基本内容

(1)国家有关购并政策与法律，政府对目标公司所在行业的管制程度和趋势、购并程序。

(2)目标公司所在行业的国内外市场竞争状况、发展前景，以及目标公司在行业或整个市场中的竞争地位、潜力和市场占有率等。

(3)目标公司的所有制性质、产权结构、财政隶属关系以及公司章程中是否有特别投票权的规定和限制。应特别注意了解和收集目标公司对其资产的产权证明，避免购并后发生产权纠纷。

(4)目标公司近年来的资产负债表、利润表、现金流量表、利润分配表以及主要财务指标。同时，还应尽可能收集其内部会计报表资料和其他有关内部分析资料。

(5)目标公司主要管理者、董事、大股东的情况，管理者的经营管理水平和业务素质，以及目标公司目前存在的主要问题。

(6)目标公司遵守会计准则、财务规则、税法等有关国家的法律、法规和制度的情况。

(7)目标公司主要产品和新产品开发情况，产品生命周期和目前所处的阶段，主要顾客的分布和信用状况，销售渠道和战略，主要竞争对手及其市场占有率。

(四)公司购并的可行性分析和决策

1. 目标公司基本情况及购并的可能性分析

目标公司基本情况及购并的可能性分析就是对上述商业调查中所获得的有关目标公司基本情况的资料所进行的系统分析。例如，目标公司的经济环境，所在行业的国内外市场竞争状况，产品的市场需求状况及其变化趋势，是否已出现或即将出现替代品的威胁，目标公司在竞争中所处的地位、竞争潜力、市场占有率等。

购并的可能性分析主要包括目标公司被购并的可能性分析，以及购并公司整体性发展战略规划配合性分析。

(1)目标公司被购并的可能性分析。目标公司被购并的可能性分析往往基于以下因素：①股权（产权）结构不合理。②大股东因急需巨额资金，抛售所持目标公司的股权。③目标公司具有较大的发展和盈利潜力。④目标公司的市盈率或市场评估价值偏低。⑤净资产的规模较小。

（2）购并公司整体性发展战略规划配合性分析。购并公司整体性发展战略规划决定着购并对象和购并形式的选择。其配合性分析主要包括以下几个方面的内容：①协同效应分析。②购并形式的分析。③配套材料、设备、技术、管理资源和资金的分析。

2. 目标公司的审核、财务评估及购并决策

购并其他公司是一项风险很高的投资活动，一旦决策失误将会直接影响公司的未来发展。因此，购并公司选定目标公司后还必须在签署购并协议前对目标公司进行认真仔细的审核，剥去目标公司提供的经过粉饰了的财务报表的外衣，清晰地了解其现状，同时还应对目标公司进行必要的财务评价，提高购并决策的科学性和合理性。

（1）对目标公司进行法律和财务审核。

（2）对目标公司进行财务评价。

通过上述目标公司基本情况及购并的可能性分析，对目标公司进行法律和财务审核，在财务评价后，就可以进行购并决策，决定是否对目标公司实施购并。

第四节　公司扩张效果的评价

公司实施扩张战略后，需要通过对扩张战略实施后的效果进行评价，以了解扩张的效果。战略评价可以提高公司的敏捷性，通过战略评价，检验公司在全方位、多层次、宽领域等更开放条件下的竞争能力，发现问题和失误，及时进行战略调整，采取相应措施，使公司更好地发挥内部优势，更好地利用外部机会，更好地回避、减少或缓和外部威胁，更好地着力弥补内部弱点。尽量避免商务环境复杂多变可能给公司带来的冲击。

一、公司扩张效果的评价原则

战略评价是一项个性化极强的管理工作，在评价过程中，需要根据具体的情况加以分析和判断。尽管如此，仍然需要遵循基本的操作原则，才能指导战略评价工作顺利进行。

（一）全面性

在许多公司的战略评价活动中，仅仅是对已取得的绩效进行评价。例如，公司盈利是否有所增长，销售额是否有所提高，生产效率是否有所变化，公司资产是否有所增值，等等。如果对上述问题的回答感到满意，则不少公司的领导者都会认为此战略一定是成功的。其实这样的认识是片面的，有时可能还是危险的。对公司战略实施的评价必须从短期性和长期性两个方面来进行，公司的经营战略一般不会影响公司短期的经营成果，同时也很难用一个短期见效的定量形式评价战略行为，但等到发现战略失误时往往已为时过晚。成功的公司领导者常常会在已有的绩效面前，冷静地分析判断可能出现的情况，做出相应的反应。

(二)经济性

公司开展战略评价需要各种有意义的新评价信息，而获取信息需要花费一定的成本。实际上，在强调战略评价的有效性时，看到太多的信息并非是一件好事，同样太多的评价活动也未必有利。在此强调评价活动应当有意义，其中在涉及战略评价活动时必须考虑其经济性。战略评价得到的信息，应该是有利于暴露现行营运过程中的问题，便于今后控制改进的有用信息。所以，及时的、但可能是笼统的信息，较之精确的、但却已过时的信息通常更适合于战略评价工作的开展，同样迅速提供的报告可能比频繁考核的资料更有利于战略评价的进行。

(三)客观性

尽管公司全体员工都十分努力工作，但公司的生产效率和盈利指标可能仍会较大幅度地下降。面对这样的状况，战略评价应该做到如实地反映这种情况并做出公平的评价。从评价中得出的信息应及时传送到有关部门，以便采取及时的行动，维持或者调整公司目前的战略行动，确保公司战略有效地进行下去。成熟的公司高层管理者通常会无视那些仅以提供信息为目的的评价报告，有效的管理控制活动应该以行动为中心，而不是以信息为中心。

(四)相容性

公司开展战略评价活动是一个系统性的活动，要求所有部门都应该在战略评价中主动与其他部门进行合作，通过评价活动，加强部门间的沟通。

二、　公司扩张效果的评价内容

战略评价的内容按性质可以分为两个方面，即评价公司的战略基础和评价公司的实际绩效。

(一)评价公司的战略基础

公司战略基础是公司战略得以成立的理由，公司战略得以成立的这些理由是公司在认真分析公司内、外部关键战略因素的基础上，按照抓住机会、避免威胁、发挥长处和克服短处的原则得到的。但是在公司战略实施期间，公司内、外部环境并不是静止不变的。如果这些变化是关键性的，动摇了公司战略得以成立的根据或基础，公司就必须及时地对战略进行评价，以便及时做出调整。

战略评价应该能够真实地反映公司的经营状况。由于战略是一项长期性的目标，其具体运作过程与公司的现阶段情况并非是完全一致的。例如，由于外部环境的某种暂时变化，经济形势出现短暂的急速下滑时，对于构成目前战略基础的外部环境的机会与威胁和内部条件的优势与劣势，公司应该不断地进行监视，观察这些因素的变化。实际上，问题并不在于这些因素将来是否会发生变化，而在于这些因素将在何时、以何种方式发生变化。因此，对公司战略过程的评价，对以下关键问题的审视就显得格外重要：

公司内部的优势是否仍然是优势；公司是否有了新的内部优势，如果有，体现在何处；公司内部的劣势是否仍然是劣势；公司是否有了新的劣势，如果有，体现在何处；公司的战略是否与公司外部环境相一致；等等。

实践表明，理论上最好的战略往往在实践中难以实现；今天成功的战略并不能保证明天就一定成功。公司战略管理者必须在战略实施的整个过程中不断重审评价公司战略基础。评价公司战略基础主要是采取因素评价法。该方法将公司内、外部环境因素列出评价表，然后将战略实施之前的评价表与实施过程的评价表进行比较，如果内容不变，则公司战略管理者就不必采取调整措施；如果两个评价表的评价不同，则要按照战略制定的过程重新考虑。

首先，公司根据现实情况制定一个新的外部因素评价表，然后再将它与原来的外部因素评价表进行比较。如果这两个表的内容是一样的，公司战略管理者就没有必要再采取改变或调整战略的行动了；相反，如果这两个外部因素的评价不一样，公司的现行战略就要重新按照战略制定的过程进行考虑。需要说明的是，即使公司现在的表现和战略实施的进展都令人满意，这种对战略的重新考虑也是必要的。因为公司战略得以成立的内、外基础的变化并不会一下子影响公司，但它们对公司战略位置和长期表现会有重大影响。

其次，通过提出和回答下列问题：公司战略管理者经常分析和判断公司相对于其他竞争对手的位置是否发生了重大改变；竞争对手对公司新战略的反馈是什么；竞争对手的长处和弱点是否有较大改变；为什么竞争对手要对其战略进行某种改变；主要竞争对手对其现在的市场位置和盈利能力是否满意；等等。

最后，制定一个新的内部因素评价表，并与原来的内部因素评价表进行比较。公司战略管理者将根据比较的结果，决定是否有必要对公司战略进行调整或彻底改变。值得指出的是，评价公司的战略基础，最主要的是评价公司自身是否具有核心能力。公司核心能力是基于独立的公司可持续性竞争优势的核心能力，是指公司在研发、设计、制造、营销、服务等方面在一个或多个环节上具有明显优势，竞争对手难以模仿，并能够满足客户价值需要的独特能力。

(二)评价公司的实际绩效

在评价公司的实际绩效时，可以分为定量比较和定性比较。

(1)定量比较。定量比较主要从以下三个方面进行：①将公司不同时期的业绩进行比较；②将公司的业绩与竞争者的业绩进行比较；③将公司的业绩与产业平均水平进行比较。

(2)定性比较。定性比较可以从以下几个方面入手：①战略是否与公司内部情况相一致；②战略是否与公司外部环境相适应；③从可利用资源的角度看，战略是否恰当；④战略所涉及的风险程度是否可以接受；⑤战略实施的时间表是否恰当；⑥战略是否可行。

在公司战略实施过程中，有很多原因可能导致原定的计划或阶段性目标不能按时完成，也可能出现目标的偏离或替换。因此，公司高层管理者必须在战略的整个实施过程中，采用一系列的标准或指标来评价公司战略的实施情况或进度。通常，这些指标应符合以下要求。

(1)这些指标要与公司的战略目标一致。这些指标的完成最终会保证公司目标和宗旨的实现。这就要求评价公司表现的指标不仅有定量的，还有定性的。可能的定性指标包括职工的满意度(缺勤率、职工周转率等)、对社区的贡献和对环境保护的贡献(污染的排放量)，即目前提倡的公司社会责任等。

(2)这些指标不能太多，要有重点。与公司相关的利益集团很多，因此公司的目标也很多。但采用过多的指标来评价公司的表现可能会导致成本高、耗时多。美国管理学者查尔斯·胡佛(Charles Hofer)曾建议将以下领域的指标看成是最重要的指标：①用销售额、销售量、资产总值来测定公司的增长；②用毛利率、纯利润、每元销售利润率来测定公司的效益；③用投资收益率、自有资本收益率和每股股利来测定公司的资本利用率。

(3)这些指标应该能反映出公司内部的各种组织关系、公司变化和发展、公司的竞争地位及其在行业中的位置。因此，财务比率可以作为评价公司表现的指标。这些比率一般包括投资收益率、股本收益率、盈利率、市场份额、负债对权益比率、每股收益、销售增长率、资产增长率。公司在对这些财务指标进行分析时，要注意以下三种关键性比较：将公司不同时期的财务指标进行纵向比较；将公司的财务指标与竞争者的财务指标进行同期横向比较；将公司的财务指标与行业平均水平进行同期横向比较。

三、 公司扩张效果的评价指标

下面分别介绍公司在对战略实施的情况进行评价时广泛采用的指标。

(一)投资收益率

投资收益率(return on investment)是测定公司综合效益的最流行的方法。投资收益率等于税前收入除以总资产。投资收益率是一个可以反映公司管理各个方面状况的综合指标，可以在某种程度上与其他公司进行比较，鼓励公司尽可能地提高资产的获利效率。

然而利用投资收益率测定公司的绩效也有不完善的方面，因为多种因素会影响投资收益率，使其客观性和准确性降低。尽管如此，绝大多数公司仍然认为这是测定公司总体效益表现的一种最好方法。

(二)利益相关者的测定

处于公司环境中的许多利益相关者十分关心公司的经营活动和绩效。他们各自都有自己的判断标准，并用各自的标准来衡量公司的表现。弗瑞曼建议，高层管理者应该根据每一类利益相关者的利益和要求来全面测定公司的表现，从而使公司与利益相关者保持良好的关系。

(三)股东价值的测定

附加价值率/投资利润率表明在公司投资利润率中增加价值产生的利润占多大的比例。许多人认为投资利润率或每股盈利并不能真实反映一个公司的价值，因为人们可以人为地改变它们的价值。于是许多公司就用股东价值作为公司绩效的测定标准。股东价值(股东财富)是一定时期内分红和股东升值部分的总和。它可以测定一个公司是否以超过投资者要求的利润率而增长。一项对 500 家公司的调查表明，大约有 30％的投资选择是根据公司对股东财富的可能贡献决定的，并且其他一些公司也准备使用这种方法。

(四)增加价值的测定

胡佛认为任何一种测定方法都有缺陷，因此他提出三种新的测定方法来评价公司的绩效。这三种方法都是以增加价值为基础的，它们的目的都是要测定公司对社会的贡献。由胡佛所做的研究表明：在大多数成熟工业或饱和的市场领域中，增加价值利润率都稳定在 12％～13％。

(五)对高层管理者的评价

美国公司的董事会定期对高层管理者的绩效进行评价，其评价的方法通常是用投资利润率、自有资本利润率和每股收益等。公司在短期内的盈利水平并不是决定总经理去留的主要原因，因为董事会在评价高层管理者时还有其他标准。迈克斯维尼为评价高层管理者绩效而编制的"打分表"表明，董事会不能只用短期的利润指标来评价高层管理者的绩效。

(六)关键表现领域

为使高层管理者对整个公司建立有效的控制系统，必须首先确定"关键表现领域"。这些领域必须反映公司的重要目标，常用的关键表现领域如下：

(1)盈利能力。选择利润总额减去投资资本的成本来测定公司的利润表现。

(2)市场占有率。每一个产品或服务所占据的市场份额。

(3)产品的优势地位。每年公司的各个部门对其现有产品或准备开发产品的成本、质量和市场位置进行评价。

(4)人员计划。公司通过各种方式了解该公司现在的和未来的人员需求。

(5)社会责任。公司通过对一些指标的测定来评价公司对其职工、供应者、顾客和所在社区的社会责任。

(6)职工的态度。通过定期对职工的态度、旷工和离职情况的了解来测定职工对公司的评价。

(7)长期与短期目标的平衡。通过对关键领域关系的深入研究，确定短期目标的实现是不是以牺牲公司长期目标与稳定增长为代价的。

➤本章小结

公司扩张战略是指公司在分析外部环境和内部条件的基础上，特别是公司面对所处的市场结构的需求和成本两大关键因素，为了达到公司价值最大化而谋求未来扩张公司规模的战略。公司扩张主要有购并战略、多种经营战略、公司一体化战略、专业化战略及跨国经营战略。

公司扩张是公司在发展变化中的一种表现形式，它指的是公司在发展进程中的发展扩大。简而言之，公司扩张指的是公司规模的扩大。公司扩张的动因主要有资本驱动、市场竞争压力、谋求协同效应、谋求发展、提高市场占有率、实现多元化经营、获得特殊资产、获得价值低估效应和管理层利益驱动。

公司扩张评估的原则主要有全面性原则、经济性原则、客观性原则、相容性原则。公司战略扩张评估的内容包括评估公司的战略基础、评估公司的实际绩效。

➤复习思考题

简答题：

1. 公司扩张战略的类型有哪些？
2. 公司扩张的具体动因？
3. 公司扩张的各种方式的区别？
4. 公司扩张的具体运作过程？

计算题：

美环公司为上市公司，20×3 年拟由电器制造业进入通信器材制造行业，现考虑 20×4 年年初收购上市公司声宝通讯股份有限公司 50% 的股权，拟按照经审计 20×3 年每股净资产加成 10% 的价格。声宝公司 20×3 年 EBIT 为 1 500 万元，20×3 年年初总资产 9 000 万元，负债 4 800 万元，股本 1 500 万元。预计 20×4～20×6 年盈利能力不变。公司所得税率 25%。假定每年折旧额 300 万元，无利息支出。当年的国债收益率是 3%，市场平均风险报酬率是 8%，声宝公司 β 为 1.2，美环公司 β 为 1.0。

美环公司采用剩余股利政策。20×3 年年初总资产 15 000 万元，负债 7 500 万元，本年新增留存收益 1 000 万元。目标资本结构是保持资产负债率 50%。投资需求资金不足部分优先考虑向银行贷款，利率 10%，其次是扩张股本。

要求：

(1) 作为声宝公司股东，用自由现金流量法估算声宝公司价值。

(2) 作为美环公司，计算并决策是否收购声宝公司股份。

案例分析

2003 年 7 月 26 日，在人民大会堂，同为"人民大会堂国宴特供酒"的两种啤酒是北京燕京啤酒与福建惠泉啤酒。燕京啤酒与惠安县国有资产经营有限公司(简称惠安国投)签署《股份转让协议》，惠安国投将其持有的惠泉啤酒的 9 537 万股国家股(占惠泉啤酒总股本的 38.148%)转让给燕京啤酒。转让完成后，惠安国投不再持有惠泉啤酒股份，燕京啤酒成为惠泉啤酒的第一大股东。据悉，这是发生在国内 6 家啤酒上市公司间的首起股权并购案。

　　股份转让价格原以惠泉啤酒 2003 年公开发行股票后的每股净资产值 3.58 元/股作为定价基础，但通过协商最终确定转让价格为 3.95 元/股，标的股份的转让总价款为 37 671.15 万元人民币。燕京啤酒以自有资金支付，并按照《股权转让协议》的规定于协议生效之日起 10 个工作日内支付 50%价款，于转让的股份正式过户后支付另外 50%的价款。

　　《股权转让协议》获准生效后，惠安国投将与燕京啤酒签订《股份托管协议》，并自《股份托管协议》签订之日起至本次股份转让完成日止，将该部分股权委托燕京啤酒管理。在托管期间，除股份托管协议的限制条件外，燕京啤酒应根据有关规定，行使所托管股份除所有权和处分权外的股东权利，并履行所托管股份的股东义务。

　　2004 年 4 月 5 日，燕京啤酒、惠泉啤酒同时发布公告，称燕京啤酒（000729）收购惠泉啤酒（600573）国有股权已于 3 月 31 日过户完毕，惠泉啤酒公司名称正式变更为福建省燕京惠泉啤酒股份有限公司。

　　北京燕京啤酒股份有限公司系经北京市人民政府批准，由北京燕京啤酒有限公司、北京市西单商场股份有限公司及北京市牛栏山酒厂共同发起，以募集设立方式设立的股份有限公司。于 1997 年 6 月 25 日在深圳证券交易所向社会公众公开发行人民币普通股 A 股，并于 7 月 16 日挂牌上市交易，简称燕京啤酒（代码：000729）。

　　在 1997 年同时完成国内 A 股上市后，啤酒产销量迅速从上市时的 57 万吨扩大到目前的 208 万吨，生产能力从 60 万吨扩大到 300 万吨，产销量连续 7 年保持全国第一，并进入世界 15 强，燕京品牌获得"中国驰名商标"和啤酒行业首批中国名牌产品称号。在啤酒行业进入大规模的行业整合之际，燕京啤酒已经成为年产量超过百万吨的啤酒业三强之一，并迅速通过并购扩张开拓全国市场。1999 年起，燕京啤酒加快外部扩张的步伐，先后在湖南、江西、山东、内蒙古、湖北、广西、河北等地收购 14 家啤酒公司，总投资 13.1 亿元。2003 年上半年，14 家外埠公司共产销啤酒 109 万吨并全部盈利。

　　福建省惠泉啤酒集团股份有限公司最早起源于 1938 年惠安县王氏家族兴办的生产地瓜酒的手工小作坊，新中国成立后改造为地方国营公司惠安酒厂，1987 年更名为惠安啤酒厂，1995 年 9 月登记成立福建惠泉啤酒集团公司。1997 年，经福建省人民政府闽政体股〔1996〕09 号文批准，福建惠泉啤酒集团公司整体改制为福建省惠泉啤酒集团股份有限公司，由福建省惠安县经济贸易局作为主要发起人，联合 10 名发起人，以发起设立方式设立。

　　惠泉啤酒在我国目前的啤酒行业排名中位居前 10 强之列，与哈尔滨啤酒、重庆啤酒、珠海啤酒等同处于三强之后的第二方阵，是福建省第一大啤酒公司和第一知名品牌。近三年来啤酒产销量均稳定在 40 万吨左右，多年保持福建省市场占有率第一，并逐渐辐射到江西、浙江、广东和上海等地市场。惠泉啤酒不仅具有相当的品牌优势，更重要的是，其于 2003 年年初刚刚完成 6 300 万 A 股上市，募得资金 4.5 亿元，成为第二方阵中少有的既具品牌优势，又具资本实力的强势公司。

　　燕京啤酒本次收购惠泉啤酒是一个双赢的局面，而燕京啤酒更是最大的赢家。惠泉啤酒的产能达到 60 万吨，年啤酒产量 40 万吨，本次收购后使燕京啤酒公司在福建市场拥有两个啤酒生产公司，总生产能力达到 70 万吨，超过了青岛啤酒 40 万吨的生产能力，在福建市场上占有了优势。对惠泉啤酒来说，投身燕京啤酒也是一个明智的选择。福建啤酒业的激烈竞争使惠泉啤酒 2000 年以来利润总额连年下降，近期更是发布了中期业绩下降 50%以上的预警报告。所以惠泉啤酒如果不寻找出路，将难有更大的发展。

　　对于这起中国啤酒史上最大的并购案例，有关专家指出，国内啤酒业的市场有效需求增长已经大幅度减慢，由 20 世纪 80 年代 30%的增长速度降低至现在的百分之十几，供过于求已成为突出现象。啤酒公司之间的兼并虽然是一种做大做强的有效途径，但从目前整个市场的行情看，如果不考虑自身的承受能力而盲目求大，一味并购，最终将极有可能出现"消化不良"，而使公司陷入更加艰难的处境。

分析提示：

1. 结合合并双方的具体情况，找出合并可能带来的困难和隐患。

2. 结合实际谈谈这次合并的动机。

3. 试论我国公司并购的趋势。

（资料来源：根据《中国上市公司收购 50 大案例》相关案例改写，可参考网址 http://wenku. baidu. com/view/83bb8e0cf12d2af90242e64d. html. ）

第十三章

公司收缩

　　20世纪60～90年代初，全球盛行多元化的发展，即本书在第十二章所介绍的公司扩张战略。但是实践证明，过度的跨行业经营在公司日后的发展中遇到了很大的困难，由于在所涉及的领域缺乏经验，盲目扩张，降低了公司集团的整体盈利水平。因此，在公司发展的特殊阶段有必要采取有目的的收缩战略。本章着重介绍公司收缩战略的基本内容、收缩的类型及方式，简述公司收缩方式的个别动因及优点，最后提出战略实施后的评价方法。

　　【重要概念】　公司收缩战略　资产剥离　公司分拆分立　股票回购

■第一节　公司收缩战略

　　公司资本收缩战略是一种与资本扩张战略相对应的战略形式。它并非公司经营失败的标志，而是公司发展的合理战略选择。公司放弃那些不符合长远发展战略、缺乏成长潜力或影响整体业务的部分业务或资产，收缩业务战线，可以更集中于具有竞争优势的经营重点，从而使公司更具竞争力。同时，通过收缩还可以使公司所拥有的资产实现更优的资源配置，提高资产质量和资本的市场价值。我国近年来，尤其体现在上市公司、公司集团经营战略的调整上，公司收缩战略被广泛采用。

一、公司收缩战略的概念及特征

(一)公司收缩战略的概念

　　收缩型战略是指公司从现有的经营领域和基础水平上缩小和撤退，且偏离战略起点较大的一种经营战略。与扩张战略相比，收缩型战略是一种消极的发展战略。一般地，公司实行收缩型战略只是短期性的，其主要目的是避开环境的威胁和迅速地实行自身资源的最优配置，向其他产业转移。可以说，收缩型战略是一种以退为进的战略方法。

(二)公司收缩战略的特征

　　(1)对公司现有的产品和市场领域实行收缩、调整和撤退策略，如放弃某些市场、某些产品线系列。因而公司规模在缩小，同时一些效益指标，如市场占有率等都会有较为明显的下降。同时，公司可以规避不良资产带来的副效应。

（2）严格控制资产的使用。对公司资源的运用采取较为严格的控制，尽量削减各项费用支出，往往只投入最低限度经营资源，因而收缩型战略的实施过程往往会伴随着员工的裁减、资产设备的暂停购买等。

（3）收缩型战略具有短期性。与扩张战略相比，收缩型战略具有明显的过渡性，其根本目的并不在于长期节约开支、停止发展，而是为了今后发展积聚力量。

二、　公司收缩战略的内容

收缩战略可能出于多种原因和目的，但基本的原因是公司现有的经营状况、资源条件以及发展前景不能适应外部环境的变化，难以为公司带来满意的收益，以致威胁公司的生存，阻碍公司的发展。收缩型战略有如下几种类型。

（一）转变战略

转变战略是指公司经营由亏损状态转变为正常状态的战略，其重点是改善经营效益。在公司经营方面出现了问题，但还不是十分严重的情况下，采用这种战略是适宜的。转变战略包括以下三个阶段。

（1）收缩阶段。初始的工作是降低规模和成本，主要是削减人员和各种不必要的费用开支。它一般包括：削减富余人员，全面减少研发、广告、培训以及其他服务等费用。收缩阶段的任务是消除限制公司发展的不利因素，增强公司的素质，改善经营效益。

（2）巩固阶段。通过上一阶段的调整，为了巩固已得的成果，公司要制定规划，扭转亏损局面。通过减少不必要的间接费用以及更为有效地组织各职能部门的经营活动，精简公司组织结构及人员，提高工作效率。同时，根据各部门对公司利润的贡献，制定各部门预算及工作目标。这一阶段是决定公司未来发展的关键时刻。如果鼓励全体员工积极参与改进管理、提高生产率的工作，公司就有可能顺利通过战略收缩期变成更为壮大、管理更优秀的公司。

（3）重建阶段。如果公司通过收缩和巩固两个阶段成功地得到复苏，就可以进入重建阶段。在此阶段，公司的经营活动走上正轨，经营业务也逐步扩大了，公司经过一段稳定之后，可以适应日益激烈的竞争环境，逐步走向更大更强。

20世纪80年代初期的美国克莱斯勒公司是有效运用转变战略最突出的实例。该公司是美国第三大汽车公司。由于经营管理不善，其1978～1981年共亏损35亿美元，一度接近破产。此时，被人们称为"管理巨子"的福特汽车公司原总裁李·亚科卡任该公司的董事长和总裁。赴任后，他深入公司各部门进行全面调查研究，针对公司条块分割、缺乏联系、制度不严、管理混乱，产品质量低、缺乏竞争力这三大痼疾，采取大刀阔斧的整顿措施。其具体措施是：①整顿上层管理班子，两年内辞退了22个多余和不称职的副总裁，聘请了有才能的理财专家和管理人员；②调整产品结构，把民用汽车的基本车型从5种减少到3种，集中财力生产深受用户欢迎的车型；③缩小生产规模，关闭或出售了 16 个不盈利的工厂和生产线，卖掉与汽车无关的业务部门和海外的附属公司；④采取各种方式降低成本，原材料能就近采购的就绝不到远处购买，能采用便宜的运输方式就绝不用昂贵的运输方式。这样，仅改用卡车代替火车运输车费一项，每年就节约4.5 亿美元。由于坚持"行动至上，不断尝试改革"的原则，公司很快扭亏为盈，经营状况逐步好转。1982 年公司全年盈利 1.7 亿美元，1984 年盈利 23.8 亿美元，提前 7 年全部偿清债务，产品再次对通用、福特汽车公司构成威胁。亚科卡也因成功实施转变战略，成为使克莱斯勒公司"起死回生"的传奇人物。

面临以下几种情况时，公司可以采用转变战略：①公司仍具有一定实力，但在一段时期内不能实现原有的目标；②外部条件急剧恶化，公司原有的战略方针难以应付；③公司内部管理混乱，效益低，效率差；④公司以往的战略决策出现了重大的失误，导致长时间的亏损。

(二)放弃战略

放弃战略就是公司转让或卖出其下属的某个战略经营单位(子公司或事业部)、某个生产部门或某条生产线，以换取资金流来解救自身的财务困难。

放弃战略的目的是要找出肯出高于公司固定资产市价的买主，所以公司管理人员应说服买主，认识到通过购买所获得的技术或资源，能使对方利润增加。然而这种转让或卖出的子公司或事业部的价值一般只包括资产的有形价值部分。

采用放弃战略是一个非常困难的决策，有许多问题要在事前认真思考。

(1)技术或经济结构上的问题。例如，卖掉某个下属子公司或部门，就会影响公司在技术上的连续性和经济结构的合理性，对生产经营不利。

(2)管理上的问题。在很多公司看来，放弃就等于是失败，会使管理者的自尊心受到伤害，并有可能威胁到他们的前程。

(3)总体战略上的问题。如果放弃某个经营子公司或部门，可能会使公司内部各部门之间的紧密联系和战略依存关系受到冲击，从而不允许公司放弃某个经营单位。公司必须权衡保留与放弃的关系，为公司未来的发展着想。

为了解决好上述问题，要求公司管理层态度坚决，要用充足的理由来说服员工，特别是准备放弃子公司或部门的员工；选好选准拟放弃的单位，使其对公司技术、经济、战略上的负面影响减少到最低限度；还要同放弃子公司或部门的购买者充分协商，妥善安排该子公司或部门员工(包括管理者)，使他们能各得其所。

(三)吸附战略

当公司处于困境又想维持自身的生存时，有一种办法就是去寻找一个"救世主"，通常是它的最大用户，争取成为用户的吸附者，借此生存下去，这就是吸附战略。

在 21 世纪的最初几年，国内一些地方啤酒公司(一般都是中小型公司，在国外大型跨国啤酒厂商的冲击下，如 AB 啤酒集团)，就纷纷采取此战略，投靠到大啤酒公司门下，利用其品牌和技术的优越性得以生存。这些依附者本身还是独立存在的，但已同其"救世主"签约，规定将其产品的绝大部分供应给"救世主"，在生产技术上接受他们的指导和监督。

我国鼓励优势公司兼并劣势公司。有些劣势公司被兼并后仍然继续存在，只不过成为优势公司的下属战略经营单位或该集团的一个成员。对这些被兼并而又继续存在的公司来说，也可视为在执行吸附战略。

（四）破产或清算战略

清算是指公司拍卖其资产、停止全部经营业务来终止一个公司的存在。对任何公司的负责人来说，这是最无吸引力的战略，通常只有在确实毫无希望的情况下，尽早地制定清算战略，公司可以有计划地逐步降低公司股票的市场价值，尽可能多地收回公司资产，从而减少全体股东的损失。这种战略在其他战略全部失灵时才被迫采用。它分为自动清理和强制清理。当公司资产不足以清偿债务时，就应当宣布破产，如果一味地坚持在该经营领域里的经营活动，只能耗尽公司的资源，尽早清理比被迫破产更有利于股东的利益。要特别指出的是，清算战略的净收益是公司有形资产的出让价值，而不包括其相应的无形价值。

三、　公司收缩战略的利弊

收缩型战略是公司在对外部环境和公司经营实力的状况和发展趋势进行分析、判断和预测的基础上做出的战略抉择。实行收缩型战略有以下几点好处。

（1）在衰退或经营不善的情况下实行收缩型战略，有利于正确判断经营领域的盈亏状况，及时清理、放弃无利可图或亏损的领域，提高效率，降低费用，增加收益，改善财务状况，使公司及时渡过难关。能帮助公司在外部环境恶劣的情况下，节约开支和费用，顺利地渡过面临的不利处境；能在公司经营不善的情况下最大限度地降低损失。在许多情况下，盲目而且顽固地坚持经营无可挽回的业务，而不明智地采用收缩型战略，会给公司带来致命性打击。

（2）采用抽资转向、放弃战略，使公司有可能提高经营素质，更加有效地组合配置资源，发挥和增强公司的优势、实力，为自身获得新的发展机会。

（3）可以避免竞争，防止两败俱伤。改善资金流量，及时清算，还有助于避免发生相互拖欠债款，因到期不能清偿而引起连锁反应，导致信用危机的局面，保持一个相对有利的行业结构和竞争格局。

收缩型战略也存在一些缺点，主要表现为：采取缩小经营的措施，往往削弱技术研究和新产品开发能力，使设备投资减少，陷于消极的经营状态，影响公司的长远发展；实行收缩型战略的尺度较难把握，因而如果盲目使用收缩型战略，可能会扼杀具有发展前途的业务和市场，使公司总体利益受到伤害。一般来说，转向战略、放弃战略的实施，会引起公司内部人员的不满，从而引起员工情绪的低落，因为收缩型战略在某些管理人员看来意味着工作的失败和不力；工人与管理者的矛盾和对立以及专业技术管理人员对战略实施的抵制，会限制公司提高效率。此外，当经济或行业处于衰退期时，公司收缩经营将导致经济总体的供需关系向缩小均衡方向发展，影响经济的回升或者加速行业的衰退，从而抑制了公司的发展。

公司应对上述各方面的因素及其影响程度把握清楚，制定相应的预防或应付的对策，并将其纳入经营战略之中。

■第二节　公司收缩的类型和方式

一、公司收缩的类型

(一)公司收缩按实现的形式划分

公司收缩按实现的形式划分，主要有资产剥离、分拆上市、公司分立、股份回购和定向股。

资产剥离是指公司将现有的某些职能部门、产品生产线、固定资产等出售给其他公司，并取得现金或有价证券的回报。例如，卡夫食品国际有限公司将其旗下的北京卡夫食品有限公司85%的股权以930万美元的协议价格转让给北京三元公司，转让协议不包括卡夫的品牌，三元今后可继续使用卡夫的品牌1～2年，按照销售额付给卡夫品牌使用费。

分拆上市有广义和狭义之分，广义的分拆包括已上市公司或者尚未上市的集团公司将部分业务从母公司中独立出来单独上市；狭义的分拆指的是已上市公司将其部分业务或者是某个子公司独立出来，另行公开招股上市。我国广义分拆上市的典型案例是拥有中国绝大多数主干电网和近50%发电能力的国家电力公司2001年把旗下的发电资产剥离出去，成为中国唯一的电网运营商，并寻求海外上市。狭义分拆上市的典型案例则有TCL集团(000100)旗下TCL通讯(2618HK)的分拆上市，以及联想集团(香港)旗下神州数码在香港创业板的分拆上市等。

公司分立(corporate spin-off)是指一个母公司将其在某子公司中所拥有的股份，按母公司股东在子公司中的持股比例分配给现有母公司的股东，形成一个独立的新公司，从而在法律上和组织上将子公司的经营从母公司的经营中分离出去。在分立过程中，不存在股权和控制权向母公司和其他股东之外第三者转移的情况，因为现有股东对母公司和分立出来的子公司同样保持着他们的权利。公司分立可以视为一种特殊形式的剥离，分立后的新公司拥有独立的法人地位，而股东直接持有新公司(原子公司)的股票，可以直接参与管理人员的选用，从而获得更大控制权。而且分立中一般不会发生交易双方的现金或证券交换。

股份回购是指股份有限公司通过一定的途径，买回本公司发行在外的股份的行为。这是一种大规模改变公司资本结构的方式，又分为两种基本方式：一种是公司将现金分配给股东，这种分配并非是支付红利，而是购回流通在外的股票；另一种是公司认为自己公司的资本结构中股本成分过高，因此发行债券，所得款项用于购回本公司的股票。股份回购是公司收缩技术中一种比较特别的手段。它与剥离、分拆上市以及分立等收缩方式的主要区别在于它不是针对公司某项业务或资产进行的收缩。股份回购的收缩表现在其缩小了公司的股本以及总资产，是一种通过减少公司实收资本来调整资本结构的重要手段。

定向股(targeted stock 或 tracking stock)是美国 20 世纪 90 年代兴起的一种新的公司收缩方式，是介于公司分立和公司分拆之间的一种公司收缩方式。定向股是一种收益与公司内部特定经营单位经营业绩相联系的特殊普通股，其中特定经营单位有时也被称为目标经营子公司或部门。定向股通常把一个公司的经营分成两个或多个由公众持股的经营单位，却仍保持公司的统一性，这是一种标准的、美式的"金融创新"产物。

(二)公司收缩按在业务上与母体的关系划分

公司收缩按在业务上与母体的关系，可分为横向收缩、纵向收缩和混合收缩。

横向收缩是指对母公司的股权进行切离与分立，分拆出与母公司从事同一种业务的子公司或业务。

纵向收缩是将母公司股权进行切离和分立，分拆出与母公司从事同一行业但处于行业链中不同阶段业务的子公司和业务部。

混合收缩则是指将母公司业务结构中涉及与其核心业务关联度较弱的某一行业或某一类型的业务切离与分立出去，由此使得母子公司可以更好地集中资源优势，做大、做强其核心业务。

(三)按照收缩是否符合公司的意愿划分

按照收缩是否符合公司的意愿，可分为自愿收缩和强迫收缩(非自愿收缩)。

自愿收缩是指当公司管理人员发现通过收缩能够对提高公司的竞争力和资本的市场价值产生有利的影响而进行的收缩。

强迫收缩则是指政府部门或司法机构以违反反垄断法为由，迫使公司收缩其一部分资产或业务。

二、 公司收缩的方式

公司收缩战略的实施可以通过以下几种方式来进行。

(一)资产剥离

1. 资产剥离的分类

(1)按是否符合公司的意愿，剥离可分为自愿剥离和被迫剥离。自愿剥离是按照公司管理层的意愿进行的，是指当管理层发现通过资产剥离能够对提高公司的竞争力或是对资产的市场价值产生有利影响的情况下而进行的剥离。

非自愿剥离是指政府主管部门或司法机构以违反反垄断法为由，迫使公司剥离其一部分资产或业务。

(2)按是否具有战略意图，剥离可分为单纯的剥离和战略性的剥离。单纯资产剥离是指公司根据其经营目标或战略需要对其资产进行简单的剥离。

战略性剥离则是指上市公司对其控制的资产进行评估后，将一部分不良资产进行剥离(一般剥离给母公司)，由母公司经过一系列的资产整合和处理后，再由上市公司按一定的价格回购，从而达到提高不良资产质量的目的。

此外，按剥离业务中所出售资产的形式，资产剥离又可划分为出售资产、出售子公司、出售产品生产线、分立和清算等具体形式。

2. 资产剥离的特点

资产剥离是最为常见的公司收缩方式，因为它与其他几种公司收缩方式相比具有明显的特点。

(1)适用面最广。资产剥离除了下属的子公司、分公司，还可以包括一些机器设备、厂房、无形资产等，而其他几种收缩方式几乎都不涉及实际的资产，只是对下属子公司进行的。

(2)操作最简捷。其他几种收缩方法(除分拆上市以外)都会影响到母公司的股本结构，而股本变动要得到股东大会和债权人的同意方可进行，受《公司法》、《证券法》等法律制度的约束比较多，程序比较复杂。资产剥离是母公司出售其资产的一个部分，不涉及公司股本结构的变化，因此在方案的复杂程度和执行的难度上明显降低。

(3)会计处理最简便。分立、分拆上市、股份回购等在会计处理上都非常复杂，都会涉及长期股权投资等多个会计科目，而且计算的过程十分烦琐；资产剥离不仅会计处理简单，而且能够直接产生利润，这是其他几种方式都不具备的优点。

(4)可以直接获得现金收入。有时公司选择收缩战略是为了获得更多的现金流量；而公司分立不发生现金流量的变化；分拆上市虽然可以产生现金流入，但这部分现金是被分拆出的独立公司管理和支配，母公司无法动用；股份回购反而会出现现金流出。因此，资产剥离对于急需现金的公司有明显的优越性。

(5)对外部的依赖性强。资产剥离成功的关键是找到合适的买家，以理想的价格卖出资产，致使资产的剥离对外部的依赖性很强。而其他几种收缩方式几乎在公司内部就可以操作完成，外部依赖性明显低于资产剥离。但是，这同时也带来了剥离的灵活性，因为资产可以向公司以外的机构或者个人出售，也可以向公司的管理层和员工出售。

3. 资产剥离的动因

资产剥离的动因较为复杂，概括地说，主要有以下六类。

(1)满足公司的现金需求。这是资产剥离的主要动因，公司在经营的过程中，往往会面临缺乏现金以满足日常经营或减少债务负担的需要。而通过借贷和发行股票的方式来筹集资金存在一系列的约束条件。此时，通过出售公司部分非核心资产或非相关业务的方式来筹集所需资金，不失为一种有效途径。例如，当公司成功收购后，为了偿还并购时借入的巨额债务，通常会出售部分被收购公司的不良资产来满足对现金流的需求，维持公司的正常经营。

(2)提高公司的市场声誉，提升公司股票的市场价值。当一个公司集团实行多元化经营，人们往往忽略了公司的某项优质资产，或者由于其中一项资产的经营失误从而影响了其他资产的价值。由于其业务往往涉及广泛的领域。市场投资者对集团公司所涉及的复杂业务可能无法正确地理解和接受。这时通过资产剥离，可改变公司的市场形象，提高公司股票的市场价值。例如，美国的埃斯马克(Esmark)集团公司拥有快餐、消费品生产和石油生产等业务，但多数投资者以为它仅是一个快餐和消费品生产公司，而忽视了它所拥有的大量有价值的石油储备。这些石油储备在公司的资产负债表上仅以较低的价值反映出来，该公司的股票价格因此被市场低估了。而公司这样的状况可能会造成被其他公司接管的危险，因而公司决定将其拥有的包括石油在内的非消费品生产部门出售给美孚石油公司，由此获得 11 亿美元的现金收入，公司的股票价格也因此从 19 美元上升到 45 美元。

(3)实现利润最大化的目标，剥离经营亏损的资产。公司以追求利润最大化为其现实目标。因此，为了避免可能产生对整个公司利润增长的影响，严重亏损、利润水平低或长期达不到利润增长预期的部门与子公司往往是公司剥离方案的首选目标。

(4)满足经营环境和公司战略目标改变的需要。公司的经营总是处在动态的环境中，由于经济发展和技术进步使得经济环境变化更加瞬息万变。公司为了适应经济环境的变化，其经营方向和战略目标也要随之做出调整和改变，而剥离是实现这一改变的有效手段。

(5)消除负协同效应。有时公司的某些业务对实现公司整体战略目标来说可能是不重要的，或者这些业务不适合于公司的核心业务发展，这时就会产生"负协同效应"，即 $1+1<2$。在这种情况下，如果不果断地剥离掉这些不适宜的业务，就会对整个公司的发展产生不良的影响。兼并和收购一家公司的目的常常是为了增加它与本公司之间的协同效应，但是实际上要真正实现协同效应往往是很困难的。国内外有关案例表明，在兼并和收购业务中，有很大一部分最后没有实现预期的协同目标，其中许多公司在收购后的若干年内又不得不剥离掉。造成这一情况的原因，可能是收购公司对经济预测出现判断失误，也可能是两个公司在经营理念、公司文化以及价值观念方面的差异过大，使得预定的整合和重组目标难以实现，最后不可避免地选择以资产剥离的方式来消除存在的副协同效应。

(6)政府反垄断体制。为了营造公平竞争的市场环境，各国均提出了反垄断方面的法律条文，并且十分注重对消费者利益的保护。因此，一切违背这些原则的集团公司的垄断行为都将受到强制性的阻碍。例如，2000 年微软公司因涉嫌垄断而受到美国联邦贸易委员会的起诉，并要求其对公司相关业务进行拆分。

(二)股票回购

1. 股票回购的分类

(1)股票回购按目的分类，可分为红利替代型、战略回购型。其中战略回购型的目的是为了通过公司收缩某一业务，从而实现公司的战略目标。

(2)股票回购按实现方式分类可分为以下几种：①公开市场收购，是指公司在公开股票市场以等同于任何潜在投资者的地位，按照公司股票当前市场价格回购。②现金要约回购，又可分为固定价格要约回购和荷兰式拍卖回购。固定价格要约回购是指公司在特定时间发出的以某一高出当前股票市价的价格水平，回购既定数量股票的要约。由于要约价格可能存在高出市场当前价格的溢价，它通常被市场认为比公开市场收购具有更积极的信号。荷兰式拍卖回购则是在回购价格确定方面给予公司更大的灵活性。③私下协议批量购买，购买的价格经常低于当前市场价格，尤其是在卖方首先提出的情况下。

它通常作为公开市场收购方式的补充而非替代措施。④交换要约，作为使用现金回购股票的替代方案，公司可以向股东发出债券或优先股的交换要约。

2. 股票回购的动因

股票回购实施的结果是公司收回部分流通在外的股票作为库藏股，实现收缩公司的目的。一般认为，公司实施股票回购的动因主要有以下几种。

(1)巩固既定控股权或转移公司控股权。上市公司的大股东为了保证其所拥有的控股权不被改变，往往采取直接或间接的方式回购自己的股份。有些股份公司的法定代表人并非是公司最大股东的代表者，在实际中，这些法定代表人为了维持其在公司中的地位，也为了能在公司经营中实现自己的意愿，往往采取回购股份的方式分散或削弱原控股股东的控股权，以实现原控股权的转移。

(2)提高每股收益。通常计算"每股收益"时是以流通在外的股份数作为计算基础的。公司因提升自身形象、上市需求和投资人对公司收益的期望等原因，采取了股票回购以增加自身股份的方式来操纵每股收益指标，减少实际应支付红利的股份数量。

(3)稳定或提高公司股票价格。公司回购股票以支撑股价，有利于改善公司形象。股价过低，使消费者对公司产品产生怀疑，削弱公司出售产品、开拓市场的能力，使公司难以从证券市场进一步融资，对公司经营造成不良影响，使得投资者对公司失去信心。此外，为使市价发行的新股顺利被投资者吸收，上市公司也会在二级市场进行股票回购，以稳定交易和提高股价。

(4)改善资本结构。任何公司的发展都会经历上升期、成熟期和衰退期。当公司认为权益资本在资本结构中所占比例过高时，可以利用负债经营实现股票回购，减少公司权益资本。这是改善公司资本结构的一个比较好且快捷的途径。在上升期，公司内部融资不足，往往通过发行股票融资，大大加快了权益资本的形成。但是当行业进入衰退期后，公司资金较为充裕，却由于行业进入衰退期而不愿扩大投资。这部分剩余资金若无适当的投资项目，只能作为银行存款或购买短期证券，影响公司的净资产收益率。这时通过股份回购减少公司权益资本，不仅能改善公司资本结构，还可提高每股收益。

(5)抵御收购。股票回购在国外经常是作为一种重要的反收购手段而被运用。一方面，回购将提高本公司的股价，减少在外流通的股份，给收购方造成更大的收购困难；另一方面，因回购的股票无表决权，回购后收购方的持股比例也会有所上升，故公司须将回购股票再卖给稳定股东，才能起到反收购的作用。

(三)公司分立

1. 公司分立的概念

公司分立俗称"公司拆分"或者"公司分家"。公司分立是指一个母公司将其在某子公司中所拥有的股份，按母公司股东在母公司中的持股比例分配给现有母公司的股东，从而在法律上和组织上将子公司的经营从母公司的经营中分离出去。或者是指一家公司不经过清算程序，分设为两家或者两家以上公司的法律行为。我国《公司法》规定，公司分立前的债务由分立后的公司承担连带责任，但是公司在分立前与债权人就债务清偿达成的书面协议另有约定的除外。

公司分立产生以下法律效果：①被分立公司的资产和负债，一并移转于新设立公司，这种移转不仅在被分立公司与新设公司之间生效，而且对第三者也生效；②被分立公司的股东按照公司分立决议确定的内容依旧是一家或者多家存续公司或者新设公司的股东；③视公司分立的具体形式，原公司终止其存在或者存续；④分立后各公司之间保持独立，并均为独立法人。

2. 公司分立的动因

公司分立的原因多种多样，有自愿的，也有被迫的，在这里只讨论自愿分立的各种动因。

(1)适应市场变化的需要。在当前的市场经济条件下，公司所面临的市场环境瞬息万变，公司必须对自身做适当调整，才能适应市场的变化。例如，当一个公司面临激烈的市场竞争时，为了增强竞争力，需要通过公司购并来扩大公司规模；而当公司原有市场已经消失或正在萎缩时，公司为了生存，则必须相应地收缩公司规模。公司原有市场的变化包括或因为市场原因引起的公司产品销路大减，或在其他情况发生时，公司必须迅速做出反应，否则公司就有可能被其庞大的规模拖垮。三九集团就是一个典型的例子，其在鼎盛时期拥有400多家子公司、孙公司，以致集团的掌舵人都不清楚公司究竟拥有多少公司，三九集团的倒下就是因为过度的扩张导致公司现金流断裂，三九集团陷入困境。合并与公司分立给予公司极大的机动性，使公司能够根据市场的状况调整自身的规模，保证公司的规模最适应市场的需要，最有经营活力，最能使公司在瞬息万变的市场环境下继续生存下去。

(2)公司长期发展战略的需要。多元化生产经营公司，经过长期的发展，因其生产经营环境发生变化而转变战略成为一家专业性的公司，但又不急于将一些与公司长期发展目标不相符的业务出售时，就可以通过公司分立来解决专业化经营的问题。公司分立之后，就可以减少非主营业务对公司主营业务的干扰，使公司能够集中精力进行专业化经营。

(3)减少亏损和增加利润。如果一家公司存在若干相对独立的子公司或业务，其中一些子公司或业务盈利，而另一些亏损，公司的总收益会因为亏损子公司或业务的存在而降低，甚至发生亏损。在这类公司中，减少亏损或增加利润的最快捷和有效的方法就是将亏损子公司或业务从公司中分立出去，使剩下的子公司和业务的盈利增加。因为在亏损子公司或业务从公司中分立出去之后，其亏损额不再计入公司的损益账，因此公司的利润总额必然会有所增加。除此之外，盈利能力还会以更快的速度上升。因为通过分立，一方面公司的盈利额增加；另一方面，公司的总资产和净资产占有额减少，所以盈利率会以更快的速度上升。例如，我国建立的四个资产管理公司，就是将改制前的四大国有商业银行的不良资产集中起来管理的专门公司，从而使国有商业银行的盈利能力和资产质量都得到迅速的提高。

(4)清偿债务。当存在过多的到期债务，而公司又无法从其他渠道筹集到有利可图的资金时，进行分立并出售一些子公司或业务，不失为一种清偿到期债务的可行方法。以这种目的分立并出售一些子公司或业务，可视为是"丢车保帅"的行动。因为当一家公司存在大量到期债务时，就随时有可能发生被债权人起诉的危险，各种形式的追债行动极有可能将公司逼入困境，甚至破产。公司如果面临这种情况，就不如自己积极行动起来，研究如何利用自身资源去清偿到期债务。虽然公司在这时出售一些正在为公司效益做贡献的子公司或业务会蒙受一定的损失，但是用这些损失换取公司生存却是值得的。

(5)筹集资金和资产变现的需要。当一个公司由于经营状况出现问题使投资者失去信心，无法在股票市场上筹集资金时，公司可以先将部分优质资产从公司分立出来成立一家新公司，使这家新公司符合上市筹资的条件，通过新公司对外发行股票筹集资金。然后，新公司再用上市筹集到的资金去收购控股公司的相关资产，使控股公司的资产得以变现。这种现象在我国极为常见。我国国有企业改制为股份有限公司，大多数均是采用了该种方法。公司在采用这种方法筹集资金，并将无法变现的资产变现出售的过程中，可以获得高额的创业利润。

(四)定向股

1. 定向股的概念辨析

定向股是一种收益与公司内部特定经营单位经营业绩相联系的特殊普通股，这里所说的特定经营单位有时也被称为目标经营单位，定向股通常把一个公司的经营分成两个或多个由公众持股的经营单位，却仍保持公司的统一性。关于这个概念要明确以下六个方面的内容。

(1)定向股是整个公司而不是其下属经营单位本身的普通股，并不在法律上代表目标经营单位及其下属公司的资产所有权。从公司治理与控制角度来看，定向股并不改变公司的管理权结构。

(2)持有者享有目标经营单位收益的分红权，这种分红权在一定程度上减弱了目标经营单位的成长性，并在长期内交叉影响公司内部其他经营单位的成长性。

(3)定向股所"盯住"的特定业务部门，需要编制独立的财务报告。定向股部门每年都要计算独立的每股收益和分红计划，一个公司可以为其下属某定向股的股东分发红利而对其他股东不发红利。

(4)目标经营单位的资产出售收入必须通过一个特殊股息分配或股份回购的方式分配给该经营单位的定向股持有者。

(5)在进行清算时，清算收入根据清算前某一特定时期内被清算经营单位的平均相对市值按比例分配，防止清算收入的分配与相对市值的不一致。

(6)定向股和分拆上市的区别在于，在发行定向股时不会形成母子公司的关系，定向股锁定的资产仍然是母公司的一部分，没有独立的新公司出现。因此分拆上市后，出现了代表两个不同公司的股票，发行定向股后，新增加的股票仍然属于原公司普通股的一种。

总之，定向股使目标经营单位在公司内部与其他经营单位之间保持了一定程度的独立性。与其他股票相比，定向股市值受公司内部其他经营单位经营业绩的影响更小。

2. 定向股的优点

(1)定向股允许金融市场有机会对性质各异的经营单位，根据它们各自的经营原则进行评价，有利于保证评价的公平性。

如果将一家公司的每一个主要业务部门都采用定向股来改造，这家多元化公司就会变成独立经营联合体，公司就可以因符合金融市场发展新方向而获利。美国华尔街的研究分析师特别倾向"主业清晰"类的公司，对于不愿放弃多元经营的公司，定向股就可以使其满足华尔街的要求。如在通用发行 EDS（美国电子器件协会）定向股的案例中，汽车行业的分析师就不必研究 EDS 的卫星技术，他可以继续跟踪原来正常的 GM（通用汽车公司）股票。EDS 有自己的定向股 GME（通用汽车欧洲），由技术板块的分析师来跟进。

（2）扩大了投资者的范围。因为发行定向股，使得公司又多了一种新的股票，而这种新股票往往与老股票具有截然不同的行业、评判标准和市盈率，这就意味着扩大了投资者资金投放的类型范围。在美国，一般大的机构投资者都会有自己的投资行业选择偏好，定向股使公司的行业选择范围扩大。定向股能提供独立的公司经营财务报表，因而投资者可以独立审查目标公司的价值。

（3）反映和增加公司的市值。市值是衡量公司规模和实力的最重要的指标之一。而股票市值受市盈率的影响非常大。高科技公司的市盈率可以数十甚至数百倍于传统行业的公司。在这种情况下，一些传统行业内公司如果拥有高科技类的资产就很容易因高科技资产被母公司的行业所拖累，造成公司价值被低估。在这种情况下，公司就高科技资产发行定向股就可以解决这个问题。如果一个公司所有下属独立子公司都发行定向股，将它们相加，其总和就会完全反映公司的总价值。

（4）激励目标业务部门的管理层。这一点和所有其他公司收缩的原因都是一样的。通过发行定向股，原来被掩藏在大公司内部的某个子公司被推向资本市场的最前沿，有了可以直接评判自己业绩表现的、独立的、公开交易的股票。母公司也愿意用这种方法对该子公司的管理层或员工实施股权激励计划。子公司的管理层就会积极努力工作来提升自己部门的业绩，从而相应地带动了母公司市值的增加。

（5）可以享受母公司的综合资源支持收益。发行定向股并没有使子公司从母公司中独立，作为多元经营公司的一部分仍然可以享受到一些好处。公司的管理层或董事会不发生任何变动，保持了公司控制的连续性；保留了作为统一主体纳税的好处，由于可以填制统一纳税表，一家公司的盈利可以抵除另一家公司的亏损；保留公司的各经营单位独立后可能失去的经营协作效益（或营业增效作用）；保留作为统一主体的负债能力和现存的贷款安排，使一家子公司的债权人可以追索另一家公司的盈利，其结果可以使公司的借贷成本降低；此外，定向股票结构还保留了公司今后进行股权重组的选择机会。

第三节　公司收缩效果评价

公司实施收缩战略后，需要通过对收缩战略实施后的结果进行评估，以了解收缩的经济效果。公司收缩效果评价是效果评价在公司收缩重组中的运用，对公司收缩重组进行效果评价，有助于正确引导经营行为，帮助公司寻找发展中的有利因素和不利因素，促进公司加强经营管理、提高经济效益，同时也为各有关部门对公司实施间接管理加强宏观调控、制定经济政策和考核经营管理者业绩提供依据。

一、公司收缩效果的评价主体及对象

评价是一种有目的、有意识的行为。每一评价行为都有其特定的评价目的，不是为评价而评价。但是不同的评价主体有着不同的评价目的，而统一评价主体往往也有不同的评价目的：从投资者来看，通过对收缩重组的经济效益和经营绩效的评价，可以提供对公司经营者业绩的考核，为确定公司收入分配政策与财务监管提供可靠依据；从债权人来看，通过收缩重组绩效评价，可帮助判断公司收缩重组后的偿债能力并判断收缩重组中自身利益是否被债权人掠夺；从公司经营管理者的角度看，收缩重组绩效评价有助于发现公司发展中的有利因素和不利因素，便于加强经营管理。可见，不同的评价主体目的不同，只有在目的明确的情况下，才能有针对性地开展评价活动，实现评价的目的。作为评价主体，即评价行为的组织发动者，通过评价活动形成组织机构。在实践中，收缩重组绩效评价体系应从投资者的角度出发，为监管、调整公司经营活动而设计。所以在资产剥离这一收缩重组方式下，进行绩效评价的主体是剥离资产后的公司投资者；而在公司分立和分拆上市方式下，进行绩效评价的主体是母公司的投资者；在股份回购方式下，绩效评价主体为通过股份回购改变公司资本结构后的股份有限公司的投资者。当然，公司的主要债权人、董事会、监事会、公司职工等，也可凭借公司绩效评价了解公司的财务状况和经营成果，但对公司影响较大的评价主体还是公司主要投资人及其监管代理人。

公司收缩重组绩效评价的对象是收缩后的公司。明确了公司收缩重组绩效的评价对象，结合绩效评价主体的目的，就可以相应明确选择确定收缩重组绩效评价指标。

二、公司收缩效果的评价原则

公司收缩战略的效果评价应遵循以下几项原则。

(1)真实性原则。在对公司收缩战略的效果进行评价的过程中，必须确保评价基础数据和基础资料的真实、准确，并采取一定的方法进行核实，以保证评价结果的真实、可靠。

(2)一致性原则。在对公司收缩战略的效果进行评价的过程中，所采取的基础数据、指标口径、评价方法、评价标准要相互可比，前后保持一致。

(3)独立性原则。评价人员在评价过程中要保持独立性，不能受外来因素影响，要独立自主地运用自己的知识和经验，客观、公正、公平地实施评价。

三、公司收缩效果的评价指标

(一)财务指标

(1)净资产收益率。该指标是公司实现的净利润与所有者权益的比率，也称股东权益报酬率，反映股东享有权益所获得的收益。它体现了投资者投入公司的自有资本获取净收益的能力，突出反映了投资与报酬的关系，是评价公司资本经济效益的核心指标。

(2)主营业务利润率。该指标是指一定时期内主营业务利润与主营业务收入之比，它体现了公司主营业务盈利的能力，在公司收缩中，如果该指标得以突出或公司核心竞争力得到巩固和加强，主营业务的盈利能力也应当是稳定的。

(3)股东权益比率。该指标是指期末净资产与期末总资产之比，股东权益比率与负债比率之和等于1。因此，这两个比率是从不同的侧面来反映公司长期财务状况的，股东权益比率越大，负债比率就越小，公司的财务风险也越小，偿还长期债务的能力就越强。公司进行收缩重组时，特别是进行主动收缩时，往往是出于实现经营战略的目的，因此也需要从长期的效果考察收缩战略才能得出客观的评价。

(4)流动比率。该指标是全部流动资产与流动负债之比，它表明公司每一元流动负债有多少流动资产作为偿债的保证，反映公司用可在短期内转变为现金的流动资产偿还到期流动负债的能力。对这一指标的分析有利于收缩重组公司为重组整合做出必要准备。

(5)现金流量比率。该指标是指经营活动现金净流量与流动负债之比，这一指标可以用来评价公司偿付债务的能力，还可用于现金管理业绩的计量。单独的现金流量不能反映收缩业绩的全貌，也不能赖以可靠地预计将来的业绩，因为正在成长的公司可能有很大的负现金流量，而一个处于衰退的公司可能产生强大的正现金流量。因此，该指标也可以评价公司收缩后的成长性。

(6)总资产周转率。该指标是指一定时期内主营业务收入净额与平均资产总额之比，它体现了公司经营期间全部资产从投入到产出周而复始的流转速度，反映了全部资产的管理质量和利用效率。由于该指标是一个包容性较强的综合指标，因此从因素分析的角度来看，它要受到流动资产周转率、应收账款周转率和存货周转率等指标的影响。如果公司收缩重组后资产管理质量和利用效率提高，在一定程度上对其评价的绩效就应是正向的。

(7)存货周转率。该指标是指一定时期内公司营业成本与存货平均余额的比值。存货周转率是衡量公司销售能力和存货管理水平的指标。同时，存货周转率还可以用来反映存货规模是否合适。当公司进行主动收缩后，其部分核心竞争力的加强最终体现在产品在市场中的顺畅销售，所以该指标越高，表示公司资产由于某些核心竞争力在产品中的表现而具有较高的流动性。

(二)非财务指标

(1)市场份额。该指标反映了经营单位在出售产品或提供劳务的市场上所占的业务比例。这个指标显示了一个公司在目标市场上的占有情况。市场的总体规模可以从工业团体、贸易协会和政府的统计数字中获得。

(2)客户保持度。客户保持度可以通过考察经营单位与客户关系程度的方法来进行计量，很明显，在目标客户群里保持或增加市场份额的理想方法是在这个范围里增加客户。

(3)员工满意度。公司收缩时，通过雇员的满意程度可以及时了解收缩整合中文化差异的融合程度。收缩不是简单的规模缩小，而是一种对资源进行重新配置整合的过程，而这一过程中往往会涉及公司各个部门、各个行业之间文化的融合问题。雇员在公司收缩过程中往往能直观地感受到整合中文化上的融合程度。

（4）新产品销售收入占产品销售收入比重。公司收缩战略的效果的最终影响都体现在现实的产品或服务上，它几乎代表了所有技术创新投入要素或相关要素相互作用的最终结果。

➤本章小结

公司资本收缩战略是一种与公司资本扩张战略相对应的战略形式。它并非公司经营失败的标志，而是公司发展的合理战略选择。与扩张战略相比，收缩型战略是一种消极的发展战略。公司实行收缩型战略只是短期性的，其主要目的是避开环境的威胁和迅速地实行自身资源的最优配置，向其他产业转移。

公司收缩战略主要有转向战略、放弃战略、吸附战略及破产或清算战略。而公司收缩的类型按实现的形式划分，主要有资产剥离、分拆上市、公司分立、股份回购和定向股；收缩按在业务上与公司的关系，可分为横向收缩、纵向收缩和混合收缩；按照收缩是否符合公司的意愿，可分为自愿收缩和强迫收缩。

➤复习思考题

简答题：

1. 公司收缩战略包括哪些具体内容？
2. 公司收缩实施的具体方式有哪些？
3. 影响公司收缩的主要因素有哪些？

计算题：

光明公司 20×5 年的预期收益可达 900 万元，其中的 450 万元计划分配给普通股股东。公司在外流通的股票数共计 200 万股，市价为每股 30 元，公司可以用这 450 万元以每股 36 元的价格购回股票 12.5 万股，也可以支付股利，股利额为每股 2.25 元。试分析该公司是否可以采取股票回购的政策。

案例分析

1981 年，杰克·韦尔奇入主 GE（通用电气），他把"数一数二"作为公司发展的战略目标，他认为未来商战的赢家应该是这样的公司："能够洞察到真正有前途的行业并加入其中，并且坚持要在自己进入的每一个行业里做到数一数二的位置——无论是在精干、高效，还是在成本控制、全球化经营等方面都是数一数二……"为了实现"数一数二"的战略目标，他把公司的核心业务划成三个圈，即核心生产、核心技术和核心服务，所有没有包括在这三个圈里的业务，都要整顿、出售或者关闭。这些业务要么是处于行业边缘，经营业绩不好，要么是市场前景黯淡或者不具备战略价值。在最初的两年里，公司出售了 71 项业务和生产线，回笼了 5 亿多美元的资金。其中最引人注目的是以下三项业务的出售。

（1）中央空调业务部门的出售。中央空调业务部门拥有三个工厂和 2 300 名员工，1982 年以 1.35 亿美元的价格出售给了特兰尼公司（Trance Co.）。空调业务部是公司设在路易斯维尔的大家电业务部的一个分部，位于公司的中心地带，但其市场占有率只有 10%。杰克·韦尔奇认为，空调部门无法做到由自己掌握命运，因为 GE 把产品卖给分销商以后，产品要由分销商安装，客户会将安装的问题都记到 GE 的账上，公司就被自己无法控制的因素给限制住了。由于 GE 的市场份额低，公司的竞争对手能够获得最好的分销渠道以及独立的承包商，而 GE 做不到，对 GE 来说，空调是一项有缺陷的业务。

（2）犹他国际的出售。犹他国际这块业务是由杰克·韦尔奇的前任雷洁·琼斯在 1977 年花了 23 亿美元买进的，在当时，这笔交易对雷洁、对 GE、对整个美国企业界都是创纪录的一桩并购案。犹他国际是一家盈利能力很强的一流公司，它的很大一块收入来自向日本钢铁业销售的炼钢用焦炭业务，它在美国还拥有一家小规模的石油天然气公司，在智利拥有一座已探明但还没有开发的铜矿。雷洁·琼斯买下犹他国际主要是为了防范今后再发生 1970 年那样的通货膨胀。但随着通货膨胀的日益减弱，这家公司越来越不符合杰克·韦尔奇的收入持续增长的目标。杰克·韦尔奇的经营理念是要让每一个人都能感觉到自己的贡献，这种贡献看得见、摸得着，还能数得清。但犹他国际的盈利状况起伏不定，严重扰乱了杰克·韦尔奇的经营理念。杰克·韦尔奇认识到，犹他国际的业务具有周期性的特点，这使得公司获得持续增长的目标不可能实现，他感觉经营这种业务有很多事情超出了自己的控制能力之外。

当时的副董事长约翰认为，犹他国际最理想的战略购买者应该是断山专营公司（Broken Hill Proprietdry，BHP）。为了适用 BHP 的财务能力，公司将犹他国际的业务进行了分拆，在 1984 年的第二个季度结束之前，BHP 把拆分后的犹他国际下属公司以 24 亿美元的价格买了过去。6 年以后犹他国际的最后一块资产得以出售。

（3）家用电器业务的出售。杰克·韦尔奇认为蒸汽熨斗、烤箱、吹风机以及搅拌器等都不属于公司的"重大技术"类型，这些产品不应该属于新的 GE，来自亚洲的进口产品将强烈冲击这个市场，市场上的美国生产商无一不受到成本居高不下的困扰，这个行业进入壁垒很低，因此将该业务划到了三个圈以外。1983 年 11 月，杰克·韦尔奇与投资银行家皮特·彼得森（Pete Petersen）开始协商家用电器业务的交易，几个星期以后，他以 3 亿美元的价格将 GE 的家用电器业务卖给了皮特（Pete）。

杰克·韦尔奇 1981 年入主 GE，在短短 20 年的时间里（他于 2000 年退休）使 GE 的市值达到 4 500 亿美元，增长了 30 多倍。

分析提示：
1. 中央空调业务剥离的原因是什么？
2. 犹他国际业务剥离的原因是什么？
3. 家用电器业务剥离的原因何在？
4. 如何认识杰克·韦尔奇对 GE 剥离重组？

（资料来源：韦尔奇．杰克·韦尔奇自传．丁浩译．北京：中信出版社，2010。作者引用时有改动）

第十四章

公司破产清算

作为一个有机体，公司既存在设立，也存在解散（即灭亡）。当公司面临解散或破产危机时，需要通过清算来处理，也可以通过重组的方式继续生存下去。公司清算和重组都会遇到一些复杂的财务问题，需要加以专门的研究。本章重点研究公司的终止、破产申请、清算等财务问题。

【重要概念】 公司破产　公司清算　破产清算程序　清算财产估价　分配剩余财产

第一节　清算原因

公司破产是指公司因经营管理不善造成严重亏损，不能偿还到期债务，被法院依法宣告破产。

作为资产重组的一种方式，破产是指在债务人不能清偿到期债务时，由法院强制将其全部财产公平清偿全体债权人，或者在法院监督下，由债务人与债权人达成和解协议，整顿复苏生产经营活动，清偿债务，避免倒闭清算的法律制度。

公司清算是指在公司终止过程中，为保护债权人、所有者等利益相关者的合法权益，依法对公司财产、债务等进行清理变卖，以终止其经营活动，并依法取消其法人资格的行为。

公司终止必然要进行清算。故而公司清算的原因也就是导致公司终止的原因。按照我国公司法的有关规定，公司出现下列情形之一时，应予以终止，并进行清算。①公司章程规定的营业期限届满；②公司章程规定的解散事由已出现；③股东会或股东大会决定解散；④因公司合并或者分立需要解散；⑤公司违反国家有关法规，危害社会公众利益被依法吊销营业执照、责令关闭或者被撤销；⑥人民法院依法予以解散；⑦公司宣告破产；⑧公司据以设立的宗旨已完成，或根本无法实现；⑨发生严重亏损，或投资一方不履行合同、章程规定的义务，或因外部经营环境变化而无法继续经营。

可见，公司终止的原因多种多样。在这些原因中，有些是在设立公司时就确定的，如公司章程规定的营业期限届满、公司章程规定的解散事由已出现等，这属于公司的正常终止；有些是为了适应市场的变化，公司主动做出的终止决策，如股东大会决定解散、因公司合并或者分立需要解散等，这属于公司的自愿终止。除了这些正常原因之外，还存在公司的非正常终止，如公司违反国家有关法规，危害社会公众利益被依法吊销营业执照、责令关闭或者被撤销、公司宣告破产等，这些属于公司的强制终止。

一、清算的种类

清算按其原因可分为破产清算和解散清算。根据我国《公司法》规定，破产清算的主要原因是公司法人不能清偿到期债务，并且资产不足以清偿全部债务或者明显缺乏清偿能力的，依照本法规定宣告破产。实质标准就是公司法人不能清偿到期债务。其情形有二：一是公司的负债总额大于其资产总额，事实上已不能支付到期债务；二是虽然公司的资产总额大于其负债总额，但因缺少偿付到期债务的现金资产，未能偿还到期债务，被迫依法宣告破产。解散清算是指除破产原因造成公司终止的清算。

二、破产清算的原因

公司破产制度是社会经济发展的一个必不可少的重要调节机制。公司破产制度对鼓励竞争，淘汰落后的生产方式和经营方式，有效实现优胜劣汰的市场经济原则，防止更大浪费的发生，提高社会经济效益，维护市场经济的有序发展，促进社会经济的高速增长，及时清理债权债务，保护债权人、债务人的合法权益，具有重要意义。当一个公司估计其灭亡的价值高于生存的价值时，便发生了清算。

(一)财务失败

公司宣告破产的最直接原因是财务失败。财务失败是指公司从技术上无力偿还到期债务起一直到破产为止这样一个范围的财务困难。技术上无力偿还到期债务，是指虽然公司的总资产超过了总负债，但是由于公司的资金安排不当，而引起的不能清偿到期债务。世界各国的破产法均规定，只要公司不能清偿到期债务，就应该依照破产法宣告破产。2006年8月27日通过的《中华人民共和国企业破产法》(简称《破产法》)也规定："公司法人不能清偿到期债务，并且资产不足以清偿全部债务或者明显缺乏清偿能力的，依照本法规定宣告破产。"财务失败是导致公司破产的最直接原因。如果一旦出现财务失败，并且无法补救，公司就会宣告破产进入清算阶段。

财务失败的原因有很多，主要可以归纳为以下几点。

(1)技术性破产。技术性破产又称技术性无力偿债，是指由于财务管理技术的失误，造成公司不能偿还到期债务的现象。此时公司主要表现为缺乏流动性，变现能力差，但盈利能力可能还比较好，财务基础也比较健全。无力偿债可能主要是因为公司财务政策上的某些偏差造成的，如债务利用过多、债务结构不够合理等。此时若能采取有效的补救措施，会很快渡过难关；但如果处理不好，会造成法律上的破产。

(2)事实性的破产。事实性的破产又称破产性的无力偿债，是指公司因经营管理不善等原因而造成连年亏损、资不抵债的现象。这种性质的破产使公司的全部债务都难以偿还，如果不设法进行挽救，就只能转入清算。

(3)法律性的破产。法律性的破产是指债务人因不能偿还到期债务而被法院宣告破产。这种性质的破产强调对债务人的破产宣告是由法院依法律上的标准进行的，而对公司破产前的财务基础以及破产清算后债务人实际能否清偿全部到期债务则不加考虑。

(二)经济性失败

经济性失败是指公司经营产生的现金流入量长期不足以满足经营现金流出量的需要，即公司经营现金净流入量长期为负而导致的生存困难。不言而喻，只要一个公司的经营现金净流入量长期为负，且没有外来现金的支持，迟早会将公司的资本消耗一空，致使公司非正常终止。一般而言，公司的经济性失败是导致公司失败的最主要的原因。但是经济失败对公司失败的影响是通过财务失败起作用的。如果失败的原因是由于经济性失败原因引起的，即经营长期处于亏损状态、公司资不抵债等原因引起的，挽救公司的难度就相对较大，且挽救公司的意义不大，这时公司就很可能转入破产清算程序。

在我国《破产法》中，破产是在债务人不能清偿到期债务时，由法院强制执行其全部财产，公平清偿全体债权人，或者在法院监督下，由债务人与债权人会议(或债权人委员会)达成和解协议，整顿、复苏公司，清偿债务，避免倒闭清算的法律制度。显然，经济法将破产定义为一套在一定条件下有法院参与、强制性地规范债务人与债权人债务关系的法律制度。

三、解散清算的原因

(1)公司章程规定的营业期限届满，或公司章程规定的经营目的已达到而不需要继续经营，或公司章程规定的目的无法达到且公司无发展前途。内联、合营、合作公司在办理设立申请时就向登记机关登记了营业期限，营业期限届满前公司可以申请展期，展期后公司可继续存在。期限届满前若公司未提出展期申请，表明投资各方无意继续经营，则公司必须终止。

(2)公司章程规定的解散事由已出现。公司章程规定有解散事由的，当解散事由出现而公司又没有对章程的有关规定做出修改，公司就得终止并进行破产清算。例如，为大江截流而成立的公司，在大江截流成功后就没有继续存在的必要。

(3)股东会或股东大会决定解散。公司的股东大会或者对公司拥有所有权的其他机构做出终止的特别决议时，公司应终止和清算。这种决议是由于以下原因：①公司亏损严重，无力继续经营。②投资一方不履行协议、合同、章程规定的义务，导致公司无法继续经营。③遇有严重自然灾害、战争等不可抗力因素，致使公司遭受严重损失，无法继续经营。④未达预定的经营目标，又无发展前途，不得不停止经营。

(4)因公司合并或者分立需要解散。公司因各种原因合并或被兼并，法人资格丧失，应终止原公司的经营行为，公司分立成多个公司(新设分立)，原公司法人资格丧失，应终止原公司的经营行为。因而公司合并、分立或被兼并都要进行清算。

(5)公司违反国家有关法规，危害社会公众利益被依法吊销营业执照、责令关闭或者被撤销。由于公司违反国家有关法律、法规，危害社会公共利益，被依法责令关闭的，应解散清算。其具体原因有：①公司股东在规定期限内未缴足资本金；②公司长期不向有关部门报送财务报告；③公司采取欺诈手段谋取暴利；④超越或滥用法律授予的权力，又不听劝阻；⑤拒绝向国家纳税；⑥长期没有从事营业活动或超过规定的营业范围经营而又不听劝阻；⑦自行变更公司登记事项而又拒绝向登记机关作变更申请；⑧存在严重刑事犯罪；⑨公司的存在已对公众安全构成威胁，又无法清除。例如，有严重污染源又治理无望的公司。

（6）人民法院依法予以解散。

（7）公司据以设立的宗旨已完成，或根本无法实现。

（8）发生严重亏损，或投资一方不履行合同、章程规定的义务，或因外部经营环境变化而无法继续经营。

第二节　破产清算程序

我国 2006 年 6 月 1 日实施的新《破产法》规定，公司在进行破产清算之前要经过破产申请阶段、破产的法院受理阶段、破产管理人的产生、债权的申报、债权人会议的召开、重整以及和解的过程。破产清算的过程中要成立清算组、拟定破产财产的变价方案、对破产财产进行分配以及宣告破产终结。

一、提出破产申请

《破产法》规定，提出破产申请的既可以是债权人，也可以是债务人。当债务人不能清偿到期债务，并且资产不足以清偿全部债务或者明显缺乏清偿能力的，可以向人民法院提出债务人不能清偿到期债务、和解或者破产清算申请。债务人不能清偿到期债务，债权人可以向债务人所在地的人民法院申请对债务人进行重整或者清算的申请。公司法人已解散但未清算或未清算完毕，资产不足以清偿全部债务的，依法负有清算责任的人应当向人民法院提出破产清算。目前，多数公司破产申请是由破产公司（即债务人）提出的。

破产申请应以书面的形式提出。提出破产申请时应当向人民法院提交破产申请书和有关证据。在具体操作中，公司在提出破产申请前，应对其资产进行全面的清查，对债权、债务进行清理，然后由会计师事务所对其进行全面的审计，并出具资不抵债的审计报告。公司向法院提出破产申请时，要提供如下材料：请求破产的书面申请，会计师事务所对其进行审计后出具的审计报告，上级主管部门同意破产的批准文件，公司的会计报表，公司对外投资情况，银行账户情况，各项资产明细表，债权人的名单、地址、金额，以及法院认为需要的其他材料。破产申请应以书面形式向对破产案件有管辖权的人民法院提出。公司破产案件由债务人住所地人民法院管辖。

二、破产的法院受理

人民法院接到破产申请后即进行受理与否的审查、鉴定。受理债权人破产申请案件后，应在案件受理后 5 日内通知债务人，并发布破产案件受理公告。债务人对申请有异议的，应当自收到人民法院通知之日起 7 日内向人民法院提出。人民法院应当自异议期满之日起 10 日内裁定是否受理。除上述情形外，人民法院应当自收到破产申请之日起

15 日内裁定是否受理。

自人民法院受理破产申请的裁定送达债务人之日起至破产程序终结之日,债务人的有关人员应当承担下列义务:①妥善保管其占有和管理的财产、印章和账簿、文书等资料;②根据人民法院管理人的要求进行工作,并如实回答询问;③列席债权人会议并如实回答债权人的询问;④未经人民法院许可不得离开住所地;⑤不得新任其他公司的董事、监事、高级管理人员。

人民法院受理破产申请后,债务人对个别债权人的债务清偿无效。债务人或财产持有人应当向管理人清偿债务或交付财产。管理人对破产申请受理前成立而债务人和对方当事人均未履行完毕的合同有权决定解除或继续履行,并通知对方当事人。有关债务人财产的保全措施解除执行程序应当中止。已经开始而尚未终结的有关债务人的民事诉讼或者仲裁应当中止;在管理人接管债务人的财产后该诉讼或者仲裁继续进行。

三、 破产管理人

(一)管理人的产生

管理人由人民法院指定。债权人会议认为管理人不能依法公正执行职务或者有其他不能胜任职务情形的,可以申请人民法院予以更换。管理人可以由有关部门机构的人员组成的清算组或者依法设立的律师事务所、会计师事务所、破产清算事务所等社会中介机构担任。人民法院也可以在征询有关社会中介机构的意见后,指定该机构具备相关专业知识并取得执业资格的人员担任管理人。

但有下列情形之一的不得担任管理人:①因故意犯罪受过刑事处罚;②曾被吊销相关专业执业证书;③与本案有利害关系;④人民法院认为不宜担任管理人的其他情形。

(二)管理人的职责

《公司法》中规定管理人应履行下列职责:①接管债务人的财产印章和账簿文书等资料;②调查债务人财产状况,制作财产状况报告;③决定债务人的内部管理事务;④决定债务人的日常开支和其他必要开支;⑤在第一次债权人会议召开之前决定继续或者停止债务人的营业;⑥管理和处分债务人的财产;⑦代表债务人参加诉讼仲裁或者其他法律程序;⑧提议召开债权人会议;⑨人民法院认为管理人应当履行的其他职责。

四、 债权的申报

债权申报是指债务人的债权人在接到人民法院的破产申请受理裁定通知或者公告后,在法定期限内向人民法院申请登记债权,以取得破产债权人地位的行为。

人民法院受理破产申请后应当确定债权人申报债权的期限。债权申报期限自人民法院发布受理破产申请公告之日起计算,最短不得少于 30 日,最长不得超过 3 个月。

债权人申报债权时,应当书面说明债权的数额和有无财产担保,并提交有关证据。申报的债权是连带债权的应当说明。连带债权人可以由其中一人代表全体连带债权人申报债权,也可以共同申报债权。

债务人的保证人或者其他连带债务人已经代替债务人清偿债务的，以其对债务人的求偿权申报债权。债务人的保证人或者其他连带债务人尚未代替债务人清偿债务的，以其对债务人的将来求偿权申报债权。但是债权人已经向管理人申报全部债权的除外。

五、　债权人会议的召开

债权人会议是破产程序中全体债权人的自治性组织，是债权人行使破产参与权的场所，债权人会议不是执行机关，也不是民事权利主体。

债权人会议由依法申报债权的债权人组成，享有表决权债权。尚未确定的债权人，除人民法院能够为其行使表决权而临时确定债权额的外，不得行使表决权。对债务人的特定财产享有担保权的债权人，未放弃优先受偿权利的，其对通过和解协议和破产财产的分配方案的事项不享有表决权。债权人会议应当由债务人的职工和工会的代表参加。会议设主席一人，由人民法院从有表决权的债权人中指定。

债权人会议行使核查债权、申请人民法院更换管理人，审查管理人的费用和报酬、监督管理人、选任和更换债权人委员会成员、通过重整计划、和解协议、债务人财产的管理方案、破产财产的变价方案及破产财产的分配方案等职权。

六、　重整

重整是指当公司法人不能清偿到期债务时，不立即进行破产清算，而是在人民法院的主持下由债务人与债权人达成协议，制订债务人重整计划，债务人继续营业并在一定期限内全部或部分清偿债务的制度。

在重整期间有下列情形之一的，经管理人或者利害关系人请求，人民法院应当裁定终止重整程序，并宣告债务人破产：①债务人的经营状况和财产状况继续恶化缺乏挽救的可能性；②债务人有欺诈、恶意减少债权人财产或者其他显著不利于债权人的行为；③由于债务人的行为致使管理人无法执行职务。

七、　和解

和解是指具备破产原因的债务人，为了避免破产清算而与债权人会议达成协商解决债务协议的制度。

债务人可以依照《破产法》的规定直接向人民法院申请和解，也可以在人民法院受理破产申请后、宣告债务人破产前，向人民法院申请和解。债务人申请和解应当提出和解协议草案。

因债务人的欺诈或者其他违法行为而成立的和解协议，人民法院应当裁定无效，并宣告债务人破产。债务人不能执行或者不执行和解协议的，人民法院经和解债权人请求，应当裁定终止和解协议的执行并宣告债务人破产。

八、　成立清算组

按《公司法》规定，自愿解散的有限责任公司的清算组应当由股东组成，股份有限公司的清算组应当由股东大会确定。如果是强制解散，清算组则应由主管机关从股东、有关机关及有关专业人士中指定。公司按股东会议决议和因公司合并或分立需要解散的，应当在 15 日内成立清算组。

依据法律规定，清算组由下列人员组成：主管部门；国资局；财政局；社保局（劳动局）；税务局；审计局；工商局；经贸委；银行及其他部门。

清算组的职责有以下几项。

(1)接管公司财产。接管破产公司及破产财产，是清算组行使权利的开始。法律规定，清算组成立，立即进驻破产公司，实行对破产公司的管理权和对破产公司财产的清理、查封等权利，控制破产公司的一切经济活动。清算组接管破产公司，不仅是接收公司领导者的权利，而且要接受一切与破产公司经济活动有关的一切权利，代表公司参与民事诉讼活动。

(2)处理公司未了业务。处理的业务包括：①清算组接管破产公司后，通过对破产公司财物的清理登记后依法行使对破产公司财产的管理、处分的权利。②接管公司进行清算，对公司破产前与其他民事主体之间签订的合法有效的、尚未履行完毕的合同做出是否继续履行的决定。③在对公司破产财物进行实事求是的估价后，依估价对破产公司财产进行处理，处理的方法包括将实物作价分配给债权人、将实物出售后进行分配。出售实物可以采取公开拍卖、国家收购、抵押贷款方式将实物变现分配。清算组对破产公司财产的清理、估价、处理是法定的程序，不可倒置。

(3)收取债权、清理债务。破产公司的债务人和财产持有人，只能向清算组清偿债务或者交付财产。公司破产后，以破产公司为债权人的债务人，应当自接到人民法院的通知或者看见人民法院的公告后及时清偿破产公司的债务或者返还财产，未及时清偿而又未提出异议的，清算组应当催交。清算组应当成立专门的债权清收小组，全面、具体负责债权清收工作。

通知债权人申报债权。要求清算组自成立之日起 10 日内通知债权人申报债权，并且要求在 60 日内在报纸上至少公布三次以上，未接到通知书的，在第一次公告发布之日起 90 日内申报债权。公告的内容应当写明破产申请受理时间、债务人名称、申报债权的期限、地点和逾期未申报债权的法律后果。

(4)分配破产财产。清算组在清理、估价、处理破产公司的财产后，在确定破产财产数额的基础上，依据被债权人会议确认，报人民法院裁定的债权数额，制定出破产公司财产分配方案的原则，对债权人按确定的方案分配破产公司的破产财产。

(5)注销公司法人资格、吊销营业执照。公司清算结束后，清算组应当制作清算报告，并编制清算期内收支表和各种账册，经会计师事务所审计验证，报股东会或者有关主管机关批准或确认。

九、　拟定破产财产的变价方案

管理人应当及时拟订破产财产变价方案，提交债权人会议讨论通过。按照债权人会议通过或者人民法院依法裁定的破产财产变价方案适时变价出售破产财产。变价出售破产财产应当通过拍卖方式进行，但债权人会议另有决议的除外。破产公司可以全部或者部分变价出售。公司变价出售时，可以将其中的无形资产和其他财产单独变价出售。

十、　对剩余财产进行分配

在确定公司破产财产的基础上拟定破产财产的分配方案，并经债权人会议通过，报请人民法院裁定后实施。公司财产在偿付全部债务后如有剩余，为公司的剩余财产，除法律或公司章程另有规定的外，应在公司出资者之间分配。

十一、　宣告破产终结

清算组在破产财产分配完毕之后，应当编制有关清算工作的报告文件，向法院报告清算工作，并提请人民法院终结破产程序。破产程序的终结有三种情况。

(1)债务人与债权人会议达成和解协议。公司经过整顿，能够根据和解协议清偿债务，人民法院应当终结该公司的破产程序并且予以公告。

(2)破产财产不足以支付破产费用，人民法院应当宣布破产程序终结。

(3)破产财产分配完毕，立即向人民法院提出关于破产财产分配完毕的报告。提请法院终结破产程序。法院接到此报告后，应及时做出破产程序的裁定并公告此裁定，破产程序即为终结。

清算组在接到法院终结破产程序的裁定后，应当及时办理破产公司的注销登记手续。破产清算工作宣告结束。

第三节　破产清算的范围

一、　财产的清算

公司清算主要是对公司财产作最后的处分，因此确定清理的财产是清理工作的基础和关键环节。

清算财产是指按法律规定或根据公司章程，可以不受特别限制地用于按清算程序对债权人予以清偿和向公司所有者分配的财产。

(一)清算财产的范围

清算财产的范围可以从时间和内容两个方面加以界定。从时间上看，清算财产由以下三部分组成。

1.宣布清算时的财产

宣布清算时，公司经营管理的全部财产应列入清算财产，包括各种实物资产、具有经济价值的权利、公司债权、对外投资和其他财产等。

2.清算期间取得的财产

清算期间取得的财产即从清算宣告后至清算终结前取得的财产，主要包括以下内容。

(1)清算期间的净收益。清算净收益是指公司在清算过程中处理清算前未了结事项和实施清算程序取得的净收益(收益减损失)，主要包括：①经营净收益；②财产盘盈(盘亏)；③财产变现净收益；④财产估价净收益；⑤无须归还的债务；⑥坏账损失；

⑦核销损失；⑧其他收益。

(2)行使撤销权收回的财产。公司在宣布终止的前六个月至终止日期间，公司对其财产有不当处理的，清算机构可行使撤销权收回，收回财产作为清算财产。不当处理包括：①隐匿私分或者无偿转让财产；②非正常压价处理财产；③对原来没有财产担保的债务提供担保的财产；④对未到期债务提前清偿而支付的财产；⑤放弃的自己的债权。

3. 清算结束后一年内追回的财产

在公司清算期间未被清算机构或法院发现而在公司清算终结后一年内追回的财产，按规定可视为清算财产。若超过一年后追回的财产，则依法收归国库。

(二)界定清算财产范围的注意事项

从内容上界定清算财产的范围要注意以下问题。

1. 以财产的所有权为标准

判定一项财产应否列入清算财产的范围，应以财产的所有权为标准，即以公司进入清算期间财产的所有权为标准，而不以公司是否存在为标准。例如，有些财产如加工承揽物、承运物、承租物、寄存物、仓储保管物等，清算开始时存在于公司，但其所有权不属于公司，故不应列入清算财产，而应由财产权利人通过清算机构取回。又如，公司以预收货款方式销售产品，发票开具的时间将对清算财产产生影响。若发票是在公司进入清算之日前开立的，那无论商品是否已运离公司，其所有权已不属于公司，故其不能列入清算财产，相应地该客户的预收货款也不再属于公司的负债。

2. 将财产的取得与清算是否相关加以区分

公司一旦进入清算，其未了结的经营活动可继续进行，并随生产经营周期的推进而结束，不应再开展新的业务。凡是在清算期间进行与清算无关的经营活动，均被认为是无效的，由此而取得的资产均不属于清算财产，相应地由此而形成的负债也不列入清算之列，而须在清偿之前单独处理。

3. 将公司全部财产与清算财产加以区别

公司的全部财产并不等于公司的清算财产。清算财产一般是指那些在处分时不受特别限制的财产，而公司的全部财产中往往包括一些处分时有明确限制的财产。下列财产原则上不列入清算财产：

(1)已作担保的财产。已作担保的财产用于归还所担保的债务，不列入清算财产，除非债权人愿意放弃原协议或担保财产价值超过担保债权的差额，则可列入清算财产。

(2)党、团、工会等社团组织的经费所购置的财产。这些经费或财产不应列入清算财产，但上述组织无偿占有公司的财产，则应列入清算财产。

(3)公司创办的医院、学校、托儿所、职工住房等社会福利性财产，一般不列入清算财产，但没必要继续开办并能整体出让的，可列入清算财产。

(4)费用性资产。费用性资产是指进入清算时账面上未摊销完毕的费用。这类资产无法用于清偿债务或对所有者进行分配，故只能如前述作为清算损失予以核销。

(5)无经济价值的权利。对于这类权利，无论清算前是否入账，均不能列入清算财产。如已入账，也只能作清算损失核销。

(三)清算财产的估价

由于清算财产的账面价值反映的是资产的历史成本，与实际状况可能会有出入，因此在确定清算财产的范围之后，应对其进行合理的估价，以此作为底价，通过协议、招标、拍卖等方式转让。清算财产的估价方法主要有以下几种。

1. 账面净值法

账面净值法即把账面净值作为清算资产计价的依据。账面净值是资产的账面原值扣除损耗或摊销之后的余额。这种方法最为简单，但受主观因素影响较大，因为损耗和摊销部分往往是人为估计的，难免与实际产生偏差。因此这种方法一般适用于实际价值与账面价值没有差别或差别不大的财产，如现金、应收票据、其他应收款等。

2. 重估价值法

重估价值法即以重估价值作为清算财产计价的依据。重估价值是指财产的重置净值，即财产的重置全价扣除各项损耗后的余额。重置全价是在目前条件下按市场价格或建造相同财产所需的成本损耗。贬值主要包括实体性贬值、功能性贬值和经济性贬值。这种计价方法一般适用于可继续使用的财产的估价，如机器设备等。

3. 变现收入法

变现收入法即以变现收入作为清算财产计价的依据。变现收入是指将财产投放到相应市场上可能获得的收入，取决于变现价格与变现费用的差额。其中变现价格主要取决于变现财产再生产价值或同类资产的市场价格、财产损耗情况以及市场规模、交易供求状况等；变现费用主要包括财产的清理费用、运输费用和交易费用等。由于受清算期限及公司所处环境的影响，变现收入通常低于同类财产在正常情况下的价格。

此外，清算财产的估价还可以采用：现行市价法，即以目前市场上有交易记录的同类财产的交易价格为计价依据，适用于存货、证券、土地使用权等；收益现值法，即以财产未来收益的现值作为财产估价的依据，适用于公司整体出售、成套设备、工业产权和专用技术等估价。

(四)清算财产的变现及价值确定

为了清偿债务和向所有者分配剩余财产，通常要将清算财产进行变现，但也并非所有清算财产都可以自由变卖或都需要进行变现。应注意以下几个问题。

(1)在清算财产变现时，应尽量采用公开拍卖方式，但对于国家法律禁止或限制自由买卖的财产不得上市交易，而只能出售给政府指定的单位。

(2)成套设备或生产线应尽量整体出售，确实无法整体出售的，方可分散出售。

(3)公司的债权并不是都要收回或都能收回的。若公司的债务人同时又是公司的债权人，则债权债务抵消后收回债权(债权大于债务)或作普通债务(债权小于债务)处理。若债务人已经死亡或因其他原因确实无法收回债权，则只能作为清算损失。

(4)有关权利人若愿意分取实物，也可在估价后直接用实物清偿其债权，这样既可以缩短清算时间，也可节约变现费用。当然若实物财产可能获得的变现收入大于债务额，应变现后才能清偿债务。

(5)清算财产的清理、变现后，可以最终确定清算财产价值，其计算公式为

$$清算财产 = \underset{面价值}{\overset{清算宣告时}{公司资产账}} + \underset{产价值}{\overset{清算期间}{取得的财}} - \underset{产价值}{\overset{已作担}{保的财}} - \underset{面价值}{\overset{其他不作清}{算财产的账}} \qquad (14\text{-}1)$$

如果清算终结后有追回财产，还应加上该部分价值。

二、 负债的清算

(一)清算债务的范围

清算债务是指经清算组确认的至公司宣告破产或解散清算公司的各项债务。根据《破产法》的规定，破产宣告前成立的无财产担保的债权和放弃优先受偿权利的有财产担保的债权为破产债权。除此以外，在认定破产债权时还应注意以下几个方面的问题。

(1)破产或解散宣告前设立的无财产担保债务。

(2)有财产担保的债务其数额超过担保物价款未受偿部分的债务。

(3)破产宣告时未到期的债权视为已到期债权，但应减去未到期的利息。

(4)保证人代破产公司清偿债务的，保证人有权以其清偿数额作为破产债权。

(5)债权人放弃优先受偿权利的有财产担保债务。

(6)破产公司未履行合同的对方当事人，因清算组解除合同受到损害，以损害赔偿额作为破产债权。

(7)债务人公司作为票据发票人或背书人被宣告破产，而付款人或承兑人不知其破产事实而付款或承兑，因此产生的债权为破产债权。

(8)债权人对破产公司负有债务的，可以在破产清算前抵消，这就是破产抵消权。

(9)债权人参加破产程序而发生的有关费用，不得作为破产债权。

(10)有财产担保债权人的优先受偿权限定于担保物的范围之内，所以如果担保物在其行使权利前意外消失，其优先受偿权利也随之消失，债权人的债权只能作为破产债权受偿。

下列费用不得作为公司清算债务：宣告日后的债务；债权人参加清算程序按规定应自行负担的费用；债权人逾期未申报的债权；超过诉讼时效的债务。

(二)债务的清偿

有限责任公司和股份有限公司清偿债务的最高还欠能力为其注册资本额。公司实收资本额等于注册资本时，公司的实收资本就是最高还欠责任；如实收资本尚不足注册资本，现有资本又不足偿付债务，有限责任公司的投资各方必须补足各自认缴份额，使实收资本达到注册资本以清偿债务。

三、 所有者权益的清算

(一)清算费用

清算费用是指公司清算过程中所发生的各项支出。清算费用应当从清算财产中优先

拨付，一般随时发生随时支付。清算财产不足以支付清算费用的，清算程序相应终结，未清偿的债务不再清偿。

清算费用的开支范围包括：清算期间职工生活费；清算财产管理、变卖和分配所需费用；破产案件诉讼费用；清算期间公司设施和设备维护费用、审计评估费用；为债权人共同利益而支付的其他费用，包括债权人会议会务费、破产公司催收债务差旅费及其他费用。公司清算组应严格按照经债权人会议审核的开支范围和标准拨付清算费用。

破产公司被整体接收的，安置期间的职工生活费用由接收方公司发放，从公司管理费用中开支，其标准应不低于试点城市规定的最低生活救济标准。破产公司职工的社会保险费由接收方公司从接收破产公司之日起缴纳。接收方公司收到的安置费在资本公积金中单独反映。鼓励破产公司职工自谋职业，对自谋职业的职工，清算组可从破产公司土地使用权等破产财产中，按规定拨付有关安置费用。一次性安置破产公司离退休职工的离退休费和医疗费从公司土地使用权出售所得中支付，处置土地使用权所得不足以支付的，不足部分从处理其他破产财产所得中优先支付。破产公司职工的安置费用来源不足的，按照公司隶属关系，由破产公司所在地人民政府负担。

（二）清算损益

公司清算中发生的财产盘盈、财产变价净收入、因债权人原因确实无法归还的债务，以及清算期间的经营收益等计入公司清算收益。公司清算终了，清算收益大于清算损失、清算费用的部分依法缴纳所得税。

第四节 破产清算的实施

一、 清偿债务

（一）债务清偿方式

债务清偿主要有一次清偿、中间清偿和追加清偿三种方式。

（1）一次清偿。一次清偿是指清算组将破产财产按照清偿顺序，一次性地全部偿付给破产债权人，破产程序也因此宣告终结。适用于所有的破产财产能够变价或虽不能全部变价但无法变价为金钱的部分能为破产债权人所接受的破产公司。

（2）中间清偿。中间清偿是指清算组对破产财产一次清偿有困难时，在部分破产财产变价后、最后分配以前所进行的一次或多次清偿。中间清偿仍然要按照一般清偿的程序和比例进行。中间清偿的优点在于能够较快地实现部分债权人的清偿，从而减少债权人的损失。

（3）追加清偿。追加清偿是指在某些情况下，可供清偿的财产在最后清偿以后才被人民法院发现追回，同时先前清偿中破产债权尚未得到满足，而此时清算组已经解散，所以只能由人民法院进行清偿，由于这种清偿相对于先前已进行的清偿来说是一种追加，故称为追加清偿。追加清偿，通常是针对破产公司违法隐匿、转移或采取其他方法处理破产公司财产的行为而实施的。

(二)债务清偿顺序

债务清偿是破产清算的最后阶段，清算组应根据《破产法》所规定的破产顺序进行。在按清偿顺序清偿时，必须注意以下问题。

(1)在按法定的清偿顺序进行清偿之前，清偿的财产必须是在清偿剔除权、抵消权、破产费用后所剩余的破产财产。如果破产财产不足以偿付破产费用，清算组应向法院申请破产程序终结。

(2)破产财产不足以清偿同一顺序的清偿要求的，按照比例分配。清偿比例的计算公式如下：

$$清偿比例 = \frac{可供清偿的财产金额}{同一清偿顺序的负责总额} \times 100\% \qquad (14\text{-}2)$$

用同一顺序内某一债权人的债权额乘以清偿比例，就可算出该债权人可分得的剩余财产额。

(3)破产公司的董事、监事和高级管理人员的工资按照该公司职工的平均工资计算。

(4)管理人应当及时拟订破产财产分配方案，提交债权人会议讨论。

(5)破产财产分配方案的表决必须由出席会议的有表决权的债权人过半数通过，并且其所代表的债权额占无财产担保债权总额的1/2以上。经债权人会议表决通过的破产财产分配方案对全体债权人有约束力。

(6)债权人会议通过破产财产分配方案后，由管理人将该方案提请人民法院裁定认可，破产财产分配方案经人民法院裁定认可后，由管理人执行。

(7)管理人按照破产财产分配方案实施多次分配的，应当公告本次分配的财产额和债权额。管理人实施最后分配的，应当在公告中指明。

(8)对于附生效条件或者解除条件的债权，管理人应当将其分配额提存。管理人依照规定提存的分配额在最后分配公告日生效，生效条件未达到或者解除条件满足的应当分配给其他债权人。在最后分配公告日满足生效条件或者解除条件未满足的，应当交付给债权人。

(9)债权人未受领的破产财产分配额管理人应当提存。债权人自最后分配公告之日起满2个月仍不领取的，视为放弃受领分配的权利，管理人或者人民法院应当将提存的分配额分配给其他债权人。

(10)破产财产分配时，对于诉讼或者仲裁未决的债权，管理人应当将其分配额提存。自破产程序终结之日起满2年仍不能受领分配的，人民法院应当将提存的分配额分配给其他债权人。

按规定，清算财产要优先抵付清算费用。若清算财产不足以支付清算费用，则清算程序马上终结，未清算债务也不再清偿。

抵付清算费用后，公司所需清偿的债务主要包括公司进入清算前的各种债务以及在清算中形成的与公司清算相关的各种债务，但不包括有财产担保的特殊债务。

破产财产在优先清偿破产费用和共益债务后依照下列顺序清偿。

(1)破产人所欠职工的工资和医疗、伤残补助、抚恤费用，所欠的应当划入职工个人账户的基本养老保险、基本医疗保险费以及法律、行政法规规定应当支付给职工的补偿金。

(2)破产人欠缴的除前项规定以外的社会保险费用和破产人所欠税款。

(3)普通破产债权。

二、 分配剩余财产

公司清偿各种债务后的剩余财产归公司所有者所有，应根据有关法律的要求，按公司章程或合同等有关规定进行分配，充分体现公平、对等原则，均衡各方利益。清算后各项剩余财产的净值，不论实物或现金均应按投资各方的出资比例或者合同、章程的规定分配，其中有限责任公司除公司章程另有规定外，按投资各方出资比例分配。股份有限公司按照优先股股份面值对优先股股东优先分配。

但不同类型公司分配剩余财产的具体分配过程不尽相同，一般有以下几种情况。

(1)对于独资公司，其剩余财产归其出资者所有。

(2)对于有限责任公司，其剩余财产按投资各方在公司实收资本中所占比例分配。若公司章程或投资者相互订立的合同中对剩余财产分配有专门规定的，按规定办理。

(3)对于股份有限公司，首先要考虑优先股股东，若剩余财产超过发行在外的优先股面值，则可按各优先股东所持股票面值进行分配；否则，按比例分配。优先股分配率计算公式为

$$优先分配率 = \frac{剩余财产总额}{发行在外优先股总面值} \times 100\% \qquad (14\text{-}3)$$

用某优先股股东所持有股票面值乘以分配率，便可求出该股东应得的剩余财产额。若公司剩余财产向优先股分配后仍有剩余，则在普通股股东之间按其所持股份比例进行分配。分配率计算公式为

$$普通股分配率 = \frac{优先股后剩余财产总值}{发行在外普通股股数} \times 100\% \qquad (14\text{-}4)$$

用某普通股股东所持有股份数与该分配率相乘，便可求出该股东应得的剩余财产额。

➤本章小结

公司破产是指公司因经营管理不善造成严重亏损，不能偿还到期债务，被法院依法宣告破产。作为资产重组的一种方式，破产是指在债务人不能清偿到期债务时，由法院强制将其全部财产公平清偿全体债权人，或者在法院监督下，由债务人与债权人达成和解协议，整顿复苏生产经营活动，清偿债务，避免倒闭清算的法律制度。公司清算是指在公司终止过程中，为保护债权人、所有者等利益相关者的合法权益，依法对公司财产、债务等进行清理变卖，以终止其经营活动，并依法取消其法人资格的行为。

➤复习思考题

简答题：

1. 破产清算的一般程序是什么？应注意哪些问题？

2. 清算财产的估价方法都有哪些？其各自的优缺点和适用范围是什么？

3. 清算债务包括哪些内容？确定清算债务时应注意哪些问题？

计算题：

某公司清算财产的总价值 600 万元，其清算债务合计为 900 万元，其中欠职工工资 100 万元，应缴未缴税款 200 万元，应付外地乙公司贷款 200 万元，预收丙公司订货款 180 万元。

要求：确定公司债务清偿的顺序和清偿金额。

案例分析

广东国投破产案——中国第一破产案始末

广东国际信托投资公司（简称广东国投）成立于 1980 年 7 月，1983 年被中国人民银行批准为非银行金融机构，享有外汇经营权，1989 年又被国家主管机关确定为全国对外借款窗口，从 20 世纪 80 年代末开始，其经营规模不断扩大，凭借其"窗口公司信用"在世界范围融资，为广东的经济和社会发展发挥了积极的作用。

然而，1999 年 1 月 10 日，广东国投董事会在广州召开会议，法人代表、总经理麦智南向境内外债权人发出通报：鉴于目前公司财务状况非常严重，已无能力支持公司的正常运作，决定由不能支付到期巨额债务的广东国投及附属深圳公司、广东国际租赁公司和广信公司发展公司，向法院提出破产申请。此前的 1998 年 10 月 6 日，经中国人民银行同意，广东省政府决定对广东国投进行为期三个月的行政关闭清算。关闭清算的初步结果是，广东国投总资产 214.71 亿元，总负债 361.45 亿元，资不抵债 146.94 亿元。

广东国投数百亿元人民币的债务 80% 以上借自包括日本、美国、德国、瑞士、中国香港等国家和地区 130 多家著名银行。广东国投破产的消息犹如石破天惊，立即在全球金融市场上掀起巨大波澜。

与此同时，广东国投属下的三家全资子公司广信公司发展公司、广东国际租赁公司、广东国投深圳公司也因出现严重的资不抵债，也向广州市中级人民法院、深圳市中级人民法院提出破产申请。

广东国投破产的程序如下：

一、广东国际大厦实业有限公司股权纠纷案——确认股权

广东国际大厦实业有限公司（简称大厦公司）股权纠纷案是广东国投破产案中权属之争的第一大案，备受国内外债权人和社会各界广泛关注。广东国际大厦（即 63 层）曾经是广州市的地标性建筑，也是广东国投的标志性建筑。大厦公司是合作经营（港资）公司，投资中方为房产公司，投资外方为广信实业；主管部门为广东国投。广东省高级人民法院经过审理查明，房产公司没有出资，广信实业的出资实际上也来源于广东国投。广东国投是大厦公司的实际出资者，按照"谁投资、谁拥有"的产权确认原则，广东高院依法确认广东国际大厦实业公司的 100% 股权归原广东国投所有。

二、华侨大厦公司执行和解案——追收外债

1988 年 8 月广东国投与华侨大厦公司、中华全国归国华侨联合会（简称华侨联合会）签订《担保协议书》，约定广东国投为华侨大厦向境外银行贷款 4 500 万美元提供担保，华侨联合会向广东国投提供反担保。华侨大厦公司所借境外银行贷款不能按期归还，广东国投于 1997 年 4 月和 7 月分别为华侨大厦公司垫付到期借款本息 322.706 1 万美元和 1 551.096 1 万美元，合计 1 873.802 2 万美元。广东国投代华侨大厦垫还借款后，华侨大厦公司并未向广东国投偿还。华侨联合会也没有履行其约定的反担保责任。广东省高级人民法院审理认为，华侨大厦公司拖欠的借款本息应当归还；华侨联合会不具有担保的合法资格，其为华侨大厦公司对外借款所作的反担保无效，华侨联合会应承担无效担保的赔偿

责任。判令华侨大厦向广东国投破产清算组清偿欠款 1 873.802 2 万美元,华侨联合会对华侨大厦上述债务不能清偿的部分承担二分之一的赔偿责任。为追收广东国投的对外债权,广东省高级人民法院依法对华侨大厦公司采取了强制执行措施。经多方努力,华侨大厦公司、华侨联合会与广东国投破产清算组反复协商后,于 2002 年 3 月 15 日达成还款协议,并报广东国投债权人主席委员会同意,由华侨大厦公司一次性支付人民币 1.44 亿元了结全部债权债务关系。华侨大厦公司已于 2002 年 3 月 26 日前支付还款协议中约定的款项 1.44 亿元给广东国投破产清算组。

三、广东证券公司揭阳营业处偿还垫付债券款异议案——追收外债

广东证券公司揭阳营业处(简称揭阳营业处)受化轻公司的委托,总承销化轻公司债券 1 000 万元。揭阳营业处与广东国投下属的分支机构金融部于 1996 年 7 月 29 日签订了一份分销债券协议,委托广东国投信托金融部分销发行化轻公司债券。随后,广东国投即将其分销的债券对外销售并将分销债券所得款项共 1 000 万元汇付给揭阳营业处。债券到期后,广东国投向债券持有人兑付债券本息合计 1 104.45 万元。但揭阳营业处向广东国投支付 580 万元后其余的款项未能支付。广东国投破产后,根据清算组申请,广东省高级人民法院向揭阳营业处发出《偿还财物通知书》,要求揭阳营业处向广东国投清算组偿还 1 148 万元。揭阳营业处在法定期限内提出异议。广东省高级人民法院审理认为债券已实际对外发行销售,故债券到期后债券发行人化轻公司应向债券持券人兑付债券本息,同时本案债券的代理发行人应知道该债券属于违规发行,仍接受发行人的委托为其代理发行债券,依法应向债券持券人承担连带的兑付债券本息责任。广东国投在债券到期后向债券持券人兑付债券本息,由此广东国投取得了相当于债券持券人的地位,其依法可向本案债券的其他债务人主张要求清偿垫付款的权利。广东省高级人民法院裁定揭阳营业处应将尚欠广东国投垫付的款项 1 148 万元本息偿还给广东国投破产清算组。

四、掉期合同债权确认纠纷案——破产债权确认

债权人瑞士信贷第一波士顿国际(简称瑞士信贷)与广东国投破产清算组关于掉期合同申报破产债权被拒绝而产生的异议纠纷,是一宗掉期合同债权确认纠纷案件。瑞士信贷向清算组申报破产债权 1 405 万美元,清算组认为瑞士信贷与广东国投之间的利率掉期交易未经外汇管理局批准,属于投机性交易,合同无效,对瑞士信贷申报的全部债权不予确认。提出异议后,破产清算组向瑞士信贷发出《债权申报初步确认书》,初步确认瑞士信贷的债权金额本金为 585 万美元、利息 10.03 万美元。瑞士信贷仍有异议,请求广东省高级人民法院裁定确认其对广东国投享有 1 405.66 万美元的破产债权。广东省高级人民法院裁定确认瑞士信贷对原广东国际信托投资公司享有的破产债权金额为 585 万美元及其利息。债权人根据利率掉期合同申报破产债权得到法院裁定确认,这在中国法院破产案件的审判史上是第一次。

五、嘉明电力公司信托存款取回权纠纷案——信托存款不得行使取回权

嘉明电力公司与广东国投签订一份信托存款合同,嘉明电力公司将 4 285.71 美元存入广东国投,期限 1998 年 4 月 20 日至 2000 年 6 月 22 日,年利率 8.25%,分五期提款,该存款用于支付嘉发公司欠兴业公司贷款本息,存款人仅限于在约定提款日提款并委托受托方以嘉发公司名义拨入兴业公司指定账户。广东国投关闭清算后,余下 3 428.57 万美元存款本息未支付。广东国投进入破产程序时,嘉明公司依法申报了破产债权,并未申请行使取回权。在广东国投破产清算过程中,嘉明电力公司认为信托存款就是信托财产,要求取回信托存款本金 3 428.57 万多美元及其利息。广东省高级人民法院审理认为双方设定的是存款关系,并非信托关系。广东国投依据信托存款合同有关委托支付的约定已经支付 857.14 美元,余下存款不属于信托财产,嘉明电力公司不享有取回权。广东省高级人民法院裁定嘉明电力公司对信托存款本金 3 428.57 美元及其利息不能行使取回权。嘉明电力公司作为破产债权人应当按比例平等受偿。

六、股民保证金取回权纠纷案

邮政书刊公司在法定期限内向广东高院提出异议,要求行使取回权,要求取回存于广东国投江湾

证券营业部的交易保证金 45 559.03 元。广东省高级人民法院审理认为,广东国投破产后,邮政书刊公司可以通过广东国投清算组取回保证金。邮政书刊公司以保证金账户上的交易结算资金余额要求行使取回权,依法应予支持。裁定邮政书刊公司有权取回在广东国投江湾证券营业部的交易结算资金余额 45 559.03 元。该案的意义在于,确认保证金归股民所有,可以由股民取回,稳定了证券市场,确保了广东国投证券营业部的正常运作。

七、日本第一劝业银行安慰函担保债权确认异议案

广东国投分别于 1996 年 2 月 1 日、1997 年 12 月 19 日、1997 年 12 月 29 日向日本第一劝业银行(简称劝业银行)出具的三份安慰函均承诺,确保广东国投(香港)有限公司(简称广信香港)、广东国投深圳公司(简称广信深圳公司)将清偿所借金额(不论本金、利息或其他);确认只要《贷款协议》继续有效及借款方的任何义务尚未履行,广东国投不会出售、行使留置权或以其他方式处置广东国投对借款方拥有的任何权益,且广东国投现在或将来对借款方可能拥有的所有追索权,将在所有方面排于及后受偿于劝业银行可能对借款方拥有的追索权之后。但三份安慰函均没有承诺当广信香港、广信深圳公司不履行债务时由广东国投承担连带保证责任或代偿债务,广东国投在安慰函中没有向劝业银行做出承担担保责任的意思表示。因此,广东省高级人民法院审理认为广东国投向劝业银行出具的三份安慰函不构成法律意义上的担保。广东国投对劝业银行的债权不承担保证责任。对劝业银行依据安慰函申报本金 4 000 万美元及其利息、本金 112.43 美元及其利息、本金 500 万美元及其利息的破产债权裁定均不予确认。

八、湛江市计划委员会无效担保案

海滨公司分别于 1986 年、1987 年向原广东国投借款 200 万美元和 500 万美元,均由湛江市计划委员会提供担保。贷款到期后,海滨公司未能清偿贷款本息,至 2000 年 12 月海滨公司拖欠广东国投本息 1 455 万美元,湛江市计划委员会也没有履行担保责任。广东省高级人民法院审理认为湛江市计划委员会作为政府机关不具有担保人的合法资格,保证合同无效,保证期间已转换为保证债务诉讼时效,因本案中海滨公司的主债务没有超过诉讼时效,主债务诉讼时效中断引起保证债务诉讼时效中断,因此湛江市计划委员会仍应承担无效保证的赔偿责任。判令海滨公司向广东国投破产清算组清偿欠款 1 455.402 1 万美元,湛江市计划委员会对海滨公司上述债务不能清偿的部分承担二分之一的赔偿责任。

分析提示:

A. 在广东国投破产程序的执行过程中,在法院的审理下广东国投追回或是维护了哪些利益?在此之前为什么做不到?

B. 瑞士信贷向清算组申报的破产债券 1 405 万美元,法院审理后,为什么只确认了 585 万美元的本金及利息,其余部分为什么不予确认?

C. 嘉明电力公司信托存款取回申请,以及日本第一劝业银行安慰函担保债权,在证据不充足而上述两家公司讨债信心并不十分充足的状态下为什么还要申诉?

D. 在破产程序执行过程中,法院判定华侨联合会和湛江市计划委员会不具有担保资格,其为债务人提供的担保均为无效担保,但是为什么还要承担不能清偿债务部分的二分之一的赔偿责任。

E. 本案例给我们的启示是什么?

(资料来源:吕伯涛. 公正树丰碑——审理广东国投破产案始末. 北京:人民法院出版社,2005。作者引用时有改动)

主要参考文献

戴书松 . 2006. 财务管理 . 北京：经济管理出版社

道格拉斯·R. 爱默瑞，约翰·D. 芬妮特 . 1998. 公司财务管理 . 北京：中国人民大学出版社

谷祺 . 2003. 财务管理 . 大连：东北财经大学出版社

郭复初 . 2006. 新编财务管理学 . 北京：清华大学出版社

杰费·马杜拉 . 2000. 国际财务管理 . 杨淑娥，张俊瑞译 . 大连：东北财经大学出版社

荆新，王化成 . 2002. 财务管理学 . 北京：中国人民大学出版社

理查德·A. 布雷利，企图尔特·C. 迈尔斯 . 2004. 公司财务原理 . 方曙红译 . 北京：机械工业出版社

斯蒂芬·罗斯，等 . 2003. 公司理财 . 吴世农，沈艺峰译 . 北京：机械工业出版社

斯科特·贝斯利 . 2005. 财务管理精要 . 北京：机械工业出版社

汤谷良，王化成 . 2003. 企业财务管理 . 北京：经济科学出版社

唐现杰 . 2002. 公司财务 . 哈尔滨：黑龙江人民出版社

王庆成，郭复初 . 2002. 财务管理学 . 北京：高等教育出版社

魏明良 . 2006. 财务管理 . 北京：经济管理出版社

杨雄胜 . 2004. 高级财务管理 . 大连：东北财经大学出版社

张先治 . 2006. 财务学概论 . 大连：东北财经大学出版社

张兆国 . 2002. 高级财务管理 . 武汉：武汉大学出版社

附录1 计算题参考答案

第三章 负债性融资

1. (1)1.3% (2)960万元

  (3)若能以低于市场利率或机会成本的贷款取得借款,应享受折扣。

2. (1)157.5万元 (2)10.5%

3. 每年定期归还本息157.73万元

4. (1)先付租金226.36万元 (2)后付租金249.10万元 (3)应该选择后付租金

第四章 权益及权益交换性融资

1. (1)10 000万元 (2)选择转为普通股

2. 11 000万元

3. 20元

第五章 资本结构理论及决策技术

1. (1)0.075元/股 (2)15万元 (3)采用增加负债方式筹资

2. 选择方案1

3. 两种筹资方案相比,方案A的边际资本成本低于方案B,因此筹资A方案优于B方案。

  筹资后资本结构为:负债:权益 $=\dfrac{800}{2\ 000}:\dfrac{1\ 200}{2\ 000}=40\%:60\%$

4. (1)无负债公司价值625万元;有负债公司价值868.25。 (2)8.5%

第六章 项目投资决策

1. −210万元;0元;−30万元;100万元;140万元

2. (1)290万元 (2)532.5万元

3. 应购买新设备

4. (1)甲、乙方案均可行 (2)选择乙方案

5. (1)5 588.8万元;54.35万元 (2)10 538.61万元 (3)该方案可行 (4)842.41万元

6. 应该购买新设备

7. (1)$\Delta NCF_0=-22.1$万元;$\Delta NCF_{1\sim3}=10.05$万元;$\Delta NCF_4=9.95$万元

  (2)应该购买新设备

8. 应该购买新设备

9. 应继续使用旧设备

第七章 证券投资决策

1. (1)应投资购买该债券 (2)$i=6.13\%$

2. (1)14%;10.8%;10%;8% (2)应购买A股票 (3)1.46;11.84% (4)1.31;11.24%

(5)(3);(4)

3.(1)24 元　(2)30 元　(3)30 元

4.(1)23.12 元

第八章　投资与融资的综合决策

(1)42 万元；34 万元；18 万元

(2)700 万元，8；600 万元，4；400 万元，2

第九章　利润分配

1.(1)60 万元　(2)20％　(3)0.06 元/股

2.(1)普通股股数 220 万股；股本 440 万元；资本公积 820 万元；现金股利 44 万元；未分配利润 96 万元；所有者权益 1 356 万元

(2)普通股股数 400 万股；股本 400 万元；资本公积 160 万元；未分配利润 840 万元

(3)0.36 元

第十章　公司价值评估

1. 该子公司能够顺利出售

2.10 754.96 万元；14 383.04 万元；4 383.04 万元

3.1 122.85 万元

4.1 097.85 万元

5.15 819.17 万元

第十二章 公司扩张

(1)8 407.10 万元

(2)应当收购声宝公司的股份

第十三章　公司收缩

不应采取股票回购的政策

第十四章　公司破产清算

第一清偿顺序及金额：欠职工工资		100 万元
第二清偿顺序及金额：应缴未缴税款		200 万元
第三清偿顺序及金额：应付外地乙公司贷款		157.89 万元
	预收丙公司订货款	142.11 万元

附录 2 复利终值系数表(FVIF 表)

$n \backslash i(\%)$	1	2	3	4	5	6	7	8	9	10	11
1……	1.010	1.020	1.030	1.040	1.050	1.060	1.070	1.080	1.090	1.100	1.110
2……	1.020	1.040	1.061	1.082	1.103	1.124	1.145	1.166	1.188	1.210	1.232
3……	1.030	1.061	1.093	1.125	1.158	1.191	1.225	1.260	1.295	1.331	1.368
4……	1.041	1.082	1.126	1.170	1.216	1.262	1.311	1.360	1.412	1.464	1.518
5……	1.051	1.104	1.159	1.217	1.276	1.338	1.403	1.469	1.539	1.611	1.685
6……	1.062	1.126	1.194	1.265	1.340	1.419	1.501	1.587	1.677	1.772	1.870
7……	1.072	1.149	1.230	1.316	1.407	1.504	1.606	1.714	1.828	1.949	2.076
8……	1.083	1.172	1.267	1.369	1.477	1.594	1.718	1.851	1.993	2.144	2.305
9……	1.094	1.195	1.305	1.423	1.551	1.689	1.838	1.999	2.172	2.358	2.558
10……	1.105	1.219	1.344	1.480	1.629	1.791	1.967	2.159	2.367	2.594	2.839
11……	1.116	1.243	1.384	1.539	1.710	1.898	2.105	2.332	2.580	2.853	3.152
12……	1.127	1.268	1.426	1.601	1.796	2.012	2.252	2.518	2.813	3.138	3.498
13……	1.138	1.294	1.469	1.665	1.886	2.133	2.410	2.720	3.066	3.452	3.883
14……	1.149	1.319	1.513	1.732	1.980	2.261	2.579	2.937	3.342	3.797	4.310
15……	1.161	1.346	1.558	1.801	2.079	2.397	2.759	3.172	3.642	4.177	4.785
16……	1.173	1.373	1.605	1.873	2.183	2.540	2.952	3.426	3.970	4.595	5.311
17……	1.184	1.400	1.653	1.948	2.292	2.693	3.159	3.700	4.328	5.054	5.895
18……	1.196	1.428	1.702	2.026	2.407	2.854	3.380	3.996	4.717	5.560	6.544
19……	1.208	1.457	1.754	2.107	2.527	3.026	3.617	4.316	5.142	6.116	7.263
20……	1.220	1.486	1.806	2.191	2.653	3.207	3.870	4.661	5.604	6.727	8.062
25……	1.282	1.641	2.094	2.666	3.386	4.292	5.427	6.848	8.623	10.835	13.585
30……	1.348	1.811	2.427	3.243	4.322	5.743	7.612	10.063	13.268	17.449	22.892
40……	1.489	2.208	3.262	4.801	7.040	10.286	14.974	21.725	31.409	45.259	65.001
50……	1.645	2.692	4.384	7.107	11.467	18.420	29.457	46.902	74.358	117.39	184.57

12	13	14	15	16	17	18	19	20	25	30
1.120	1.130	1.140	1.150	1.160	1.170	1.180	1.190	1.200	1.250	1.300
1.254	1.277	1.300	1.323	1.346	1.369	1.392	1.416	1.440	1.563	1.690
1.405	1.443	1.482	1.521	1.561	1.602	1.643	1.685	1.728	1.953	2.197
1.574	1.630	1.689	1.749	1.811	1.874	1.939	2.005	2.074	2.441	2.856
1.762	1.842	1.925	2.011	2.100	2.192	2.288	2.386	2.488	3.052	3.713
1.974	2.082	2.195	2.313	2.436	2.565	2.700	2.840	2.986	3.815	4.827
2.211	2.353	2.502	2.660	2.826	3.001	3.185	3.379	3.583	4.768	6.276
2.476	2.658	2.853	3.059	3.278	3.511	3.759	4.021	4.300	5.960	8.157
2.773	3.004	3.252	3.518	3.803	4.108	4.435	4.785	5.160	7.451	10.604
3.106	3.395	3.707	4.046	4.411	4.807	5.234	5.696	6.192	9.313	13.786
3.479	3.836	4.226	4.652	5.117	5.624	6.176	6.777	7.430	11.642	17.922
3.896	4.335	4.818	5.350	5.936	6.580	7.288	8.064	8.916	14.552	23.298
4.363	4.898	5.492	6.153	6.886	7.699	8.599	9.596	10.699	18.190	30.288
4.887	5.535	6.261	7.076	7.988	9.007	10.147	11.420	12.839	22.737	39.374
5.474	6.254	7.138	8.137	9.266	10.539	11.974	13.590	15.407	28.422	51.186
6.130	7.067	8.137	9.358	10.748	12.330	14.129	16.172	18.488	35.527	66.542
6.866	7.986	9.276	10.761	12.468	14.426	16.672	19.244	22.186	44.409	86.504
7.690	9.024	10.575	12.375	14.463	16.879	19.673	22.901	26.623	55.511	112.455
8.613	10.197	12.056	14.232	16.777	19.748	23.214	27.252	31.948	69.389	146.19
9.646	11.523	13.743	16.367	19.461	23.106	27.393	32.429	38.338	86.736	190.05
17.000	21.231	26.462	32.919	40.874	50.658	62.669	77.388	95.396	264.70	705.64
29.960	39.116	50.950	66.212	85.850	111.07	143.37	184.68	237.38	807.79	2 620.0
93.051	132.78	188.88	267.86	378.72	533.87	750.38	1 051.7	1 469.8	7 523.2	36 119.0
289.00	450.74	700.23	1 083.7	1 670.7	2 566.2	3 927.4	5 988.9	9 100.4	70 065.0	497 929.0

附录 3 复利现值系数表(PVIF 表)

$n \backslash i(\%)$	1	2	3	4	5	6	7	8	9	10	11	12
1……	0.990	0.980	0.971	0.962	0.952	0.943	0.935	0.926	0.917	0.909	0.901	0.893
2……	0.980	0.961	0.943	0.925	0.907	0.890	0.873	0.857	0.842	0.826	0.812	0.797
3……	0.971	0.942	0.915	0.889	0.864	0.840	0.816	0.794	0.772	0.751	0.731	0.712
4……	0.961	0.924	0.889	0.855	0.823	0.792	0.763	0.735	0.708	0.683	0.659	0.636
5……	0.951	0.906	0.863	0.822	0.784	0.747	0.713	0.681	0.650	0.621	0.593	0.567
6……	0.942	0.888	0.838	0.790	0.746	0.705	0.666	0.630	0.596	0.564	0.535	0.507
7……	0.933	0.871	0.813	0.760	0.711	0.665	0.623	0.583	0.547	0.513	0.482	0.452
8……	0.923	0.853	0.789	0.731	0.677	0.627	0.582	0.540	0.502	0.467	0.434	0.404
9……	0.914	0.837	0.766	0.703	0.645	0.592	0.544	0.500	0.460	0.424	0.391	0.361
10……	0.905	0.820	0.744	0.676	0.614	0.558	0.508	0.463	0.422	0.386	0.352	0.322
11……	0.896	0.804	0.722	0.650	0.585	0.527	0.475	0.429	0.388	0.350	0.317	0.287
12……	0.887	0.788	0.701	0.625	0.557	0.497	0.444	0.397	0.356	0.319	0.286	0.257
13……	0.879	0.773	0.681	0.601	0.530	0.469	0.415	0.368	0.326	0.290	0.258	0.229
14……	0.870	0.758	0.661	0.577	0.505	0.442	0.388	0.340	0.299	0.263	0.232	0.205
15……	0.861	0.743	0.642	0.555	0.481	0.417	0.362	0.315	0.275	0.239	0.209	0.183
16……	0.853	0.728	0.623	0.534	0.458	0.394	0.339	0.292	0.252	0.218	0.188	0.163
17……	0.844	0.714	0.605	0.513	0.436	0.371	0.317	0.270	0.231	0.198	0.170	0.146
18……	0.836	0.700	0.587	0.494	0.416	0.350	0.296	0.250	0.212	0.180	0.153	0.130
19……	0.828	0.686	0.570	0.475	0.396	0.331	0.277	0.232	0.194	0.164	0.138	0.116
20……	0.820	0.673	0.554	0.456	0.377	0.312	0.258	0.215	0.178	0.149	0.124	0.104
25……	0.780	0.610	0.478	0.375	0.295	0.233	0.184	0.146	0.116	0.092	0.074	0.059
30……	0.742	0.552	0.412	0.308	0.231	0.174	0.131	0.099	0.075	0.057	0.044	0.033
40……	0.672	0.453	0.307	0.208	0.142	0.097	0.067	0.046	0.032	0.022	0.015	0.011
50……	0.608	0.372	0.228	0.141	0.087	0.054	0.034	0.021	0.013	0.009	0.005	0.003

13	14	15	16	17	18	19	20	25	30	35	40	50
0.885	0.877	0.870	0.862	0.855	0.847	0.840	0.833	0.800	0.769	0.741	0.714	0.667
0.783	0.769	0.756	0.743	0.731	0.718	0.706	0.694	0.640	0.592	0.549	0.510	0.444
0.693	0.675	0.658	0.641	0.624	0.609	0.593	0.579	0.512	0.455	0.406	0.364	0.296
0.613	0.592	0.572	0.552	0.534	0.516	0.499	0.482	0.410	0.350	0.301	0.260	0.198
0.543	0.519	0.497	0.476	0.456	0.437	0.419	0.402	0.320	0.269	0.223	0.186	0.132
0.480	0.456	0.432	0.410	0.390	0.370	0.352	0.335	0.262	0.207	0.165	0.133	0.088
0.425	0.400	0.376	0.354	0.333	0.314	0.296	0.279	0.210	0.159	0.122	0.095	0.059
0.376	0.351	0.327	0.305	0.285	0.266	0.249	0.233	0.168	0.123	0.091	0.068	0.039
0.333	0.300	0.284	0.263	0.243	0.225	0.209	0.194	0.134	0.094	0.067	0.048	0.026
0.295	0.270	0.247	0.227	0.208	0.191	0.176	0.162	0.107	0.073	0.050	0.035	0.017
0.261	0.237	0.215	0.195	0.178	0.162	0.148	0.135	0.086	0.056	0.037	0.025	0.012
0.231	0.208	0.187	0.168	0.152	0.137	0.124	0.112	0.069	0.043	0.027	0.018	0.008
0.204	0.182	0.163	0.145	0.130	0.116	0.104	0.093	0.055	0.033	0.020	0.013	0.005
0.181	0.160	0.141	0.125	0.111	0.099	0.088	0.078	0.044	0.025	0.015	0.009	0.003
0.160	0.140	0.123	0.108	0.095	0.084	0.074	0.065	0.035	0.020	0.011	0.006	0.002
0.141	0.123	0.107	0.093	0.081	0.071	0.062	0.054	0.028	0.015	0.008	0.005	0.002
0.125	0.108	0.093	0.080	0.069	0.060	0.052	0.045	0.023	0.012	0.006	0.003	0.001
0.111	0.095	0.081	0.069	0.059	0.051	0.044	0.038	0.018	0.009	0.005	0.002	0.001
0.098	0.083	0.070	0.060	0.051	0.043	0.037	0.031	0.014	0.007	0.003	0.002	0
0.087	0.073	0.061	0.051	0.043	0.037	0.031	0.026	0.012	0.005	0.002	0.001	0
0.047	0.038	0.030	0.024	0.020	0.016	0.013	0.010	0.004	0.001	0.001	0	0
0.026	0.020	0.015	0.012	0.009	0.007	0.005	0.004	0.001	0	0	0	0
0.008	0.005	0.004	0.003	0.002	0.001	0.001	0.001	0	0	0	0	0
0.002	0.001	0.001	0.001	0	0	0	0	0	0	0	0	0

附录 4 年金终值系数表(FVIFA 表)

n \ i(%)	1	2	3	4	5	6	7	8	9	10	11
1······	1.000	1.000	1.000	1.000	1.000	1.000	1.000	1.000	1.000	1.000	1.000
2······	2.010	2.020	2.030	2.040	2.050	2.060	2.070	2.080	2.090	2.100	2.110
3······	3.030	3.060	3.091	3.122	3.153	3.184	3.215	3.246	3.278	3.310	3.342
4······	4.060	4.122	4.184	4.246	4.310	4.375	4.440	4.506	4.573	4.641	4.710
5······	5.101	5.204	5.309	5.416	5.526	5.637	5.751	5.867	5.985	6.105	6.228
6······	6.152	6.308	6.468	6.633	6.802	6.975	7.153	7.336	7.523	7.716	7.913
7······	7.214	7.434	7.662	7.898	8.142	8.394	8.654	8.923	9.200	9.487	9.783
8······	8.286	8.583	8.892	9.214	9.549	9.879	10.260	10.637	11.028	11.436	11.859
9······	9.369	9.755	10.159	10.583	11.027	11.491	11.978	12.488	13.021	13.579	14.164
10······	10.462	10.950	11.464	12.006	12.578	13.181	13.816	14.487	15.193	15.927	16.722
11······	11.567	12.169	12.808	13.486	14.207	14.972	15.784	16.645	17.560	18.531	19.561
12······	12.683	13.412	14.192	15.026	16.917	16.870	17.888	18.977	20.141	21.384	22.713
13······	13.809	14.680	15.618	16.627	17.713	18.882	20.141	21.495	22.953	24.523	26.212
14······	14.947	15.974	17.086	18.292	19.599	21.015	22.550	24.215	26.019	27.975	30.095
15······	16.097	17.293	18.599	20.024	21.579	23.276	25.129	27.152	29.361	31.772	34.405
16······	17.258	18.639	20.157	21.825	23.657	25.673	27.888	30.324	33.003	35.950	39.190
17······	18.430	20.012	21.762	23.698	25.840	28.213	30.840	33.750	36.974	40.545	44.501
18······	19.615	21.412	23.414	25.645	28.132	30.906	33.999	37.450	41.301	45.599	50.396
19······	20.811	22.841	25.117	27.671	30.539	33.760	37.379	41.446	46.018	51.159	56.939
20······	22.019	24.297	26.870	29.778	33.066	36.786	40.995	45.762	51.160	57.275	64.203
25······	28.243	32.030	36.459	41.646	47.727	54.865	63.249	73.106	84.701	98.347	114.410
30······	34.785	40.588	47.575	56.085	66.439	79.058	94.461	113.280	136.310	164.490	199.020
40······	48.886	60.402	75.401	95.026	120.80	154.76	199.64	259.060	337.890	442.590	581.830
50······	64.463	84.579	112.80	152.67	209.35	290.34	406.53	573.77	815.08	1 163.9	1 668.8

12	13	14	15	16	17	18	19	20	25	30
1.000	1.000	1.000	1.000	1.000	1.000	1.000	1.000	1.000	1.000	1.000
2.120	2.130	2.140	2.150	2.160	2.170	2.180	2.190	2.200	2.250	2.300
3.374	3.407	3.440	3.473	3.506	3.539	3.572	3.606	3.640	3.813	3.990
4.779	4.850	4.921	4.993	5.066	5.141	5.215	5.291	5.368	5.766	6.187
6.353	6.480	6.610	6.742	6.877	7.014	7.154	7.297	7.442	8.207	9.043
8.115	8.323	8.536	8.754	8.977	9.207	9.442	9.683	9.930	11.259	12.756
10.089	10.405	10.730	11.067	11.414	11.772	12.142	12.523	12.916	15.073	17.583
12.300	12.757	13.233	13.727	14.240	14.773	15.327	15.902	16.499	19.842	23.858
14.776	15.416	16.085	16.786	17.519	18.285	19.086	19.923	20.799	25.802	32.015
17.549	18.420	19.337	20.304	21.321	22.393	23.521	24.701	25.959	33.253	42.619
20.655	21.814	23.045	24.349	25.733	27.200	28.755	30.404	32.150	42.566	56.405
24.133	25.650	27.271	29.002	30.850	32.824	34.931	37.180	39.581	54.208	74.327
28.029	29.985	32.089	34.352	36.786	39.404	42.219	45.244	48.497	68.760	97.625
32.393	34.883	37.581	40.505	43.672	47.103	50.818	54.841	54.196	86.949	127.910
37.280	40.417	43.842	47.580	51.660	56.110	6.965	66.261	72.035	109.690	167.290
42.753	46.672	50.980	55.717	60.925	66.649	72.939	79.850	87.442	138.110	218.470
48.884	53.739	59.118	65.075	71.673	78.979	87.068	96.022	105.930	173.640	285.010
55.750	61.725	68.394	75.836	84.141	93.406	103.740	115.270	128.120	218.050	371.520
63.440	70.749	79.969	88.212	98.603	110.290	123.410	138.170	154.740	273.560	483.970
72.052	80.947	91.025	120.440	115.380	130.030	146.630	165.420	186.690	342.950	630.170
133.330	155.620	181.870	212.790	249.210	292.110	342.600	402.040	471.980	1 054.80	2 348.80
241.330	293.200	356.790	434.750	530.310	647.440	790.950	966.700	1 181.90	3 227.20	8 730.00
767.090	1 013.70	1 342.00	1 779.10	2 360.80	3 134.50	4 163.21	5 519.80	7 343.90	30 089.0	120 393.0
2 400.0	3 459.5	4 994.5	7 217.7	10 436.0	15 090.0	21 813.0	31 515.0	45 497.0	280 256.0	165 976.0

附录 5　年金现值系数表(PVIFA 表)

$n \backslash i(\%)$	1	2	3	4	5	6	7	8	9	10	11	12
1……	0.990	0.980	0.971	0.962	0.952	0.943	0.935	0.926	0.917	0.909	0.901	0.893
2……	1.970	1.942	1.913	1.886	1.859	1.833	1.808	1.783	1.759	1.736	1.713	1.690
3……	2.941	2.884	2.829	2.775	2.723	2.673	2.624	2.577	2.531	2.487	2.444	2.402
4……	3.902	3.808	3.717	3.630	3.546	3.465	3.387	3.312	3.240	3.170	3.102	3.037
5……	4.853	4.714	4.580	4.452	4.329	4.212	4.100	3.993	3.890	3.791	3.696	3.605
6……	5.795	5.601	5.417	5.242	5.076	4.917	4.767	4.623	4.486	4.355	4.231	4.111
7……	6.728	6.472	6.230	6.002	5.786	5.582	5.389	5.206	5.033	4.868	4.712	4.564
8……	7.652	7.325	7.020	6.733	6.463	6.210	5.971	5.747	5.535	5.335	5.146	4.968
9……	8.566	8.162	7.786	7.435	7.108	6.802	6.515	6.247	5.995	5.759	5.537	5.328
10……	9.471	8.983	8.530	8.111	7.722	7.360	7.024	6.710	6.418	6.145	5.889	5.650
11……	10.368	9.787	9.253	8.760	8.306	7.887	7.499	7.139	6.805	6.495	6.207	5.938
12……	11.255	10.575	9.954	9.385	8.863	8.384	7.943	7.536	7.161	6.814	6.492	6.194
13……	12.134	11.348	10.635	9.986	9.394	8.853	8.358	7.904	7.487	7.103	6.750	6.424
14……	13.004	12.106	11.296	10.563	9.899	9.295	8.745	8.244	7.786	7.367	6.982	6.628
15……	13.865	12.849	11.938	11.118	10.380	9.712	9.108	8.559	8.061	7.606	7.191	6.811
16……	14.718	13.578	12.561	11.652	10.838	10.106	9.447	8.851	8.313	7.824	7.379	6.974
17……	15.562	14.292	13.166	12.166	11.274	10.477	9.763	9.122	8.544	8.022	7.549	7.120
18……	16.398	14.992	13.754	12.659	11.690	10.828	10.059	9.372	8.756	8.201	7.702	7.250
19……	17.226	15.679	14.324	13.134	12.085	11.158	10.336	9.604	8.950	8.365	7.839	7.366
20……	18.046	16.351	14.878	13.590	12.462	11.470	10.594	9.818	9.129	8.514	7.963	7.469
25……	22.023	19.523	17.413	15.622	14.094	12.783	11.654	10.675	9.823	9.077	8.422	7.843
30……	25.808	22.396	19.600	17.292	15.372	13.765	12.409	11.258	10.274	9.427	8.694	8.055
40……	32.835	27.355	23.115	19.793	17.159	15.046	13.332	11.925	10.757	9.779	8.951	8.244
50……	39.196	31.424	25.730	21.482	18.256	15.762	13.801	12.233	10.962	9.915	9.042	8.304

13	14	15	16	17	18	19	20	25	30	35	40	50
0.885	0.877	0.870	0.862	0.855	0.847	0.840	0.833	0.800	0.769	0.741	0.714	0.667
1.668	1.647	1.626	1.605	1.585	1.566	1.547	1.528	1.440	1.361	1.289	1.224	1.111
2.361	2.322	2.283	2.246	2.210	2.174	2.140	2.106	1.952	1.816	1.696	1.589	1.407
2.974	2.914	2.855	2.798	2.743	2.690	2.639	2.589	2.362	2.166	1.997	1.849	1.605
3.517	3.433	3.352	3.274	3.199	3.127	3.058	2.991	2.689	2.436	2.220	2.035	1.737
3.998	3.889	3.784	3.685	3.589	3.498	3.410	3.326	2.951	2.643	2.385	2.168	1.824
4.423	4.288	4.160	4.039	3.922	3.812	3.706	3.605	3.161	2.802	2.508	2.263	1.883
4.799	4.639	4.487	4.344	4.207	4.078	3.954	3.837	3.329	2.925	2.598	2.331	1.922
5.132	4.946	4.772	4.607	4.451	4.303	4.163	4.031	3.463	3.019	2.665	2.379	1.948
5.426	5.216	5.019	4.833	4.659	4.494	4.339	4.192	3.571	3.092	2.715	2.414	1.965
5.687	5.453	5.234	5.029	4.836	4.656	4.486	4.327	3.656	3.147	2.752	2.438	1.977
5.918	5.660	5.421	5.197	4.988	4.793	4.611	4.439	3.725	3.190	2.779	2.456	1.985
6.122	5.842	5.583	5.342	5.118	4.910	4.715	4.533	3.780	3.223	2.799	2.469	1.990
6.303	6.002	5.724	5.468	5.229	5.008	4.802	4.611	3.824	3.249	2.814	2.478	1.993
6.462	6.142	5.847	5.575	5.324	5.092	4.876	4.675	3.859	3.268	2.825	2.484	1.995
6.604	6.265	5.954	5.668	5.405	5.162	4.938	4.730	3.887	3.283	2.834	2.489	1.997
6.729	6.373	6.047	5.749	5.475	5.222	4.988	4.775	3.910	3.295	2.840	2.492	1.998
6.840	6.467	6.128	5.818	5.534	5.273	5.033	4.812	3.928	3.304	2.844	2.494	1.999
6.938	6.550	6.198	5.877	5.584	5.316	5.070	4.844	3.942	3.311	2.848	2.496	1.999
7.025	6.623	6.259	5.929	5.628	5.353	5.101	4.870	3.954	3.316	2.850	2.497	1.999
7.330	6.873	6.464	6.097	5.766	5.467	5.195	4.948	3.985	3.329	2.856	2.499	2.000
7.496	7.003	6.566	6.177	5.829	5.517	5.235	4.979	3.995	3.332	2.857	2.500	2.000
7.634	7.105	6.642	6.233	5.871	5.548	5.258	4.997	3.999	3.333	2.857	2.500	2.000
7.675	7.133	6.661	6.246	5.880	5.554	5.262	4.999	4.000	3.333	2.857	2.500	2.000